永宁县历史文化丛书

任丽琴 主编

给百姓讲故事

姜自力 ◎ 著

黄河出版传媒集团
宁夏人民出版社

图书在版编目（CIP）数据

给百姓讲故事／姜自力著. —银川：宁夏人民出版社，2017.3

（永宁县历史文化丛书／任丽琴主编）

ISBN 978-7-227-06628-6

Ⅰ.①给… Ⅱ.①姜… Ⅲ.①永宁县—地方史—通俗读物 Ⅳ.①K294.34-49

中国版本图书馆CIP数据核字（2017）第071565号

永宁县历史文化丛书 任丽琴 主编
给百姓讲故事 姜自力 著

责任编辑 王 艳
封面设计 姜自力
责任印制 肖 艳

黄河出版传媒集团
宁夏人民出版社 出版发行

出 版 人 王杨宝
地 址 宁夏银川市北京东路139号出版大厦（750001）
网 址 http://www.nxpph.com http://www.yrpubm.com
网上书店 http://shop126547358.taobao.com http://www.hh-book.com
电子信箱 nxrmcbs@126.com renminshe@yrpubm.com
邮购电话 0951-5019391 5052104
经 销 全国新华书店
印刷装订 宁夏润丰源印业有限公司
印刷委托书号 （宁）0004693

开 本 787 mm × 1092 mm 1/16
印 张 28.25 字 数 440千字
版 次 2017年4月第1版
印 次 2017年4月第1次印刷
书 号 ISBN 978-7-227-06628-6
定 价 56.00元

▲永宁县东部的黄河

▲永宁县西部贺兰山的马鹿

▲永宁县西部的贺兰山

▲永宁县西部贺兰山柳渠沟人面像岩画

▲永宁县西部贺兰山洪渠沟动物岩画

▶北魏地理历史学家郦道元编写的《水经注》中，记述了贺兰山岩画和宁夏永宁一带黄河水系

◀永宁县西部的贺兰山明长城遗址

▶汉延渠，又名汉源渠，习称汉渠，开挖于西汉元封至太初年间（前110~前101年）

▲唐徕渠又名唐梁渠，习称唐渠，开挖于东汉延平至永初年间（106～113年）

▶ 永宁县东部黄河西岸的东和村汉代墓葬群发掘现场

▲1972年8月，永宁县通桥公社下河大队出土的东汉时期的廉眇印

▼廉眇印文

▲西汉时期，位于通桥公社的上河、下河村处的上河城遗址，史称汉城

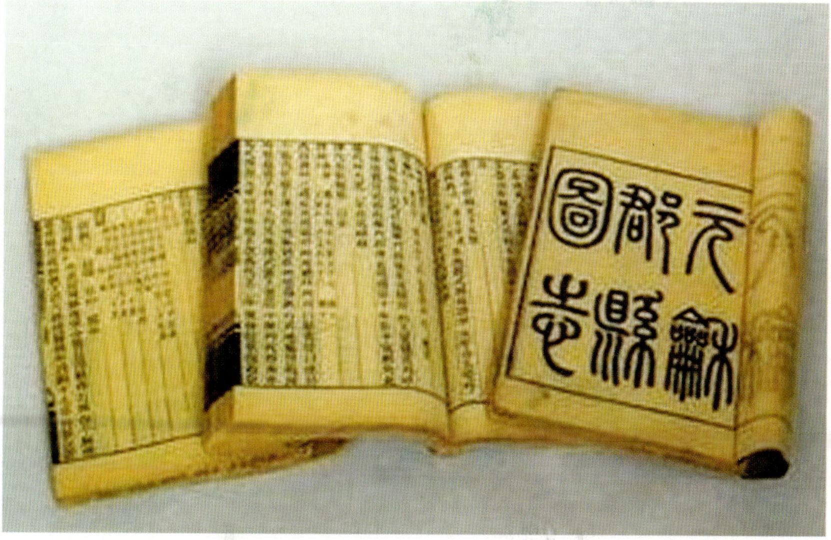

▲唐代《元和郡县图志》记载，王弘堡隋设弘静县，唐设安静县、保静县，在“保静县”条后附载：“贺兰山，在县西九十三里。”

▲1972年4月26日，平羌堡（今平吉堡）汉墓出土的陶屯

▲永宁县西部的新桥滩汉墓群

◀1977年5月，永宁县通桥公社长湖大队平田整地时出土的唐代葡萄鸟兽花铜镜

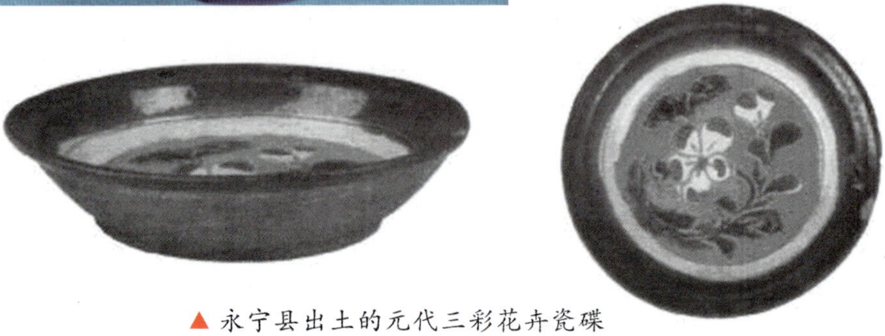

▲永宁县出土的元代三彩花卉瓷碟

▲西夏时在杨和堡设永州，在王弘堡设静州，图为1933年，德国友人拍摄的西夏王陵鸟瞰照片

▲永宁县西部的西夏王陵

▲永宁县西部贺兰山东麓的明长城遗址

▲永宁县西部贺兰山东麓的明长城西关门遗址

▲永宁县西部的明代烽火台遗址远眺

▲永宁县西部的明代长城三关口遗址

◀明代银川南门外的双城门（1958年摄），明代永宁县属宁夏卫、宁夏左屯卫、宁夏右屯卫、宁夏前卫

▲明代银川城东门（1958年摄）

▲明万历二十四年（1596年）始建的李俊堡多宝塔（一说始建于西夏）

▲李俊塔石碑字迹已全部消失

▲1986年3月18日，多宝塔（李俊塔）维修时在塔顶发现的明代佛像

▲永宁县民间收藏的明代“清”字瓷罐

▲ 瓷罐底部字样

◀永宁县西部地区出土的明代文物

▶永宁县出土的明代铜镜

▲永宁县民间收藏的明代花瓶和屏风

▲永宁县西部地区出土的明代青瓷罐

▶ 明代平羌堡（今平吉堡）遗址（1986年摄）

◀ 明代玉泉营古城堡遗址

◀2013年7月，永宁县王泰堡（王太村）出土明代太学生黄古淮的墓碑和墓志铭现场

▲明代太学生黄古淮墓碑、墓志铭，明敕封文林，即浙江道监察御史王文进撰写碑文

▲史志专家姜自力正在校对明代太学生黄古淮墓碑和墓志铭文字

▲永宁县张政堡（今掌政镇）武功坡出土的明代镇国将军何公太淑人马氏合葬墓墓志铭，明代进士唐其昭（陕西人）撰写碑文

▶明嘉靖三年（1524年）纳家户清真大寺始建，图为邦克楼外景

▲1982年维修纳家户清真大寺礼拜殿

▲1986年永宁县纳家户村景

▲ 2002年银川沙滩墓地发掘之前的现场

▲2003年10月下旬沙滩墓地发掘工作现场，沙滩墓地位于银川市兴庆区最西端的新世纪新村住宅区

▲沙滩墓地元翁纳老太师之墓碑（上部）

▲沙滩墓地元翁纳老太师之墓碑

▲沙滩拱北复原图

▲沙滩拱北里的“元翁纳老太师之墓”碑

▲纳家户清真大寺院内的古槐树

▲清雍正年间（1723~1753年）栽植的李俊堡四棵树（1986年摄）

▲金顺，满族，历任清骠骑校尉、协领、镶黄旗汉军副都统、西安副都统、宁夏满营副都统、镇守新疆伊犁将军，去世后葬于宁夏府宁夏县河西寨周公渠（今永宁县永清六队、七队处）

▲志锐，满族，正红旗，清宁夏满营副都统，为安置旗兵及家属屯田，奏请开挖宁夏府宁朔县湛恩渠（今永宁县靖益村、金星村东的新开渠）

▲李俊镇魏团村的古树

▲王弘堡（今望洪）的古树

▲永宁县民间收藏的清代花瓶

▲1972年，永宁县通吉桥（通桥公社）出土的清代赵坤将军墓碑和墓志铭，清代兵部右侍郎、巡抚湖南兼督察院右副都御史高其倬撰写碑文

▲1972年4月26日，平羌堡（今平吉堡）出土的清代凤冠

▲在玉皇阁顶层远眺：东看黄河如练，西看贺兰山如黛（最前面者为樊贵秀）

▲始建于清光绪二十九年（1903年）蒲月，农历五月的永宁县杨和堡（今杨和乡）玉皇阁（原永宁县照相馆摄影师樊贵秀1967年冬摄）

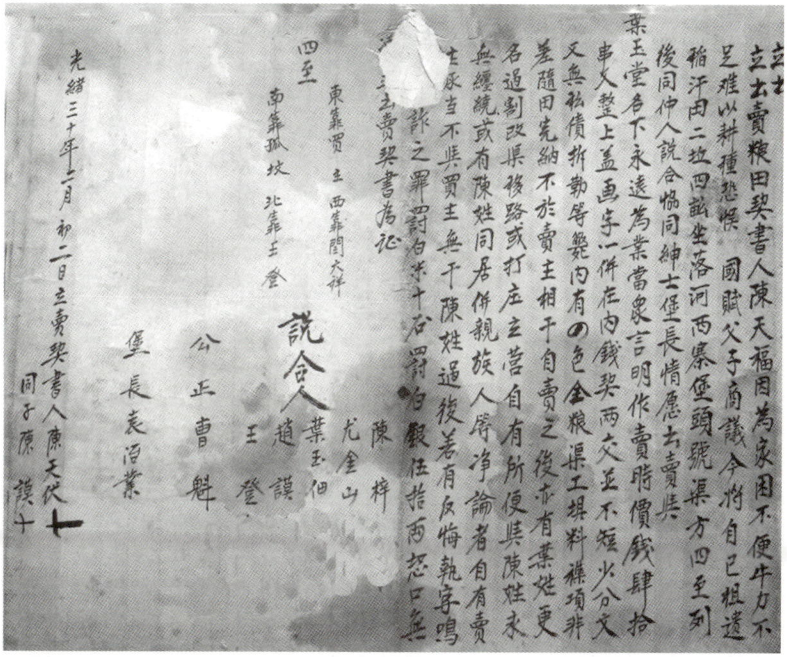

立出賣粮田契書人陳天福因為家困不便牛力不足難以耕種恐悞 國賦父子商議今將自已祖遺稻汗田二垃四畝坐落河西寨堡頭號渠方四至列後同仲人説合協同紳士堡長情愿出賣與葉玉堂名下永遠為業當衆言明作賣時價錢肆拾串文整上盖画字一併在内錢契兩交並不短少分文又無私債折勒等弊内有四色金粮渠工埧料襍項非差隨田完納不於賣主相干自賣之後亦有葉姓更名過割改粮移路或打庄立營自有所便與陳姓永無纏繞或有陳姓同居併親族人等净論者自有賣主承当不與買主無干陳姓過後若有反悔執寫鳴詐之罪罰白米十石四罰白銀伍拾兩恐口無憑立出賣契書為记

四至 東靠買主 西靠閻大祥 南靠孤坟 北靠王登

説合人 陳梓 尤金山 葉玉佃 趙謨 王登

公正 曹斛

堡長 袁酒業

光緒三十年二月初二日立賣契書人陳天伏 十

同子陳謨 十

▲清光绪三十年（1904年）二月初二日，宁夏县通吉桥（原通桥乡）农民的一份卖地契

▲清代永宁一家人的服饰

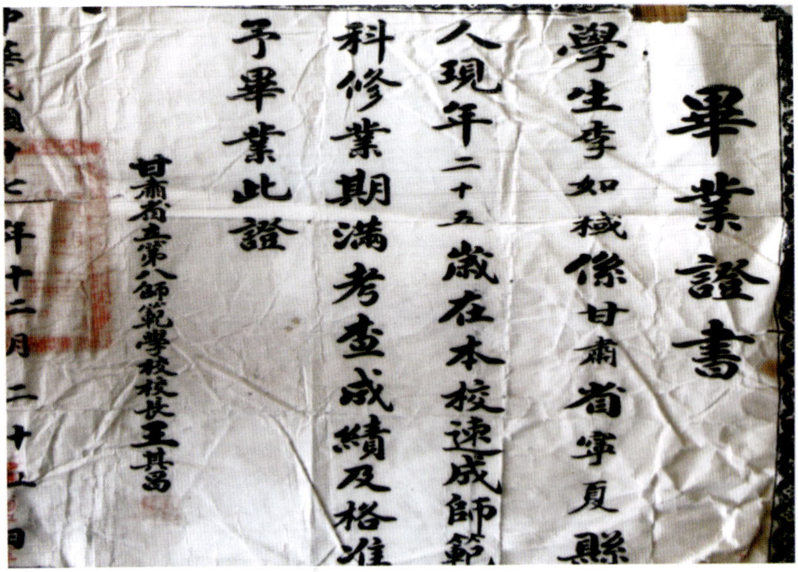
畢業證書
學生李如棫係甘肅省寧夏縣
人現年二十五歲在本校速成師範
科修業期滿考查成績及格准
予畢業此證
甘肅省立第八師範學校校長王其昌
中華民國十七年十二月二十二日

▲民国17年（1928年）12月22日，甘肃省立第八师范学校校长王其昌给宁夏县学员李如棫签发的毕业证书

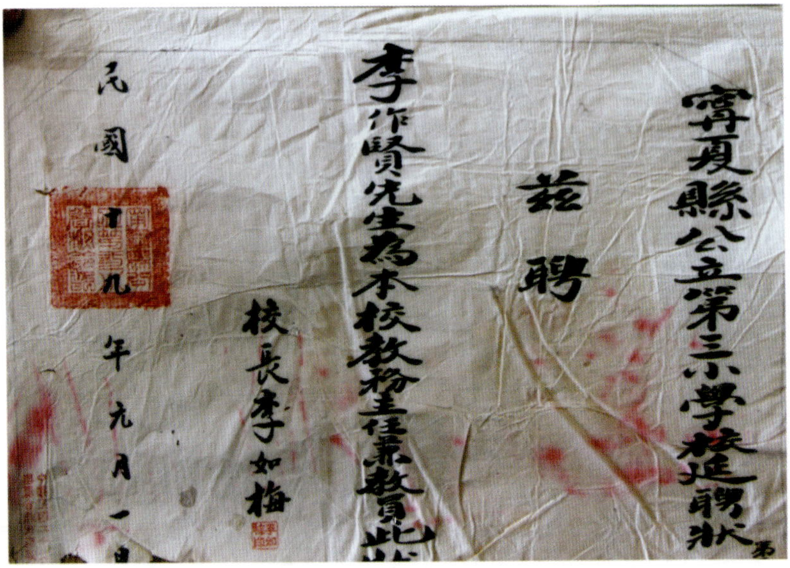
寧夏縣公立第三小學校延聘狀
茲聘
李作賢先生為本校教務主任兼教員此狀
校長李如梅
民國十九年九月一日

▲民国19年（1930年）1月1日，宁夏县公立第三小学校长李如梅给李作贤签发的本校事务主任兼教员聘书

◀民国20年（1931年）7月，豫鲁浙皖赣同学毕业于鲁泰军校纪念

▶民国21年（1932年）5月30日，国民军军事政治教导团第二期三队一班同学摄于信阳

◀旅鲁同乡求学于泰安军校摄影纪念

寧夏縣公立第三小學校延聘狀 第二號

茲聘李如棫為本校訓育主任兼教員此狀

校長陳九鼎

中華民國二十一年二月二十日

▶民国21年（1932年）2月20日，宁夏县（永宁东部地区属之）公立第三小学校长陈九鼎给李如棫签发的本校训育主任兼教员聘任书

▲民国23年（1934年）10月30日，十五路军政治教导团军士第三大队第十班同学毕业摄影纪念

▶民国23年（1934年）11月1日，马鸿逵动用十五路军工兵和当地老百姓开挖云亭渠（今民生渠），图为开挖云亭渠现场

▲云亭渠纪念碑碑文拓片

▲马鸿逵（照片中穿大衣者）视察开挖云亭渠现场

▲云亭渠纪念碑遗址

◀民国24年（1935年）1月，牟凤鸣任宁朔县（今永宁县西部地区属之）县长，县治设王弘堡（今望洪镇）。同年7月2日因日寇侵掠中国，牟凤鸣忧国忧民，投黄河自尽。民国25年（1936年）12月，宁朔县绅学仕各界群众为牟凤鸣立的纪念碑。碑的正面反面分别有“永垂不朽”和“流芳百世”8个大字，碑文13行、380个字。图为拓片碑文，宁朔县县长赵熙撰写碑文

▲保存在永宁县政府大院的牟凤鸣纪念碑

▲1949年前的银川玉皇阁

▲民国28年（1939年）1月30日，日机轰炸固原惨况。因当年日军轰炸宁夏，几乎未留下任何照片档案，这是目前发现的唯一一份可以反映发生在今宁夏境域内日军轰炸暴行的照片

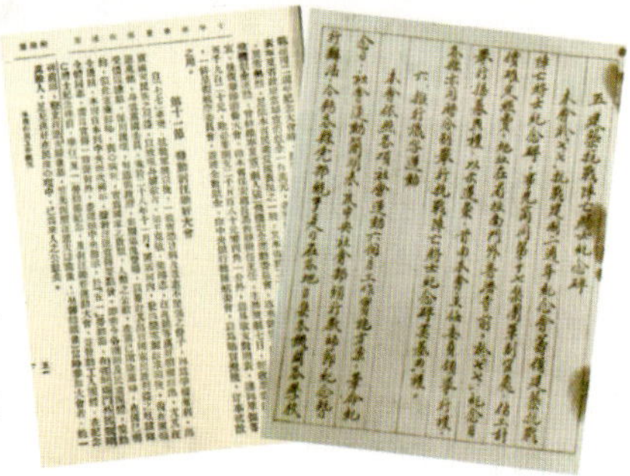

▶马鸿逵主编的《十年来宁夏省政述要》中的“讨汪锄奸”记载（左）与“建筑抗战阵亡将士纪念碑”档案（右）

▲银川中山公园内为纪念宁夏将士参加绥西抗战的纪念碑，20世纪50年代初被拆除

▲位于银川南门外当年普济寺门前广场永通桥西侧红花渠南岸的抗战阵亡将士纪念碑，马鸿逵题写碑文，1939年7月7日立碑，1952年被拆除

▲民国时期，王弘堡一度改为望鸿堡。望鸿堡桥，即今永宁县望洪镇之桥，跨惠农渠，位于当时交通干线宁兰公路（今109国道）上。牌坊横额“复兴桥”，喻抗战胜利，复兴中华

▲民国时期，马鸿逵动用当地驻军和农民修建了宁兰公路。大官桥改名为达观桥，即今永宁县跨汉延渠之大观桥，位于当时交通干线宁兰公路（今109国道）上。抗战时期建牌坊，横额书“胜利桥”，喻抗战胜利。今永宁县胜利乡之名源于此

◀民国24年（1935年）1月19日，宁夏省小学教员冬期讲习所第三中队毕业在即，行将分离课余之时本旅队长、班长特摄斯影以志纪念

▶民国24年（1935年）1月28日甲戌冬，训练于宁夏省小学教员讲习所行将毕业离别在尔，受偕李张二位队长暨诸学友共摄斯影以志鸿爪

◀民国24年（1935年）2月17日，宁夏省小学教员冬期讲习所所长马鸿逵签发的宁朔县小学教员李如棫的毕业证书

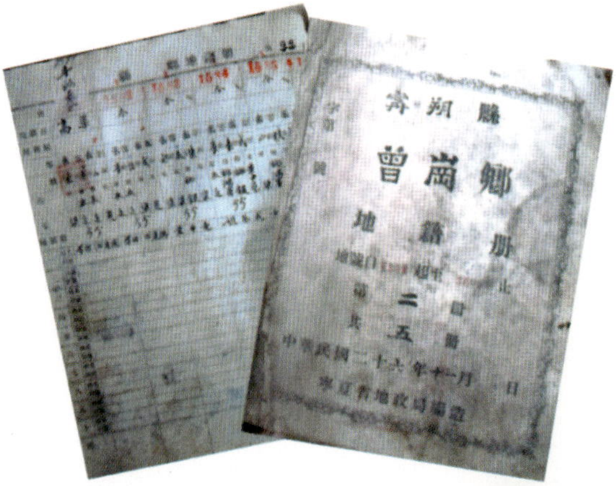

◀民国26年（1937年）11月，宁朔县曾岗乡地籍册。明代设僧刚堡，属宁夏左屯卫，清代为宁朔县二十三堡寨之一。先后书写为僧刚、曾岗、增岗（今永宁县增岗村）

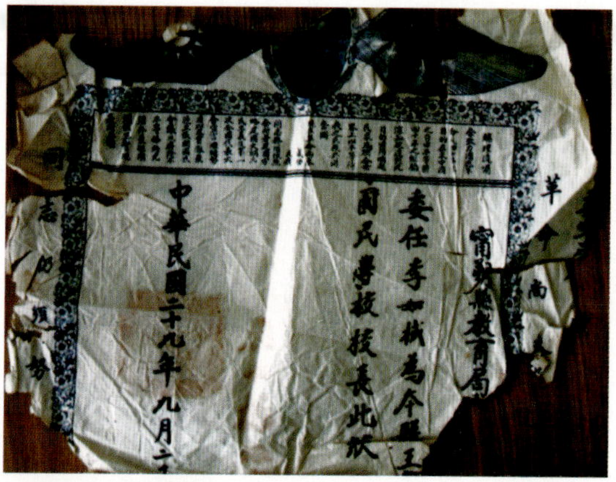

▶民国29年（1940年）9月20日，宁朔县教育局委任李如棫为国民学校校长委任书

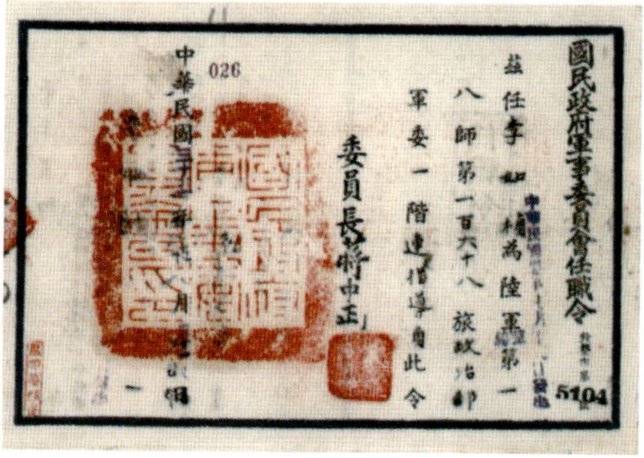

◀民国31年（1942年）8月21日，国民政府军事委员会委员长蒋中正给李如祯签发的连指导员任命状

▲民国时期，马鸿逵在王泰堡的东公馆

▲马鸿逵与四姨太刘慕霞的合影

▲民国时期，马鸿逵在王泰堡的西公馆

◀马鸿逵的孙子，马敦厚的长子马家骅和马昭贤的结婚照，于民国31年（1942年）4月17日赠给金江先生惠存。马昭贤是甘肃河州回族大户之女，这是发现的宁夏较早的婚纱照之一

▶马鸿逵的侄子马敦炎和马惠明的结婚照，于民国31年（1942年）4月17日赠给金江先生惠存。马敦炎是马鸿逵的二弟马鸿炳的儿子，马惠明是甘肃回族大户之女，这是发现的宁夏较早的婚纱照之一

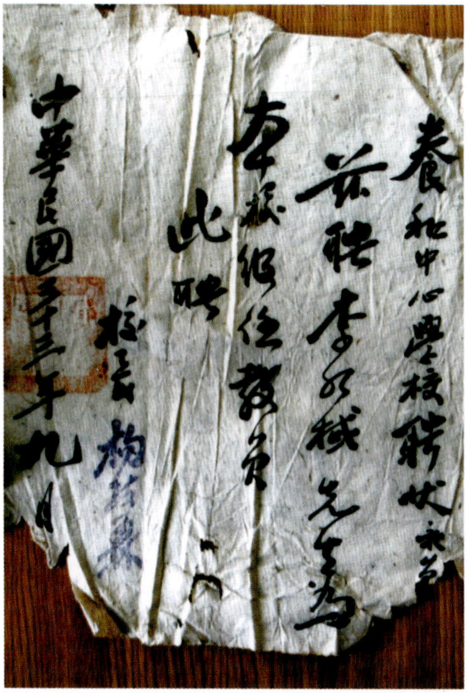
養和中心學校聘狀
茲聘李如棫先生為
本校級任教員
此聘
校長 楊法霖
中華民國三十三年九月

◀民国33年（1944年）9月1日，永宁县养和中心学校校长杨法霖签发的李如棫教员聘任书

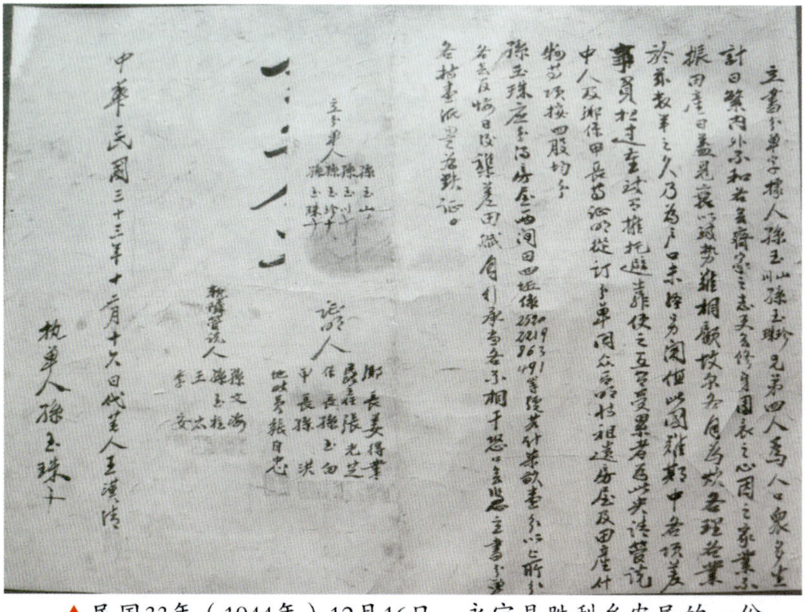
中華民國三十三年十二月十六日代筆人王漢清
執單人孫玉珠

▲民国33年（1944年）12月16日，永宁县胜利乡农民的一份“分家单子”

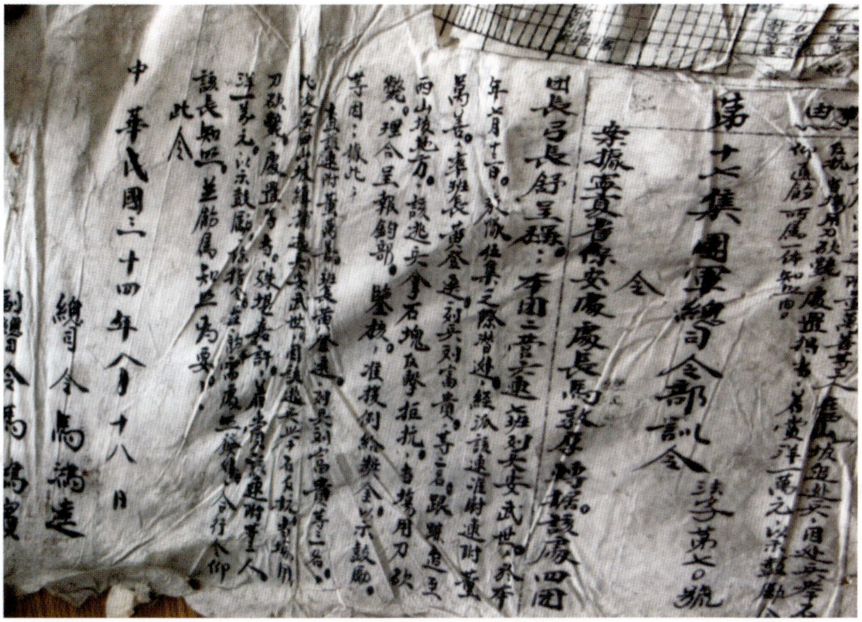
第十七集團軍總司令部訓令　法字第七〇號

中華民國三十四年八月十八日

總司令　馬鴻逵

副總司令　馬鴻賓

▲民国34年（1945年）8月18日，第十七集团军总司令马鸿逵、副总司令马鸿宾发出训令，其中指出弓团长的部下砍杀逃兵处置等当，殊堪嘉许，看赏副连等人一万元（法币），以示鼓励

寧夏省政府
第十七集團軍總司令部
寧夏省黨部
密令

中華民國叁拾肆年捌月貳拾柒日

主席
主任委員　馬鴻逵

▶民国34年（1945年）8月27日，宁夏省政府主席、第十七集团军总司令、宁夏省党部主任委员马鸿逵发出的缉查共产党密令

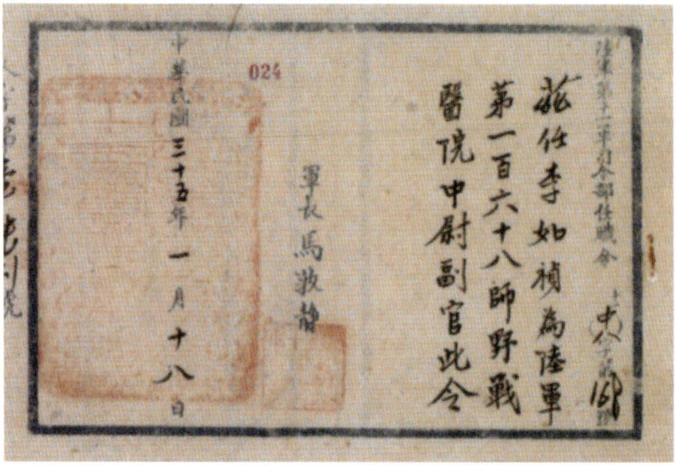
024

茲任李如禎為陸軍第一百六十八師野戰醫院中尉副官此令

軍長 馬敦靜

中華民國三十五年一月十八日

◀民国35年（1946年）1月18日，陆军第十一军军长马敦静给李如祯签发的中尉副官任命状

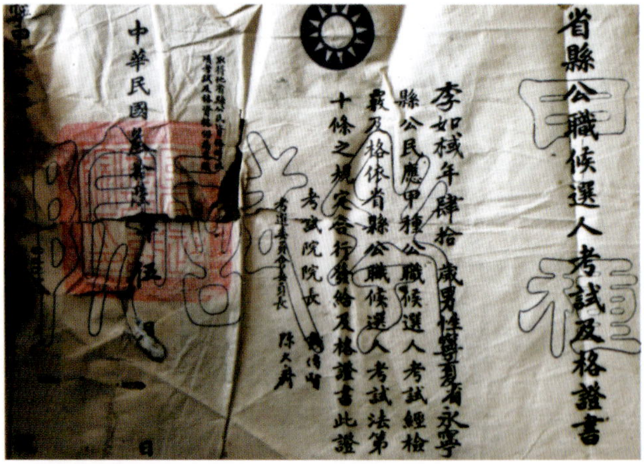
省縣公職候選人考試及格證書

李如棫年肆拾歲男性寧夏省永寧縣公民應甲種公職候選人考試經檢覈及格依省縣公職候選人考試法第十條之規定合行發給及格證書此證

考試院院長 戴傳賢

考選委員會委員長 陳天壽

中華民國叁拾陸年伍月 日

▶民国36年（1947年）5月1日，宁夏省考试院院长戴传贤、考选委员会委员长陈天寿给李如棫签发的省县公职候选人考试及格证书

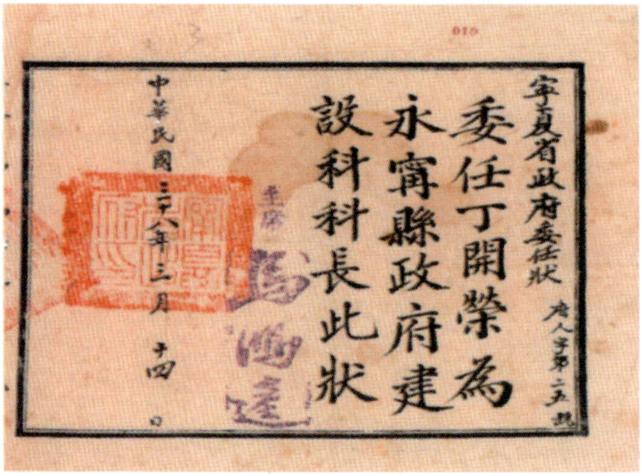
寧夏省政府委任狀

委任丁開榮為永寧縣政府建設科科長此狀

主席 馬鴻逵

中華民國三十八年三月十四日

◀民国38年（1949年）3月14日，宁夏省政府主席马鸿逵给永宁县政府建设科科长丁开荣签发的委任状

▲民国时期，永宁县驻军照片

▲民国时期，永宁县驻军照片

▲民国37年（1948年）7月1日，宁夏省保安第三纵队干部训练队第一期学员结业摄影纪念

▲民国时期，永宁县驻军照片

▲第十五路军政治教导团第三大队第七班同学在鲁泰军校摄影纪念

▶民国时期开展禁烟活动，此照是马鸿逵在宁夏统一制作的“禁烟大缸”，大缸用陶土烧制，上面有“宁夏省禁烟委员会”字样，是专用来焚烧罂粟籽和烟土的。

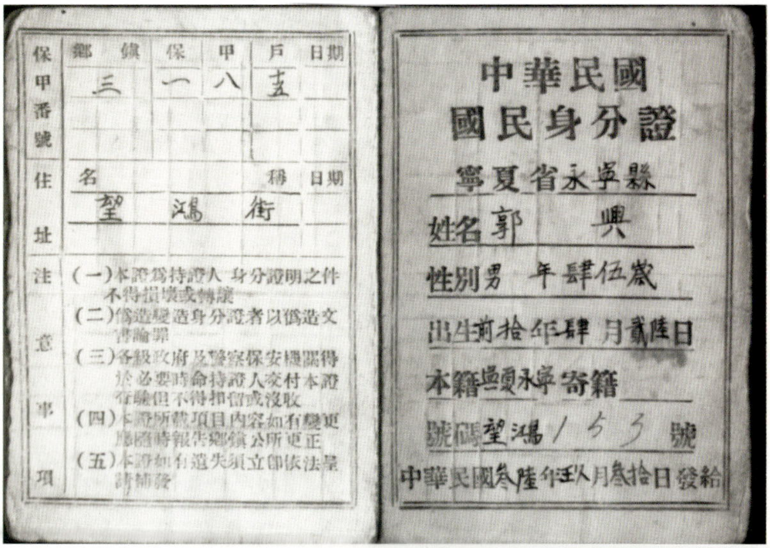

▲民国36年（1947年）9月30日颁发的中华民国国民身份证，王弘堡改为“望鸿街”，含仰望马鸿逵之意

◀永宁民间艺人夏花花遗像。夏花花，生于1918年，卒于1981年，享年63岁，永宁县胜利乡东魏村人，原名杨金花，因双目失明，人称“瞎花花”，为尊重民间艺人，史书上统称“夏花花”。

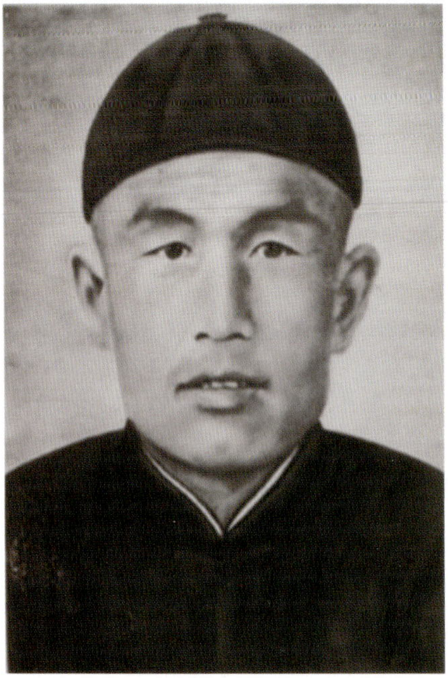

▲王克和烈士遗像

▶1964年11月15日，王克和烈士墓在永宁县城西侧汉延渠畔重新修建，图为后来新立的墓碑

◀1956年清明节王克和烈士墓纪念活动场景。图中为永宁县人民委员会副县长赵贵书

▲每年清明节，永宁县青少年都为王克和烈士扫墓

▲1949年9月23日，中国人民解放军十九兵团先头部队从永宁县任春（今仁存）渡过黄河进永宁（耿飚　摄）

▲1949年9月23日，被中国人民解放军占领的永宁县任春渡（耿飚　摄）

◀1949年9月23日，中国人民解放军十九兵团向永宁县城进发，永宁县、银川市宣告解放（耿飚 摄）

▶1952年始建的永宁县人民政府门楼，此照片拍摄于1986年夏

▲ 1955年3月29日，永宁县首届人民代表大会第二次会议全体代表合影

▲ 2016年12月20日，中共永宁县委宣传部召开永宁县文学艺术界学习贯彻全国文代会、作代会精神座谈会，县委四套班子领导参加

弘扬民族正气　挖掘传统文化

中共永宁县委常委、宣传部部长　任丽琴

东依滔滔黄河，西靠巍巍贺兰，脚下这一片富饶的绿色平原，就是我们美丽的家乡——永宁。

塞上永宁，青山滴翠，沃野溢彩，城乡昌盛，万民安泰，这里是回汉人民生活的乐园。中华回乡文化园的小桥流水，湖光倒影，可达礼拜殿堂。大型雕塑“民族之花”“民族之魂”是回汉人民团结的象征。蓝天白云中的“和谐双塔”，熠熠生辉，高唱着时代的主旋律。鹤泉湖、珍珠湖、银子湖、叶子湖、海子湖，碧波涟漪，尽显“城在水中、水在城中”的风韵。俯瞰西部，长城巍峨，三关雄浑，边墙入梦塞盘雕；展望东部，汉渠春水、观桥柳色、仁存古渡，古今胜景万里传。李俊塔的钟声，四棵树的风雨，望洪堡的古槐，奏响了古今文明的乐章。西部水系工程，犹如天上的银河飘落人间，能排能灌，泽被后世。永宁黄河大桥横空出世，被当地人誉为“东方彩虹”。永宁人民公园浓缩了宁夏山川之精华，楼台亭阁，绿水环绕，令人称奇。迎宾大道，花树齐舞，笑迎八方来客。永宁处处生机勃发，全民创业热潮涌动，铺开了一张大气恢宏的画卷。缩小城乡差别，构建“同城化永宁”是永宁人民祖祖辈辈期盼的梦。

在这片欣欣向荣的大地上，一幢幢高楼拔地而起，一条条道路交会贯通，一座座桥梁飞架延伸。县城“长大”了，城镇增多了，大规模的城镇化进程，使大量的乡村农民变成了城镇居民。“楼上楼下，电灯电话”，曾是多少人向往的生活，而今的现实，远远超过了昔日的梦想。住楼房、开汽车、玩电脑，在十年前还不敢想，永宁县的社会结构迎来了一个历史性的变革。

然而，永宁人民需要丰衣足食，需要碧水蓝天，需要花好月圆，更需要深厚传统文化的滋养。习近平总书记指出，要将历史改编成故事，讲给老百姓听，使他们知史、爱党、敬业。党的十八大报告指出：“文化是民族的血脉，是人民的精神家园。”所以，“血脉”“家园”“乡愁”是永宁人民的亲情，是永宁人民世代不忘的根。

为了贯彻习近平总书记对文化工作的一系列指示，推动社会主义文化大发展、大繁荣，实现自治区党委提出的“加强和谐文化建设，努力建设文明宁夏”的宏伟目标，中共永宁县委宣传部决定编纂出版永宁县历史文化丛书，《给百姓讲故事》应运而生。

《给百姓讲故事》讲述了永宁县从游牧文明到农耕文明的嬗变过程，展示了回族优秀文化、丝绸之路文化、遗址遗存文化、红色经典文化、边塞军旅文化、黄河生态文化、民风民俗文化，体现了“贺兰肖然，长河不息”的银川精神，也体现了永宁人民生生不息、奋斗不止的精神。

《给百姓讲故事》寻访古战场，回顾历史，凭吊历史人物，追怀革命英烈，采用讲故事、论传说、叙人事的方法，记述了征战、屯垦、创业在永宁留下的鲜明印迹，向读者讲述了可歌可泣、可悲可叹的动人故事和优美传说，为当代人提供了历史借鉴，弘扬了民族正气。全书选用当地史料和口碑传说，考证精良，挖掘深透，倾注了作者的感情，花费了作者的心血。

文化能起到引领时尚、塑造灵魂、净化意识形态的作用。党的十八大报告指出："全面建成小康社会，实现中华民族的伟大复兴，必须推动社会主义文化大发展大繁荣，兴起社会主义文化建设新高潮，提高国家文化软势力，发挥文化引领风尚、教育人民、服务社会、推动发展的作用。"因此，建设文化强县，必须贯彻落实习近平总书记关于发展文化事业的一系列指示精神，坚持贴近实际、贴近生活、贴近群众的原则，为人民提供广阔的文化舞台，让一切文化创作源泉充分涌流，让文化创作活力持续迸发，使公民道德素质和科学文化素质全面提高，增强回汉民族的凝聚力和向心力。

党的十八大报告将经济建设、政治建设、文化建设、社会建设、生态文明建设列为今后工作的重点。永宁县委倾力打造"实力永宁、同城化永宁、生态文化永宁、智慧永宁、活力永宁、幸福永宁"，开展"五城同创"工作，正是落实党的十八大报告和习近平总书记指示的具体行动。搞文化宣传工作一定要有实干精神，实干兴邦，空谈误国。而今的永宁，在县委、县政府的坚强领导下，回汉人民团结一心，全民创业如火如荼，方兴未艾，正以只争朝夕的责任感和急迫感，把"美丽永宁"的蓝图变为现实。

2016年8月20日

序二

铭记历史 莫忘乡愁

银川市人民政府副秘书长　陈志鑫

永宁，地理位置优越，气候适宜，东靠黄河，西靠贺兰山，是中华民族的发祥地之一，被《中国地理》评为"天府之邦"。巍巍贺兰，是永宁的天然屏障，是史书中记述的"不周山"，远古时期就成为先民祭祀的"神山"；滔滔黄河，是永宁的乳汁，"神河浩浩来天际"，很早以前黄河就被称为"偏富朔方"的"神河"。这里早在南北朝时就建成了"赫连果城"，唐代就有"贺兰山下果园成"的美誉。历代先民在这块沃土上艰

苦奋斗、前赴后继，留下了可歌可泣的事迹。“贺兰岿然，长河不息”，概括了永宁人民世世代代生命不止、奋斗不息的精神，这种精神也成为《给百姓讲故事》编写的基本思想。

《给百姓讲故事》是依据当地史料和口碑资料编著而成的历史故事。这些故事大都发生在贺兰山麓和黄河两岸。有的故事以讲述事件为主，有的故事以讲述人物为主，“以事系人，以人系事”，从古代到新中国成立，纵向反映了永宁的历史变迁、屯垦戍边、民族征战、治沙治水、民情风俗、文物古迹和人物春秋；在浩瀚的历史长河中，选择那些最能代表永宁的社会发展、人类进步、文明进程，具有典型意义的事件和人物，展现永宁波澜壮阔的历史画卷。

永宁，建置悠久，却鲜为人知；历史恢宏，却极少挖掘。早在秦代，秦始皇就派大将蒙恬带兵 30 万北逐匈奴，蒙恬戍边十余载，“匈奴不敢入”。蒙恬带领军民沿黄河两岸筑县城 34 座，在黄河以西驻守屯垦的地区包括今永宁县的东部灌区望洪、杨和、王太、上河、下河、永清、立强、长湖及以北地区，直到陶乐的浑怀障。西汉时期，在张政堡洼路村处筑北典农城，史称饮汉城、吕城；在邵刚堡处筑南典农城，史称胡城、灵武；在通吉桥的上河、下河村处筑上河城，史称汉城、河西寨，为永宁县境内建城之始。北魏时在王弘堡建弘静镇、筑刁公城，后称薄骨律镇仓城，为永宁县境内建镇之始。隋朝在王弘堡设弘静县，为永宁县境内建县之始。唐代改弘静县为安静县、保静县。五代时保静县废县为镇。北宋初复设保静县，后改为镇，西夏时在此设静州。清雍正二年(1724 年)，设置宁夏县、宁朔县，宁夏县已有 217 年的历史，宁朔县的历史已达 236 年。永宁，长期分属于塞北古县宁夏、宁朔，直到民国 30 年(1941 年)4 月 1 日，才析置了永宁县。1949 年 9 月 23 日，永宁县解放。“萧瑟秋风今又是，换了人间”。从此，永宁县人民进入了“天翻地覆慨而慷”的新时代。

永宁，游牧文化和农耕文化交汇融合，民族文化积淀深厚，特色鲜明。这里春秋前是北狄、西戎、猃狁等部族的游牧之地。三国、西晋时，是西羌、鲜卑、匈奴等部族的游牧、驻牧之地。《给百姓讲故事》从“先民游牧贺兰山”开篇，讲述了贺兰山最早的人类活动及游牧民族的生存状况。从蒙恬戍边开发河套开始，讲述了历代永宁引黄灌区的开发史。西夏建国后，逐渐从游牧经济中脱离，向定居的农业生活过渡。为了解决粮食问题，西夏国在军队中实行屯垦制度，军队中“正军”与“屯军”明显分离，正军专事操练战斗，屯军则专事屯耕，以负担正军给养。为了加强屯田领导，西夏国专门设立了农田司，作为管理全国农业的专门机构。西夏国军民屯垦，拉开了永宁西部地区及贺兰山东麓开发的序幕。特别是昊王渠开通后，在今永宁县境内，渠西支斗渠的流经点是大井子、小井子、新井、散石子、大马圈、小马圈、沙河圈、十里屯、二十里屯、一棵树，还有风吹沙砾发出响声的“三响头”等地；渠东支斗渠的流经地点是下马寨、蒲草沟、火神庙、黄羊滩、玉泉营、芦草洼、旱草洼、大屯洼、三黑滩、黑老湾、红柳沟、白芨滩，还有西夏国新建立的三里屯、五里屯、八里屯等9个屯庄。西夏国在贺兰山东麓建起了著名的“摊粮城”，当时是西夏国最大的粮仓之一。西夏国早期设的20个州，其中牧业州3个，农业州4个，半农半牧州13个。西夏国后期设的26个州中，半农半牧州和农业州占了2/3。这里的诸多少数民族从游牧到驻牧，从驻牧到屯垦，“渠绕垦田，水润戈壁”，出现了“边城杨柳楼中笛，羌女葡萄塞下歌”的景象。

永宁，历代先民在这里艰苦奋斗，创造了光辉灿烂的黄河文明和农业文明，在历史上留下了深深的足迹。汉代开挖的汉延渠、唐徕渠，“招徕流民垦种”，使这里“渠水盈盈，田饶五谷”，汉延渠、唐徕渠从此成为永宁人民的命脉，“白马拉缰开汉延渠”的故事流传至今。上河农都尉冯参在上河城招募典农，带领典农城军民开挖沟渠，推行了便于耕地的“耦犁”和便于下种的“耧车”。这些新“田器”的推广使用，使永宁东部灌区“万顷腴田凭灌溉，千家禾黍足耕锄”。冯参推行的“代田法”，即轮作、倒茬、休田的制度，被后人沿用。南北朝时，大夏国的赫连勃勃在王弘堡东建薄骨律镇城，被史书称为“薄骨律，赫连果城也”，唐代诗人韦蟾在诗中写的“贺兰山下果园成”便指这一带。北魏时刁雍任薄骨律镇将军，在此建筑了薄骨律镇仓城，成为当时西北地区最大的粮仓之一。刁雍带领军民屯垦，在今东魏村、西魏村建起了永宁最早的“新魏屯庄”。他在任期间，开创了黄河水运之先，在永宁历史上第一次总结制定了渠道的“岁修制度”，他将国家田赋占有3%改为1%，取消了“代出租赋”，即人头租，改革了当时的“租赋制”，使“屯田法”更加适应当地的状况。他将屯田竞争机制引入农户，使典农官和庄头互相竞争，推动了屯田的快速发展。他推行小麦淌水"凡水四溉，谷得成熟"的灌溉经验，在今天仍被农民采用。明代初制定的屯田法规定，卫所军屯"边地三分守城，七分屯种；内地二分守城，八分耕种"，使这里"田开沃野千渠润，屯列平原万井稠"。清康熙帝一而再、再而三地放松"起科令"，对农民开垦成熟应该安限起科的田地，常常是"未令起科"，"不事加征"，将放宽年限从三年、四年、六年，再放宽到十年，使清代垦荒接近于明代，出现了"川辉原润千村聚，绿野禾青一望同"的美好景色。清雍正年间，在宁夏主持水务工作的通智，主持开挖了惠农渠，使惠农渠新灌区内新建了通吉堡、通贵堡等8个堡寨。他将渠道管护维修制度做到了极致，被永宁人民尊为汉延渠、唐徕渠、惠农渠、大清渠的"四渠总龙王"，每年开闸放水时举行祭祀仪式。《给百姓讲故事》形象生动地讲述了永宁农业开发"起于秦，盛于汉，复兴于隋唐，大完备于明清"的历史故事。

永宁，历来为兵家必争之地，猃狁侵周，五湖乱晋，秦代末期朝廷曾一度失去对北地郡的控制。汉代征匈奴，突厥、单于犯唐，明代讨鞑靼，发生大大小小的战争无数次。"军声传朔漠，杀气满山阿"，边患不断，烽火迭起。明代史书称这里"沿边十城九城闭，万人齐出千人死，贺兰之山安在哉"。"马蹄远踏平沙地，鼓吹声从天外落"便是真实写照。蒙古军灭西夏，焚毁西夏陵、水淹兴庆府，"大掠子女金帛，搜杀党项平民，其民穿凿土石以避锋镝，免者百无一二，白骨蔽野"。贺兰山东麓昊王渠一带原本欣欣向荣的地方，生灵涂炭，尸骨遍野，"羌笛声声诉悲愤"。元代初，蒙古军对汉族和其他民族实行残暴统治，在永宁西部地区发生了"杀鞑子"事件。蒙区西王爷府的王爷将贺兰山东麓的喇嘛庙全部拆除，取消了把俘虏、流民当牲口贩卖的"驱口市场"，准许逃民到屯堡耕作，规定了贺兰山东麓草场蒙汉共有，不准任何人"画圈设障"。从此后，这里出现了蒙汉通婚、世代友好、团结和睦的局面，持续了97年。直到元朝灭亡，明代初，明朝以贺兰山为"华夷"分界线，对贺兰山东麓的蒙古牧民强行驱赶。此后，便是"朔漠狼烟边关告急"，"未禁之前，其患尚少，既禁之后，而患愈多"。虽然筑起了西边墙，修建了赤木口，在玉泉营设了西关门，但阻挡不了贺兰山东、西麓民族间的往来。残元旧部拆边墙、毁关隘、杀哨兵，偷袭玉泉营。鞑靼、瓦剌部乘机抢杀掠夺。蒙古军和明代的战争成为古代战争史上时间最长的"拉锯战"，在明代276年历史中延续了203年，几乎贯穿始终。直到明穆宗诏封俺答汗为顺义王，采取安抚政策，才结束敌对势态，出现了边关和平的局面。“历史的经验值得注意”。宁夏总兵官李俊在任职的6年间，贺兰山边防相安无事，是因为他对鞑靼、瓦剌、残元旧部、蒙古军、蒙古牧民严格区分、正确对待的结果。《给百姓讲故事》用“大历史”的观点，讲述了民族征战对维护国家统一、推动政权更替、推进社会发展和人类进步、加快民族融合同化的意义，讲述了历史上政权的得与失、成与败、兴与衰、分与合的经验教训和“得民心者得天下，失民心者失天下”的道理。

永宁，先进文化底蕴深厚，遗存轶文丰富多彩，历代文人逸士在这里留下了壮美的诗篇。“贺兰晴雪”“官桥柳色”“汉渠春水”早在宋代时就被列为“西夏八景”，明代被列为“宁夏十景”。“双坟唱晚”“纳家古寺”“宝塔钟声”“仁存古渡”“长湖夕照”等诗篇被后人传颂，汉苏武“节毛落尽志不改”，他在风雪中牧羊的故事流传至今。在历代诗赋中，贺兰山、赤木口、平羌堡的诗赋众多，被当地誉为“永宁的边塞诗”。《给百姓讲故事》广征博采，分门别类地对这些诗文秩存进行了解读、诠释。在“夏花花卖唱诉悲愤”中，收集加工整理了永宁县的民歌、民谣。如果说“牟凤鸣含恨投黄河”是县长以上高官的“人生百态”，那么，夏花花的故事则是社会最底层劳动妇女生活命运的真实写照。《给百姓讲故事》收集了大量的出土文物、碑石印刻、轶文史料，有民国年间的田赋派差、集训点验、惩治逃兵的通令、训令，也有乡保甲长选任条例、购买烟土的税务发票、卖地契、分家单字、抄家清单等。有荡气回肠的“禁烟歌”，也有伤心落泪的“抓兵谣”。民国年间实行新生活，提倡修身、齐家、治国、平天下，整顿军纪、禁烟禁赌、惩治腐败、反对妇女缠足、禁止童养媳、废除“休妻”实行结婚离婚登记制、将结婚年龄法定为女18周岁，男20周岁，允许寡妇自由改嫁、制定村规民约、取缔高利贷、扶持农村工作，等等，则反映了社会的进步、文明的进程和作者对中华民国实事求是的史学理念。毛泽东同志早就告诫我们，“今天的中国是历史的中国的一个发展，我们是马克思主义的历史主义者，我们不应当割断历史”，“我们必须尊重自己的历史，但是这种尊重，是给历史一定的科学地位，是尊重历史的辩证的发展，而不是颂古非今，不是赞扬任何封建的毒素”。《给百姓讲故事》坚持辩证唯物主义和历史唯物主义观点，根据中国共产党历来倡导的实事求是的原则，突破了以往研究中的“一短二空三戴帽”模式，准确完整地讲述了中华民国年间的历史故事,恢复了民国永宁县历史的本来面貌。

永宁,从西沙窝里起步,在盐碱滩、白疆土上耕耘,"东治黄河西治沙,中间大搞园田化",历代先民在这里奋发进取,艰难求索,从古至今生命不止,奋斗不息。不少青少年不知道我们国家是怎样历经千辛万苦,才推翻了帝国主义、封建主义和官僚资本主义的"三座大山",建立起社会主义的新中国,《给百姓讲故事》讲述了新中国建立的艰难和今天幸福生活的来之不易,是一部很好的爱国主义教育材料。

《给百姓讲故事》弘扬了"贺兰岿然,长河不息"的精神,对永宁的历史进行了全面系统的挖掘整理,很多史料第一次和读者见面。该书是宣传永宁先进文化的重要著作,它增近了广大读者尤其是青少年对永宁的认同了解,提升了公民的历史文化素养,增强了人们热爱家乡和无私奉献的精神,对永宁经济社会的发展和文化大发展大繁荣将起到不可替代的作用。史志专家、文学作家姜自力同志编写的《给百姓讲故事》,展示了永宁古代的自然生态与人文社会风貌,表达了作者的观点,贯注了作者的思想感情。

文化是一种情怀,文化是一种精神,文化是一种传承,文化是一种力量。《给百姓讲故事》饱蘸笔墨,激情飞扬,讲述了什么是人间浩然正气,对提高永宁县文化软势力,提高永宁人民的社会主义核心价值观必将起到重要作用。

2015 年 10 月 9 日

目　录

序一　弘扬民族正气　挖掘传统文化 ………… 任丽琴/1
序二　铭记历史　莫忘乡愁 ………………… 陈志鑫/5

岩画——先民的足迹 ………………………… /1
永宁最早的城镇——上河城 ………………… /12
白马拉缰传奇 ………………………………… /21
“白口骝”与“薄骨律” ……………………… /29
刁公城与仁存渡 ……………………………… /37
保静县——贺兰山下果园成 ………………… /45
宋澄堡后裔怀先祖 …………………………… /55
昊王渠的传说 ………………………………… /62
双王坟的故事 ………………………………… /69
海子湖风云 …………………………………… /79
磨石口的望夫滩 ……………………………… /91
朔漠狼烟 ……………………………………… /99
西边墙 ………………………………………… /105
边塞连营 ……………………………………… /111
李俊戍边 ……………………………………… /117

赤木口 ………………………………………………………… /131
西关门 ………………………………………………………… /144
平羌堡的边塞诗 ……………………………………………… /154
明代的堡寨 …………………………………………………… /163
观桥柳色与鹤泉传说 ………………………………………… /173
纳家户纳氏的由来 …………………………………………… /181
纳家户清真大寺的传说 ……………………………………… /188
王泰堡的乡贤——黄古淮 …………………………………… /193
王元被杀与志锐劝耕 ………………………………………… /199
东征西战的赵坤 ……………………………………………… /209
宁夏县与宁朔县 ……………………………………………… /218
四渠总龙王——通智 ………………………………………… /223
纳家闸遭难同治年 …………………………………………… /228
金顺与张曜的一生 …………………………………………… /236
辛亥革命在宁夏 ……………………………………………… /244
孙马大战 ……………………………………………………… /248
牟凤鸣 ………………………………………………………… /254
日机轰炸与宁夏抗战 ………………………………………… /269
马鸿逵开挖云亭渠 …………………………………………… /276
永宁建县始末 ………………………………………………… /281
民国倡导新生活 ……………………………………………… /286
马公馆二三事 ………………………………………………… /298
马鸿逵实行“心范会” ……………………………………… /307

禁烟歌 …………………………………………………… /317
王保长上任 ……………………………………………… /327
永宁最早的学校 ………………………………………… /340
抓兵谣 …………………………………………………… /351
民国的税捐 ……………………………………………… /364
崔景岳在宋澄堡 ………………………………………… /373
王克和在三段地 ………………………………………… /384
民间艺人夏花花 ………………………………………… /393
荀光明过河迎亲人 ……………………………………… /410
永宁新政权诞生 ………………………………………… /423

后记　讲好永宁故事　展示永宁魅力 ………… **姜自力**/431
主要参考资料 ………………………………………… /435

岩画——先民的足迹

史诗刻石历千年，巨变沧桑画更鲜。
狩猎弹飞鹿群舞，放羊鞭响彩云翩。
天人合一情真切，农牧分家势必然。
鉴古贺兰明镜在，新图展出看今天。

这是诗人沈鹏写的一首关于贺兰山岩画的诗。说到贺兰山岩画，不得不先说贺兰山。

巍巍贺兰山像一匹骏马，在银川平原和阿拉善草原之间昂首挺立，南北延绵250公里，贺兰山最高峰是敖包疙瘩，位于贺兰县西，海拔3556米。贺兰山北接乌兰布和沙漠，与内蒙古卓子山、狼山相邻，扼控乌海、磴口方向；东临银川平原，跨黄河与陕北黄土高原相顾；南抵卫宁平原，隔黄河与香山山脉相望；西靠腾格里沙漠，通河西走廊咽喉，与甘肃景泰、兰州相连。

永宁县西部的贺兰山

是西北地区，连接新疆与华北的纽带，其军事地位十分重要。

有关贺兰山名称的来历，自古就有“驳马”和“贺赖”之说。《隋书·赵仲卿传》记载：“开皇三年(583年)，突厥犯塞，(赵仲卿)以行军总管从河间王弘出贺兰山。仲卿别道俱进，无虏而还。”(《隋书·列传卷三十九》)。这是对贺兰山山名较早的记载。据唐《元和郡县图志》记载：“贺兰山，在(保静)县(今永宁县望洪镇，史称丰弘、保静、弘静)西九十三里。山有树木青白，望如驳马，北人呼驳为贺兰。”以后很多史籍都沿袭此说。《晋书·四夷列传》称贺兰为“贺赖”，宋代历史学家胡三省在《资治通鉴》注本中说：“兰、赖语转耳”。转，即古代少数民族发音时的转化语音。当代山西学者殷宪研究确认，贺赖是破多罗、破多兰的简称多兰的口语转音，又异译为贺兰等，均为鲜卑支破多罗部族名和姓氏。以上史料，为贺兰山得名提供了有力的证据。

永宁县西部贺兰山的野生黄羊

贺兰山区是孕育中华民族远古文明的发祥地之一，是古代少数民族成长的摇篮，为众多游牧部落游牧之地。据考古工作者考察，在贺兰山深处发现有史前人类居住的遗址，属新石器时代齐家文化遗址，距今已有4500余年。公元前3000年左右，华夏始祖轩辕氏黄帝先后讨伐不顺诸侯，西戎诸国纷纷归顺，尊轩辕为“天子”。夏商周时禹继舜位并击溃“三苗”后进入夏朝，夏启之子太康当权年间，“四夷”背叛，“乃征畎夷”，今贺兰山区先后属游牧民族部落游牧之地。春秋时秦穆公三十七年(前623年)，秦军破西戎十二国，“开地千里，遂霸西戎”，此时期，北狄、匈奴等游牧民族在贺兰山地区驻牧。秦昭襄王时，秦军击溃义渠戎后，部分戎人成为匈奴族成员，“盖义渠既灭。余众北走，于后为匈奴，居河套南北。”(蒙文通《周秦少数民族研究》卷七·义渠与匈奴)。

公元前221年，秦王嬴政从西部东进，一举兼并各诸侯国，完成了统一六国的大业，建立了中国历史上第一个中央集权制的封建王朝。秦政权实行郡县两级行政机构管理体制，把全国划分为36个郡，永宁县属北地郡的富平县。但秦统一六国前未能实施有效统治，今贺兰山地仍为匈奴的游牧、驻牧之地。据《史记·匈奴传》记载，“秦有陇西、北地、上郡，筑长城以据胡”，“后秦灭六国，而始皇帝使蒙恬将十万之众北击胡，悉收河南地”。匈奴族祖先为“夏后氏之苗裔也，曰淳维。唐虞以上有山戎、猃狁、獯鬻，居于北蛮，随畜牧而转移”。从贺兰山岩画可以看出，古时诸多少数民族因争夺贺兰山而相互吞并、融合。贺兰山犹如一座无字的丰碑，历尽了这里多民族聚居的沧桑变迁。

永宁县西部贺兰山的野生马鹿

贺兰山是古人类发源地之一，这里山势峻峭，风景如画，山泉四季不竭。除了有大量的岩画外，还发现有原始人居住的山洞及房屋遗址、帐址、祭坛、古代北方游牧民族的圈石墓以及反映生殖崇拜的石砌构筑物。同时，还分布有秦代长城、西夏寺庙建筑遗址，明代水关、长城、烽堠、哨台，清代龙王庙、土地庙、羊圈、神主庙等古建筑。置身其中，不仅能领略到贺兰山的雄伟、大自然的秀美古岩画的神秘，而且会陶醉于古村落古遗址原始、厚重的文化氛围中，发思古之悠情。

永宁县西部贺兰山的野生蓝马鸡

贺兰岿然，山光浓如黛，山势曲如屏。贺兰山岩画分布较广，北到内蒙古乌海市的桌子山，南到中卫市西的贺兰山。经专家考察，游牧民族的祖先迁徙的范围很广阔，所有的岩画创作，风格相似，凿法相近，写意的各种画面，特别是人头像基本一致。正如诗人孙轶青在《观贺兰山岩画》中其中的几句写的那样：

贺兰岩画满山腰，恍见先民放牧回。

万载悠悠荆棘路，换来血雨共春雷。

永宁县境内的贺兰山南北总长 27 公里，自北向南的主要山峰有单岭子、北猴岭、无名峰、转独崖、蘑菇山、红石顶子、八里疙瘩、磨石疙瘩、牛头山、高石墩、散石子、鹰嘴山、花布山等，海拔 1200~2512.6 米，最高峰是无名峰，海拔 2512.6 米，为永宁县最高点。贺兰山东麓，是贺兰山洪积物冲积而成的扇形倾斜平原，有榆树沟、磨石沟、红井沟、窖沟、洪渠沟、柳渠沟等 23 条山洪沟，地面因受水蚀、风蚀，布满碎石，沙漠连片，是永宁县的牧区。

永宁县西部贺兰山的野生锁阳

永宁县的贺兰山岩画，主要分布在贺兰山的洪渠沟、柳渠沟等地。洪渠沟是当地俗称，因泄洪而得名，有关资料称为红旗沟有误。柳渠沟，因多有柳树而得名。此地位于黄羊滩农场西 20 公里处。这里的岩画一般都凿刻在避风向阳处，在山梁、临槽谷、半山坡、山顶、水沟两岸的峭壁上，特别是在山水沟的转弯处刻画较多。这里山势高峻，层峦叠嶂，景色幽美，潺潺泉水从沟谷流出。

这里是永宁县游牧民族最早生活过的地方。当年在这里翻滚的风云之下，有愁苦膜拜的胡人，剽悍射猎的骁骑，手绕绳索的套马高手，归牧漫歌的羌女。风吹草低的山川里，山蒿花黄，青芦密布，有愤怒的奔兽，温顺的梅花鹿，盘爬的蛇，伏在草丛中的兔子，纵枝追逐的猿猴，躲在阴暗角落里的黑熊、花虎、猎豹虎视眈眈，大胆的刺猬，机灵的蜥蜴饥不择食。一片片沼泽中，白鹭展翅起飞，芦苇似风中舞剑，金色鲤鱼、黑壳乌龟安闲地在水中摇尾伸脖子。

贺兰山柳渠沟，西东流向，一条蜿蜒起伏或隐或现的山沟从贺兰山八里疙瘩的岩缝幽谷深处流了过来。沟的南坡面向北，当地人称“阴坡”，怪石嶙峋，悬崖峭壁。马尾松、侧柏、小叶榆、山杏、山桃等树木乔灌混杂，分布于沟底南侧和凹进去的山体之中。沟底两边,一株株酸枣树似人工栽植,春天枣花飘香,秋天枣子彤红一片,冬天枣刺尖密如网。沟中间平时流水不多,但很远就能听到“哗哗哗”的流水声。走近看时,沟底鹅卵石铺散,太阳光把水面染成五颜六色。当地放牧的人称这种常年不断的水为“山水”,都说这种水是“硬水”,不是“软水”,人畜饮用极佳,人喝了肚子不疼,牲口喝了不拉稀屎。

永宁县西部贺兰山柳渠沟岩画人面像全貌

沟的北坡面向南,当地人称“阳坡”。阳坡植被较少,但特别奇特,在坡势比较平缓的半山腰,上面的岩石凸了出来,下面的岩石凹了进去,成为一块天然的避雨之地。这里密集着不少山洞,有的洞口小但里面大,有的洞口大但里面小。不少山洞都住过人,有烟熏火燎的痕迹。当地牧民说,这些山洞人老几辈子就有了,他们祖祖辈辈放羊都住在山洞里。经有关专家考证,山洞里多有人工凿过的痕迹,有不少洞是后人凿过的,工具先进,一看便知;有很多洞里凿过的痕迹十分原始粗糙,因时间久远,岩壁已被磨光滑了,至少也有3000年了。

2007年12月26日,在贺兰山东麓国营玉泉营农场住宅区发现的貉

柳渠沟的出水处很特别,无论是平时的小水,还是遇到暴雨山洪时的大水,水出沟口后都会沿着北面的山脚奔流,这是由于这里的地形是由南向北倾

斜造成的。这就使得沟口东麓保存了一片很大的牧草地。游牧先民既可在草原上放牧，又可将畜群吆至沟口，人畜驻牧在这里，饮水问题都可得到解决。远古先民如果把北面、东面用沙枣刺、酸枣刺圈起来，便是一个大羊圈。站在沟口的地方眺望，东麓的草原十分开阔，脚下的畜群一览无余。

沟口一带的"阳坡"上，是游牧先民休息、吃饭、看羊的地方，这里的岩画多为个体图案，组合图案较少。画面以动物图案居多，有马、牛、羊、狗、鹰、老虎、马鹿、梅花鹿、山鸡、野兔、狼、獾、猪，等等。看了这些岩画可以知道，在很早很早以前，贺兰山里都有哪些动物。古代的贺兰山草木苍翠葱笼，是动物的乐园。2008 年续修县志时考察，永宁县西部的贺兰山有哺乳动物、爬行动物、两栖动物等 5 纲 29 目 82 科 415 种，其中国家级保护动物 50 种。那么，几千年前的贺兰山里动物应该更多了。

洪渠沟岩画中有不少打猎的图案，可充分反映出很早以前这里生存环境的险恶。狼虫虎豹的出没，必然给游牧民族造成人畜的极大伤害。他们在这里游牧的头等大事，就是保卫人畜安全，就是同野兽做斗争。打猎图案反映出先民的勇猛刚烈和极为顽强的斗志。有的打猎图案，表现的是为了获取食物而打猎的场景，如围猎黄羊、獐鹿等，因为这些动物对人畜构不成危害。那么，游牧民族以羊牛等游牧为主，为什么要猎杀其他动物呢？专家推测，可能是由于畜群遭瘟疫死亡或缺衣少食有关。

永宁县西部贺兰山柳渠沟人面像岩画

洪渠沟岩画中有很多神像图，说明刻制岩画与先民的祭祀神灵密不可分。先民认为把各种神的形象刻制在具有灵气的石头上，更能激发出神的力量，实现所祈求的愿望，所以每幅神像的岩画前往往会有一个小祭祀场地。当时的巫师或族长创造出所需要的神的形象，并刻制在石壁上供族人顶礼膜拜，以祈求神灵对他们保佑。岩石上的舞蹈、狩猎生产、生活图案不但表现出了当时先民生活的环境,也反映出当时的民风民俗。

永宁县西部贺兰山柳渠沟岩画

永宁县贺兰山岩画最值得研究的是人面头像画。有的头像是长胡须的老人,人称“太阳神”,眼睛、鼻子、眉毛、嘴唇、胡须一样不差。在贺兰山下的村庄里,男孩的头顶上留“毛桃”,女孩的头顶上梳一双“羊角辫”,有的男孩在左右边的头拐子上各留一个“毛桃”,有的男孩在脑梢后的“争食窝”留个“毛桃”,有的男孩在左边的头拐子上留个“毛桃”,从中依稀可以看到民族习俗的传承。研究指纹的专家发现,中华56个民族自古是一家人。可见,民族血脉的传承已溶化在后世的细胞中,流淌在后世的血液中。

永宁县西部贺兰山洪渠沟动物岩画

永宁县贺兰山岩画中,青壮男性多是光头,调查当地老人便知,这里的男人祖祖辈辈都是剃光头的,在清朝时很多人都不留头发。令人费解的是,无论老少头像,在嘴唇的左右边,或脸部的左右边,都有两个黑点点,是“小酒窝”,还是“美人痣”?后人无法知晓。当专家到外国考察时,发现外国的岩画人物头像面部上也有两个黑点点。中外岩画是一个人画的吗?肯定不是,可能是一个游牧民族画的,或多个游牧民族画的,但他们都有一个自己的规定,或者是具有同样的审美标准。诗人沈鹏在《贺兰山岩画》一诗中说得好:

亦神亦怪亦疑人，昔日山坡绿草茵。
扬首弥高岩石上，至尊端是太阳身。
访古贺兰烈日蒸，乘云健足力攀登。
先民汗血锤形象，天地人伦总合情。

永宁县贺兰山岩画中还有一些符号岩画，这些符号尚无法解读。还有一些“手掌岩画”，即把自己的手掌刻在岩画上。专家学者在清理西夏建筑废墟时，发现了不少“掌印砖”，即制砖的工匠把自己的手掌印按在砖上。西夏距贺兰山岩画多少年？为什么还有这样的“传承”呢？据有关专家考证，贺兰山岩画刻制的时间是春秋战国时期至宋西夏时期。

贺兰山贺兰口有幅党项穹庐家族岩画，就是党项族早期生活的生动写照。这幅岩画高90厘米、宽100厘米，是用敲凿与磨刻的方法制作于黑色花岗石上。在画面显要部位，刻绘着数座尖顶式的穹庐，俗称“马架子”，是最原始的穹庐形式，说明党项族已从天然住宅——山洞，搬进了人工建造的帐幕中。穹庐内有人端坐其中，最上层中间的应为这一家族的始祖，两边向下依次为3人、5人，应是其后人，两边的帐房和人数依次递增，表示这个家族生息繁衍、代代相传的兴旺过程。岩画的左下方是一幅放牧图，刻有马、牛、羊等动物，一派人畜两旺的景象，向我们揭示了党项羌民族已从狩猎业转向畜牧业，成为一个以牛羊为本的原始游牧民族。岩画的右侧有一个人盘腿而坐，双手合十，头顶是一个巨大的尖顶穹庐，这是党项先民最早对天象观察的真实记载，认为广袤无垠的宇宙是穹庐形的，天是世界的主宰，决定着

永宁县西部贺兰山柳渠沟人面像岩画

大自然的一切。

永宁县贺兰山岩画中有牲畜交配图案，说明游牧先民对牲畜繁殖已有一定的了解,同时也说明了当时畜牧业的兴旺发达。还有牧民男女性交的图案,反映了人类生殖的原始性。男性生殖器被刻画得很粗大,从另一个角度反映了原始的生殖崇拜。

贺兰山峻岭逶迤,层峦磅礴。贺兰山岩画,内容丰富,题材广泛,造型粗犷深厚,写实中用笔简练,构图朴实,比例适度,姿态生动自然,表现了北方少数民族的图腾崇拜、狩猎、游牧和娱乐生活,是古代匈奴、鲜卑、突厥、党项等游牧民族的文化遗产和艺术长廊。诗人刘德祥这样评价贺兰山岩画:

贺兰岩画万千年,愈显辉煌世界鲜。
禽兽飞奔睁怒目,人神狂舞乐欢天。
原标崖壁生存景,再现先民审美观。
记录神州边塞史,古人才智也非凡。

有人提出,有那么多岩画在悬崖之上,当时的人是怎么爬上去画的?这是他们不了解岩画产生地的特点。这里以洪渠沟岩画为例加以说明。20世纪60年代崖壁岩画之下还有很多巨石堆积,按现在的人的身高测试,站在石头上,是能够得着岩画位置的。但是从20世纪70年代后,在贺兰山里采石的农民很多,特别是沿山一带农民盖房子垫石基,都到贺兰山拉石头,基本上把崖壁下好采的石头都拉走了,只剩下撬不动搬不走的巨石和岩壁,自然有的岩画位置就显得很高。

史家常说:“多少花朵与笑脸,不识汉瓦秦砖。”有的农民进山采石,还会把刻有岩画的石头采来用。20世纪60年代,山下一户农民盖房子,从贺兰山里拉回一大车石头,有的石头上就刻着人面头像,还有的刻着马匹。有人说这些图案是用錾子凿的,錾子是用钢铁做的,原始游牧民有没有錾子?这些岩画是他们用什么刻画在坚硬的岩石之上的呢?贺兰山岩画的制作方法有以下几种。

垂直打击法。是用尖状石器直接垂直打击石面，使被打击的石面呈碎片状剥离，构成画面。其特点是受力不均而凹凸不平，打击点较浅。

敲击法。是用石头或铁锤打击接触石面的尖状石器或金属器而成图像，石面上的图像由密密麻麻的凿坑组成。此方法与垂直法的区别是，垂直法是凿器直接接触石面打击成图，敲击法是通过打击凿器而在石面成图。

凿磨法。是先用垂直法或敲击法打击成图后，在用石器延图像轮廓线多次推磨，使刻槽线条又宽又深，成“U”形槽。特点是画面通体低于石面，构成减地印刻效果，线条表面平滑，不见凿坑点。在人面像岩画中用此法较多，可能反映了巫术文化的特点。

磨痕法。是用石器在岩面上不断推磨，将石面上自然氧化生成的岩漆、岩垢、石绣铲除而露出石头本色形成的图案。其特点是所刻制的岩画与原石头有明显的“过度色”效果，用手触摸没有刻痕感。

以上四法，除垂直打击法和磨刻法可单独使用外，其余方法都需结合使用，反映了制作者的精神崇拜或后人参与制作的特点。

银川世界岩画馆内的壁柜中央摆放的中间有孔的圆形石器，是 2008 年管理处的工作人员在维修太阳神时，在周围台阶的缝隙中发现的。石器共有 5 个侧面，其中 3 个侧面的宽度为 1.2 厘米、1.5 厘米和 2 厘米，与太阳神岩画的不同部位的宽度是相吻合的，学者推测，它很可能是当年古人制作太阳神岩画所使用的工具。

山下一位 80 多岁的老人说，他家祖祖辈辈在贺兰山放牧，贺兰山岩画到处都有。破坏最为严重的是农民拉石头垫房基地。虽说 20 世纪 80 年代开始对贺兰山岩画进行保护，但人为的破坏仍在继续。20 世纪 80 年代编修县志时，贺兰山洪渠沟沟口还有两幅岩画，到 2000 年续修县志时，这两幅岩画已不翼而飞。

郦道元在《水经注·河水》中记录了贺兰山岩画，他在记述宁夏境内的黄河时写道：“河水又东北，历石崖山西，去北地五百里，山石之上自然有文，尽若虎马之状，粲然成著，类似图焉，故亦谓之画石山也。”意为：大河又东北流经石崖山西面，石崖山离北地郡五百里，山上石头有天然花纹，都像虎、马的形状，非常鲜明，好像画的一样，所以也叫做画石山。郦道元所见的“粲然成著，美似图焉”的画石山，其实就是远古游牧人刻画的岩画。郦道元在《水经注》中记载全国的岩画区，岩画点 20 多处。

唐代韩愈曾对岩画产生过兴趣，宋代李石《续博物志》、明代张穆《异闻录》等书提到了广西左江流域的岩画。远古游牧民族遗留至今的宝贵岩画，连同记述岩画的这些专著，成为研究岩画的珍贵文献。

先人的遗迹早已变成了历史的尘埃，但永远不变的是民族的传承。细观贺兰山东麓村庄里的居民，有的世世代代皮色黝黑，那不是后天晒的，而是先天生的，大人小孩都一样；有的生下来皮肤就是白的，整天在地里劳动也晒不黑。有的从祖辈到孙辈，无论生几个孩子都有一个"糙胡浪"，即鱼鳞皮肤，身上的皮肤呈鱼鳞状，从小到老不脱。有的双目瞳仁是黄色的，有的双目瞳仁是淡蓝色的。有的是天生的黄头发，家族祖传都一样。有的人眼睛是直的，即向左右看眼珠子转动不灵活，非要左右转脑袋。我们不好断定他们祖上是哪一支游牧民族，因为他们现在都是中华民族中的一员，成了这一方的主人。

这里的人不煮鸡蛋，常把鸡蛋用黄泥巴包了放在灶堂的火堆里烤。他们还用泥巴把鸡连毛包了，放在火堆里焖，等焖好后从火堆里扒出来，鸡皮鸡毛自然脱落，露出又白又鲜又嫩香喷喷的鸡肉，他们说这是"祖传烧烤"。他们将黄泥捏成手心大半那么大的圆形，戳几个孔，放在火堆里烧好后，就能吹出谁也听不懂的曲子。他们叫老鹰是"老鸮鸮"，叫葵花是"线黄"，称打人为"打驾"，帮人打驾为"护驾"。"街"读"该"音，说"鞋"是"孩"音，除此而外抢寡妇、哥死弟娶嫂等习俗都能从他们祖上找到依据。

"沙场白骨寒，史笔后人看。"贺兰山下当年的游牧民族已成为遥远的历史，但似又不曾真正地远去，岩画、洞穴、长城、庙宇、寺塔和那些悠久的遗存，仍历历在目，当年和现在一切都仿佛远在千里，近在咫尺。贺兰山是远古时期先民祭祀的"神山"。它的脚下，便是几千年来奔腾不息的黄河，古人称之为"神河"。永宁县，东枕黄河浪，西倚贺兰峰，世世代代都流传着说不完、道不尽的故事。

永宁最早的城镇——上河城

秦始皇画像

塞上江南，九曲黄河，偏富朔方。观今日之永宁，沃野千里，沟渠纵横，植被茂盛，一派欣欣向荣。永宁县开发的历史，要从蒙恬戍边开发河套说起。

公元前 221 年，秦始皇派大将蒙恬带兵 30 万北逐匈奴，沿黄河两岸筑县城 34 座戍边屯垦。在黄河以西驻守屯垦的地区包括今永宁县东部灌区王弘（今望洪）、杨和、王泰（今王太）、上河、下河、永清、李祥（今立强）、长湖及以北地区，直到陶乐的浑怀障。蒙恬从内地迁来大批贫民和罪犯与军士一同戍守边防、开垦田地、发展水利，开军队屯田戍边的先河，为永宁一带最早驻军。当时这里的环境十分险恶，滚滚黄河忽东忽西，岔河众多，狂风肆虐。穷山恶水中野兽众多，鬼哭狼嚎，后人把这里称之为“鬼方”。

据史书记载，蒙恬北逐匈奴，取“河南地”（今宁夏一带），宁夏地区遂入秦国版图，属北地郡富平县。蒙恬戍边十余载，“匈奴不敢入”，故倍受秦始皇宠信，他曾在漠北赋诗：“魂归来兮，金戈铁马兮，驰凭北地兮，依山傍水兮，草色何肥兮……”据史料考证，永宁县的农业开发“起于秦，盛于汉，复兴于隋唐，大完备于明清”，重要的军事地位和历代征战屯垦、移民戍边的政策，有力地促进了当地农牧业的发展。在永宁县开发的历史长河中，蒙恬最先率兵在这里耕战十余载，是永宁县最早的拓

蒙恬画像

荒者。

强大的秦王朝被陈胜、吴广所领导的农民起义军所撼动，处于风雨飘摇岌岌可危的境地。这时，以项羽、刘邦为首的地方势力乘机纷起，逐鹿中原。经过四年多的楚汉之争，刘邦战胜项羽，于公元前206年建立汉朝，建都长安（西安市西北部），史称西汉。今宁夏全境分属北地郡和安定郡管辖，今永宁县西部属灵武县（治青铜峡市邵岗乡内）管辖，永宁县东部属灵州县（治吴忠市利通区古城村一带）管辖。

为什么说永宁县的农业开发“起于秦，盛于汉”呢？这与汉代重视农业开发大有关系。汉武帝调动巨大的民力，进行兴修水利与对匈奴作战两大事业。水利促进了农业，农业又支持了战争。汉武帝取得了战争的胜利，是与水利上的成就相配合的。水利工程是发展农业的一个重要基础。自传说中的大禹以来，治水常是大的国家政治措施，但大规模的治水，却是从汉武帝开始的。

汉武帝继承了汉高祖以来，数十年休养生息所积累的国家资源，对内“罢黜百家，独尊儒术”，奠定了中央集权官僚体制运作的理论与方法，对外则连年发兵征讨匈奴，开拓四夷，使大汉声威远播，国势达于顶峰。汉武帝的这两个内外举措，对当时的银川平原都产生了直接或间接的影响。中央集权官僚体制运作渗透到银川平原上，使这里开始出现和内地基本同步的国家体系；对匈奴的发兵，使作为和匈奴交战前沿地带的银川平原成为屯兵重地，刺激了平原地区的屯田和移民，催生了城池的形成与规模扩大。银川平原的最初建城，就是在这样的大背景下出现的。

西汉时期，冯参将军担任农都尉，主管屯田农事，领当地军民在邵刚堡处筑南典农城（史称胡城、灵武），在通吉桥（通桥）上河、下河村处筑上河城（史称汉城、河西寨），在张政堡（掌政）洼路村处筑北典农城（史称饮汉城、吕城、怀远城）。西汉时在永宁县境内筑上河城，为永宁县历史上建城之始。

汉武帝元狩六年（前127年）至元鼎二年（前115年），初步建成引黄灌溉体系。为了管理众多的民众，官方在灌区修筑了几座城堡，修建时间在元鼎五年（前112

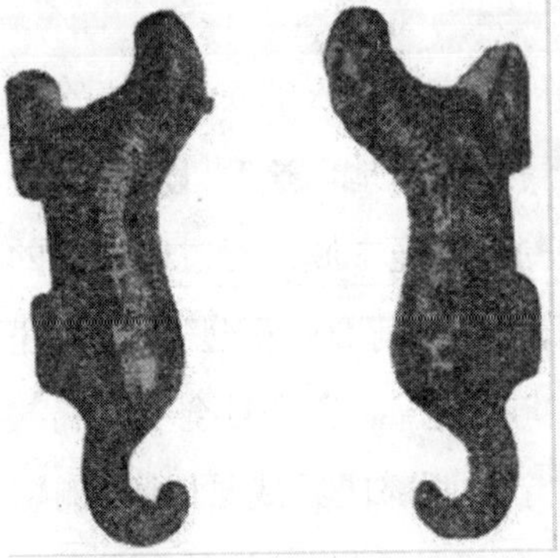

秦代虎符

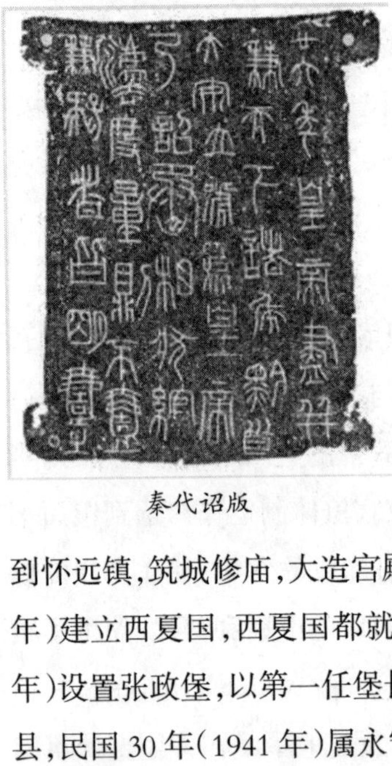

秦代诏版

年)前后。其中4座城堡在当时黄河主河道西侧,即南典农城、上河城、北典农城和廉县古城(西河亭)。学者们把这4座古城称之为“河西四城”。

先说北典农城。秦代这里属北地郡富平县,汉代属廉县。汉武帝元鼎五年(前112年),冯参将军任上河农都尉主管屯田农事,在张政堡洼路村处筑北典农城,此为银川市建城之始,至今已有2100多年的历史。汉代朝廷为了戍边固城,开始向今天的银川平原大规模的移民。上河农都尉冯参带领这里的百姓开渠引水灌田,殖谷发展农耕,建起了一座管理屯田戍边的北典农城。因此处安置从河南宛西吕城迁来的大批移民,故而又称吕城,因靠近黄河边的黄河渡口,也被称为吕渡。魏晋南北朝时,赫连勃勃在此建立了饮汉城, 因饮用汉延渠水而得名。并于东晋安帝义熙九年(413年),在此建丽子园。北周武帝建德三年(574年),在丽子园建怀远县。北宋《武经总要》中称此地为“塞北江南”。宋天禧四年(1020年),李德明决定将西夏都城从灵州西平府迁到怀远镇,筑城修庙,大造宫殿官署,城池宫室初具规模。李元昊于宋宝元年(1038年)建立西夏国,西夏国都就建在怀远城,定名为兴庆府。明洪武二十五年(1392年)设置张政堡,以第一任堡长张政之名命名。清雍正二年(1724年)张政堡属宁夏县,民国30年(1941年)属永宁县,1949年张政改为永宁县掌政乡。朝代的更替,民族的融合,使这里积淀了极为丰富的多元文化。

再说南典农城。南典农城是上河农都尉冯参建筑的管理屯田戍边的又一城池,位于邵刚堡。这里先后为富平县、回乐县属地,西汉时在此设灵武县,因此地西边有“灵武谷”而得名。北周武帝天和三年(568年),后魏攻破赫连昌,将俘虏、胡人等少数民族迁徙到这里,成立了胡城。北宋开宝年间(968~976年),改灵武县为军镇,为河外八镇之一。西夏时升置为顺州。明代归宁夏左屯卫,清代、民国属宁朔县范围,今永宁县西部属之。唐代诗人王维在《使至塞上》中写道:

单车欲问边,属国过居延。
征蓬出汉塞,归雁入胡天。
大漠孤烟直,长河落日圆。
萧关逢候骑,都护在燕然。

诗中所说的"胡天"就是指"胡城之地;"属国",一说是秦汉时典属国官名,这里诗人用来指自己的使者身份;"孤烟",一说是古代通报军事信息的方式,指在长城烽火台上点燃狼粪冒出的浓烟;"长河",是指横卧如带的黄河;"燕然",一说指燕然山,即现在蒙古国境内杭爱山,代指边防前线。王维在诗中描绘的"大漠、孤烟、长河、落日"这些边塞奇特风光,表现出北方大漠的旷远荒凉和广野静寂,把读者的思绪拉到了苍凉雄浑、寂寥空灵的意境中,给人以无尽遐想。

西汉时期在原通桥乡的上河、下河村处筑上河城,后人称河西寨、河西堡、上河寨,原址因黄河西移而冲刷

邵刚堡,明代以前称灵武马站堡,明洪武初年设立邵刚堡,以第一任堡长邵刚之名命名。曾是宁朔县、永宁县属地。邵刚堡在历史上有名,不只是有名诗从这里传扬,还因为汉代冯参在这里建筑了南典农城。明代,因"北虏数犯宁化、李俊诸堡",宁夏镇设"南路邵刚堡",明正德五年(1510年)设守备署,建振武楼,领玉泉营旗军200名,把总官1员。

后说上河城。冯参任上河农都尉的上河城,位于今永宁县的上河村、下河村。

“上河城”本是一个地名，后来为什么会出现上河、下河两个地名呢？这与后来的“黄河改道”“岔河众多”有关。岔河出现在上河城，那么，岔河上方的地方便叫“上河”，靠近黄河主河道的下方便叫“下河”，这就是今天黄河西岸有下河村，而下河村之西又有上河村的缘故。王弘堡在黄河之西，但靠近河边的两个地方，一个叫东河村，一个叫西河村（新中国成立后改为东和村、西和村），同在今天的黄河之西，又为什么叫东河、西河呢？这是因为当时两村之间有岔河。

上河城与北典农城、南典农城不同的是，这里是冯参的“上河典农都尉所治也”。可见，上河城不仅是一座典农城，还是冯参指挥屯田的治所和居住的地方。当时上河城屯田的规模很大，几乎涵盖了今天的上河、下河、永清、政台、政权、立强等村。这里出土的筑城基石、巨砖、残瓦、古井、古墓、文物，等等，见证了辉煌的历史和早期的农耕文明。北魏时“徙汉人以屯田”，在这里建筑了汉城。明清时，这里称为河西寨、河西堡、上河寨。上河城是永宁县建城之始，至今已有2100多年。

北魏地理学家、历史学家郦道元编纂的《水经注》，最早记述了贺兰山岩画和上河城

郦道元在《水经注》中记载：“薛瓒曰：上河在西河富平县。即此也，冯参为上河典农都尉所治也。”汉代，除了建上河农都尉外，还在西部地区建立了朔方农都尉、张掖农都尉、酒泉农都尉等。据《宁夏军事志》记载：“上河城，西汉武帝时筑，以屯田为主，西汉上河农都尉治，上河城在（南）典农城之北，属灵州县，北魏称之为汉城。”

那么“典农城”是什么机构呢？典，即主管、执掌之意，如典军、典试、典狱等。典农，即执掌农事。典农城，即掌管农事的农都尉之驻地，“边郡置农都尉，主屯田殖谷”。农都尉冯参将田地、荒滩划成条块，分给屯军、农户、流民、牧民等人耕种，年终只交数量很少的赋税粮，其余收入归耕者个人所有，调动了流民的积极性，促进了汉代当地农业的发展。

永宁县的上河村、下河村，是西汉农都尉冯参将军建筑上河城的地方，也是永宁县汉代最早开发的地区之一。地名从西汉起，先后叫上河城、河西寨、河西堡、上河寨，不但地名流传至今，还流传着很多冯参兴农耕的故事。冯参任上河城农都尉，不但兴修水利，还推行了“代田法”和新的田器及耕作技术。

汉代牛耕图

当时的北典农城、上河城、南典农城等地耕作制度还处于原始阶段。耕作的方法是将土地用耙拉过后，就在土上撒播谷物，不分行，更无埂，称为缦田。这种方法不能连年耕种，如连年耕种必然造成地力用尽，地力用尽就要休田。休田的作法按土质决定，上等田种一茬休一年，中等田种一茬休两年，下等田种一茬休三年。“休息”的田地高田犁晒，洼田用水泡，称为莱田。这就造成“难种五谷”(汉代五谷指黍、稷、稻、麦、菽)，“难调剂地力”。当时一年只种一茬，还没有一年种两茬或轮作、倒茬、间种、套种的习俗，被后人称之为“种一年荒两年，缓缓泡泡第三年”，这种“原始粗放，广种薄收”的耕作，严重妨碍了农业生产的发展。

冯参推行的“代田法”是先将土地测量。一亩地直测，横一步，纵二百四十步；方测，横十五步，纵十六步。“每步分三甽”(甽，田间的小埂)，每甽宽一尺深一尺。一步宽六尺，三甽每年换位一次。这样做能常保地力，甽中的土置于甽旁，“谷种播甽中”。也就是说，田中按基本规定的尺度有小埂，把整块田变成条状，今年种这条，明年种那条，间隔错开。这种方法不但使田间农作物有了“通风道”，还方便了农民追肥、除草，不平的田因为有了小埂，还能使田里“不跑水”。田间留出来没种的“条田”，可以当人行道，也可以挖了翻晒，保持和恢复地力，来年再种。这种做法一直流传到现在，当地农民种山芋、白菜，还是用锄头拉沟种，不过现在的土地利用率高，不像汉代的地，沟与沟之间相隔很远。20世纪80年代前，当地农民种田还有“歇茬”的习俗，被称之为“种一年，歇一年”，不是“人歇”，而是“田歇”，他们认为

汉代执锄陶俑

“歇田”很“划算”，所以有“歇田如放账”之说。

北典农城的陶牛车

汉代永宁地区虽说有了汉延渠、唐徕渠，但因是开发初期，只是沿渠周围的田淌水方便，其余广大地区还是“靠天吃饭”，“种一葫芦收一瓢”。冯参推行“代田法”，能使农田旱情缓解，保墒通风，固水增收。冯参还在西部地区农业开发中，推广了新的“田器”。

自春秋以来，不少农民使用“牛耕”，但役牛耕田的不多，冯参创制耦犁，大力推广牛耕。采用“二牛挽二犁，二人各扶一犁，一人牵引二牛，共二牛三人”，冯参推广使用耦犁(耦，两个人在一起耕地)，农民犁田数量大增。

冯参兴农耕推广了耧车。耧车是下种器，一人一牛，农民播种数量上升。在这以前农民都采用的是撒播，五谷种子往往有很多露出土外，被鸦雀所食，种得浅的，被其他禽类刨食，严重影响了出苗率的提高。用耧车进行播种，能使种子进土深浅适中，便于生根出苗。

冯参兴农耕推广了人力犁。在耦犁、人力犁没推广之前，种田多采用缦田的方式，即用有丁齿的耙拉一遍就撒种。因土地没深翻，阴土晒不上，杂草没除根，病虫害多，严重影响了五谷的产量。那么，有了耦犁为什么还要推广人力犁呢？这是因为当时牛力严重不足，一般农民无力养牛，因而推广人力犁。冯参推广耦犁、人力犁耕种田地，比以前的缦田每亩一年多收入五谷一石或两石。推广人力犁一天能耕田三十亩，人力少的农户一天也能耕田十三亩。

冯参推广新田器和新的耕作方法，推选有经验的匠人制做新田器，汉武帝曾令诸郡派县令、三老(当地有威望的人)、力田(地方小官)和乡里老农到北典农城、上河城、南典农城学习新田器使用方法及“耕种养苗法”，被当地老百姓演义成民间故事，流传至今。

历史的车轮辗过，所有的真实上面都蒙上了一层浮尘。时光有时会埋没一切，有时亦会重现一切。让我们一起走进现场，重拾记忆，感受脚下这片黄土地的厚重。

通桥乡下河村出土的东汉时期廉眇印及印文

1972 年 8 月，永宁县通桥公社下河大队社员在挖渠时，发现了一枚奇怪的印章。这枚印章呈正方形，边长 1.5 厘米，厚 0.4 厘米，高 0.8 厘米。印章的正面刻有阴文篆书“廉眇印”三个字，印文刻制刀工刚劲流畅，书法端正严谨，字迹清晰，棱角分明。印章颜色深红透亮，小巧精致，当地人谁也不知道这是何物。

经文物专家鉴定，这枚印章的年代是东汉时期，印章的材质是琥珀，这种琥珀的质量极高，现行市场上根本见不到，就是博物馆里也极为罕见。同时，文物专家确认，这是东汉时期的人物姓名印章，按东汉习俗规定，该印应为主人生前所佩，死后随葬。

琥珀印的背面有只猛虎盘卧，有虎钮，虎的腹下有系带孔。此印对了解东汉时期印章的刻制、书法，考证墓主人的身份，都有极其重要的价值。这枚印章被命名为东汉琥珀廉眇印，鉴定为国家一级文物，被宁夏博物馆收藏。永宁县文史专家经过对此地出土的其他陶器残片综合考查，认定这里是一片汉代墓地，但几经开渠、建房，早已被毁。

2010 年 10 月，望洪镇靖益村西南汉墓发现现场

东汉时期上河城的一位屯垦头目叫廉眇，他死后就葬在下河村，原地离黄河较远，后因黄河西移，故到了黄河边。这里出土的廉眇印，佐证了这段历史。这片汉代墓葬群埋葬的人很多，当地姓廉的农户也不少，可惜他们无法去认两千年前的老祖宗。上河城很早以前有座三皇庙，如今三皇庙早已无踪无影，但关于三皇庙的来由却在民间广泛流传。

汉代墓葬在永宁县境内不断发现，2010 年 10 月，在望洪镇西发现的汉墓长约

4米，宽约80厘米，是椭圆型。墓穴用青砖砌成，每块青砖都有榿子，环环相扣，不用任何砂石细泥黏结。经市县文物专家考查，从这座汉墓的规模和格局来看，应是一位家境富裕的人，但由于棺木、青砖已被破坏，墓穴内的东西早已被盗，很难获得更多有用的信息。

永宁县西部的新桥滩汉墓群

永宁县发现的汉代墓葬群落很多，有位于汉延渠100米处的通桥公社长湖大队汉代墓葬群落，有位于增岗公社唐徕渠西侧的新桥滩汉代墓葬群落，有位于三关口东南2公里处的汉代墓葬群落，有位于贺兰山大口子沟内北山坡的汉代墓葬群落，等等，正如诗中所说，“青山处处埋忠骨，何必马革裹尸还”。时过境迁，这些汉代墓葬群落多被耕种，变成了农田，唯有平羌堡汉代墓葬群落基本完好。1972年4月26日，清理汉代墓葬8座，墓葬形式分为土坑墓和土坑木椁墓两类，无墓道，棺椁已成黑土。随葬品有黄釉盒、壶、钫、奁、博山炉、弧纹镜、五铢钱、车马具、动物俑、竹席、金箔、陶仓等，其中的4件汉代陶仓，见证了汉代先民刨食于黄土的历史，满盛着他们世世代代对吃饱肚子的渴望。正如明代诗人震生雪在诗中写的那样：

昔日烽火边关城，千年塞上此冤沉。
生前造就千支笔，谁写孤臣一片心。

白马拉缰传奇

闸分天上水，工自古人奇。
农亩沾春阔，渔舟待月迟。
汉唐能保障，天地亦何私。
惭愧观风客，年年注意时。

这是明代杨守礼写的《观两坝》。两坝，即汉延渠、唐徕渠黄河口处引水之两坝。诗中赞扬两坝是自古以来的人间奇迹，歌颂了汉延渠、唐徕渠泽被后世的天地无私功绩。同时代的孙汝汇在《汉唐两坝记》中写道："黄河由昆仑、积石入峡口，绕宁夏东西，直流而北。东作渠引流曰汉渠，汉之西曰唐徕。自董文用、郭守敬开导授民，其利远矣。迄今渠久浸淤，岁发千夫浚之，木植劳费，不啻万计。昔谓黄河独利于夏，兹困也孰甚？"言明了汉延渠、唐徕渠黄河进水口的准确位置，他说的"黄河独利于夏"，也成为今天所说的"天下黄河富宁夏"的原版。

永宁县境内的汉延渠

秦汉渠分水闸

汉代开挖汉延渠，是在全国“大兴农耕”的历史背景下开始的。汉武帝不但对全国兴修水利、治理河道三令五申，还亲临较大的开渠治河现场。汉武帝发卒数万人开漕渠，自昆明湖到黄河长三百余里，节省漕运时间一半，灌溉农田万余顷。发卒万余人引洛水至商颜山下。因洛水岸常崩塌，开渠不成，水工发明了开井渠法，在地下开水渠，竖井深数十丈，井井相连，自商颜山西引水到山东，长十余里，被称为龙首渠。公元前109年，汉武帝发卒数万人堵黄河决口，他亲自到河南濮阳的黄河上，令随从官员自将军以下和士卒同吃同住同领薪金，终于堵住了危害20余年的黄河大决口。汉武帝发动朔方、河西、张掖、酒泉、敦煌、北地等郡开渠灌田。敦煌郡鱼泽障(堡)尉官因抗拒开渠被杀，汉武帝改鱼泽障为效谷县(今甘肃安西县西)。西部诸郡县兴修水利，有利地巩固了边防。西汉时在关中开的渠有灵轵渠、成国渠、白渠等，溉田数千顷至万余顷。汝南、九江郡引淮水，东海滨引钜定泽水，泰山下引汶水。所开掘的这些渠道每条至少灌溉田地万余顷。至于各地小渠及蓄积山谷水成陂池，不可胜数。俗话说，“收多收少在于肥，有收无收在于水”，农田有了水，收成得到了保证，当时普通旱田每亩收一石粮食，水田收四石粮食。汉武帝大规模治水，对中国北部广大地区的农业发展，具有重大的推动作用。

汉武帝重视西部边防，把拒匈奴当作一大任务，同时他重视西部农业开发，把农业开发当作一大任务。纵穿永宁县境内的汉延渠、唐徕渠，就是在汉代开挖的。汉代开挖汉延渠、唐徕渠的故事很多，其中有个《白马拉缰》的故事，专说开渠时的艰难。

唐徕渠大坝进水闸

话说汉武帝开挖汉延渠的命令从朝廷发出后，几天就到了北地郡、富平县。

富平县的地方三老（当地有威望的人）、力田（地方小官）和贫苦百姓奔走相告，“山呼万岁”。富平县令急命县衙测绘师会同地方三老、力田三天内拿出开挖路线图。谁知时过七日，开挖路线图仍未呈上。原来是沿途庄头怕占用自家田地，结成一伙，阻止开挖。时值干旱季节，田里禾苗枯焦，十几个庄头联合起来，举行“童子求雨”仪式：九十九个五岁男童，每人只带个红肚兜儿，在巫婆神汉的指挥下，众童子手执明香三炷祈祷，几个童子先大声喊：“童子烧香，报告上苍，天降甘露，地下烧香！有雨没有？”众童子齐声喊：“有雨！有雨！”他们随着“哐嚓嚓”的锣鼓声变换队形，踏着羌笛圣乐做三叩九拜及上香、升黄表的动作。

汉武帝画像

县令气急败坏，喝令将庄头都抓了起来。谁知这下可惹恼了他们的家属子女，他们举家老小睡到工地上，把开渠的桩拔了，拉的线揪了，围攻三老，毒打力田，辱骂测绘师。此时，北地郡派官员来催，说再不开工，报皇上惩治，还说敦煌郡鱼泽障（堡）的尉官抗拒开渠，已被处斩。县令万般无奈，只得带领众衙役再到工地。县令刚到工地，就被一伙人围了。本来“渠走高田，沟走洼地”，他们却要把渠线朝洼地挪，占用赔偿，早有定额，县令将自己三年的养廉银和县衙公务费银又加上了，他们还嫌赔偿的少，他们操着各种口音，南腔北调，无理取闹，装神弄鬼，碰头撒死，大打出手，把县令围攻了两天三夜。当时这里属塞外荒丘，南蛮北狄民族众多，人都穷得衣不遮体，且性格倔犟，语言粗陋，不知礼仪，县令只能耐着性子。

这天，北地郡又派官员前来催促开工，县令只得脱了官服，摘了官帽，说要投黄河自尽，以谢皇恩。

农都尉冯参将军闻迅赶来，他穿着一身白色袍服，骑着一匹白色高头大马，人称他是白袍将军，称他的马是白龙马，说此马在青海湖长大，又叫青海骢，最能善解人意，称为神马。县令垂泪道：“吾皇传下圣旨开渠，又送来赏银，可见皇恩浩荡，吾等应尽力为民才是。谁料荒蛮之地，穷山恶水，鱼龙混杂，贪戾无厌，失尽廉耻。如开杀戒又违本愿，只有自己了结，何劳将军亲临？”

西汉白马拉缰开挖汉延渠的传说(李振文　绘)

冯参道：“皇帝明德哀众，励农桑，置农都尉，筑城典农，疆内兴盛，此国之大业。开渠润田，泽被后世，招募典农，兴修水利，本是吾职，何分你我？久闻县令体恤百姓，仁义多善，宁舍己身，不开杀戒，可知当地有句俗语，‘佛爷慢了站着烧香’，对刁民‘三句好话不如一马棒’乎？”

冯参提出，调遣北典农城、上河城、南典农城屯军和屯丁3000人马护卫汉延渠开挖沿线，并协助开挖。县令满脸喜色，命县衙传令三天内两万余征夫到工地集合齐备。

开工这天，工地上人山人海，旌旗招展，众役夫听说冯参将军也来了，争相观看他的那匹白龙马。只见白龙马头上戴着大红花，身上披着彩子，金鞍铜镫，十分雄奇。冯参骑在马上，白袍飘逸，气宇轩昂，威风凛凛。众皆欢呼：“好个白龙马，好个白袍将军！”役夫们把这匹白马喧呼得更神了。突然人群惊叫起来，说白龙马的尾巴上拴有条绳子，绳子上还挂有个大钩子。只听冯参高声叫道：“此渠系塞上龙脉，大汉血脉，唯白龙马拉缰方能开工！”他说完朝白龙马的屁股上轻轻绕了一鞭子，白龙马便飞奔起来。围观的人急忙让开了一条大道，但见一缕银光“嗖嗖嗖”的在眼前闪过，红尘落定后，地上留下了很深的小沟，屯军都说这就是龙线，便顺着线开挖起来。霎时，工地上鼓乐喧天，鞭炮齐鸣，人皆欢呼。

冯参骑着白龙马，沿着地势较高的地方飞跑，路线弯弯曲曲，酷似一条巨龙。后来的人整治此渠，进行裁弯，总说当时开渠咋不直开，他们不知道，“渠走高地”，不但高田能淌上水，洼田更是灌水方便。很多低洼盐碱地经过黄水黄泥的淤澄，后来都变成了上等好田，当地人称之为“黄泥压盐”。很多荒滩、草滩都变成了好田，当地称之为“黄泥压杂”。现在汉延渠、唐徕渠周围的田为什么高？是历年灌溉的结果。裁弯取直，渠水流速加快，对渠底冲刷力强，使渠底变低，便是弊端。

沿渠一带庄头见县令开渠毁了他们的好田，又要串联起来闹事，但是当他们看到冯参带来的人马个个如狼似虎，都被震住了。还有的坐在工地上碰头撒死，被屯军像老鹰抓小鸡似的提起来扔到一边。又有扶老携幼来挡的，先是跌跌撞撞地朝工地冲，进来后见千军万马尘土飞扬，又没命地朝出爬。民工都喊：“快滚，快滚！滚得慢了就埋到渠塀里啦！”三年后，当汉延渠两岸的百姓担着丰收的五谷到县衙“谢恩”时，他们才知道县令调走了。都说这个县令是位好官，其他县为开渠不知杀了多少人，他没伤一个老百姓。

汉延渠又名汉源渠，习称汉渠，因开挖于西汉而得名。据《大修汉渠碑记》记载，“汉之有斯渠，始元封太初间”。可见，汉延渠开挖于西汉元封至太初年间（前110~前101年）。据明《万历朔方新志》记载，“浚汉渠者，虞诩、郭璜也”，说明西汉时已有此渠，东汉时虞诩、郭璜复浚。据《嘉靖宁夏新志》记载，“汉渠自峡口之东凿引河流，绕城东逶迤而北，余波仍入于河，延袤二百五十里，其支流陡口大小三百六十九处”。

唐徕渠又名唐梁渠，习称唐渠，因开挖于东汉，大规模复浚于唐代而得名。有人认为，唐徕渠是“唐代而来”的渠，所以“开挖于唐代”，这是一种误解。据明《万历朔方新志》记载，“唐徕渠亦汉故渠而复浚于唐者”，说明唐代时对汉代旧渠曾大加疏浚、延长，并“招徕垦种”，遂名唐徕渠。唐徕渠比汉延渠开挖的时间晚，大约在东汉延平至永初年间（106~113年）。北魏时黄河改道东移，永宁县境内除主河道外，又增加了两条岔河，唐徕渠渠身多处冲毁，唐代又进行了大规模的整治。据《嘉靖宁夏新志》记载，“唐渠自汉渠口之西凿引河流，绕城西逶迤而北，余波亦入于河，延

永宁县境内的唐徕渠

袤四百里。其支流陡口大小八百八处”。

汉渠、唐渠“每岁春三月，发军丁修治之，所费不赀。四月初，开水北流。其分灌之法，自下流而上，官为封禁，修治少不如法，则水利不行，田涸而民困矣，公私无所倚。此宁夏恃以为重者，实二渠为然。”

汉延渠、唐徕渠，把波涛漫天的“天上水”分闸引入，这是汉代人工创造的奇迹。从此后，这里的农田洒满了阳光雨露，准备打渔的渔民也开始造船捕鱼。这一切都归功于汉延渠、唐徕渠的泽被。明庆靖王朱㮵在《汉渠春涨》中写道：

神河浩浩来天际，别络分流号汉渠。
万顷腴田凭灌溉，千家禾黍足耕锄。
三春雪水桃花泛，二月和风柳眼舒。
追忆前人疏凿后，于今利泽福吾居。

庆靖王朱㮵把黄河比作“神河”，“黄河之水天上来，奔流到海不复回”的气魄在他的脑海中涌动，但他却着重颂扬的是汉代开的这条汉延渠。有了这条大渠，从此万顷良田得到了灌溉，家家户户男耕女织。汉延渠，农历二月两岸杨柳依依，农历三月两岸桃花盛开。在欣赏汉延渠“塞北江南”的美丽景色之时，庆靖王没有忘记汉代凿渠泽被后世的功绩。明代王逊在《汉渠春水》中写道：

昆仑万古灵，作水注黄河。
大汉为渠久，中原决处多。
瞻天悭夏雨，谪戍赖春波。
岁岁丰穈粟，宜闻击壤歌。

王逊说，黄河的滚滚之流来自于昆仑“灵山”，他指出这条“大汉”时开挖的古渠年代久远，决口甚多，要多加复修。戍守边防的人如果没有这条渠的滋养，没有年年的农业丰收，就无法镇守边防，所以，他听到田野里农民的歌声后，非常高兴。明代巡抚黄图安在《汉渠春涨》一诗中写道：

朔塞井疆自古闻，渠成时雨锸成云。
源开星宿天边至，浪泛桃花陇亩分。
千里荒边饶灌溉，万家渴壤尽氤氲。
分来河润成肥沃，疏浚春工莫惮勤。

黄图安说，西汉朔方郡发动当地军民开挖的汉延渠，使这里耕田成井字状，使“千里荒边”之地得到灌溉，不但家家有水喝，干旱的田地也土壤湿润，烟云弥漫。这些田地因得到了黄河水的灌溉，都变成了肥沃的土壤。他提醒要勤加疏浚，不误农时。

清代“长渠流润”被列为宁夏八景之一。“长渠”指唐徕渠、汉延渠，亦泛指引黄各大渠，清代有很多诗人以《长渠流润》为题，赞美“长渠”，现选录五首：

长河活活泻苍波，塞北风光果若何。
畎浍自分星汉水，人家齐饭玉山禾。
春村野甸鸣鸠唤，夏色凉畦浴鹭过。
漫道汉唐遗迹远，由来膏泽圣朝多。（王都赋诗）

三春看下桃花水，五月平分瓜蔓流。
都作黄云覆阡陌，农歌击鼓暮苹洲。（徐乃雄诗）

新水满长堤，凉风扇绿畦。
星源恒拜赐，未解祝豚蹄。（周朝相诗）

万井锈苍烟，长渠吸巨川。
桔槔声不动，启闸雨盈田。（杨润诗）

遂有磊落掀天才，转从屈注声如雷。

汉曰汉延唐唐来，大清惠农今代开。（杨浣雨诗）

清代诗人俞益漠过大清渠，以《过大清闸》为题，描写了汉延渠、唐徕渠带给塞上“长霓涛翻”“虚亭额映”的风光秀色：

唐汉平分万里流，中添一道入青畴。

沿堤柳浪村村密，刺水秧针处处稠。

长霓涛翻桥闸外，虚亭额映塞垣秋。

春风策马频来往，几度低回去复留。

汉代开挖汉延渠、唐徕渠“利于当代，泽被后世”，被世世代代的永宁人铭记。可以说，没有这两条渠，便没有永宁的一切。至今当地仍有歌谣唱道，“春渠竞泛桃花水，汉史空闻瓠子歌”。《瓠子歌》是汉武帝治河时所吟的诗赋，流传至今。所以，无论古人还是今人，怎么咏唱，怎么歌颂这两条渠都不过分，因为这两条渠经过历代修治，今天仍然是永宁人民的乳汁。

斗转星移，光阴荏冉。2000多年过去了，汉延渠风采依旧，绵延至今，它从县境南部的果子渠口入县境，流经李俊、仁存、望洪、增岗、杨和、胜利、通桥，至长湖村北头号渠出县境。县境内共有支斗渠107条，其中左岸43条，右岸64条，全长310.7公里，年引水量3.6亿立方米，灌溉面积21.8万亩。汉延渠有较大的支渠4条，自南向北排序为散水渠、果子渠、丁字渠、大南渠。

唐徕渠自李俊镇西邵村潘渠口入县境，流经宁化、北渠、靖益、五渠、八渠、丰盈、高桥等村，到高桥村第二排水沟涵洞处出县境，总长38公里，过境流量90立方米/秒。县境内分布支斗渠74条，全长211.57公里，其中左岸30条，右岸44条。有5个乡镇的28个村受益，灌溉面积14.45万亩，其中大型支渠4条，自南向北排序为接引渠、新开渠、良田渠、大新渠。

汉延渠、唐徕渠，润了荒丘，绿了平畴，熟了金秋。九曲环浇黄土地，千年换来大地绣。正是因为有了汉延渠、唐徕渠，永宁这片土地才牛壮马肥，羊群连团，绚丽斑斓。

“白口骝”与“薄骨律”

泱泱黄河，泽被后世，养育了永宁，然而它奔腾不羁的恶浪，也给永宁造成了深重的灾难。唐高宗李治仪凤二年(677 年)，黄河河道突然又向西偏移，致使怀远县城被水冲毁，全城遭到水淹，人已无法居住，只得另觅城址。薄骨律镇被黄河吞噬，是在北魏时期。

三国时期，有位不知姓名的作者写了一本名叫《水经图》的书。流传到北魏时期书中的图散失，只剩下了文字，后人便叫作《水经》。这本书由于图过早散失，文字不多，非常简略，全书仅有 8200 余字，每一条写一道河流，都是公式化的，每条河流仅有 190 余字。北魏时期的郦道元为官多年，官事匆忙，却奔走四方，于公元 6 世纪初期，在《水经》的基础上写了一本《水经注》。全书“注文”超过“经文”20 多倍，《水经注》长达 30 余万字，成为一本独立的古典名著。全书记载了全国河流 137 条，其中包括长江与黄河，记支流 1252 条，还记录了黄河边发生的一系列故事，如赞扬西门豹的“河神娶妻”，等等，《水经注》是今天的学者认识古代河流的必读之书。他行作笔，心当墨，记录无疆，丈量天下，用尽了毕生的心血和汗水。

郦道元在《水经注·卷三河水》中记载：

> 河水又北，过北地富平县西。
>
> 河侧有两山相对，水出其间，即上河峡也。世谓之为青山峡。河水历峡北注，支分东出。河水又北经富平县故城西。秦置北地郡，治县

城。王莽名郡为威戎，县曰特武。建武中，曹凤字仲理，为北地太守。政化尤异，黄龙应于九里谷高冈亭，角长三尺，大十围，梢至十余丈。天子嘉之，赐帛百匹，加秩中二千石。

河水又北，绕薄骨律镇城，在河渚上，赫连果城也。桑果余林，仍列洲上。但语出戎方，不究城名。访诸耆旧，咸言：赫连之世，有骏马死此，取马色以为邑号，故此城为"白口騮"，韵转之谬，遂仍今称，所未详也。

河水又经（南）典农城东，世谓之胡城。又北经上河城东，世谓之汉城。薛瓒曰："上河在西河富平县。"即此也。冯参为上河典农都尉所治也。

河水又北经（北）典农城东，俗名之为吕城，皆参所屯以事农甿。

河水又东北，经廉县故城东。王莽之西河亭。《地理志》曰："卑移山在西北。"

河水又北，与支津合。水受大河，东北经富平城所在分支，以溉田圃，北流入河。

看了郦道元的这段记述，当今的人往往一头雾水，不甚明了，这转来转去的到底说了些什么？今人不知古人，更不知北魏时期永宁县黄河的状况。北魏时期，永宁县的黄河是"东移"的，当时的黄河主河道在小坝堡至永宁县的鹤泉湖、银川市的兴庆区鸣翠湖、贺兰县的潘昶东、平罗县的渠口乡、惠农区的庙台乡一带。黄河在主河道西还有两条岔河道，当时也称之为"河"。一条的走向是青铜峡的连湖农场、永宁县的增岗乡、银川市七十二连湖及西湖、贺兰县常信折向东北、陶乐西南与黄河东支汇合。一条的走向是永宁县望远桥西、金凤区的罗家庄、西湖农场、常信机砖厂。当年的古河道湖沼遍布，常年积水，是黄河改道后留下的湖泊、湿地和沼泽。故而郦道元在记述这些河流时忽而转北，忽而转向东，忽而又转向西，他是根据当时永宁县的主河道和两条岔河道如实记述的。

郦道元在《水经注》中明确写道："薄骨律镇城，在河渚上"，"河渚"，永宁县当地人叫河滩、河岔，说明郦道元在考查地形编写《水经注》时，黄河已西移了，将原在河西的薄骨律镇“移”到了“河渚”上。实际上，赫连勃勃也不可能将一座城建在岔河分流的“河渚”上，是黄河西移，才使薄骨律镇陷入“河渚”之上。

据《括地志》记载：“薄骨律镇城以在河渚之中，随水上下，未尝陷没，故号曰灵州。”孝昌二年（526 年），改薄骨律为灵州，镇城变为州城。而西魏则在大统六年（540 年），将水毁的灵州城重新修复，仍作为灵州治城。据《宣德宁夏志》记载：“灵州，故城居大河南，今犹存其颓垣遗址，其西南角被河水激崩圮。洪武间筑城于故城北十余里。永乐年间亦被河水冲圮。”“灵州千户所城垣旧距黄河三里，今河水冲激，切近城下，恐致崩陷，难于守御。城东有地高爽宽平，请徙城于彼”（《明宣宗宣德皇帝实录》）。由此可见，明代古灵州三次被黄河洪水冲损，三次迁城。

据史料记载，清代以前永宁县境内的黄河平均每隔三十年左右朝西、朝东移动一次，故当地有“三十年河东，三十年河西”之说。移动最大的是北魏至唐代，黄河主河道移动距离达 10 公里左右。清代以后，黄河主河道也有左右“摆动”的现象，但基本趋于稳定，黄河主河道移动距离一般在 5 公里左右。清末至民国以来，黄河主河道一般朝西、朝东移动 2 公里左右。黄河主河道左右移动的幅度越来越小，一是因为黄河的水越来越小。现在黄河的水不像古代，古代真是“黄河之水天上来”，铺天盖地，气势磅礴，一泻千里。远的不说，从明代诗人描写黄河的诗句来看，那时的黄河还是“浊浪滔天”，“惊涛拍岸”，“千里可闻”。黄河的水越来越小，对两岸的冲击力必然也小，黄河的主河道也就逐渐稳定。二是千百年来黄河左冲右撞，时间长了，就形成了相对固定的两岸。

这里特别要说明的是，历年来黄河左右移动的地点大致在永宁县境内，这与永宁县的地质有关。永宁县西边是洪积扇地，及贺兰山山洪经过千年冲刷沉淀后，形成的地带，多以砂砾土质为主。永宁东边是黄河经过千年冲刷沉淀后形成的灌淤土。20 世纪 60 年代，国家地质队在永宁县堪测地质情况，钻深井探测。不论是井打多深，除山区外，大多地方没发现巨石，说明永宁县地下基本是砂砾结构土层。不论是灌淤土层，还是沙砾土层，都经不起滔滔黄水的冲击。特别是到了清代，黄河东岸基本稳定，黄河西岸还在塌方。

民国22年(1933年)7月，黄河泛滥，淹没王弘堡以东村庄数十座，淹没良田近万亩。民国24年(1935年)7月2日，黄河西移，河水淹到宁朔县政府大门口，县长牟凤鸣投黄河自尽。民国35年(1946年)，黄河朝西冲刷，云亭渠(今民生渠)以东一片汪洋，4万余亩田禾被淹。1955年7月17日，永宁县组织5000余人历时6天在河岸抗洪抢险，解放军战士牺牲1人。1963年9月14日，永宁县组织1500人到黄河抗洪抢险。1974年8月，东全村民兵强文孝、北全村民兵张宁生在黄河抗洪抢险中献出了生命。1979年8月，通桥公社东升大队处黄河西移1.2公里，土地塌方8000余亩，其中耕地1473亩，林地6000余亩，民生渠冲断300米，东升五队33户农民被迫搬迁。

宁朔县政府在王弘堡，说明自民国24年(1935年)以来，黄河又朝东移了3公里左右。

黄河东岸的灵武市、吴忠市一带河床基本稳定。有的老年人说，是因为灵武的临河堡早年就盖了座镇河宝塔，把河神镇住了，所以河水才不敢侵犯。早些年这里抗洪的人还说，是因为灵武那边沿黄河建了很多码头，把河水顶到这边来了。这些说法都没道理，永宁东和段的黄河边不是也盖了座龙王庙吗?结果河水把龙王庙掰到黄河里了，重新盖上后又被掰到黄河里。现在的龙王庙东边几步远，是一个一丈余深的黄河土岸，土岸下是一个有几间房子大的大旋涡，昼夜不转地旋冲，十分危险。至于说灵武那边建了很多码头，“把黄河水顶到永宁这边来了”也没道理。到过现场的人都知道，永宁这边建筑的钢筋混凝土码头远比灵武那边建的多，怎么没把黄河水顶过去?

这些年黄河的水越来越少了，而且每年都出现“枯水期”，人们这才看到，原来灵武那边的河底、河岸都是石头。从灵武的临河堡直到西夏李继迁的西平府一带，河床坚固，故而黄河世世代代从西平府的西城墙边奔流，从不冲刷城墙。

据《宁夏军事志》记载，北魏太武帝太延二年(436年)“置高平镇，以果城置薄骨律镇”。薄骨律镇的地址，郦道元在《水经注》中已指出得很明白，在“南典农之东北”，在“上河城之南”，并且当时就已在”河渚“之上。具体地点在今吴忠市西的黄河边(利通区古城湾一带)，今永宁县望洪镇东的黄河边上。因黄河在历史上左右冲刷、改道，如今遗址已荡然无存。

西汉时期，黄河以西的贺兰山下，还出现了一座县城——灵武县。也就是说，西汉时期，灵州和灵武两县同时存在。到了东汉，灵州和灵武两县皆废止，两个地方的地名多有变化。公元407年后，赫连勃勃在高平（固原）称帝，建大夏国，于灵州故址设薄骨律城。公元436年，北魏太武帝改薄骨律城为薄骨律镇，管理宁夏平原。到了公元526年，薄骨律镇改为灵州，至隋唐一直延用。然而，在隋朝，“灵武县”从河西跨越黄河，迁徙到今黄河以东的月牙湖乡一带，成为灵州所辖的六县之一。到了唐高祖李渊时期，这个“灵武县”又回到黄河以西今青铜峡地区。宋初，灵州和灵武的位置与唐朝一样，灵武降格为镇，归灵州管辖，直到清末，灵州这个地名一直存在。民国2年（1913年），改灵州为灵武，属甘肃省宁夏道管辖。也就是说，时空跨越1000多年，灵州复又变成了灵武。

郦道元在《水经注》中记载了南典农城、北典农城、上河城，还有鲜为人知的薄骨律镇。说到薄骨律镇，当然要说赫连勃勃了。

赫连勃勃，匈奴族铁弗部人，本系匈奴左贤王鲜卑之后，十六国时期是夏国君主。其父刘卫辰入居塞内，被前秦符坚封为西单于，割据朔方（今黄河河套地区），有控弦之士3.8万余众。后被北魏拓跋跬所败，赫连勃勃遂投奔后秦，被高平公没奕干收留，协镇高平。旋被后秦姚兴封为安北将军、五原公，管鲜卑等族2万余部落，威镇朔方。后秦弘始八年（406年），赫连勃勃又叛，率众3万余人佯装狩猎偷袭高平川，杀其恩人没奕干及其所部，自称大夏天王、大单于，置百官，建元龙升，立国名为大夏。其辖境包括整个河套地区（含今贺兰山地区）。凤翔六年，东晋灭后秦，赫连勃勃趁刘豫还军，一举攻占关中，旋称帝，改元昌武。次年，返都城统万。真兴六年（424年），赫连勃勃废太子赫连而立少子赫连伦。赫连璝率兵7万余人攻袭赫连伦于高平，并

胡夏君主赫连勃勃画像

杀之。次子赫连昌又攻杀赫连璝,并其众8.5万余人。次年,赫连勃勃死。

胡夏君主赫连勃勃和他的骏马白口骝

赫连勃勃筑居统万城,城高十仞,其厚二十步,上广十步。宫墙高五仞,其坚可以砺刀斧。台榭壮大,皆雕楼图画,被以锦绣,尤好矜大,名其四门,东曰"招魏",南曰"朝宋",西曰"服凉",北曰"平朔"。城墙是用蒸过后的黄土夹沙筑成,其夯打之实,锥子都插不进去,故有"蒸土筑墙锥不入"之说。明代安塞王朱秩炅(樗斋)的《大河春浪》专写统万城的气势:

河流险阔赫连都,雪练无穷若画图。
雨溢晴波洪渺漭,风摇细浪远模糊。
鱼龙隐隐乘时奋,楼堞依依倒影孤。
壮志畴能同博望?溯流取石访牛夫。

赫连勃勃曾在饮汉城(今银川)建筑丽子园。明代庆靖王朱㮵(凝真)有首《丽景园冬日步王忍辱韵》流传至今:

泽冰未见腹全坚,溶泄流澌泻冷泉。
木落易窥行客径,风寒难棹钓鱼船。
人间世外由来别,塞北江南自昔传。
十载边城行乐处,优游聊以度流年。

薄骨律镇,是南北朝时期大夏国的国王赫连勃勃建筑的。何为"薄骨律"?原来这是一匹马的名字。赫连勃勃身经百战，有一匹最得意的骏马。此马全身是油光发亮的黑毛，没有一根杂毛。只有四只蹄子是雪白的，跑起来四蹄如闪电环绕，似银光飞升。除了四蹄雪白之外，马的脑门盖有巴掌大的一片也是雪白的，嘴唇也是雪白的。黑色白色本来反差就大，看着特别显眼，十分喜色，赫连勃勃就给它起了个名字"白口骝"。当地老年人都知道，这里的少数民族虽然后来都"汉化"了，但是发音还是和汉族有区别。赫连勃勃常叫他的战马"白口骝"，在别人听起来就是"薄骨律"。"白口骝"和"薄骨律"发音的区别，仔细观察你会发现嘴唇的蠕动是不一样的。现在的青年人尽管普通话说的好，但是只要你仔细听，就会听出是杭州普通话、北京普通话，还是银川普通话。你会听出他是山里人还是巴音人，是回民还是汉民。因为民族不同，地域不同，发音也往往是不同的。

王弘堡一带的老年人把赫连勃勃的"白口骝"说的神乎其神，说此马是青海骢，号称龙种，日行千里，能在树梢上飞奔。可能是低矮的灌木丛吧，谁见过马能在树梢上飞奔？还说有一次敌人把赫连勃勃追到了黄河边，"白口骝"昂首奋蹄，"滋溜"一声就从黄河东岸飞到了黄河西岸，敌人干瞪着眼睛，扬着手里的马鞭子没办法。可能这条河是黄河的岔河吧，河水不一定很深，就是很深的河水，马会游泳，它驮着赫连勃勃游了过去也是可能的，怎么能在水上飞呢？还有人说，在一次战争中，赫连勃勃的脊背被敌人从暗中射中一箭，赫连勃勃受了重伤，从马背上滚了下来。敌人伸着一排长勾子要擒赫连勃勃。但白口骝"嗯"的一声把头扭过来，咬住赫连勃勃的衣裳，把他放到马背上，"腾"的一声从一排房子的房顶上窜了过去跑了。可能这排房子很低矮吧，或者是这里当年居民住的房子，半在地下半在地上，冬暖夏凉，坐北面南，房顶是"鱼脊梁"形。

"传说"，传得再好也是传说，这么神奇的马后来怎么会死在薄骨律镇呢？据王弘堡当地老年人说，在一次战争中，赫连勃勃被围攻，打到最后赫连勃勃才明白，他们原来是为了逮他的白口骝。为了逃命，赫连勃勃抱住马头流了一阵泪，就朝马屁股上抽了一鞭子，马就朝敌人冲了过去。赫连勃勃逃脱了，但他的白口骝被敌人逮住了，谁知他们把马牵到船上渡到黄河主河道时，白口骝朝赫连勃勃逃走的方向嘶鸣一声，奋起前蹄，"噌"的一声跳人黄河，浅起数十丈高的浪花。敌人都惊呆了，他们直等到河面平静后都没见白口骝浮上来。

赫连勃勃一生征战南北，只是他“接班人”没选好，几个儿子为了争权夺位互相残杀。当他华发如霜时，又回到了当年浴血奋战的地方，他怀念和他一起风雨同舟的战友，更怀念保护他出生入死的白口骝。是他为了纪念自己的战马给这个地方取名薄骨律镇的呢，还是后人称他苦心营造的这个地方为薄骨律镇的呢？

大夏国都统万城遗址

无论怎样，赫连勃勃在这里建薄骨律镇，是继北典农城、上河城、南典农城之后，靠近永宁境内仅有一河之隔的又一处建城的地方。据王弘堡当地老年人说，赫连勃勃死后就埋葬在薄骨律镇的东边。“摇头摆尾”的黄河，将赫连勃勃连同他创建的功业，一起冲刷得荡然无存，留下的只是可歌可泣的故事和美丽动人的传说。

在追寻历史的遗迹时，我们发现望洪堡的村民世代爱马，大集体时那么苦，马拴在槽边膘肥体壮的，就是舍不得使役，而大人小孩却一年四季背篼不离肩。他们说，马是养的，不是使的。他们至今还流传着这样几句诗歌：

蒸土筑墙锥不入，统万城边白骨枯。
白骨枯，勃勃死，赫连亡，拓跋起。
没羽射鹄意何如，卜骨烧羊总徒耳。

然而，没有白口骝骏马，就没有薄骨律镇城的名字，当薄骨律镇城被黄河吞噬后，才有了后来刁雍在王弘堡东建薄骨律仓城即刁公城的历史。

刁公城与仁存渡

西来天堑隅遐荒，雪练横拖若沸汤。
两岸浪花时喷薄，一行棹影远微茫。
负图龙马人文著，取石星槎岁月长。
欲对秋风重吊古，无情隙景易斜阳。

明代安塞王樗斋的这首诗，描写了黄河“雪练横拖若沸汤”“两岸浪花时喷薄”的壮观景色，如身临其境，亲闻其声，大气磅礴，扣人心弦。黄河，这条中华民族的母亲河，不但滋润着我们每个人的心田，还为古代漕运带来了便利。永宁县境内的黄河仁存渡，就是古代水运繁忙的地方。

据史料记载，北魏太武帝太延二年(436年)，置薄骨律镇。北魏太武帝太平真君五年(444年)，刁雍任薄骨律镇将军，率民于艾山北黄河西原渠北另开新渠一段，再与旧渠合，并筑拦河坝引河水入渠。北魏太武帝太平真君七年(446年)，刁雍于牵屯山近河水处，造船200艘，并用船向沃野运送军粮50万斛。北魏太武帝太平真君九年(448年)，刁雍于薄骨律镇水陆交通方便之处，率军民修建粮仓，名为薄骨律镇仓城(今望洪堡东)，用于屯兵储粮，次年三月竣工，魏主赐名“刁公城”。刁雍在今永宁县王弘堡东建筑的薄骨律镇仓城，后改为刁公城是北魏在北方和西北环绕北魏国都平城所设的九大军镇之一，刁雍在当时叫疙瘩梁(今仁存渡)的地方，开创了永宁历史上的河运之先。

刁雍，字淑和，北魏著名将领，勃海郡饶安（今河北省南皮县孟村南）人，生于后秦建初五年（390年）。刁雍的家族是西晋末年南迁至京口（今江苏镇江）的，当时的家族还很贫穷，经过几代人的艰苦创业，才发展成为当地的富裕大族。有良田万顷，使役的奴婢多达数千人。俗话说“富贵无三世”，家族宠大，人口众多，良莠不齐。不俏子孙，横行乡里，欺凌百姓，当地人称“京口之蠹”。刁雍的伯父刁逵依仗本族有钱有势，用十分下流的手段凌辱当地的一位小官刘裕。他哪能料到，刘裕后来当政进行报复，“尽杀刁氏”，满门抄斩，实行灭族。刁雍孤身一人逃离了血雨腥风的京口投奔后秦。后秦姚兴看刁雍孤苦伶仃，又是名门之后，遂生恻隐之心，收留了他。后来，姚兴经过仔细观察，发现刁雍天资聪明，习武上进，便授以太子中庶子。后秦灭亡后，刁雍无奈投奔了北魏，在连年征战中，他杀敌勇敢，身先士卒，严以律已，宽以待人，以军功授征东将军、青州刺史、平南将军、徐州刺史，封车安侯。北魏太武帝太平真君二年（441年），授都督扬州、豫州、兖州、徐州等诸州军事，徐州、豫州刺史。

王弘堡东，是刁雍当年建筑的薄骨律镇仓城的地方，那里至今还流传着刁雍清廉爱民的故事。

薄骨律镇故地虽在秦汉时期就发展成为引黄灌区，但因战乱，土地荒芜，水利设施废驰。刁雍废寝忘食，四处走访，实地勘察，奏准魏武帝，在富平西南的艾山古渠下游兴建水利工程，并“督课屯田，河西粮食丰稔”。

据《宁夏水利志》记载，刁雍四月末刚到任不久，见“官渠乏水，不得广殖”，于是上表请开艾山渠（薄骨律镇仓城南、刁公城东南），他在《凿艾山渠表》中写道：

> 臣蒙宠出镇，奉辞西藩，总统诸军，户口殷广。又总勒戎马，以防不虞；督课诸屯，以为储积。夙夜惟忧，不遑宁处，以今年四月末到镇。时已夏中。不及东作，念彼农夫。虽复布野，官渠乏水，不得广殖。乘前以来，功不充课，兵人口累，率皆饥俭，略加检行，知此土稼穑艰难。夫欲育民丰国，事须大田。此土乏雨，正以引河为用。观旧渠堰，乃是上古所制，非近代也。富平西南三十里，有艾山，南北二十六里，东西四十五里，凿以通河，似禹旧，其两岸作溉田大渠，广十余步，山

南引水，入此渠中。计昔为之，高于水不过一丈，河水激急，沙土漂流。今日此渠，高于河水二丈三尺，又河水侵射，往往奔颓，渠溉高悬，水不得上，虽复诸处，案旧引水，水亦难求。

今艾山北，河中有洲渚，水分为二，西河小狭，水广百四十步。臣今求入来年正月，于河西高渠之北八里，分河之下五里，平地凿渠，广十五步，深五尺，筑其两岸，令高一丈。北行四十里，还入古高渠，即循高渠而北，复八十里，合百二十里，大有良田，计用四千人，四十日工，渠得成讫，所欲凿新渠口，河下五尺，水不得入。今求从小河东南岸斜断到西北岸，计长二百七十步，广十步，高二丈，绝断小河。二十日工，计得成毕。合计用工六十日，小河之水，尽入新渠。水则充足，溉官私田四万余顷。一旬之间，则水一遍，水凡四溉，谷得成熟。官课常充，民亦丰赡。

刁雍在表章中所说的“河中有洲渚”，和同时代的郦道元在《水经注》中记载的“薄骨律镇城，在河渚上”是一致的，所说的“古高渠”是指汉延渠。《宁夏水利志》记载，艾山渠，遂在河西古高渠之北八里，沙洲分河之下五里处平地开凿新渠，北行四十里，复入古高渠，再北行八十里，共长一百二十里。为渠口进水，在西河（黄河支岔）上，由东南向西北斜筑拦河坝一道，将西河断绝，使西河之水尽入新渠，水则充足，溉官私田四万余顷。据唐代的《元和郡县志》记载，薄骨律渠在县南六十里，溉田尚千余倾。

永宁县境内的黄河仁存古渡

汉延渠、唐徕渠是汉代古渠，也是河西农田灌溉的两大干渠，自开凿以来，由于这里经常发生匈奴族部落“扰边”，战事不断。战争往往使老百姓不能安居乐业，家破人亡。他们说：“不怕虎，不怕狼，最怕这里

北魏时期的牛耕图

又打仗”。打仗就要出钱出粮,出人出物，这在当时农业生产极为落后的塞北荒漠之地，老百姓的负担是非常沉重的。由于连年战争,汉延渠、唐徕渠年久失修,无人过问。居民逃离,田地撂荒。当时这里的百姓正处在游牧、驻牧向农耕过渡的时期，他们穿的是四季不离身的羊皮袄,冬天毛朝里,夏天毛朝外,晚上当被盖,用石头支的“三顶一”的锅灶,烧的是山里的沙蒿和畜粪,衣裤宽大,破烂将就。然而,他们不怕贫苦,就怕战争。

北魏于公元336年统一了黄河流域地区，使这一地区较前有了相对稳定的局面。刁雍带领当地军民整修汉延渠、唐徕渠80里,利用秋冬两渠无水季节,清除决口泥沙,夯筑加固渠堤,修治渠身水闸,开挖支斗渠40里,疏通排水沟12条,并且规定了“岁修制度”,规定每年春秋两季为“岁修月”,每家必须派丁到渠岁修。这是汉延渠、唐徕渠有“岁修制度”之始,被后人沿用至今。刁雍总结出小麦“一旬之间,则水一遍,水凡四溉,谷得成熟”的浇灌经验,因时因地,历传后世。至今当地还实行着“一水淌足,二水小漫,三水怀苞,四水开镰”的灌溉习俗。

刁雍招募无地或无牛畜的农民,在胡城(原南典农城)、汉城(原上河城)、饮汉城(原北典农城)诸“典农官”的统领下,耕种“官田”。收租按六四分成,即“官六客四”。如果私人有牛畜的农民种“官田”对半分成,即“官五客五”。在屯田制度中,官与客(佃户)、庄头(地主)与佃户的利益关系,没什么两样。这就给佃户提供了自由,他们可以给军头干,也可以给庄头干，无形中形成了典农官与庄头竞争的格局,他们对佃户态度友善,争取门下佃户众多，无论是典农官得六成还是得五

1972年4月26日,平吉堡汉墓出土的北魏陶仓

成，都用来“养兵”，减轻了农民负担，激发了广大佃农种田的积极性。当时农民种的旱田亩均收十余斛，水田亩均收十斛，单产和北魏之前历朝相比是最高的。

刁雍兴修汉延渠、唐徕渠，发展水利，按照各州郡户口数目比较垦田多少，作为赏罚地方官的标准。原来黄河灌区还是“地广民稀，中地未垦”，后来，上等地已经逐渐开垦出来。刁雍将各地逃来的难民集中到薄骨律镇仓城西北面的一个地方安顿下来，将各地押送来的“犯人”也分配到这里安置。因这里是北魏新建立的一个屯区，他就给这个地方起了个名字叫新魏屯庄（明代时在此建魏信堡，即今永宁县东魏村、西魏村），除南面的胡城，中间的汉城，北面的饮汉城之外，又建立了一个规模宏大的屯区新魏屯庄。

刁雍发展农业，五谷连年丰收，各屯点典农官争相报捷。他在王弘堡东修筑的薄骨律镇仓城，成为北方储粮最多的粮仓之一。北魏太武帝太平真君九年（448年），刁雍上表在原薄骨律镇的东面建城储谷，以备军士用粮。他在《河西修城表》中写道：

> 臣闻安不忘乱，先圣之政也。况绥服之外，带接边城，防守不备，无以御敌者也。臣镇所绾河西，爰在边表，常惧不虞。平地积谷，实难守护。兵人散居，勿所依恃。脱有妖奸，必至狼狈，虽欲自固，无以得全。今求造城，储谷置兵备守，镇自建立，更不烦官，又于三时之隙，不令废农，一岁，二岁，不讫三岁，必成。立城之所，必在水陆之次，大小高下，量力取办。

北魏皇帝接到刁雍的《河西修城表》后诏准。刁雍在不误农事和不增加国库经费的情况下，用了不到三年的时间，扩建维修了河西的薄骨律镇仓城，用于储粮、屯兵，城池竣工后，朝廷赐名为“刁公城”，以予嘉奖。

自刁雍任刁公城将军后，这里农业发展，人口逐年增多，特别是“徙关东汉人至此屯田”，军队家属也逐年增多。北魏后期，在这里建筑了弘静镇。隋开皇十一年（591年）改置弘静县，为永宁县境内建县之始。唐神龙元年（705年）改名为安静县，至德元年(756年)改名为保静县。五代时废县置保静镇,北宋初又置保静县。开宝年间废县为镇,仍属灵州。咸平四年(1001年)入西夏,后升为静州。刁雍在这里设薄骨律镇仓城,从此开创了望洪地区历史发展的新纪元。

北魏太武帝太平真君七年(446年),朝廷为保证北部边镇军粮供应,下令高平、安定、统万和薄骨律4镇,出车5000乘,运谷50万斛到沃野镇(今内蒙古五原县境)。当时,从薄骨律镇仓城到沃野镇相距400公里,中间有不少路段为沙漠地带,要运完50万斛粮食需用三年时间。刁雍请求改用沿黄河水运。他在《运屯谷付沃野表》中写道:

> 奉诏高平、安定、统万,及臣所守四镇,出车五千乘运屯谷五十万斛,付沃野镇以供军粮。臣镇去沃野八百里,道多深沙,轻车来往,犹以为难。设令载谷,不过二十石,每涉深沙,必致滞陷。又谷在河西,转至沃野,越渡大河,计车五千乘,运十万斛,百余日乃得一返,大废生民耕垦之业。车牛艰阻,难可全至。一岁不过二运,五十万斛,乃经三年。
>
> 臣前被诏:有可以便国利民者动静以闻。臣闻郑白之渠,远引淮海之粟,溯流数千,周年乃得一至。犹称国有储粮,民用安乐。今求于牵屯山,河水之次,造船二百艘,二船为一舫。一船盛谷二千斛。一舫十人,计须千人。臣镇内之兵,率皆习水。一运二十万斛,方舟顺流,五日而至。自沃野牵上,十日还到。合六十日得一返。从三月至九月,三返运送六十万斛。计用人工,轻于车运十倍有余。不费牛力,又不废田……

这是刁雍给高平镇(今固原城关)、安定镇、统万镇发的表章,所提到的四镇含薄骨律镇,当时的北魏在北方边陲共设九大军镇,薄骨律镇是九大军镇之一。上面发"通知",往往不知下面的情况,一道命令下来,实际操办的人就很为难。有的还在地图上量尺寸,决定两地相差的距离,不知路有多远,沙有多深,来回运输需要多长时间。刁雍详细计算出了时间，使听的人都目瞪口呆，军粮是急需品，关乎千军万马的性命，如三年才能运完，前方将士岂不“人没粮了自散？”

北魏时期的造船模型

刁雍的表章中字字句句透出了对老百姓的悲悯之情。“谷在河西”是说粮食在薄骨律镇仓城，不在薄骨律镇。北魏郦道元在《水经注》中说：“薄骨律镇城，在河渚上”。说明因黄河主河道移动，出现岔河，薄骨律镇已被黄河水环绕包围。如果照这种方案运粮，必然“大废生民耕垦之业”，“车牛艰阻，难可全至”，空车过沙漠都过不去，何况重车呢？本来是“国有储粮，民用安乐”，给军士送粮反劳民伤财，何苦呢？

给高平镇、安定镇、统万镇发出表章后，刁雍深感自己肩上担子的沉重。他44岁时任骨律镇将军，如果这一次河运搞不好，将是什么后果？夜住薄骨律镇仓城，刁雍浮想联翩，夜不能寐。鸡刚叫头遍，他就披衣出了门。骑在马上，刁雍先朝东边的薄骨律镇凝望，这座赫连勃勃时建筑的城镇早已被黄水环绕。如今，薄骨律镇已经是座等待被黄水淹没的空城了。

刁雍来到黄河边，寻找河运的最佳地段。他先来到当时名叫黄土岗的地方，此处虽很早就有民间黄河摆渡的船只，但西河岸地方太小，不利于千军万马搞漕运。刁雍快马扬鞭沿着黄河岸北行，他又来到当时名叫沙土坝的地方，此处地形平缓开阔，有造船的地方，也有临时堆放粮食的地方。但经他查看，此段黄河西岸是沙质土，到黄河盛水期免不了塌方。刁雍只得勒回马头南行，走到当时名叫疙瘩梁的地方（仁存渡），刁雍停住了。这里黄河两岸地势平坦，西岸又有林木掩阳，有造船的地方，也有临时堆放粮食的地方，而且据渡口的船夫说，这里多少年河岸都没变，河面在这里很宽阔，水面平稳，少有急流，坦坦荡荡。坐船到河东的农民把牛羊也带到了船上，船工不慌不忙地摇着双桨，哼唱着《黄河谣》，河面上时时荡来银铃般的笑声。刁雍带着一帮人来这里连看了三次，才下定了决心。

刁雍立刻吩咐在这里建造船厂和临时仓库。这里有通往刁公城（薄骨律镇仓城)路,展眼疙瘩梁就人声鼎沸,吆喝不断。

开船这天,疙瘩梁人山人海。刁雍亲自押送第一趟船,震耳欲聋的鞭炮声还没停,河岸的船夫号子就喊了起来:“嗨哟!嗨哟!嗨哟!兄弟们哪,嗨哟!拉紧绳哪,嗨哟!脚站稳哪,嗨哟!喊一声哪,嗨哟!谁劲大哪,嗨哟!是英雄哪,嗨哟!老龙王哪,嗨哟!一路风哪,嗨哟……”

河面上,船队乘风启航,旌旗猎猎,酷似长龙,十分壮观。

刁雍造船200艘,每两艘为一舫,载谷2000斛,一次运粮200万斛。舫舟顺流5日可到沃野镇,60日即可往返一次。刁雍改车运为船运,大大缩短了转运军粮的时间,只用了半年时间,就完成了运送军粮的任务。魏主对他大加赞赏,并将刁雍的船队认定为永久船队。刁雍大兴水路运输,不仅解决了军粮的运输问题,也开了黄河上游大规模水运的历史先河。银川平原大规模河运自此开始。

刁雍于北魏太武帝太平真君五年至太安元年(444~455年),任薄骨律将军11年,先后筑刁公城,修艾山渠,多施惠农政策,发展农业生产,兴修水利,镇城安宁,百姓乐业,几无战事。他虽为武将,亦尚文好学,著有诗赋、论颂、杂文等百余篇,他又笃信佛道,恬静寡欲,著教诫20余篇,以训子孙。故史书赞“刁雍才识恢远,著声立事,礼遇优隆,世有人爵”。

太安元年(455年),刁雍被诏还都,仍委以重任。太和八年(484年)冬卒,享年95岁。

保静县——贺兰山下果园成

朔风阵阵起狼烟，百草凄凄霜满天。

藏龙卧虎弘静县，凭谁记取作奇传。

这是永宁县王洪堡留传的一首古老的歌谣。南北朝时期，北方最后一个朝代是鲜卑族宇文氏建立的北周。北周末年，社会危机加深，统治很不稳固。武帝宇文邕死后，宣帝宇文赟即位，宣帝于580年死后，年仅七岁的静帝宇文衍即位。杨坚入朝总政，挟天子以令诸侯，他平定叛乱后大杀周室诸王，为自己登基铺平了道路，并于581年二月，以"受禅"为名，废周静帝而自立，他就是隋文帝。

隋炀帝执政后，滥用民力，进攻高丽，社会经济严重破坏。在农村，劳动力所剩无几，"老弱耕稼，不足以救饥馁，女工纺织，不足以赡资装"。由于极度缺乏劳力和耕畜，以致"耕稼失时，田畴多荒"，"生业尽罄"，曾一度繁荣富庶的隋王朝，由于"转输不息，徭役无期，士卒填沟壑，骸骨敝原野"，很快变成"黄河之北，则千里无烟，江淮之间，则鞠为茂草"，一派凄凉景象。在这种情况下，隋炀帝预感到他的末日即将来临。他有时对着镜子左看右看，然后对肖后说："我这脖子长得真不错，可就是不知道该挨谁的刀？"果然在618年三月，一伙图谋"帝王之业"的禁军将领，以宇文化及为主，发动兵变，缢死了隋炀帝，隋王朝灭亡。

隋代关于永宁的历史记载很少，徜徉在历史的瀚海之中，只能寻找到这样一段记载：隋炀帝大业三年(607年)四月，隋改盐州为盐州郡，改灵州为灵武郡，灵武郡六县是回乐、弘静、怀远、灵武、鸣沙、丰安。弘静县治今永宁县王弘堡，为本县境内建县之始，境内西南属灵武县，东北属怀远县。

李渊本是隋朝的“唐国公”，他起兵后，利用瓦岗军“阻东都，断隋归路，从而不战而据长安”。进入长安后，他立隋炀帝孙为帝，自己为隋太上皇。隋炀帝死后，他正式称帝，改元武德，因他在隋时袭封唐国公，所以国号曰唐。

唐代夏州三县是朔方、宁朔、德静，灵州四县是回乐、怀远、灵武、保静，改弘静县为保静县，后改为保静镇，据史书记载，五代时定远军使李从宾作乱，占据保静镇，凉州刺使、朔方河西等军节度使康福率军平息战乱。明代筑王弘堡（今永宁县望洪镇），以堡长王弘之名命名。唐代韦蟾在《送卢潘尚书之灵武》中写道：

贺兰山下果园成，塞北江南旧有名。
水木万家朱户暗，弓刀千队铁衣鸣。
心源落落堪为将，胆气堂堂合用兵。
却使六蕃诸子弟，马前不信是书生。

据史书记载，韦蟾，字隐珪，下杜人。唐大中年登进士第，初为徐商掌书记，唐咸通末终尚书左丞。灵武，古县名，县治的具体地点无考。专家分析，似在今邵刚堡至贺兰山灵武谷（灵武口）之间，即王弘堡西南。这里自古以来环境荒凉，不可能有个“果园成”。诗的题目中“之灵武”可理解为“到灵武”，描写的环境显然是路途中的。

王弘堡的古槐

宁夏的专家、学者都在考证，贺兰山下的“果园成”在什么地方？“成”和“城”不一样，韦蟾也不会把“城”写为“成”，“成”，即贺兰山下种成了果园，而不是建一个“果园城”。《汉书·地理志》记载：“灵州，惠帝四年（前191年）置。有河奇苑、号非苑。”《辞海·灵州》条说：“灵州，古县名。西汉惠帝四年（前191年）置。治今宁夏灵武市北黄河中沙洲上。”位于黄河和浦洛河(今吴忠市境内的苦水河)交汇之处。当时的王弘堡(今望洪镇)一带属灵州保静县。不少专家学者认为“果园成”在古灵州,而当时灵州管辖的范围很广大,辖回乐、怀远、灵武、保静四县,具体在什么地方呢?

从韦蟾的诗句中可以看出,这个“果园成”在贺兰山下,起码在黄河以西的贺兰山下,不会在黄河以东的贺兰山下,黄河以东,就离“贺兰山下”很远了。“水木万家朱户暗”,是说这个地方植被茂密,绿树遮阳,红窗碧瓦掩映在万绿荫中。“弓刀千队铁衣鸣”,是说这个地方的士兵很多,足以“千队”,全副武装,来回走动,他们的兵器在幽暗的绿色中闪闪发光,被描写为“铁衣鸣”,酷似古诗中描写的“燕山胡骑明赳赳”,可见,这是个游牧或驻牧之地或军事要地。不然的话,不会有“流动岗哨”或“铁衣穿行”。但是,诗中描写的场景又和大漠、戈壁中的景色根本不同,似是一个屯庄,或是一个重要的城外郊区。

“心源落落堪为将,胆气堂堂合用兵”,说明韦蟾送的卢潘是位将领,这位将领心胸开阔,落落大方,有胆识,正气堂堂,智谋果断,是位很会用兵的将才。据史书记载,卢潘,唐懿宗时代人,唐咸通十年(869 年)前后被派到宁夏担任朔方节度使。尚书,官名,执掌文书奏章,从隋唐开始,中央首要机关分为三省,尚书省即其中之一,职权益重。“却使六蕃诸子弟”中的六蕃是唐朝时对北方少数民族的总称,也说明这个“果园成”的地方至少有六种少数民族。“马前不信是书生”,说明韦蟾送的这位将领卢潘是文人出身。这个“果园成”是韦蟾送卢潘到灵武的必经之路,正是因为韦蟾路过这个地方,所以才把所见所闻和自己的感受写为一首诗。

诗歌往往是描写当时当地的景物和作者的感受,如“大漠孤烟直,长河落日圆”,凡是有黄河、大漠的地方,往往都有这种景观。但作者在什么地方、什么时间写的诗,往往需要考证。“贺兰山下果园成”也可能有好几个地方,但具体在哪里,后世文人都在探讨。这要考证唐代哪个地方的情况和韦蟾诗中描写的地方相似或相近。而考证的目的不是为了争这个历史上的“果园成”,而是要说隋唐时这里的情况。

据《隋书·地理志》记载,灵武郡“统县六”,并在“弘静县”下记:“(隋)开皇十一年(591 年)置。有贺兰山。”隋朝的弘静县就是北魏薄骨律镇将刁雍所建的储谷仓城,也叫薄骨律镇仓城,赐名刁公城,因迁关东汉人居此屯田,故又称汉城。另外,《隋书·赵仲卿传》亦载,开皇三年(583 年),“天水陇西人”赵仲卿,“以行军总管从河间王弘出贺兰山”，准备与突厥作战，“无虏而还”。唐朝先后改弘静县为安静县和保静县，所以唐代地理总志《元和郡县图志》又在“保静县”条后附载：“贺兰山，在县西九十三里。”《通典》之《州郡》中记道：灵州辖县“安静，旧称弘静，有贺兰山、楼树山、空青山。”专家考证，贺兰山应是“一山而有数名也”。

“贺兰山下果园成”是不是指“赫连果城”呢？考证的结论不是。南北朝时期，大夏国的国王赫连勃勃始建薄骨律镇城，在今吴忠市西的黄河边上。北魏时期的地理学家郦道元在《水经注》中记载，“河水又北，绕薄骨律镇城，在河渚上，赫连果城也。”可见，那时的赫连果城已将近被水淹没，不会在这里再出现“果园成”。据《嘉靖宁夏新志》记载，“保静镇，今城南七十里，唐故镇名，宋初，旧管蕃部六族。夏为静州，遗址尚存”。保静镇在唐末宋初管辖“旧蕃部六族”，和韦蟾诗中“却使六蕃诸子弟”的记述是一致的。据史料记载，“保静镇，管旧蕃部六族：吐蕃村巡检使委尾一族，右厢辽检使成蕃逋等一族，右厢务下义征使罗庆等一族，右厢巡检务下义征使杨尉等一族，狼唆村义征使埋庆等一族，鬼蕃窝巡检使庾子等一族，汉户主客175户”。

考察“贺兰山下果园成”的具体地点，要看这个地方的地理位置、地质地貌、交通条件、经济发展等状况，是否符合诗中的情况。

保静县治在王弘堡，明代属宁夏卫，位于今永宁县望洪镇附近，这里历史悠久，土地肥沃，物产丰富，交通便利，历史上以产瓜果而盛名。北魏时徙关东汉人至此屯垦，筑弘静镇。刁雍任薄骨律镇将军，于北魏太武帝太平真君九年（448年），上奏朝廷，请求在此筑城储粮，得到了朝廷的批准。此城修筑完工后，得到朝廷的嘉奖，赐名为刁公城，当地人称薄骨律镇仓城。隋朝在此设弘静县，为永宁县境内有建县历史之始。王弘堡设弘静县，开始了这一带新发展的里程碑。

保静县属汉延渠灌区，离汉延渠不远。唐代对汉延渠、唐徕渠进行了大修，使这一带土地肥沃，农牧兴旺，瓜果飘香。保静县这一带，也成为有名的瓜果之乡。唐代神龙元年（705年），将弘静县改名为安静县。唐至德元年（756年），改名为保静县。五代时废保静县为保静镇。北宋初年，复设保静县。北宋开宝年间废县为镇，仍属灵州辖地。北宋咸平四年（1001年），保静镇为西夏国辖地，后被升为静州。元代时，属宁夏府路。明代时在王弘堡筑堡寨，因第一任堡长叫王弘，后人称此堡为王弘堡，隶属宁夏卫。不论是弘静镇、弘静县、安静县、保静县、保静镇还是后来的静州，均含有

麻皮哈密瓜，肉嫩味美

沙瓤西瓜，清凉可口

安定、宁静之意。

保静县不但地理环境好，排灌优越，也是灌区的交通要道，更为重要的是，这里从西汉时期就筑有城池，成为历代屯军的产粮之地，军事地位十分重要。那么，韦蟾送卢潘到灵武赴任，必然要经过“河间弘静出贺兰山”到灵武。因为这里距贺兰山不远，可以称之为“贺兰山下果园成”。20世纪60年代以前，站在这里的高处，还能看见贺兰山下的双王坟呢。韦蟾送卢潘到这里赴任的时间应该是唐至德元年，即756年，当时这里是保静县。

清代宁夏府知府张金城在《改定朔方八景》中，写了山屏晚翠、河带晴光、古塔凌霄、长渠流润、西桥柳色、南麓果园、连湖渔歌、高台梵刹，其中的西桥柳色即官桥柳色。他在南麓果园中写道：“汉渠东，官桥以南，园林尤胜。多植林檎，当果熟时，枝头绀碧，累累连云，弥望不绝。唐韦蟾诗云：‘贺兰山下果园成’想昔时风物已自如是”。按照宁夏府知府张金城的考证可以推断：“贺兰山下果园成”是在官桥以南的“南麓果园”，即保静县一带。

综上述可以推论，唐代韦蟾《送卢潘尚书之灵武》诗中描写的具体地点应在保静县。

保静县历史上瓜果很丰盛。主要有沙果子，阳面红似胭脂，阴面呈亮黄色，果体比其他地方产的沙果子大，特别是香味浓郁，屋里放一筐沙果子，满屋子都清香扑鼻，院里放一筐沙果子，香气弥漫一个庄子。果园里的沙果子远看红彤彤的一片，香味醇厚，香气清幽，十里可闻。成熟后的沙果子脆而沙甜，皮薄肉嫩，清香满口，老少皆宜。这里产的绿葡萄，也称“大青稞”，成熟后深绿中透出白色，似颗颗硕大的绿宝石，滚圆溢彩，玲珑剔透，皮薄肉鲜，甜而不酸。这里的大冬梨因皮色亮黄，耐储存，味香肉嫩而著称，秋后下果，放到冬天才卖。因此，当地人叫大冬梨，此梨放软而不

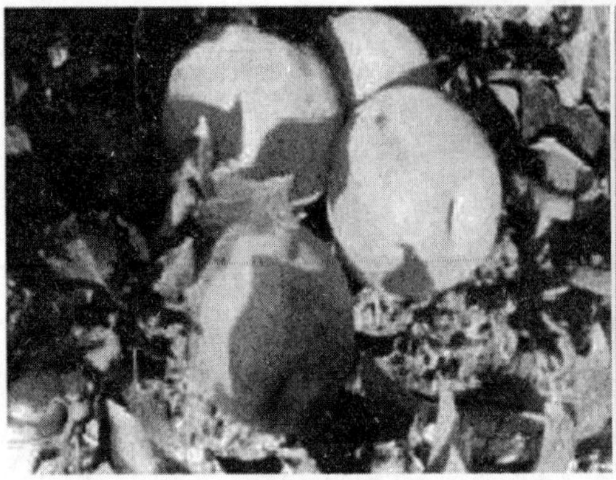

玉皇李子，质量上乘

水蜜大桃，肉厚核利

腐，所以当地又叫软梨，吃时能将一层薄皮轻轻剥掉，不沾连梨肉，人见人爱。这里盛产的玉皇李子，个大呈深黄色，皮脆核利，甜中稍带酸味，肉质纤维细腻，助消化，增加食欲，是孕妇的抢手货。甜杏子是这里的一绝，个不大，表皮呈红黄色，核利，核仁甘甜，敲核吃仁，清热解毒，肉质金黄色，核心肉呈红黄色，甜中带酸，口味鲜美。马牙枣是这一带有名的特产，相传是这里的唐代屯军用贺兰山沟里的酸枣树嫁接培育而成的，个大长圆形，紫红色，肉细脆嫩，水分多，形状酷似马的前门牙。相传是唐代保静县的县令给这种枣起的名字。据说，保静县令经常骑着一匹高头大马到屯庄视察。这年秋天他又来到了这里，当地老百姓也没什么东西拿来招待他，就揪了一盘大枣叫他吃。县令拿起一个惊叫："啊呀，怎么这么大的枣子？比我那匹马的马牙还大呢！"他就给枣子起了个名字"马牙枣"，马牙枣的名字流传至今。20 世纪 80 年代初，林业专家对王弘堡的名优鲜果进行考察鉴定，得出的结论，是这些名优鲜果的栽培历史约有一千年。沙枣子更是保静县屯垦戍边的一大特色。沙枣树因耐风沙干旱，在这里栽种历史悠久，端阳节开花，秋天沙枣成熟，枝头上鲜红一片，美似晚霞。当地沙枣有大小两种，皮薄肉厚核小，口味甘甜，能治腹泻。沙枣花的香味名列百花之首，几里外都能闻得见，是做香料的上乘原料。相传，永宁灌区的沙枣树，最早是从保静县传播移植的，保静县被当地誉为沙枣树的祖地。

历史上的保静县，不但名优鲜果出了名，瓜菜也很有名，沙瓤西瓜便是当地特产。这里夏季炎热少雨，昼夜温差大，日照时间长，强化了西瓜内葡萄糖、维生素、氨基酸的成分，使西瓜形成了独特的优良品性，主要特点是皮瓤沙脆清甜，籽黑瓤红，耐存放，是当年这里屯垦戍边将士们的喜爱之物，王弘堡的农民至今还保留着这种西瓜的种植技术，主要是施炕土、墙土肥，对浇水严格控制，不施畜类粪便。麻皮哈密瓜，因其皮有麻点皱纹而称麻皮哈密瓜，皮呈黑绿色，有波浪纹，肉深黄色，香味浓郁，清甜可口，具有消暑利肠功能。脆皮香瓜，绿黄色，皮有弧状花纹，长圆形，香味四溢。吃时皮脆肉香，瓜瓤可一起食用，解饿解渴。打瓜，是一种小型西瓜，主要取其籽，瓜瓤也可食用。瓜瓤呈亮黄色，瓜籽呈鲜红色，色泽红润，籽大仁厚，入口易嗑，是当地瓜子的主要品种，以瓜籽质量上乘而著称于世，独享盛名。那么为什么要叫"打瓜"呢？当地百姓传说，唐保静县时，县令常请老百姓教屯军种田，有位从青海逃难来的一户贫民带来了打瓜籽，屯军种了后，发现他们种的西瓜比老百姓小得多，气的拿了根棍子到田里打，每一个瓜打一棍子骂一句："田挨田，别家种的瓜大，偏我们种的瓜小！"这位青海来的贫民急忙拦住说："罢打，罢打！这是籽瓜！"屯军扔了棍子一看，原来这些小瓜瓜瓤都是金黄色的，里面一个紧挨一个尽是红瓜子儿。从此，老百姓叫这种瓜是"打瓜"，打瓜的红瓜子也成为这里的人招待亲朋好友的必备品。

保静县城王弘堡原有很多古城墙、古城堡遗址，据有关专家考证，均属唐代建筑遗迹，由于平田整地，如今荡然无存。这里先后出土过铜钱、矛、刀、戟等兵器，锈迹斑斑，被风吹日晒后很快风化。仅保存的一块唐代铜镜堪称文物精品。这块铜镜是正圆形，直径 1.63 厘米，厚 1.2 厘米，重 1350 克。整个铜镜完整无损，通身覆盖铜锈。镜正面平光，用以照面，背面饰以高浮雕图案花纹，中心是半球状蛙形镜纽，纽外是一圈凸棱分镜背，分为内区和外区。内区画有葡萄、瑞兽，外区画有葡萄、花卉和瑞鸟。镜边窄高，与镜背呈弧形相接，饰以花草。整个画面统一和谐，生态活泼，可爱有趣，富有生命力。

永宁县出土的唐代葡萄鸟兽花铜镜

铜镜，是古人照面的工具，正面磨光擦亮后便可照人，花纹葡萄是多子多福的象征。古人的铜镜可自用，可收藏，也可作纪念品互相赠送，主人死后也可以随主人埋入坟墓，这是唐代前后数百年的民风民俗。此铜镜经过文物专家鉴定，时间为唐代晚期。这块铜镜被命名为“唐代葡萄鸟兽花草铜镜”，国家二级文物，被宁夏博物馆收藏。此铜镜的发现，对断定这里墓葬的年代，研究唐代制镜工业及民风民俗提供了重要依据。

王弘画像

逝者如斯，沧桑变迁。过去的一切都被历史的尘埃所淹没，唯有这块铜镜还隐隐约约映照出这里的前世今生。难怪明代的王弘在这里屯筑王弘堡时，还对过往的历史无限深情，对过去这里的辉煌无限怀念。

王弘，字叔毅，明代南京光洋卫人。明弘治六年(1493年)进士，授行人，擢南京都察御史。正德初以论列刘瑾罪状黜为民，刘瑾诛，起广东按察副使。嘉靖初群臣议大礼，王弘不附明，士论韪之。他修筑王弘堡，并任第一任堡长。后人以其名作地名，按谐音分别书写为王宏、王红、望鸿等，新中国成立后的相当一段时间还书写为王宏、王洪，后来规范书写为望洪。王弘正德年间，任宁夏卫教学训导，即管教育工作。著有诗篇留于后世，人称“行人王弘”，他在《灵州道中》诗中写道：

边尘一道马头开，烽火无烟旧有台。
地势腾腾随北上，山形个个自西来。
生人何计熏胡俗，造化分明孕此胎。
见说中州文教在，衣冠珍重济时才。

这首诗反映出王弘赴宁夏卫任教学训导的观感。边城指保静县治地王弘堡，沿王弘堡西南有一条直通宁夏府城(今银川市兴庆区)的路，即宁兰公路原址。王弘骑着马，但见沿路的烽火台只有“旧台”没有狼烟，说明此地安静祥和。他沿着这条路“腾腾腾”的北走，西面的贺兰山朝他身后隐去。这一带是汉延渠、唐徕渠的灌区，屯庄很多，来屯田的生人也很多，多是西部少数民族，身穿胡服，口音南腔北调。“造化分别孕此胎”，是写他们的先祖遗传给他们的模样和习俗。最后两句是写他自己的心理感受，身任“文教”，自加“珍重”。王弘在《高桥望宁夏》的诗中写道：

匹马行行此极边，依稀风物似中天。
东西处处人栽树，远近家家水灌田。
雨露一般唐郡县，乾坤万里汉山川。
平生倘有安邦略，谁肯忠良秘莫传。

诗中说的“极边”，即塞上，这里有骑马巡视边防的武士，所以，这里的“风物”与其他地方不同，很是少见，但又好像在其他地方见过，可称“依稀”。眼前正是栽树、灌田的春季，“东西处处人栽树，远近家家水灌田”，反映出当时屯垦的繁忙情景。“唐郡县”，是指唐代在这里设置的弘静县、安静县、保静县，像“雨露”一般滋润着这里的土地。这里原是沃野千里的“汉山川”，即从西汉时，汉人就在这里繁衍生息，徙少数民族到此屯垦戍边是安邦之略，是历代忠臣良将治国安邦的“秘方”。诗名“高桥望宁夏”是王弘站在王弘堡附近的汉延渠桥上观感成诗。也有人说此诗是在高桥村观景而作，这是不对的，因为王弘堡当时属灵州地，王弘在《灵州》一诗中写道：

低头前日拜都堂，为说安边策最良。
民物总新唐郡县，山川依旧汉封疆。
多方设险尊中夏，千里屯田广馈粮。
欲把心情何处写，我公遗爱比甘棠。

灵州，西汉惠帝四年（前191年）设置，治所在王弘堡东、吴忠市西，当时永宁一带属之。王弘在诗中又一次赞扬历代屯垦戍边政策，称之为“安边良策”，“唐郡县”，即又一次提到唐代在这里设置的弘静县、安静县、保静县，只是如今这里已面貌一新，今非昔比，故“民物总新”。王弘仍然不忘，这里的山川大地，河流湖泊，原是汉代封疆，西夏时多处设险。如今这里“千里屯田广馈粮”，反映出明正德年间这一带屯垦戍边如火如荼，表现了王弘对千里来到此地屯垦，而使这里“广馈粮”的屯垦将士的热爱和感激。王弘在《宁夏写怀二首》中写道：

马首西来更向西，贺兰山色与云齐。

三边保障新添险，万里长城旧设堤。
汉地有人留锁钥，胡儿何处许攀跻。
欲知阃外将军令，细柳营中听鼓鞞。

满路浑无半点埃，雨余红软马蹄开。
王城万里封西夏，霄汉多年望上台。
药裹且收身尚健，贤劳真愧我何才。
边城四月寒犹在，带得清风一道来。

这两首诗，是专描写贺兰山东麓景色的。诗中赞扬了明代贺兰山的防务设施，这里只有军帐中的歌声，不闻胡骑的烟尘。

保静县，因历史悠久而享有盛名，王弘，因屯筑王弘堡而被后人铭记。明代冯清在《王宏堡道中二首》写道：

一苇渡黄河，双旌指西夏。
膴原茁牛羊，时雨丰禾稼。
恩露沛台端，腥风清塞下。
行行诗兴生，怀抱一倾泻。

雄镇压羌胡，我来时仲夏。
三军夙蓄威，二麦欲登稼。
昭代势方昌，昔时风自下。
车书万国同，西顾哀怀泻。

冯清在这两首诗中，赞扬了“王宏堡道中”的景色。只要乘一叶扁舟渡过黄河，便是当年的西夏之地，这里荒滩放牧牛羊，田里庄稼茂盛，农耕文化和游牧文化已经融合，很多游牧民族已经在这里定居。唐代“贺兰山下果园成”的地方到了明代，已发展成为繁荣富庶的地方。

宋澄堡后裔怀先祖

唐代记载永宁地区的史料凤毛麟角，忽见《嘉庆灵州志迹》中有这样的记载：

> 何进滔，少客魏，事田宏正。宏正攻王承宗，承宗引精骑千余驰魏壁，进滔率猛士逐之，几获承宗。从讨李师道，以功兼侍御史。史宪诚死，军中传语曰："得何公事之，军安矣。"进滔下令曰："公等既迫我，当听吾令。"众唯唯。执杀前使及监军者，斩九十余人，释协从者。素服临哭，将吏皆入吊。诏拜留后，俄进授节度使。居魏十余年，吏民悉安之。

这条记载看后使人眼前一亮，再查《旧唐书》《新唐书》，尘封已久的何氏家族其人其事才浮出水面。原来他们的后裔唐代时就在"藏龙卧虎"之地的灵武县、保静县一带活动，至今还居住在宋澄堡。灵武县治在邵刚堡，而宋澄堡就在邵刚堡北。何氏家族从何孝物算起，至今已有62代，从唐代开始就居住在宋澄堡，历经风雨坎坷，因战乱、逃荒等原因，有的已迁往新疆、甘肃，宁夏的石嘴山、平罗、灵武、青铜峡等地，还有在银川市、王元桥、王弘堡居住的，但在宋澄堡居住的最多最集中。这些"何氏人家"为什么都把何孝物称为他们的始祖呢？这要先从唐代何孝物、何俊父子掌管唐铎驿说起。

唐铎堡位于宋澄堡东南，原是唐代保静县(治王弘堡)设的一个驿站，起先是宣布政教法令或有战事时用的地方，后来作为传递文书的人中途休息的地方，也称唐铎驿，明代建立唐铎堡。何孝物、何俊父子家住宋澄堡，离唐铎堡不远，又是朔方军军人，他被委任为唐铎驿管使。唐铎驿北通银川、包头、北京，南达灵武县、固原、平凉、西安，东据保静县、灵州府，是唐代的车马大道。

“安史之乱”后，唐肃宗李亨于756年七月十二日在灵州府继位时，就是从西安、平凉、固原、灵武，经过唐铎驿，然后在保静县的今仁存渡口过黄河到灵州府登基的。当时有宦官李辅国等随从元勋，何孝物、何俊父子率兵马“迎驾送圣”，过黄河仁存渡直到灵州府。

唐太宗画像

唐肃宗李亨登基后，改隋代的弘静县为保静县，欲选择当地人任县令，选来选去便选准了“民间口碑甚佳”的何孝物。何孝物任保静县令后，他的儿子何俊继任唐铎驿管使，隶属朔方军。

宋澄堡，唐代这里有一个类似水库的大坑，自从这里设胡城后，屯驻的少数民族很多，他们都把牲口赶到大水坑饮水，有时在这里聚会。何孝物、何俊父子来到这里，见这里水草丰美，便于养马，就住在了这里。后来大坑里的水渐渐少了，何孝物父子便发动这里的居民引唐徕渠的水入大水坑，因唐徕渠的水是浑浊的，要澄清后人畜才能饮用，这里又称为“澄湖”。宋代这里称宋澄湖，明代建立宋澄堡。

据史料记载，何孝物，生于唐代，生卒不详。其先祖是中亚古何国人，即今乌兹别克斯坦国撒马尔罕境内的“屈霜尼迦”。唐代迁居灵武县(治今邵刚堡)，落户于邵刚堡北的宋澄湖，曾任保静县令；何俊，何孝物之子，生卒不详，曾任唐铎驿管使；何默，何俊之子，生卒不详，曾任灵武县衙都头。其祖孙均为朔方军军人。

何进滔，何默之子，又称默子、子端公，出生于宋澄堡，生日不详，官至检校司徒，同中书门下平章事(宰相)，唐开成五年(840年)卒于任，追赠太傅，谥曰“定”。何重顺，何进滔之子，赐名弘敬，生于805年。唐武宗李炎年间(841~846年)，记功进检校尚书左什射。唐宣宗李忱年间(847~860年)，复加同中书门下平章事，官至相位。唐懿宗李漼即位，进中书令、加封楚国公，卒于866年，卒后赠太师。何全皞，何进滔之孙，称弘敬子。初袭其父何重顺职，次年实授节度使，又次年立功进检校司空、同中书门下平章事。卒于870年，卒后赠太保。

那么，“何孝物，生于唐代，其先祖是中亚古何国人，即今乌兹别克斯坦国撒马尔罕境内的屈霜尼迦”是怎么回事呢？唐贞观二十年(646年)，铁勒、回纥等部首领聚集灵州，唐太宗抱病亲赴灵州，会见了“百王”，会上大家公推李世民为“天可汗”，并纷纷要求归顺，太宗十分高兴，写下了“雪耻酬百王，除凶报千古”的诗句，刻立于灵州，从此灵州又称为“受降城”。驻跸灵州期间，太宗兴致极高，会盟千人宴会上即席唱赋《饮马长城窟行》：

塞外悲风切，交河已结冰。
瀚海百重波，阴山千里雪。
回戍苍烽火，层峦引高节。
悠悠卷旆旌，饮马出长城。
寒沙连骑迹，朔吹断边声。
胡尘清玉塞，羌笛韵金钲。
绝漠干戈戢，车徒振原隰。
都尉反龙堆，将军旋马邑。
扬麾氛雾静，纪石功名立。
荒裔一戎衣，灵台凯歌入。

诗中的“灵台”，指的就是灵州。

唐王朝在北边设立一系列羁縻府州，让各部头人自主管理自己的部属和内部事务，其中安置在灵州境内的部众，史书泛称“六胡州”，在六胡州中生活的除了突厥各部族外，还有“昭武九姓”的胡人，(史称栗特人)和吐谷浑人。著名的土谷浑王若曷钵与唐宗室弘化公主及其后人就是在安乐州内过着幸福的生活。唐朝许多战功赫赫的著名将领，如阿史那杜尔(突厥族)、何进滔(昭武九姓之何国人)、史敬奉

（昭武九姓之史国人）、康日知（昭武九姓之康国人）、史宪成（奚族）、浑瑊（铁勒人）和仆固怀恩（铁勒人）等也都来自六胡州，后来他们都自称是灵州人。

唐王朝在玄宗开元年间进入鼎盛时期，唐玄宗懂得“兼听则明，偏信则暗”和“居安思危”的道理。他也经常照镜子，但他和隋炀帝照镜子不同，他说：“夫以铜为镜，可以正衣冠；以古为镜，可以知兴替；以人为镜，可以明得失。朕常保此三镜，以防己过。今魏征殂逝，遂亡一镜矣！”他推广使用先进生产工具，兴修水利，疏浚唐徕渠，使人口和垦田面积不断增长，手工业、商业和城市不断发展，终于达到了“贞观之治”。

唐王朝进入鼎盛时期的同时，各种矛盾也迅速发展，到天宝末年，社会矛盾达到了行将爆发的程度。“安史之乱”后，由于藩镇割据、宦官专权、朋党之争、农民起义等原因，各地反叛事件不断发生。

何进滔青年时，效力于魏博镇节度使田弘正军中，是田弘正军中的一名校官。唐宪宗李纯元和十年（815年），田弘正奉诏讨伐叛军王承宗，其部下纷纷推举何进滔带兵讨伐：“子端公盛任矣！”于是，何进滔率精骑千余奔袭镇州。由于何进滔“智勇双全，指挥有方”，且“身先士卒，体恤军士”故而“战绩显著”，虽没杀多少人，但硬是迫使王承宗率部归顺了朝廷。这次征讨后，何进滔被记功进衔内都知兵马使，负责掌管田弘正的精骑部队。

“安史之乱”平息后，接连发生节度使兵变。唐代从710年开始设节度使，到玄宗开元以后，先后在沿边设立了安西（今新疆库车）、北庭（今新疆吉木萨河）、河西（今甘肃武威）、朔方（今宁夏灵武）、河东（今山西太原）、范阳（今北京）、平卢（今辽宁锦州西）、陇石（今青海乐都）、剑南（今四川成都）等9个节度使和岭南（今广州）经略使。

节度使本来是总管一个地区的军事而不管民政，但为了加强作战力量，节度使的权力不断扩大，以至于军、民、财权基于一人之身，使朝廷丧失了对边将的控制力，而逐渐形成了一个个独立于中央政权之外的封建割据势力。

唐元和十三年（818年），位于辽宁锦州西的平卢淄青节度使李师道反叛，朝廷命田弘正讨伐。田弘正又命令何进滔带领骑兵前去征讨。何进滔亲率精骑，星夜攻占了郓州(今山东省东平县),镇压了以李师道为首的反叛首领,平息了反叛士兵,安抚了郓州军民。何进滔平叛告捷,记功升授兼侍御史。这年朝廷派史宪诚任魏博节度使,原节度使田弘正及其子田布将军权移交史宪诚,何进滔升任史宪诚部大将。

唐文宗李昂大和三年(829年),史宪诚在魏博按农户人口的多少“重加赋敛”,拥有军队十万,牙兵万人。壮丁都被征去当兵,农田由老弱耕作,不许百姓来往,甚至不许老百姓夜间点灯,官逼民反,终于发生哗变。史宪诚被本军哗变官兵杀死,魏博镇一时群龙无首,乱兵鼓噪,势有干柴烈火一触即发之危。

就在这千钧一发之际,部分官兵提议,请何进滔主持军队。他们奔走呼吁:“得何公事之,军安矣!”有不少军官在将校中大喊:“得衙内都知兵马使何端公知留后,即三军安矣!”他们说何进滔在魏博镇多年,体恤受苦军士,从不滥杀无辜,视百姓如父母,只有他出来坐镇三军,魏博镇才能安定。

魏博镇一些职位较高的军官们集聚起来,要拜何进滔为最高长官,何进滔摆手说道:“这需朝廷任命,不是你们说了算的。你们既然拥护我,我可以暂时主持军务,但你们必须听我的话,不许滥杀无辜!不许伤害其他军士!不许触犯百姓利益!”众将官都表示,“愿听何公调遣,唯从何公之令!”

于是,何进滔亲自调查询问,执杀了压迫官兵的监军和兵愤较大的原将佐90余人,其余一律不加追究,稳定了军心,挽救了一场兵祸。他在给朝廷的奏折中,呈报了这次平息官兵哗变的情况,其中写道:“实属安抚军民,以防节外生枝,不得已而先斩后奏,望圣上治罪”。朝廷闻知后,默认了这一事实。因为德宗在781年就调京西9万余移镇关东,开始裁抑藩镇。后因吐番多次进犯长城附近,使唐王朝无暇对河北藩镇采取行动,致使成德、魏博、淄青、朔方等节度使“合从而叛,各自成王”,出现了“藩镇连兵”的局面。783年,唐王朝调泾原(今宁夏泾源)节度使的军队往淮西作战,泾源兵经过长安时哗变,拥立失意军人朱泚为秦帝,唐德宗逃往奉天(今陕西乾县)。唐王朝顾此失彼,焦头烂额,实际上裁抑藩镇的活动陷于失败。

所以,唐王朝承认了何进滔平息哗变的这一既成事实,先授予何进滔左散骑常侍、魏博等州节度观察使,不久实授为魏博镇节度使。此后,凡有节度使死亡,朝廷只是按例派宦官前往,根据当地军人的要求确立继承人,然后报朝廷下个批文就行了。

何进滔在魏博镇十余载，听命朝廷，保境安民，体恤官兵，爱戴百姓，军民颂之。后又被朝廷加封为检校司徒，同中书门下平章事。唐开成五年(840年)卒于任。追赠太傅，谥曰“定”。他在临死前召集子孙到床前训示道：“吾何氏子孙，生于军长于军，以服从朝廷安良除暴为己任。不得有半点贪婪之事，方可保身兴族矣！”

何进滔死后，他的儿子何重顺袭父亲魏博节度使之职。次年唐武宗李炎继位，大力削弱藩镇势力，授福王李绾为魏博节度使，赐何重顺名为弘敬，任魏博节度副使，并命他率本镇兵马讨伐山东刘稹的地方割据势力。何弘敬不愿看到各节度使军士互相残杀的局面，他先以拖延观望待之，后因王宰、王元逵已率王师节节进取，大兵逼近，才不得已出师参战。他派兵占领了平恩、泽路，堵住了割据势力的逃路，然后亲自出马规劝他们服从朝廷，不能自立为王。割据势力的官兵为他的诚意所感动，纷纷缴械投降，归顺大唐。他因“知情善施”被官兵敬服，朝廷给他记功进检校尚书左仆射。宣宗年间，复加同中书门下平章事，官至相位。唐懿宗李漼继位，何弘敬兼任中书令，加封楚国公，咸通七年(866年)卒于任，赠太师。

何弘敬死后，他的儿子何全皞袭父亲官职，第二年被授予魏博节度使，第二年何全皞率部参加平定起事的叛军庞勋，因立了战功，被授予检校司空，同中书门下平章事。但是何全皞没有听先祖的话“除暴安良”而是自我放纵。史书记载他“年少好杀戮，下有小罪，鲜纵贳，人人危惧”，终于在咸通十一年(870年)，被哗变部属所杀，赠太保。

宁夏何氏家族历代为官，而且在军中任职的较多。何文，何氏后裔，明代任宁夏左屯卫指挥使，“天顺初，虏犯大坝急，携子何琳破之，升任都指挥佥事”，而何文的儿子何琳，“以其从父大坝有功，升都指挥佥事。授协同分守东路兴武营”。何济，官任“宁夏左屯卫指挥使，升都指挥佥事”。在清代的宁夏武举人名单中，就有何氏后裔，何占魁，清同治年

2009年1月17日，《何氏族谱》问世庆典大会在银川召开

间武举人;何仲元,清光绪年间武举人。

2009 年 1 月,永宁县《何氏族谱》刊印

民国时期见诸史料的何氏后裔很多,有李俊完小的校长、宋澄乡乡长(何光禄),有宁朔县的区长(何振瀛、何振环),有马鸿逵军法处上尉督察(何振海),等等。

新中国成立后,家住望远丰盈村的何明,任中国人民解放军总参谋部军训部副部长(正军职),1955 年被授予上校军衔,1962 年被晋升为大校军衔。曾获三级独立自由勋章、中华人民共和国解放勋章,1988 年被授予中国人民解放军独立功勋荣誉章。在社会主义革命和建设中,何氏后裔牢记先祖,不忘报国,有任宋澄大队书记、大队长的(何建林),有任石嘴山电厂供应部经理的(何建定),也有任永宁县副县长的(何建勃)。

为了加强团结,凝心聚力,分清尊辈,延续宗族,2009 年 1 月 17 日,永宁县宋澄堡《何氏族谱》问世庆典大会在银川召开,来自青铜峡市邵刚堡二旗村、灵武市东塔镇园艺村、平罗县城关镇及二闸乡三闸村等地的何氏后裔男性代表参加了庆典会,新疆、甘肃等地的何氏后裔分别发来电函表示祝贺。银川市及永宁县宋澄堡、惠丰村、史庄村、北渠村、雷台村、侯寨村、古正村、丰盈村等地的代表前来参加。共有 100 余名男性何氏后裔肃立默哀,以祀先祖,他们先念《何氏家训》:

> 爱国爱家,遵纪守法,敬老爱幼,家邻和睦,身正为范,宽厚待人,诚实守信,明辨是非,扶贫济困,知恩图报,爱憎分明,知荣明耻,勤俭节约,居安思危,淡泊名利,交友慎择,洁身自好,强健体魄,勤勉好学,知足常乐,志存高远,自强不息,与时俱进,勇攀高峰。

会场里洪亮的声音十分感人,《何氏家训》里的每一句话,都激励着何氏后人勇往直前,他们把寄托对先祖的哀思,化作每一个人的自觉行动。他们用血脉之情,凝聚力量,也警告了个别不肖子孙,如何做人才对得起先祖,只有在社会上站稳脚根,洁身自爱,才能使家族永远立于不败之地。

昊王渠的传说

北宋咸平五年(1002年),夏州党项族的首领李继迁攻占了萧关以北的今宁夏中部、北部地区,夺取了东尽黄河,西界玉门,南接萧关,北控大漠的广大地区。北宋景祐三年、西夏大庆元年(1036年)十二月,李元昊完备军制,西夏国设监军司12处,分兵设险。士卒号称50万,以7万兵护卫中兴府(今银川市老城区,后改名为兴庆府),以5万兵镇守西平府(今河东机场北),以5万兵驻守贺兰山。今宁夏境内有监军司4处,其中永宁县境内有克夷门(今三关口)监军司,又称右厢朝顺军司,经常驻有重兵分守今平吉堡、玉泉营、西邵村一带的防务。克夷门监军司有军队7万人,实际上是以驻地部落为单位,任命部落首领、豪酋担任军队长官,以便指挥。有了军事行动,立即点集人马。西夏国在三关口附近设立的克夷门监军司,是当时的军事要地,西夏咽喉。

西夏大庆三年(1038年),李元昊筑坛受礼册,登上了皇帝的宝座,定国号"大夏",本族自称"大白高国""白高大夏国",蕃语指"邦尼定国",宋人称"西夏"。西夏国建国都于中兴府,定年号为天授礼法延祚。次年,李元昊派使节到宋都上表称帝建国之事,宋朝皇帝大怒,随即下诏,削夺原来宋朝廷给李元昊所封的官爵,中断了大宋和西夏的所有贸易往来,并贴出皇榜,高价悬赏,招募强人捕杀李元昊。

李元昊出生于北宋咸平六年(1003年),又名赵元昊,是宋朝皇帝给予的赐姓,小字嵬理,取其"珍惜、富贵"之意,后更名为"曩霄"。他是位身材魁梧强壮的汉子。圆脸膛上透着坚毅,鼻梁高而直,身高五尺有余。他少年时喜欢穿长袖红衣裳,经常戴着一顶黑色的帽子，身上披挂着弓箭。他出行时，常有侍卫们为他撑持着淡青色的伞盖。他英武潇洒而又体贴下士。史书上说他“性雄毅，多大略，善绘画，晓浮图学，通蕃汉文字，喜读法律、军事之类的书。但为人狠毒，好战、嗜杀、贪色。”史书上的记载多属实事，但“为人狠毒”却有偏颇，他如果处人不行，别人怎么能跟着他出生入死？他不“好战”，怎么能在万马军中勇往直前？李元昊25岁时，就受命带兵袭攻回鹘部的夜洛隔可汗，一举夺取甘州，被立为皇太子。宋明道元年(1032年)，28岁的李元昊继任党项族首领，他经过六年的精心准备，终于在1038年正式建国称帝。

西夏王国是以党项族为主体的地方割据政权王国。西夏实行的是兵民合一的军事制度，所有成年男子，平时从事农牧业生产，战时则为士卒。西夏建国后，地方军队编制仍沿用原来部落的组织形式，各有固定驻地，部落首领统领本部落军队，故而全境共分为12个监军司，由李元昊任命都统军、副都统军和监军使指挥。

西夏建国后，逐渐从游牧经济中脱离，向定居的农业生活过渡。为了解决粮食问题，西夏国在军队中实行屯田制度，军队中“正军”与“屯军”明显分离，正军专事操练战斗，屯军则专事屯耕，以负担正军给养。为了加强屯田领导，西夏国专门设立了农田司，作为管理全国农业的专门机构。西夏国军队屯垦，拉开了永宁西部地区及贺兰山东麓开发的序幕。

西夏国的八大部落细封氏、费听氏、往利氏、颇超氏、野利氏、房当氏、米擒氏及拓跋氏贫民，首先来到了贺兰山东麓。细封氏部落最先抢到了芦草洼。他们身穿夏服，披挂弓箭，手执竹笛，左耳朵上都吊着大圈儿。这里的沙窝头少，地势较洼，奇怪的是芦草本生长在水中，这里的山洼里、沙蒿边、戈壁沟里也生长着芦苇，一排排一丛丛，像是里面隐藏着暗哨。因为这个部落里常闹鬼，人都叫鬼悉村。

费听氏部落的人多身穿短裤长衣，背上背着用芨芨草编的背篼，腰间挂着用羊皮做的水葫芦。他们抢占了一片较为平整的干旱地，说是较为平整，这只是远看而已，近看则高高低低凹凸不平。地皮的沙土不是很松软，但也不很坚硬，开着紫花的丛丛骆驼刺旁，长满了芦苇和芨芨草，他们叫这里是旱草洼。简陋的村庄里窑洞茅屋，措土为砖，烈日晒不透，阴雨不漏水；土块筑墙，壁上油灯，人畜同房，十分原始。因为这里常有野狼出没，刁走孩子或牲畜，人都叫这里是狼唆村。芦草洼、旱草洼的

西夏国从游牧文明到农耕文明的转变

居民开垦土地，种上了糜子、谷子，得到了李元昊的奖赏。

往利氏军民首先抢占了“一碗泉”，他们说：“有小水，就有大水，要开挖呢。”一碗泉旁，围着里三层外三层的人等接水喝，他们主要是四周的党项贫民，还有小东方牧马的汉子，从远处赶来的牧羊羌女。一碗泉真是“一碗泉”，在一个镶嵌着五色石子的小坑里，清澈的泉水慢慢地朝出渗，当淘出一碗时，小坑立马干了，再慢慢地朝出渗。驻兵驱赶着接水的人，不断喝斥道：“滚滚滚，这是我们的地盘，滚到半个梁去。”他们和接水的人先骂后打起来。

这时李元昊视察屯垦将士跃马而来。他穿着一身便服，手里拿着根红柳条子，骑着一匹名叫青海骢的马。他见这里推推搡搡吵吵闹闹的，一个健步跳下马，把马缰绳甩给随行的士兵，跑上前急忙喝斥。这里抢水的人见李元昊来了，急忙跪拜不迭。守坑士兵咕囔道：“就说朝下挖呢，他们见天每日围在这里，我们不好动工！”李元昊叫随从把马上驮的水抬下来分给抢水的人喝，他们盛在碗里也不敢喝，一个个躬着腰，一步一步后退着走了。

李元昊瞪着士兵开挖一碗泉，先挖出的是明溜溜的沙子，接着是黄土，再朝下挖是石子、巨石。每挖一尺多深，李元昊就蹲在坑边朝下喊：“水咋样？”坑里的人回道：“水还是不大！”沙石还好办，一筐一筐朝上吊；碰到大石头，就只有把粗绳结成网朝上拉。眼看挖的有一丈多深了，坑里黑咕隆冬的，李元昊说有危险，命坑里的人快上来，坑里的人说又见到一块大石头，一定是它堵住了泉眼，还要挖。当他们正准备朝上拉大石头时，谁知“轰隆”一声巨响，井壁坍塌了。李元昊大呼救命，他急忙跪下用双手刨已成平地的井口，几个随从急忙将他牵了起来，当他们用铁锹、镐头把井下的两个人刨出来时，他俩已捂死了。李元昊十分悲痛，为了不再发生类似的事件，他四处寻找水源。

李元昊通晓天文地理，他带着屯军头目在贺兰山麓找水源。他们先后打了二十几口井，分别屯驻于永宁西部的大井子、小井子、新井、散石子、大马圈、小马圈、沙河圈、十里屯、二十里屯、芦草洼、旱草洼、黄羊滩、一棵树等地，后人只知道贺兰山麓的这些地名，不知道这是当年李元昊时留下的地名。

西夏军民屯垦贺兰山东麓，第二年就初见成效。黄色的浩瀚沙漠中有了点点绿色，茫茫的戈壁滩中，有了罕见的块块农田。李元昊说："我拓跋氏族，善征战，舞刀弓，好勇喜猎，以兵马为务，只会乘马坐车，不知耕稼，土无五谷，治国种田还须重用归我大夏国的汉人。"他请山下汉人到山上，给他们指导下种、田间管理和收割等农活事宜。

谁知第三年山坡上的粮食还没抽穗，就见满天飞蝗像飓风似的，密密麻麻，遮阳蔽日。它们飞到天上，太阳就看不见了；它们落到地上，所有的绿色便一扫而光。麻的、绿的、花的，五颜六色。它们落到牲口身上，黑牛就变成了花牛，怎么摇头甩尾都赶不走；它们落到帐篷上，钻到屋里，锅台上、炕上、被窝里，就连碗筷上也爬满了蝗虫。李元昊下令放烟火驱赶，但烟火越大越浓蝗虫就越多，地下死了厚厚一层，天空中一眼望不透的不知还有几层呢。李元昊望着赤地千里的贺兰山麓，望着漫山遍野的蝗虫，急得坐立不安。部下奏道："这是神虫，非烟火能灭，天旱无水所致也！而今山上牛羊众多，井泉奇缺，无渠源之水，草原沙化，沙暴频繁。可沿山开一大渠，润山地杂草，兴旺六畜，防止牧民迁徙。"李元昊便下定决心开挖昊王渠。

西夏建筑石柱基石

昊王渠，规模空前。据《嘉靖宁夏新志》记载，"靖虏渠，元昊废渠也，旧名李王渠，南北长三百余里"，明弘治十三年（1500 年），宁夏巡抚王珣为绝虏寇，兴修水利，对旧昊王渠开凿修浚，更名为"靖虏渠"，后因"石坚不可凿，沙深不可浚，财耗力困，竟不能成，仍为废渠"。如今，当年的昊王渠已被流沙淹没，被山洪吞噬，仅存的遗址在西干渠西银巴路桥两侧。南侧存渠底，有"准底石"残留，西侧存渠坍，宽约

西夏军民修筑王城图

52米，长约400米，北侧也存留渠坪，宽约26米，长约600米，发现“准堤石”一块。此渠规模宏伟，就其遗迹辨认和实测，渠长180公里，引水量80立方米/秒。由今青铜峡开口至平罗县境内渠止。渠线与1959年11月开挖的西干渠略平行而稍高，比降依地形高低而半挖半填。西干渠开挖后，仅管涌、决口、复夯渠坪就维护了10多年。古人有如此精湛的测量设计技术，令人敬仰，令人叹为观止。

李元昊为了开挖昊王渠不但集聚了贺兰山东麓所有的正军、屯军和党项贫民，还召集了沿山一带村庄的汉民参加，包括运料、砌护架桥的工匠和水夫、火夫，等等，还有相当一部分从东部灌区募雇来的农夫，总人数超过了7万人。他们按驻地就近和农田受益的情况分段开挖。全部是流沙段的地方，由于边挖边流沙，他们就先夯实渠坪，用柴草垫层，用砂石碾压，用块石砌护，然后再将渠里的流沙一背篼一背篼地背出来。渠坪上，每隔不远的地方都放有“准堤石”，作为砌护上下渠坪的高低标准。石块多的地段先把渠身的石头抬出来，然后再修筑渠坪。渠身低的地段动员妇女、儿童背土填坑，然后动员农夫夯实渠底，由石匠砌护渠坪；渠底每隔不远的地方都放有“准底石”，作为上下渠底高低的标准。

昊王渠从青铜峡开口，流经今永宁县、贺兰县，流至平罗县境内，南北长300余里，渠水从南流到北，渠身经过的地方全是丘岭、戈壁，共有支斗渠300余条，其中渠西的120余条，渠东的180余条。架桥梁50余座，修涵洞60余个。在今永宁县境内，渠西支斗渠的流经点是大井子、小井子、新井、散石子、大马圈、小马圈、沙河圈、十里屯、二十里屯、一棵树，还有风吹砂砾发出响声的“三响头”等地；渠东支斗渠的流经点是下马寨、莆草沟、火神庙、黄羊滩、玉泉营、芦草洼、旱草洼、大屯洼、三黑滩、黑老湾、红柳沟、白芨滩，还有西夏国新建立的三里屯、五里屯、八里屯等9个屯庄。

昊王渠开挖从头年的秋季开始，到第二年秋季淌冬水时告浚，共花了一年多的时间。从此，贺兰山东麓“牛羊衔尾，羊群塞道，田饶五谷，粮满囤仓”。出现了“边城杨柳楼中笛，羌女葡萄塞下歌”的景象。

西夏国在贺兰山东麓建起了著名的“摊粮城”，这是西夏国最大的粮仓之一。西夏国早期设 20 个州，其中牧业州 3 个，占总州数的 15%；农业州 4 个，占 20%；半农半牧州 13 个，占 65%。在西夏后期设的 26 个州中，纯牧业州减少很多，半农半牧州和纯农业州显著增加。当时永宁县分别隶属兴州（今宁夏西部山区一带）为半农半牧州，静州（原保静镇，王弘堡一带）为农业州，顺州（今邵刚堡西）为半农半牧州，怀州（今掌政堡南）为农业州，永州（今杨和堡北）为农业州。

自从昊王渠开通后，那棵在沙丘中生长了多少年，被飞蝗咬死的一棵树又复活了，党项部落的瓦当氏从此屯驻在这里。更令人奇怪的是，自昊王渠开通后，一碗泉开始冒水了，涓涓清泉像露珠似的洒向人间。李元昊令当时的慕容氏屯军继续驻扎在那里，从此人都叫这里是玉泉营。

昊王渠通水这天，是西夏国大喜的日子。昊王渠以西主要的桥梁、涵洞、标杆上都挂满了各色彩绸。西夏国“监司”以上的军官和地方“抄”以上的小官都来庆贺。从西夏国河东灵州来的一位汉官还没走近海子湖就长声叹道：

西渡黄河满面沙，只闻人语是西夏。
四时不改三冬服，五月常飞六角花。
毡冠红裹羌女饰，兽皮做衣毡人家。
胡笳听惯无凄凉，羌笛花儿漫坡下。

由于昊王渠的水利之便，农户比着开荒种地，饲养家禽家畜，不但躬耕的农夫多了起来，牛羊也由只变成了群。就在这一年，屯军头目奏道：“驻地屯民，宗教不一，图腾各异，能否统一？”

李元昊叹道：“自建国以来，我大白上国施汉制，驭戎夷，或授以将帅，或任以公卿，徙汉人屯垦，正军与屯军分离，部落东移，外番内汉，沃野千里。因渠以溉田，而军粮饶足，御仓藏粮多达百万石。滔滔黄河，盈盈渠水，地饶五谷，尤以稻麦。村畔鱼跃稻香，果园桃李繁郁，有水木万家之盛，芳村莺语之幽，塞北江南之称。况圣教东流，金身梦于汉帝，佛生西域，祥光兆于周朝。国内臣民，南蛮北夷，图腾各异，仍其自便！”

李元昊传来这里的族长，谕示将此地命名为小东方，隶属西夏国的兴州。他说：“此地在兴庆府正南，圣陵正东，属兴州辖地。日出于东，月盛于东，凡人言东，亦复先东。今观地形，酷似雄鸡昂唱，故赐名小东方！”从此，人都称这里为小东方(今永宁县金星村)，此地名沿用至今。

李元昊开凿昊王渠，使这里“东西处处人栽树，远近家家水灌田”。后来为什么这里又成为“风吹沙石满山跑”的荒漠之地呢？这要从“蒙古军搜杀党项羌”说起。

双王坟的故事

人都说外国的金字塔美,其实最为美丽壮观的要数中国的“金字塔”,中国的“金字塔”就是名扬全球的西夏王陵。西夏王陵区,依贺兰山东麓的山岗、丘岭自然起落,其中最南端的两座在永宁县境内的西北部,当地人称之为“双王坟”。不论春夏秋冬,只要天气晴朗,山下农民站在房顶上就能把双王坟看得清清楚楚,眼睛尖的孩子还能数出周围陪葬墓的数子呢。

双王坟是李元昊的爷爷李继迁和父亲李德明的墓地，位于贺兰山东麓的洪积扇地带。陵园以两座高大完整的金字塔形的夯土巨冢为主,坐北朝南,呈纵向长方形,占地 10 万余平方米。李继迁因箭伤发作而身亡,23 岁的李德明继位。李德明(982~1032 年),小字阿移,李继迁长子,野利氏所生。他心胸开阔,深谋远虑,多年来随其父转战南北,战功卓著,他在位 28 年。

李继迁和李德明的坟墓原来规模没有这么宏大，是李元昊称帝后为祖父和父亲重建的。山下的老年人祖祖辈辈都说,当年麦子还没黄稍,克夷门的监军阿沙就领着一抄一抄的士兵派夫、催丁,原来西夏国要在海子湖的西北边建造皇陵。山上山下的贫民都被拉去做苦力,就连小东方的老姜头也被拉去当监工。

监军阿沙总揽陵墓的土木工程,规定两座大坟冢用黄土夯筑,四周的城墙、角阙、外城等建筑物用青砖砌护,形成青红相映之势。役夫们挖掉地上的沙砾,取出地下的黄土,层层铺垫夯实。垒高时,四周用椽子斜插支撑,每层黄黏土用芦帘垫连。因坟冢过于高大,垒到高处时就椽断坟塌,会打死打伤役夫。沙尘暴又来了,天昏地暗，伸手不见五指。役夫们屈卷在山茆里，轻轻地哭唱道：

长城烽堠遍朔方，铜墙铁壁筑秦邦。

只闻姜女满山哭，不见当年秦始皇。

李元昊塑像

阿沙来了，他说役夫们偷懒，挨个儿用皮鞭抽打，被监工老姜头挡住了，他提出一个惊人之举，建议陵塔用红砖砌护，并说他会烧制红砖。监军阿沙大喜，他指着图纸说："如用红砖建造，颜色鲜于黄土，且坚固防风噬。建成后形如八角菱花，又似宝塔撑天，显眼夺目，岂不美哉？"他立马拨出一大批人马，封老姜头为小监，命他带人下山烧制红砖。老姜头带人马又回到了山下。

海子湖边人头攒动，喝声连天。仅泥工、坯工、火夫、窑夫、水夫、驼夫就有几百人。羌族部落里的细封氏、米擒氏、野利氏、费听氏等贫民几乎都下了山。贺兰山下最大的粮仓摊粮城的木匠石匠，东部黄灌区河西寨的雕刻匠，西夏王族丽子园的绘画匠，等等，都被征调而来。还有静州保静镇的番部罗悉逋族、小父儿族等六部贫民，围绕着海子湖安营扎寨。

各聚点居民小家住一帐，小族住数帐，大族住数十帐，毡房、帐棚、木屋、土屋、山峁窝到处可见。还有用芦帘子搭顶遮檐半边斜的房子，用红柳条子编的鱼脊梁房子。他们穿戴长短肥瘦不一，色样五花八门，南蛮北狄，西戎东夷，南腔北调。一排排大窑建成了，烈火熊熊，浓烟冲天，四里八方的汉人都运来黄土换饭吃，他们说人老几辈子只见过青砖，咋还能烧出红砖？这个老汉一定是个神人。老姜头为人忠厚，体贴仆役，处事公道，在各聚点威信很高，人们都称他红砖爷爷。

监军阿沙监筑双王坟，有了红砖工程顺利，仅用了半年时间，两座金壁辉煌的大坟冢就矗立起来了。陵园以两座高大完整的金字塔形的夯土巨冢为主，坐北朝南，呈纵向长方形，占地 10 万平方米以上，由角阙、鹊台、神墙、碑亭、外城、月城、门阙、献殿、灵台等建筑物组成。鹊台在陵园的最南端，左右对称。碑亭处于鹊台与月城之间。碑亭之后为月城，中间为御道，左右两侧置石象生。月城门面南，有东南西三面墙，由正门(南门)进入内城。内城四角置角楼，正中没门阙。内城前方正中为祭祀用的献殿，其后偏西为墓道和高大突兀呈八角形七层塔式陵台。王公大臣的陪葬墓，则分布于陵园的周围。

鸟瞰整个陵园，阙台高耸，碑亭华丽，献殿富丽辉煌，陵塔威严肃穆。一列列青砖宫墙，一座座高大醒目的阙台，一栋栋独特的陪葬陵塔，整个建筑群红砖绿瓦，黄顶蓝墙，气势宏大，威风凛凛。在青砖城廓的映衬下，傲雪迎风，十分美丽壮观。

阿沙怕牧人到此放牧，玷污了圣地，命百姓朝山上端炒熟的黄土，划出方圆30里的地方铺垫，以免再生杂草。山上山下的农牧民端簸箕的，背背篼的，提筐子的，挑担子的，将冒着热气的"敬心土"排着长队撒到陵区，"为圣地添喜"。

祭圣地这天，李元昊率拓跋氏众王族亲临。他盛赞这块头枕贺兰山神山，脚蹬海子圣水的宝地。当一尊尊大铜鼎里的青烟升到九霄云外时，鼓乐齐鸣，锣鼓喧天。西夏皇家寺庙高台寺里的僧人，身披袈裟，脚穿芒鞋，给陵塔周围泼洒"圣水"，然后给先王"拔苦楚"超度，进行大规模的佛事活动。数百名羌女在班首的率领下，排成变化多样的方队跳"颂圣舞"。跪在四周的黑鸦鸦的人群双手平举，仰首向天唱《圣地颂》：

> 贺兰神山，苍松映雪，浩瀚腾格里，又突起王陵两座。那是神鹰归栖的圣地，照五色霞光，护中兴明月，迎朔方风雨，受万世香火。千秋万代大白上国……

李元昊领西夏拓跋氏王族诵夏王赞歌："黔首石城漠水畔，红脸祖坟白河上，高弥药国在彼方……"夏王赞歌中的"黔首"是指脸色黝黑的男子部落，"红脸"是指红色涂面的女子部落，"黔首"和"红脸"通婚，才繁衍出了西夏主体民族。其发源地是"漠水畔"与"白河上"，位于"河之上游"，故而称为"高弥药国"。

地球永远在转，世事永远在变。西夏时期，河西设静州(今望洪堡东)、顺州(今邵刚堡西)、怀州(今掌政堡南)、永州(今杨和堡附近)四州，拱卫京畿，形成"四州抱

西夏国在三关口附近设立克夷门监军司

兴庆”之势。这“四州”，很大一部分在永宁县境内。当西夏国灭亡时，原来的一切都化作了烟云。蒙古军攻破克夷门这天下着雨，天上地下就像是万人在哭泣，浑浊的泪水终于汇成了万马奔腾的海洋，淹没了这块贫瘠的土地。

克夷门，山势险峻，绵延起伏，气势磅礴，高大的山体成为一道天然屏障。在纵横南北的大山中间，有一条蜿蜒起伏的鹅卵石道，两旁杂草丛生，山如刀切，苍松翠柏长在石缝之中，道内有 3 处天然关隘，故当地人称三关口，为“一夫当关，万夫莫开”之地。西夏建国后，在此设右厢朝顺军司，又称克夷门监军司。

西夏军队纪律森严，规定无论大小头领，“点集迟到或缺卯”的，正军士卒五天内点集不到或赶不上参战的，参战时在家或丢失战具的，行军时私自调换马匹和战具的，不应征而逃避兵役的，发生贿赂或贪赃枉法的，均分别给于鞭责、棍责、罚徭役和绞刑。因此，西夏军队无论是正军还是屯军，都英勇善战，凶猛异常。

克夷门本驻有七万正军，这回守将嵬名令公又增加 5 万精兵防守。蒙古军来到克夷门，没把西夏守军放在眼里，一阵冲杀，夏军败退。蒙古军骑兵在前步兵在后，浩浩荡荡进入贺兰山口。只见两旁都是高山峻岭，悬崖峭壁，形势险要。蒙古军前锋头目发现这里的地形不利于大军作战，正犹豫间，忽听一声炮响，两面山崖中的西夏伏兵摇旗呐喊，猛冲下来，把蒙古军断为几截，首尾不能相顾。西夏军从东头又杀来一股骑兵，把蒙古军拦头堵住。一场激战，蒙古军死伤众多，渐渐不支，只得退出山口。嵬名令公以诱敌深入之计，初战告捷。

西夏武士画像

蒙古军退出山口，在贺兰山西侧驻扎下来，两军相持了两个多月。嵬名令公见蒙古军没有动静，渐渐放松了警惕。七月的一天，西夏军哨探来报，说蒙古军已大部撤走，剩下的军队不多了。嵬名令公大喜，以为这是消灭蒙古军的好机会，于是他亲自率领一支军队，深夜偷袭蒙营。当他悄悄靠近蒙营时，忽听一声号角，从四面八方的沙丘后面冲出无数蒙古军，把西夏军团团围住。西夏军几次突围都没成功，结果嵬名令公被俘，士卒死伤无数。蒙古军乘胜攻破了克夷门，大军长驱直入，包围了兴庆府。

兴庆府西边是古老的唐徕渠，时值盛大水期，渠水翻滚，浊浪涛涛。蒙古军干的第一件事就是放水淹兴庆府。霎时间，只见洪流滚滚，水漫城廓。西夏军“浑脱营”的水兵立即出动，他们坐着羊皮筏子、木船、板排，在洪流中其渡如飞，穿梭如电，他们用长竿子、长把儿勾刀，把蒙古军一排排打入、勾入水中。有的蒙古兵爬上高处，有的困在树上，有的见漂浮物就抱就抓，“浑脱营”的水兵手挥长竿，见人就打。蒙古兵有的在水中挣扎，西夏兵按着他们的头，或潜入水中拉着他们的脚，一个个活活被淹死。但见大沟小渠里的死尸堵住了洪流。冲到城墙下的蒙古军，用人的尸体堆成人梯，嘴里含着刀子，双手举着挡板，一个个爬上了兴庆府的城墙。他们被守城士兵一个个举起来，从高高的墙头上“扑嗵”一声掼到城下的洪水中。西夏兵骂道：“山里的旱鸭子竟敢决堤放水，这回瞌睡遇上枕头了——睡去！”

蒙古军后续人马见前面部队受阻，绕道东南，直朝双王坟杀了过去。西夏军双王坟守士在正门外迎战，蒙古军先是一阵如雨飞箭，守陵将士急忙躲避，霎时乱了阵脚。紧接着蒙古军的套马高手甩出了套马绳，像渔网似的铺天盖地。因这里遍地蒸土，寸草不生，无遮无掩，给蒙古军的铁骑、马箭手提供了有利的环境。只见蒙古军围住了月城和东南西三面城墙，用酥油蘸了白麻，绑在箭头上，一排一排射手摆开架势，猛拉大弓，“嗖嗖”的将点燃的火箭朝陵园里的建筑物上射。先是几支火箭射到献殿的门窗上，很快燃起了大火，接着角楼、陵台、碑亭都冒起了熊熊火烟。守陵将士奔跑不迭，多被蒙古军乱箭穿心，身上着箭多的守士，像刺猬似的，浑身上下挂着数不清的箭。

蒙古军攻入陵园后，见两座高大的坟冢还没起火，就在周围堆起柴草，浇上麻油，点起了大火。陵塔上的雕梁画栋顿时“噼里啪啦”的燃烧起来，蒙古军说火还不

成吉思汗画像

够旺，又拉来西夏兵的尸体朝火堆里扔。霎时，腥风飓起，浓烟滚滚，直冲苍穹。陵塔上的朱红彩柱烧焦了，一层一层倒落下来，上面的彩色琉璃瓦崩裂成碎片，两座宏伟的八角陵塔，变成了两座土堆，裸露着砂石、黄土和插木头的一个个灰坑，像只只千疮百孔的泪眼在诉说着这里的一切。

蒙古军在这里出完了气，解完了恨，便向陵园南当年李元昊建立的一个个部落驻牧点扑去。这里驻扎的西夏军在戈壁、沙漠中和蒙古军展开了规模空前的拉锯战。蒙古军见旱草洼的沙漠中有支西夏军在摇旗呐喊，不知这是西夏军布的“迷魂阵”，急忙扬鞭跃马追了过去。谁知刚走了不远，西夏军便不见了踪影，只见从芦草洼跑来一伙男孩，他们脖子上、手腕上、脚腕上都戴着黄灿灿的铃铛儿，铃铛儿随着他们蹒跚在沙漠中的脚步“叮当”作响，他们手中还拿着火药蛋，不住手地朝蒙古军中扔去。蒙古军头目不知是西夏军童子营的“撞铃郎”，挥着马鞭笑道：“几个童子也来欺负人呢！”他喝道：“给我都活捉了，叫他们到军营里给老子放马，端洗脚水，提夜壶！”蒙古军嘻笑着，掏出套马的绳索正要捉人，谁知“撞铃郎”只闪过一个沙窝头，就都不见了。

蒙古军追了一箭之地，正在犹豫，西夏的“铁鹞军”从四面的沙窝里猛冲出来，他们像大漠鹞鹰，翻山越岭，草上如飞。那远看像白石，近看像芨芨草的地方，原来卧藏着千只公牛、万只公羊，这群牛羊像吃了炸药似的朝蒙军铁骑冲了过来。它们用尖角顶戳蒙军坐骑，蒙军像上了刀山下了火海，有的当即死亡，有的拖着肠子溃逃。拿着绳索、带着网套、手执短刀的西夏“擒生军”眼尖手快，他们把蒙古军的战马抢了，还一匹匹串连起来，把抢到的蒙古军细软吊在马脖子上。

逃出的蒙古军见芦草洼有一片绿地，就忙向那里跑去，走近时才知是沙枣刺、酸枣林，“撞铃郎”一个个像猴似的蹲在树上，他们见蒙古军进了檑木丛，就朝下扔

蒙古军远征西夏图

火药蛋，个个凶猛异常。蒙古军的衣裳全被树刺刮得片儿扇儿的，脸上、身上全是血口子。当他们知道误入刺林时，发现林子里已经起火了，“铁鹞军”也将林子包围，眼瞪着他们朝死里烧，偶尔跑出几匹战马，烧的没有尾巴没有耳朵，面目全非。

前来增援的蒙古军见林子里起了火，高叫不好，他们兵分两路，一路朝海子湖小东方跑去，一路朝黄羊滩、一棵树、大井子、小井子等屯庄搜杀。他们没料到，看似平坦的大路、小路都埋上了西夏兵的土地雷，即“瓷蒺藜”，人踩就炸，马踏就爆，炸死炸伤的人马横尸路旁。朝南走的一支蒙古军还没到一棵树，就被西夏军“步跋子”截住。蒙古军不知这是西夏有名的步兵，认为他们的两条腿，跑不过自己的“四条腿”，谁知“步跋子”在沙漠中脚不陷沙，身轻如飞，而他们的马在沙漠中蹄子深陷，奔跑速度太慢，还不如西夏军的“骆驼营”。在这场厮杀中，蒙古军损失过半。逃跑的剩余人马还没到大井子，就见眼前一片香瓜地。他们见前后无人，又饥又渴，不知是西夏军安排的“毒瓜毒草”，结果人吃了香瓜后吐血而亡，马吃了“醉马草”后四肢抽筋，不能站起。后面赶来的蒙古军大叫“中了邪”，马不停蹄地朝昊王渠飞奔而去。

他们赶到昊王渠的玉泉营大桥，见前后无人，军马拥挤着过桥时，桥身突然倒塌，蒙古军全淹在昊王渠里。桥两头埋伏的西夏军羌女麻魁组成的健妇营，见蒙古军上了“纸糊桥”的当，从昊王渠两边围杀过来，这支“百里善走，千里善战”的娘子军在这里大开杀戒。

海子湖边的小东方被蒙古军包围了。小东方的头领是当年老姜头的第六代孙，名叫姜老三，他被五花大绑着，两条腿像灌了铅似的，一步一步挪到龙王庙的大院子里。他知道蒙古军攻破克夷门的时间最早，他的一位侄儿在那里当兵，是最先逃出来告诉他的。他立即派堡子里的丁兵给山上山下各屯点送信，叫他们快逃。能逃的党项贫民都逃了，剩下的老弱病残及妇女儿童都拖儿带母地投奔到小东方。他集中了所有的船只把他们送到海子湖，藏到芦苇荡里。蒙古军赶到海子湖，要到芦荡中搜杀，他们见湖边船只无数，一个个上船摆渡，谁知刚到湖荡中心，船底进水，几乎全被淹死，海子湖成了蒙古军的葬身之地。

双坟唱晚

姜老三朝北望，北边天空殷红一片，兴庆府已变成了火的海洋，西夏国 190 余年的基业被付之一炬；西边杀声连天，双王坟最高的陵塔已燃起了熊熊大火，整个西夏陵区一片火海，方圆 54 平方公里的陵区内 9 座帝王陵和 200 余座王公贵戚的陪葬墓全部掘毁焚烧。蒙古军头目把刀搁在他的脖子上，逼问羌民窝在哪里，他两眼垂泪，喃喃的道："飞鸿南向，千载难忘桑梓祖籍，朔风警钟，万世永念祖宗训导……"他还没说完，就猛然转身，一头撞在娘娘庙的大柱子上死了。

蒙古军头目大怒，喝令纵火烧尸。姜老三的尸体在火堆里翻滚跌爬，惨不忍睹。可怜他祖上早年就入了汉，但还是没能逃脱被蒙古军杀害的噩运。几个刽子手开始杀党项贫农，斩了几个，再的都说他们是汉族，不是党项族。蒙古军扑过去把他们的裤子拉掉，衣服撕开，从女性的乳头和男性的生殖器上进行辨认，相传党项族女人的乳头与男人的生殖器都是纯白色。

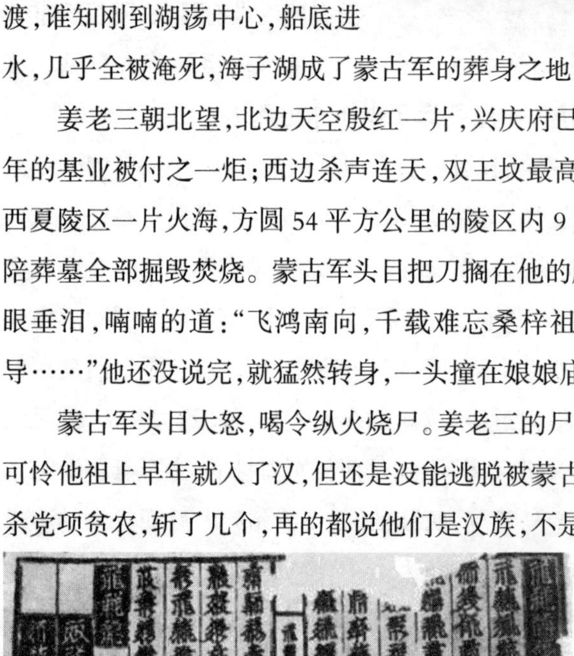

内蒙古黑水城出土的西夏文献

果然又有十几个男女当场被杀，他们还把鸡窝、砖窑、地窖、土围子、柴垛、水井、炕腔都掘开搜杀。据史料记载："蒙古军大掠子女金帛，搜杀西夏党项贫民，其民穿凿土石以避锋镝，免者百无一二，白骨蔽野”。

公元 1227 年 8 月 14 日，蒙古军占领了兴庆府，西夏末主李晛出降，后被杀，西夏亡。从李元昊起，传 10 主，历 190 年。明代安塞王樗斋有首诗《古冢谣》写道：

贺兰山下古冢稠，高下有如浮水沤。
道逢古老向我告，云是昔时王与侯。
当年拓地广千里，舞榭歌楼竞华侈。
强兵健卒长养成，眇视中原谋不轨。
岂知瞑目都成梦，百万衣冠为祖送。
珠襦玉匣相后先，箫鼓声中杂悲恸。
世更年远迹已陈，苗裔纵存犹路人。
麦饭畴为作寒食，悲风空自吹黄尘。
怪鸱薄暮喧孤树，四顾茫然使人惧。
天地黯惨愁云浮，遥想精灵此时聚。
人生得意须高歌，芳樽莫惜朱颜酡。
百年空作守钱虏，以古观今还若何。

蒙古军占领这里后，将搜掠来的战俘、贫民等集中起来，建立了平羌堡，意为平定党项羌后建立的堡子。蒙古军中，掘西夏陵盗宝者甚多，也没发现有什么值钱的宝物，只不过是一些坛坛罐罐而已。后来他们在不同的地方挖出两块残碑，当两块残缺不全的碑对起来时，惊异地发现上面用西夏文和汉文写着：“方圆三十里，金银两大库。若要财门开，再等猿人来！”自此之后，再没人翻尸倒骨的寻宝了。历史上的西夏，存在了近 200 年，令大宋王朝不敢小觑，在中国历史上影响深远。正如一首诗中写的那样：

历史宜增大夏篇，兴之国运可寻源。
谁言域外无英主，雄跨西疆二百年。

诗人欧阳造极在《吊西夏王陵》中这样写道：

拓土开疆忆昊王，兴州定鼎势豪强。
当年殿阁今何在，几处荒陵伴夕阳。
折戟歌残帝业空，无边衰草泣征鸿。
从来褒贬由人论，都付斜阳塞上风。

西夏灭亡后，陵园遭到严重破坏，几成废墟，但其形制犹存。陵园内，残存大量的兽面纹和花卉纹瓦当、白瓷板瓦、琉璃砖、花纹砖、鸱吻、碑残片等，共出土文物671件，其中有雕龙石柱、石马、琉璃鸱头佛、瓷鼎、铁衣甲、西夏瓷器、官印等文物珍品，使人们对西夏王国曾经拥有的辉煌和灿烂有真切的感受，勾起人们无尽的遐想。两座巨冢矗立在贺兰山下，巍峨壮观，为全国重点文物保护单位。诗人刘德祥在《游西夏王陵遐想》中写道：

景区漫步久徘徊，亡夏迷团难测猜。
豪冢坚墙何惨重，火砖花瓦咋残骸。
细观秃墓金字塔，似向昊王躯体哀。
莫是成功贪酒色，荒淫奢侈果遭灾

海子湖风云

海子湖晨曦

很早以前黄河西移，贺兰山下是一片沼泽，形成了后来的宁夏“七十二连湖”，现在的海子湖，便是当时的“七十二连湖”之一。那时，这里是一块美丽的地方，湖面云蒸霞蔚，波光粼粼，流金闪银。湖的四周长满了青嫩的芦苇，像是谁在湖边画了个淡绿色的大圈。湖面漂浮着大大小小的浮萍，小的淡紫色，大的淡绿色，金黄色的小花随风摇曳，粉白色的荷花昂首挺立。盛夏之日，湖水平静之时，远处贺兰山头的皑皑白雪映照在湖中，蔚为壮观。湖岸开不败的野花春夏秋三季常鲜，有金黄色的野菊花，有紫红色的牵牛花，莆草丛丛，红柳片片。这里是个水草丰美的地方，是蒙古、西羌等民族的游牧、驻牧之地。山坡上的牛羊多了，一个个帐篷也支搭起来。

那年，黄河开始东移，大大小小的湖泊逐渐干涸，成片成片的泥沙裸露出来。贺兰山下赤日炎炎，火风刮着地皮，一个接一个的大旋风升起，似林立的通天白柱。这里每天都有沙尘暴，疾风将枯草拔起，沙石飞扬，黄雾四塞，形成了一个个馒头似的沙窝头。贺兰山麓滚烫的沙子上，只有当地叫沙扑扑（蜥蜴）的一种动物爬动，虎豹、獐子、梅花鹿等都躲进了贺兰山深处。绵延不断的沙窝里，偶尔有几只黄羊伸头探脑，蹄如闪电，人都叫这里是黄羊滩。这里在茫茫的戈壁和沙丘间仅存活了一棵树，后来人都叫这个地方为“一棵树”或“一棵柳”。黄羊滩的北边，在沙石中间有一个泉眼，还是牧民找水喝时发现的，一次只能淘一碗水，人都叫这个地方是“一碗泉”，后来此地驻扎军队，才改名为玉泉营。

20世纪70年代初黄羊滩的一棵柳

海子湖三面环绕着沙漠，又是风沙旋移之地。令人惊奇的是，这里明溜溜的沙子永远压不到湖面，湖水终年不减，更不被沙漠吞噬。湖中天然生长着一道“S”形的芦苇，把湖水从南到北分为两半，酷似一个天然的“太极图”，这便是海子湖最早的名字“太极湖”。

最早在湖边定居的是一帮逃来的难民，他们有的骑着马，有的拉着驴，还有的背着老人、抱着小孩。青壮年多披挂弓箭，妇女都是头戴黄色饰花，发辫盘在脑后，拖拉着珠贝饰链。只见他们从西南边遥远的地方踏着滚滚红尘而来。他们住的房子里，正面墙上挂着“护法神箭”，有4尺多长，每隔几天，所有的人就祭拜一次。习俗与一般游牧民族相似。吃食以肉酪为粮。为首的老头长着长长的胡子，随他而来的都是一个部族，且都姓姜，所以人都叫他“老姜头”。这里的汉人问他们是哪里的人，他们都说是从青海来的。他们在海子湖边住了下来，靠打渔种田为生。因他们居住在海子湖的东边，人都叫他们居住的地方为“小东方”。他们经常给别人讲“五台护法”的故事，还哼唱着吕温的《蕃中答退浑词》：

退浑儿，退浑儿，朔风长在气何衰，万群铁马从奴虏，强弱由人莫叹时。

宋代的西羌浑迁徙图

退浑儿，退浑儿，冰消青海草如丝，明堂天子朝万国，神鸟龙驹将与谁？

“万群铁马从奴虏”，诉说了吐蕃统治者经常征调吐谷浑打仗。“冰消青海草如丝”，是说这支流民从青海而来。“神鸟龙驹”是吐谷浑的“朝献”物，神鸟实际上是一种驯化后受人指使的鹞鹰，龙驹是吐谷浑祖传的波斯草马，相传“放入海中，生此骢驹，号为龙种，又名青海骢，日行千里，马踏飞燕”。据《五代会要》卷二九《党项羌》记载，后唐明宗天成四年（929~933 年）十月，因吐谷浑、党项相继进马，引起枢密使安重海不满，他对明宗说：“吐谷、党项近日相次进马，皆给价值，对见之时，别赠缯帛，计其所费，不啻倍价。请止之。”明宗回答说：“国家长苦马不足，每差纲收市，今蕃自来，何费之有？外蕃朝贡，中国锡赐，朝廷常事，不可以止。”自此，蕃部羊马，不绝于路。

蒙古军巡骑陶俑

那么，吐谷浑部落为什么要“朝万国”呢？为什么感叹“强弱由人莫叹时”呢？这要从他们的历史说起。吐谷浑原属辽东慕容鲜卑，后来逐步壮大，到吐谷浑首领吐延时，其界南已达到四川的昴城，西至白兰。吐谷浑首领吐延“雄姿魁杰，身长七尺八寸，杀奴如麻，羌虏惮之，号曰项羽，人皆愤恨”。“昴城羌酋姜聪刺杀吐延，人称豪杰”。姜聪属今四川阿坝一带的昴城羌首领，羌、姜二字古代通用，姜为羌族的姓氏一说由来已久。唐“安史之乱”前，居住青海的许多吐谷浑部投归了唐朝。“安史之乱”后，吐谷浑居民仍然饱受吐蕃统治者的压迫和剥削。唐代后，吐谷浑散居在朔方、河东一带。北宋初年，吐谷浑主要聚居在今青海的大通河达坂山南。据史料记载，他们的葬俗是“丧有服制，葬讫而除”，婚俗是“富家厚纳聘，贫者窃妻去”，妇女的服饰是“以金花为饰，辫发萦后，缀以珠贝”，信仰“护法神箭”或“五台护法”，即在家中或庙内供奉一支四尺长的神箭。这很可能是与吐谷浑阿豺临死时，召集子弟，用折箭教训他们要团结的遗训有关。

原来这是一支古代西羌人，他们从吐谷浑中退出，迁徙到这里，成为这里的先民。后来小东方的人渐渐多了，又迁徙来很多游牧民，他们便在海子湖的北面、东南面驻牧。他们在海子湖西边的山坡上盖了一座龙王庙，后来又盖了座三霄娘娘庙。

贺兰山明代被称为“华夷”分界线

在贺兰山东麓永宁西部地区，流传着很多蒙汉团结互助的故事。最典型的要数“汉蒙一家”的大匾和海子湖“盟誓碑”的传说。然而，这个故事里有一段辛酸的插曲，自古以来却鲜为人知。

元代统治者以少数民族入主中原，统治占人口大多数的汉族，采取了民族歧视和压迫的政策。把各民族人民划分为蒙古、色目、汉人、南人四个等级，实行“驱口”政策和喇嘛制度，制造了民族矛盾。

在蒙元统治时期，贺兰山东麓的蒙古包越来越多，像西山上的白蘑菇，今天这儿冒出一个，明天那儿冒出一个。蒙古包能移动，能搬走，可喇嘛庙就没那么简单了，没盖之前先圈住一大片草原不准放牧。据老喇嘛说：“喇嘛庙，蒙语沙蒙，灵城之意也。构造极宏壮，庙墙粉黄色或红色，檐瓦间有饰黄金者，故经久不锈。中建正寺，周设偏殿，殿周筑土壕，上树小竿，竿悬白布幡，经文焉，所以别圣地于俗界也。”

蒙古人实行喇嘛制度，入了僧籍，即免差徭，于是剃度者日多，家有三子，就有两个当喇嘛。喇嘛不娶妻，云游四方。规定殴打喇嘛僧的截断手，辱骂喇嘛僧的割舌头。贺兰山东麓的喇嘛庙，穿米黄色长袍，手提佛珠的喇嘛三三两两山上山下游荡。

当时蒙古贫民的生活很简陋，以喝牛奶马奶羊奶为生，有时面饼蘸着葱汤醋或锅巴就着蒜盐沙葱下口，偶遇宰杀牲畜，牛蹄羊头没燎尽毛就下锅，骨头上的肉都用小刀一点一点刮吃得很干净。

元代在玉泉营驻军设防后，黄羊滩、一棵树、大井子、芦草洼、旱草洼、平羌堡这一带属玉泉营防地。这里的住户按等级对待，蒙古人是上等人，其他民族和汉族人是下等人，重要官职不用下等人。汉人打死蒙古人偿命，蒙古人打死汉人充军了事。蒙古人实行"驱口"制度，把战俘当作"驱口"，形同牛马，位近奴隶。规定私杀牛马一头，杖责一百，杀死"驱口"一人，杖责一百七十。"驱口"不同于百姓，编入另册，世代永为"驱口"。蒙古人可以"驱口"作为财物转让或买卖。蒙古军将大批战俘和抓来的贫民集中在山坡下，成立了一个新屯庄，取名为五夷堡。在五夷堡通往黄羊滩、玉泉营和贺兰山磨石沟的交通要道两旁，设有这一带最大的"驱口"和牛马市场。

蒙古军怕汉人造反，往各地居民点派兵巡视，仅当时的兴州就多达几万人。蒙古军为防不测，下令禁止百姓私藏兵器，将铁器没收，菜刀几家合用一把。不准围猎，不准集会，不准聚众说书唱戏，不准夜间上街，不准家家户户晚上点灯。这里的贫民在蒙古军的监视下难以联络，只好利用中秋节送月饼之机，策动"八月十五杀鞑子"事件。

元代初贺兰山下发生的"八月十五杀鞑子"事件已过去多少年了，如今那里的老百姓还讲得头头是道，说得有鼻子有眼。

相传靖虏堡有个张魁，是个弃婴。不知是谁家的孩子，刚生下来就被扔到龙王庙大门前。前来敬香的香客打开襁褓一瞧，吓得都跑了。传说，老天降下来个"牛魔王"，还说婴儿的嘴是牛嘴，脚是牛蹄子，浑身长满了黄毛，像个毛茸茸的小牛犊，更奇怪的是他还睁着眼睛朝人笑呢。靖虏堡的张堡长来烧香，见院子里没人，就悄悄地把这个弃婴抱走了。在他的精心喂养下，弃婴的"豁豁嘴"几个月就长严实了，和其他孩子的嘴唇没啥两样。弃婴的两只小脚，原来的脚趾模糊不清，好像只有两个，后来五个脚趾头都长齐全了。他浑身上下的黄毛，还不到一岁就脱得干干净净，张堡长给他取名牛娃。

牛娃十来八岁时就在堡子里打杂，后来张堡长在堡子边开了个饭馆，专门招待山上山下过往客人，牛娃又在饭馆当差。张堡长叫牛娃陪客人喝酒划拳，谁知牛娃不但划拳能"左右开攻"，而且酒量惊人。他手指变换的速度，有"迅雷不及掩耳"之势，快得使人目不暇接，但他的手指无论怎么变换，嘴里喊的总是"五魁首！五魁首！"。从山里来的蒙古军将士，喇嘛公差等人，无不被他灌得烂醉如泥。人都不叫

永宁县出土的元代三彩花卉纹瓷碟

他牛娃了,都叫他“老五魁”。

那年张堡长收留了几个逃荒来的难民,谁知叫驻玉泉营的蒙古军头儿知道了,他们非要把逃来的难民当作“驱口”拉到牛马集市上拍卖。张堡长一口气上不来,连吐了几口血就死了。他死前,虽然自己有好几个儿子,但他却把堡长的位子传给了牛娃。牛娃说他还连个正经名字都没有,咋当堡长?张堡长叹道:“你的名字早就有了,是你自己喊出来的,就叫张魁吧!魁首就是头头嘛!魁星是北斗七星中的第一星,又是第一星至第四星的总称,这个名字好!”

这里的汉人每年八月十五都有送月饼、赏月亮的习俗。农历八月十五临近了,家家烙锅盖大的馍馍,当地称月饼,没烙前先用簪子在上面画桂树,树上蹲着孙猴子,孙猴子的眼睛是用梅豆籽儿点的,形像逼真,栩栩如生。一串串葡萄,一盘盘果子、黄皮大梨、紫红色的大马牙枣都擦洗干净了;大西瓜切成“人”字形的花边牙儿掰开两半,摆到圆桌上抬到院子里献月亮。月亮升高了,泼洒酒菜,全家人一个不少围坐吃团圆饭,年年如此。

送月饼主要是给亲朋好友送,自从蒙古军占领这里后,这里的人每年八月十五前还要给山上的喇嘛庙、蒙古包、驻军点送。不少人家八月十五这天晚上,还要把喇嘛请到家里共同赏月,念经超度亡灵。

人都忙着准备过节,靖虏堡的张魁领着一拨子人按习俗给家家户户送大月饼。

他赶着一辆马车，车上有的月饼没包封，有的月饼用黄纸包封了，封口上还盖了“佛印”。他将没包封的月饼送到喇嘛庙、蒙古包、驻军点，还口口声声请蒙古人八月十五的晚上到汉族人家里“喝几盅”，对方如若不答应，他就不走。有熟悉的蒙古人问他为啥有的月饼包了，有的没包，是不是分了等级？张魁笑道：“没包的是用白面烙的，送给你们；包了的是用黑面烙的，不戗眼，送给汉人。我们只把人分了两等，不像你们分的细，一官二吏三工四农五匠六商七妓八娼九儒十丐。”包封的月饼是送给汉人的，多是他亲自送到堡长、屯长、庄头、族长、家长、管事人的手中，要他们八月十五晚上务必请蒙古人到家中一同赏月，嘱咐他们多打点酒，把鞑子“灌醉放展”。走时还指着包好的月饼说：“先在神台上供着，不能拆封，要等到月亮上来时先掰开泼洒了，才能吃呢！”张魁送月饼到底送了几天，人都记不清了，只见他八月十五的那天，太阳落山时，才领着一拨子人下了山，还听他唱着：

自从胡马起烟尘，铁骑阵阵过寨村。
女扮胡妆男胡服，三岁童子马箭弓。

鞑靼，当地人俗称“鞑子”。鞑靼最早记载见于唐代，是突厥统治下的一个部落。突厥衰亡后，鞑靼逐渐成为强大的部落。两宋、辽、金时代，除鞑靼本部外，又把漠北的蒙古称为黑鞑靼，漠南的汪古部称为白鞑靼。蒙古兴起后，鞑靼部为蒙古所灭，但永宁西部地区仍将蒙古泛称鞑子。

“八月十五杀鞑子”的消息最早是小东方知道的。小东方的头领姜大拿见张魁送月饼鬼鬼祟祟的，月亮还没升高，他就把张魁送的月饼掰开，见里面有一个纸蛋，展开是一方巴掌大的黄表纸，上面画有一条青牛，牛首和牛身分离，图下歪歪扭扭地写着一句话：“杀青牛宰白马——答谢朝廷”。这是当时人们对元代统治者不满的一句口头禅，后来变成了这里的人发泄不满私愤的歇后语。

姜大拿立马明白，这是张魁要串通汉人杀鞑子呢。靖虏堡是小东方管辖范围内的一个堡子，不知道是一回事，知道了不管是另一回事，更何况这事很严重。姜大拿传来侄子道：“天地之序为礼，天地之和为乐。天下礼崩乐乱，世人回首无不向往周礼。我等应克己复礼，治世修身，家族后裔方可繁衍昌盛。孝父母、睦夫妻、和兄弟、慎婚配、勤耕读、正人伦、重敬贤、敬宗族、祭祖先、禁非法，这是兴邦之道啊！”他见月亮快升高了，急命长子拿着月饼里的“佛令”给玉泉营驻军报信，把其他子侄分成几个组，命他们快到山坡上劝阻下山赏月赴宴的蒙古人，只说是“山下有危险”，不叫他们下山了。姜大拿安顿完后，就急匆匆跃马策鞭朝靖虏堡跑去。

靖虏堡路边的“驱口”牛马市场空无一人，树上吊着一条标语“八月十五休市一天”，靖虏堡已戒严了，四周站满了堡丁。姜大拿仗着自己和靖虏堡的老堡长是“两挑担”的身份闯了进去。进去后他才知道，原来农历八月初十是老堡长的死忌日子，张魁从喇嘛庙请来一帮喇嘛给老堡长念经，超度亡灵。有一个小喇嘛因喝醉了酒，奸污了老堡长的小女儿，她被奸后在门前的一棵梨树上吊死了。张魁大怒，立即杀了这个小喇嘛，并把其他喇嘛全部倒吊起来，说要控死他们，来到堡子里赏月的几个蒙古军也被杀了。幸亏姜大拿及时赶到，他指着张魁骂道：“冤冤相报，代复一代，何时是了？”

小东方派出去的人马到沿山各堡寨村庄，见到乡间云游的喇嘛，手执请柬的蒙古人，就令他们快回山上。但沿山居民村落太多，面积辽阔，沿线广大，能跑过来的有多少呢？只见明晃晃的月亮已升高了，家家户户烹调炒炸“嗞啦嗞啦”的声音响起，油炸葱花的香味儿已漫向四面八方。好一个万家团圆的日子，家家户户院子里支上了圆桌，摆上了献月亮的供品，但不见人围着赏月，院门紧闭，房前屋后冷冷清清。不少堡寨、屯庄都戒严了，他们只准蒙古人进去，汉人一个不准进去。天没亮，靖虏堡已火光四起，刀枪林立，从玉泉营来的驻兵已把靖虏堡包围了。

张魁是怎么死的？当地百姓众说纷纭。有人说他被扔到滚滚的酥油锅里炸死了，有人说他浑身上下被浇上酥油点了“天灯”，有人说他撞柱而死。还有不少人说他升天了，他本来就是神，是上天派他下来为民除害的。

一年内，上面先后三次派人清查“八月十五杀鞑子”事件，到底总共有多少蒙古人、汉人被杀，谁也不敢打听。后来还发现莆草沟里、昊王渠里、芦草洼里、旱草洼里都有蒙古人的尸体，直到明朝时有的家里翻盖房屋，还发现房后的深坑里埋有蒙古人的尸骨，多是被捆绑后埋的。喇嘛庙的住持、玉泉营的驻军头目落了个“管教臣民不严”的罪名，分别受到严办。

第二年的农历八月十五这天，西王爷府的王爷来到了小东方，他是带着一大帮被救的蒙古人来这里谢恩的。他亲自送给小东方一块金匾。此匾制作极为精良，青蓝色的底子，四周镶着“卍”形金边，酷似万里长城环抱，中间用汉蒙两种文字写着“汉蒙一家”几个鎏金大字，后面跟着一群牛羊骆驼，骡子上驮着牛羊肉、骆驼肉、酥油、奶酪等食品，几个执事还托着一盘黄金、两盘白银。他们一来就指着小东方的人说，那个是最早报信的，这个是骑马送信的，那个是路上挡他们下山的，这位是从酒桌上救他们出去的，那位是把绳子解开放他们逃走的……又都流泪磕头。

姜大拿拒收钱物，他告诉他们当年蒙古军搜杀党项羌时，是一位熟识的蒙军兄弟救了他。他说：“这里民族众多，虽图腾各异，宗教不同，但都是华夏后裔，有难必救，有困必帮，人之常情，何必谢呢！”

王爷早就听这里的蒙军说，姜大拿为人正派，办事公道，在贺兰山东麓威信很高，众人皆服。他说道：“原遗风俗，尘秽未清，亏损人伦，有伤风化，甚是悲哀。而今礼仪，渐染华风。然战乱频起，重武轻文，教谕弛废，子弟只识刀弓。改番礼为汉礼，推崇儒学，治国重教，势在必行唉！”

王爷宣布将贺兰山东麓的喇嘛庙全部拆除，取消“驱口”市场，准许逃来的难民收入屯堡耕作。规定贺兰山东麓草场，蒙汉共牧，不准任何人划圈设障。

王爷指着前面一片明晃晃的水说，要到海子看一看。姜大拿说，那不是海，是个湖。王爷说蒙古人叫海子，汉人叫湖，蒙汉合一，就叫它海子湖吧！海子湖原名太极湖，因湖中天然生长着一道“S”形的芦苇，远看像是个太极图而得名。后来湖边盖了一座三小娘娘庙，三小娘娘是“封神榜”里赵公明的三个妹妹——云霄、琼宵、碧霄，因赵公明助商拒周，为周所杀，三姊妹遂助商欲报兄仇，最后相继丧生。迨周武克商后，姜子牙遂敕封云霄等三姑娘为神。从此后太极湖又叫娘娘湖。再后来因连年大旱，在娘娘湖边又盖了座龙王庙，这里的后人又称娘娘湖为龙王湖。从此，这个叫了多少年多少代的“太极湖”“娘娘湖”“龙王湖”的地方，第一次有了个蒙汉合一的名字——海子湖。他们在海子湖边竖起了一块石碑，王爷和贺兰山东麓各堡长、屯长等焚香升表叩拜，起誓道：

蒙汉兄弟，亲如一家，犹如海子湖水，永不分离。往后若再斗杀，谷麦不收，男女秃癞，六畜死亡，蛇入帐篷。

海子湖成了蒙汉团结的象征。“海子湖”这个名字以此名扬天下。

海子湖边的龙王庙头年秋天开工，第二年秋天竣工开光，一座巍峨壮观、雕梁画栋的庙宇，终于耸立在海子湖畔。

磨的明溜溜的贺兰基石，坚实永固。与天一色的砖墙托起红楼黄瓦，远远望去，疑是上半截升到了空中。外边四面墙上，各屯点的匠人都有一方雕刻之地。牛首马面，鸟冠兽头，无一笔雷同。登木梯而上，西面贺兰山头的皑皑白雪，东面黄河的逐浪波涛，南北的绿野平畴，尽收眼底。整个建筑融西夏寺庙与汉族风格为一体。

龙王庙内的墙壁上，绘有“五台护法”的壁画，雕刻飞腾的龙，展翅的凤，四周都刻有“卍”形花边，似绵延不断的长城。正面墙上刻着伏羲的八卦图，波澜壮阔的水面托起一座龙台，龙王爷安坐龙椅之上，龙头人身，宝冠高耸，衣带飘动，给人以和蔼亲切之感。他的脚下是尊三羊造型的青铜大鼎，大鼎正面刻着母羊亲吻羊羔，羊羔两只前腿跪在它肚下摇尾吮奶的图像。正堂里挂着一支四尺多长的神箭，这支神箭铜杆铁箭头，铜杆锈迹斑斑，但暗中发出金色的光芒；箭头虽然是黑色，但尖端呈暗红色，像是刚刚射杀过人。他们传说这支神箭很灵，谁要是做了坏事，神箭就会飞起来射谁。神箭下方的供桌上放有一把一把捆起来的竹箭，都是竹杆铁箭头，九支捆为一把。谁家生了男丁，都要朝供桌上供一支箭。每到祭日，族长就带着族丁们来到这里，每人发给他们一把箭叫他们折，教育子孙后代要“走正路，睦邻里”。

庆贺龙王庙开光庆典的大喜日子，天空祥云笼罩，香烟缭绕，大地绿草如茵，黄花绽放，湖边微风拂面杨柳依依，枝头小鸟啼叫蜻蜓飞舞。临近的善男信女都来了，海子湖边人头攒动，像是谁下了道无声的命令。人都排着长队给龙王爷敬香升表，观看族长领着族丁折箭祭悼。

原住民他们正式宣布“脱浑”入汉，信奉道教，从此饰汉装，剃长发，摘耳环，收弓箭，停射猎，专耕作，入当地汉籍。他们说：“西羌之本，出自三苗，姜姓之别也。羌、姜同音，羌上有羊角，下有男儿，西羌牧羊人也。世人生男丁者，多被杀戮于万马军

中,惨不忍睹。神农氏生于姜水,以姜为姓,周后稷之母姜嫄,世人称颂矣!”只听他们颂唱道:

阴风猎猎满旗竿,白草飕飕剑气攒。
九姓羌浑随汉节,六州蕃落从戎鞍。
霜中入塞雕弓硬,月下翻营玉帐寒。
今日路傍谁不指,穰苴门户惯登坛。

这是这一带蒙汉团结的辉煌时期。贺兰山东麓的千里牧场上,白花花的羊群越来越多了,蓝天白云下牛羊都吃饱了,趴在青青的草滩上倒沫(反刍)、舔毛,每当这时牧歌就唱了起来。蒙古族小子英俊威武,脚穿黑皮靴,身着天蓝色长袍,腰系红丝巾腰带,挂着短刀,刀鞘上有金黄色的花纹图案,黑黝黝的脸膛,一头浓密的乌发,厚厚的嘴唇,一双机灵有神的眼睛特别诱人。只听他们唱道:

我爱海子湖碧涛连波,芦叶青青四季欢歌。那里一路豆青麦黄,袅袅炊烟农舍。片片胡麻花蓝,油菜花像金子一样铺设。

蒙族姑娘朴实敦厚,过日子勤俭,孝顺父母远近有名,吃苦耐劳人人皆知。汉族小子看上了蒙族姑娘,只听他们唱道:

我爱大草原心胸宽阔,雄鹰在蓝天展翅,牛羊在绿地追逐。那里有彪悍的骑手,好客的毡房,四季酥油茶飘香,马头琴伴着豪迈的歌。

远处的山坡上茵茵绿地,点点蒙古包,牧马汉子的歌声回荡,银铃似的笑声清脆悦耳。一行骁骑驰过,两行大雁南飞,雪白的羊群和天边的云彩连在一起。这里的牧民蒙汉通婚从此开始。元朝从元世祖忽必烈至元八年(1271 年)开始,到元至正二十七年(1368年)止,历时97年,贺兰山西麓和贺兰山东麓,贺兰山东麓和东部川区,蒙汉相处,团结和睦,世世代代结成了亲家。每年八月十五的海子湖庙会,是这里蒙汉牧民最盛大的节日。这个节日一直延续到新中国成立后的20世纪70年代。只可惜元代初的那块大匾和海子湖边的盟誓碑在明代时就被毁了。

海子湖的民间故事和传说极为丰富,其中有"海子湖的金马驹""海子湖的金绳""草大鬼夜擒金马驹""三霄娘娘惩治牛魔王""三霄娘娘下凡收粮",等等,这些故事优美生动,弘扬正气,鞭打邪恶,酣畅淋漓,世代相传。

磨石口的望夫滩

明太祖(朱元璋)画像

朱元璋是安徽凤阳县人,出身于贫苦农民家庭,因生活贫困,先后讨过饭,打过短工,当过寺庙里的小和尚。后来投奔了郭子兴领导的反元起义军,成为一名普通士兵。人说“乱世出英雄”,朱元璋凭着自己的勇猛和机灵,一步步从最下层的普通士兵,成为独当一面的义军首领。1357 年,朱元璋军攻克徽州, 当地儒生朱升向他建议:“高筑墙,广积粮,缓称王”,他采纳了这个建议,逐渐以南京为中心,建立起自己的统治区域。在这个区域内,他注意恢复和发展生产,安定农民生活,使自己有了日后削平群雄,统一中国的雄厚物质基础。明洪武元年(1368 年),朱元璋建立了大明王朝,年号“洪武”,定都应天府(今南京),史称“明太祖”。

明代的贺兰山一带,是明军抗击蒙古军的战场。贺兰山东麓的黄羊滩、玉泉营、平羌堡(今平吉堡)、三关口、西夏陵地区,连年战火不断,发生大大小小的战争无数次,这里“军声传朔漠,杀气满山阿”,边患不断,烽火迭起。据《明实录神宗实录》卷二百八十二记载,“宁夏叛逆,獍虏窥关,狼烟接燧,无岁不调兵,无月不征饷,灾伤迭见,户口逃亡”,战争给边防一带人民造成了深重的灾难,“马蹄远踏平沙地,鼓吹声从天外落”便是真实写照。

洪武元年(1368年),朱元障建立明朝。此时,元朝在北方的残余兵力仍很强大。忽答驻云州(今大同),扩廓贴木儿驻沈儿峪(今定西县),纳哈出驻金山(今哲里木盟东),失剌罕驻西凉(今武威县),以宁夏、蒙古为根据地,袭扰明军边境。据《明史纪事本末》记载,“引弓之士不下百万众也,归附之部落不下数千里也,资装铠仗,尚赖而用也,驼马牛羊,尚全而有也”。元残余势力活动频繁,对明王朝构成严重威胁。明初,在宁夏地区同蒙古贵族多次发生拉锯式战争。八月,明大将徐达攻克元大都,元顺帝北走,元朝灭亡。蒙古军仍保有一定的军事实力。

元顺帝北走,元朝贵族及其后裔,在北方日渐强盛,传至坤帖木儿时,鬼力赤篡位,称可汗,史称鞑靼。瓦剌在鞑靼之西,为西部蒙古各部总称。瓦剌部的也先,统一了蒙古三部,为了向内地掠夺,不时引兵南下,骚扰内地,“众有三十余万,山(西)、陕(西)无不受其害”。当时在宁夏边境,贺兰山西麓有西厄鲁特蒙古,即瓦剌部,统称西蒙;在盐池县以北有漠北喀尔喀蒙古,统称北蒙;还有东蒙鞑靼部等。

明洪武以后,鞑靼与瓦剌交相雄长,“诸部多以雄杰姿,恃其强暴,迭出于抗宁夏,边境之祸遂与明朝终始”。蒙古贵族对明朝的侵扰,在西北宁夏地区首当其冲,战争不断。明代李梦阳在《胡马来》一诗中写道:

冬十二月胡马来,白草飒飒黄云开。
沿边十城九城闭,贺兰之山安在哉?
传闻清水不复守,游兵早扼黄河口。
即看烽火入甘泉,已诏将军屯细柳。
去年穿堑长城里,万人齐出千人死。
陆海无毛杀气蒸,五月零冰冻河水。
当时掘地云备胡,胡人履之犹坦途。
闻道南侵又西下,韦州固原今有无?
从来贵德不贵险,英雄岂可轻为谋。
尚书号令速雷电,抱玉谁敢前号呼。

遂令霄旰议西讨，兹咎只合归吾徒。

我师如貔将如虎，九重按剑赫斯怒。

惜哉尚书谢归早，不睹将军报平虏。

诗中所说的 “沿边十城九城闭”，“万人齐出千人死”，“贺兰之山安在哉”，“闻道南侵更西下，韦州固原今有无？”说明了鞑靼的凶猛嚣张和不可一世，真是“沙尘接幽州，烽火连朔方”。从明代开国初，到明代后期，鞑靼瓦剌侵扰不断。在我国历史上，汉代征匈奴，明代讨鞑靼，成为延续时间最长的民族战争。

明洪武二年(1369 年)六月，明朝大将军徐达击王保保于贺兰山，在平羌堡、玉泉营、三关口以西的贺兰山区展开鏖战。王保保本是蒙古大将察罕帖木尔的养子，河南沈丘的汉族人，原汉名叫王保保，他被察罕帖木尔收为养子后，被元顺帝赐蒙古名叫扩廓帖木尔，元末曾一度位列三公、拜左丞相。明代反元的农民起义爆发后，王保保随其养父察罕帖木尔的蒙古军队在黄河南北镇压起义军。元朝灭亡后，王保保率军退居西北，在贺兰山一带与明朝进行拉锯战。

朱元璋为了消除西北边患，特命开国大将徐达为征北大将军，率军开赴贺兰山东麓。徐达所率部队的大本营设在平羌堡，左翼部队驻扎玉泉营，右翼部队驻扎在北距三关口不远的地方。这一带早在宋西夏时期就因开凿了昊王渠而得到开发，水草丰美，牛羊遍地，但到了蒙古军征讨西夏时，因战事频繁，逐渐萧条。元代军队占领这里后，昊王渠几处被挖断，不能正常通水，遇到黄河汛期，这里遭水淹，汛期过后又遭干旱，原来开垦的农田、果园渐被荒废，不少蒙古牧民越过贺兰山来到东麓放牧，这里便成了游牧场。明初朱元璋以贺兰山作为“华夷”分界线，将贺兰山东麓的蒙古牧民迁赶到贺兰山以西，三关口、平羌堡、玉泉营一带逐渐人烟稀少，草场沙化。

徐达的部队在这里驻扎的时间短还好些，但一驻扎就是两年，给这里又一次造成了深重的灾难。首先是粮草紧缺，宁夏镇先后多次命令玉泉营驻军征集粮草，除在平羌堡屯区、玉泉营屯区还能征集到一部分外，贺兰山东麓的大井子、小井子、新井、散石子、大马圈、小马圈、沙河圈、十里屯、二十里屯、一棵树、三响头等地屯庄有不少是人去房空，屯地荒芜，有的只剩下老人小孩坐在门前守望，青壮年大多不知去向。他们说，要粮没粮，要草没草，要命一条。

再朝东的老屯庄因山坡下就是灌区，略有绿色。这里是黄羊滩、芦草洼、旱草洼、大屯洼、三黑滩、黑老湾、红柳沟、白芨滩等地，当年西夏国新建立的三里屯、五里屯、八里屯等9个屯庄已被流沙掩埋，其余家中家徒四壁，牲口缺草，大批死亡，流行瘟疫。

玉泉营征集粮草的士兵只得把重点放在东部黄灌区。他们从宁化寨、靖夷堡、小东方开始逐户征集，一直到最东边的杨和堡、王弘堡等地才知道，因黄灌区连续两年受洪灾，粮食欠收，老百姓吃野菜及挖蒲草根、猪草根、黑菇、茨菇等充饥，各卫所堡寨头目叫苦连天。不过，在黄灌区还是征集了不少粮草，使徐达的部队在这里站稳了脚跟。

徐达部队中多是外省人，刚在这里驻扎不久，便水土不服，士兵拉稀，战马死亡。宁夏镇只得再令补充战马、拉夫征兵。这次征马、拉夫，使这一带山区屯民、灌区屯户，人口逃亡极多，许多户民都在深夜逃走，有的从渡口过黄河，逃到了河东一带山区，有的逃到贺兰山中，东躲西藏地过着游牧生活。宁夏镇采取"高价买马、拉夫有偿、入伍有薪"等种种措施，好不容易才补充了徐达的"兵马缺额"。

这年六月的一天，已是初夏的平羌堡，从清晨开始突然飘起了飞飞扬扬的雪花。徐达认为这是进剿王保保的良辰吉日，急命全部人马分三路进军贺兰山。中路由徐达亲自坐镇指挥，驻平羌堡的军士组成先锋队，在平羌堡城外的校场上宣誓出发。南路、北路分别由徐达的部将指挥，从驻地玉泉营、小沟口出发。贺兰山东麓，"骑四五万计，飞尘数十里"，沙尘飞场，烟雾一片，风雪中战马奔腾，旌旗飘动，在通往贺兰山的柳渠沟、洪渠沟、小沟口、磨石口、大风口一带，崎岖的山路上，兵马蜿蜒，鼓角争鸣。

从玉泉营出发的军队行走不远便来到了花布山下，玉泉营游击王升提出是否清查完花布山后，再向西进发，部将张征说这里山高路险，清查耽误时间，再说我们的目的是剿王保保的大本营，就指挥部队从花布山南侧绕行，向贺兰山磨石口进发。谁知刚走了不远，就听见王升叫道："张将军，快看，花布山上有人！"张征回头一看，见王保保的人马已经从花布山北侧下了山，山岩上还有一小部人马正在下山。

他脸色大变，急命留下一部分人马在这里守望，其余人马沿着花布山北侧奋力追击。在追击中他们抓到一个探子后才知道，原来王保保早就得知朝廷派大员前来清剿的消息。他先后派了很多密探潜入贺兰山东麓，这些探子多是元代就在贺兰山东麓游牧、驻牧的牧民，对这一带地形和民俗都很熟悉，有不少人还和这里的当地人沾亲带故。

当张征、王升追下山时，才知道王保保带领人马已偷袭了玉泉营，将玉泉营军中的财物抢劫一空，玉泉营守士人少力单，但他们还是杀死了王保保部的10余人，玉泉营守士有9人被杀，余者逃出玉泉营跑到了平羌堡军营求援。那么，王保保带的人马和抢劫的财物都到哪里去了呢？

张征指挥人马朝西追了几里地，不见王保保的踪迹。王升又叫道："张将军，就在沙窝头里呢，我带人朝沙漠的西边寻找，你带人在沙漠东边寻找，一定能寻找到！"果然，在西北边的一大片沙漠中找到了王保保，他正带着几百人马和抢劫的财物在大沙漠中艰难地行走。

张征正要指挥人马包剿，王升摆摆手轻声说道："张将军先罢急，叫他们自己走出来！"他挑选了一队军士，命他们都换上草鞋，这种草鞋是特制的，穿上后两只脚像骆驼蹄子似的，是专门用来在大沙漠中穿行的。原来这里的沙窝头有"软的"也有"硬的"，软的是风沙旋移时形成的，时间短，沙子松，人踏上去沙子最浅要漫到膝盖；硬的沙丘形成的时间较长，很实，人踩上去沙子最深才能漫到脚腕。

王保保带领的人马本应在戈壁奔跑，但他为了隐蔽，只得进了沙漠。沙漠是马匹行走的大忌，就是很实的沙丘，沙子都会漫到马蹄之上，更何况马上驮的物资都很多。王保保一行正在艰难前行，忽见一行大明军队迎面杀来。前面几个丢下物资要逃，早被明军乱刀砍死。王保保调转马头，只得向北逃命，谁知几百人马全部陷入流沙之中，张征、王升带兵围杀，王保保命属下弃物逃命，大部分人马被活捉，王保保带着几十名飞骑跑出流沙地，转过两座沙窝头，转眼不见了。

张征、王升正在带兵追杀，恰巧留守在花布山南侧的明军将王保保的几十名飞骑截住，拼命撕杀，砍断了王保保十几匹马的腿子，杀了十几个人，王保保见张征、王升追杀过来，丢盔弃甲，带着十几名飞骑直朝磨石口飞奔。

磨石口，因这里的磨刀石很好而得名，也是牧民们经常磨刀的地方。当张征、王升追进磨石口时，这里静悄悄的。蓝天白云中的鹰鹞伸着长长的翅膀，注视着山林中的一切。进了磨石口，只见山林中乔灌密布，尖尖的酸枣刺把明军的衣服撕成布条儿，身上脸上手上都是血口子。穿过阴坡的密林来到阳坡，这里树木很少，眼前顿时开阔。前面很远的山头前，是一片较为平的地方，透过倒挂在岩石上的针叶松细密的缝隙，能清晰地看到酷似蒙古包的帐篷，帐篷顶部竖立着王保保的战旗，周边和林地中，还有不少帐篷露出圆上有尖的顶子。王升轻声说："张将军，那就是王保保的营地！"张征指挥军士从三面包剿，当走近时他们惊讶地发现，所有帐篷里的油灯还亮着，但皆空无一人，他们这才知道是王保保设的"空营"。张征恼羞成怒，命士兵放火烧营，山上山下的帐篷顿时烟火飞腾，呛的士兵不住后退。

一位老头领着个女孩赶着几只羊在烟雾中逃窜，王升觉得奇怪，他俩咋不朝东麓跑，而朝西麓跑呢？王升叫士兵挡住查问，老头见士兵挡路，急忙拉着女孩朝王升走来。王升一瞧，惊得说不出话来，原来这是山下庄子里的一个老头。徐达补充兵源时，他替儿子画了押，谁知夜里带上儿子逃了，还把儿子男扮女装，藏匿在贺兰山里放羊。老头显然早就认出了王升，他看着王升，眼里透出乞求的神色。王升看着老头，嘴张了张，又咬牙紧闭，喉咙一上一下的。他见张征走了过来，大声问道："你给我说实话，王保保的营地到底在哪里？"老头说："你们顺着山下右边的一条小路走，走不远就到了！"王升正色道："你们父女快到东面去吧，这里危险！"他朝张征说："这是山下庄子里放羊的！"老头如蒙大赦，谁知正要走，张征叫住问道："你咋知道他们的军营？"老头说："他们抢了我的羊！"张征笑道："那好，就请你带路，找到他们就给你还羊！"王升脸色大变，急忙朝男扮女装的男孩说："你快吆着羊下山，你爹给我们带路呢，找到羊后他就下山找你！"他立瞪着他吆了羊，消失在林雾之中。

这时，中路清剿的明军也赶了过来，他们是从平羌堡西的大风口进的山，在贺兰山里朝南搜查，没见王保保的影子，在这里和张征他们会合了。他们决定，由老头带路，清剿王保保营地。

这是贺兰山崇山峻岭中一片神秘的地方，抬头仰望，两旁高山峻岭，层峦叠嶂，悬崖峭壁，形如刀切，弯弯曲曲的山间小道，半隐半现，飘浮在半山腰之中。王升他们攀登山路，矫健的身影在云雾中闪动。他们翻过单岭子、北猴岭、转推崖、蘑菇山、红石顶子，趟过八里疙瘩、磨石疙瘩、牛头山、高石墩，越过散石子、鹦鹉山，来到一片杂草丛生的灌木林中。

地上枝杈横生，爬满青藤，棵棵酸枣刺锥子似的，扎得人无搧脚的空隙，还没走几步，身上的衣服就变成了破衣烂衫，手脚脊背都是血。眼前有几丈长半尺宽的迷路，当他们走过去时，才发现这里刺枝更密，形如蛛网。

他们用扁担、棍棒、砍刀拨开刺枝，军士们一个个从下面爬过去。突然几个军士昏了过去，王升说是中了林中的毒(瘴)气，他掏出姜片和花椒，叫他们每人嘴里含了几个，果然再没人头昏。这里仅有不到一尺宽的崎岖小道，王升他们背贴山崖，一步一步朝前挪，脚步稍有响动，黑黝黝的蚂蟥就爬上来叮咬。明军只走了几步，就都跳起来扇膀子跺脚，原来他们腿上爬满了又黑又亮的蝎子。王升急忙掏出用烟叶泡的黄水，叫他们把脚上腿上都洒了。他压低声音给大伙介绍说，这滩叫蝎子滩，这草叫蝎子草，草里都藏着黑蝎子，只要你不惊动它，它不会爬出来叮人。

出了蝎子滩，眼前突出一座平顶大山。这座山原本没有名字，人称无名峰。山顶像刀削了似的，远眺又如一座高高的平台。平台四周山水环绕，峭壁林立。密密麻麻的帐篷遍布林间山脚，谁能料到王保保的几千军士原来窝藏在这里呢？王升立马布兵将营地四周全围了起来，出沟、出口等要道派重兵把守，弓箭手分三层藏匿在山间隐蔽的地方，将军士分成几十个小分队，从不同方向开始包围清剿。

夕阳之下，王保保军营的士兵有的吃烧烤，有的晒太阳，他们见明军从天而降，大惊失色，没命逃窜。他们原以为这里通向蒙古大草原的通道很多，万万没有想到西边全被黑鸦鸦的明军包围了。他们被四周埋伏的明军打死、打伤、活捉，只有王保保转眼不见了。王升急命分头搜查，无名峰上下全找遍了，不见王保保的影子。一群哨鸽在山腰翔风，王升顺着“嗡嗡嗡”的声音跑过去，原来王保保钻过无名峰下的一个秘密地道，正在朝远处的一座山顶上爬。明军惊呼，一齐朝岩壁上开弓射箭。岩壁上洞口里、树叶里藏的王保保的随从都被乱箭射准，从几丈高的悬崖上跌下来在蝎子滩里滚动。正当王升指挥弓箭手射杀山顶上几个人时，前面不远的山崖洞里突然射出一阵冷箭，王升胸口先是被射中了两支箭，他抱着肚子踉跄了几步没倒下来，就靠在一棵山榆树上，紧接着又一阵冷箭射了过来，王升身上的箭像刺猬似的，他被钉在了大榆树上。

玉泉营军士将王升的尸体抬下了山。王升的妻子吕氏拉着幼子王安在磨石口等候。她将幼子拉到继任玉泉营游击许友任面前说："许将军，把他交给你们吧！"许友任拒不收，说当初征集兵员时王将军就要儿子入伍，但太小，才 14 岁。吕氏坚决要送子参军，许友任只得收下。吕氏将亲手缝制的一件衣裳给儿子穿上。王安瘦得皮包骨头，胸前的肋条一根根突起，细长的脖子上长着个大脑袋，人都不敢瞪他的眼睛，那眼睛简直跟他爹一模一样。

吕氏眼望着许友任拉着王安的手，跟随着大队人马消失在贺兰山的密林中，才慢慢回过头来。几个军士挖墓穴给王升下葬，吕氏命挖双穴，军士都不解地说："夫妻亡，总有个前后，谁后亡了再并葬，哪有个先挖双穴的？"吕氏非要叫他们挖双穴，军士只得挖了，谁知当士兵抬着王升的棺材下葬时，吕氏先后退了几步，紧接着又扑上来，一头撞在棺材上碰死了。王安是后来才听说母亲亡故的，他跑到这里找父母，但这里的坟头太多，他根本无法辨认哪座是父母的，他只能在大大小小的坟头中间边走边喊："爹哟！妈哟！"他在这里见到了放羊老头的儿子，他是来这里寻父的，他爹给张征他们带路，带到王保保营地后老头就被明军杀了，说他是王保保的"奸细"。后来在这里哭喊的人越来越多了，人都称这里是望夫滩。

望夫滩后来又称"望父滩"，再后来被山洪冲刷得无踪无影了，只有史书上有这样的记载："吕氏，玉泉营游击王升之妻，洪武年间，升殁于阵，吕年方三十二。葬夫时，令预修双穴，人皆讶之。升下葬，吕撞棺而亡，卒归同穴。巡抚表其门曰：节可维风"；"陈氏，游击朱贵之妻，贵殁于阵，陈自缢"；"方氏，陶勇之妻，年十八夫阵亡，抚幼子守节三十六年亡故"……

明帝朱元璋命右丞相徐达为征北大将军，征讨王保保。徐达亲临前线督战，挥众直上，将士奋力拼杀，给王保保以歼灭性打击。此役，俘获元末王公、官吏 1865 人，将校士卒 8.45 万人，马 1.53 万匹，以及骆驼、驴骡、牛羊等畜以万数。王保保几乎全军覆没，仅王保保携妻子、儿女数人北逃，至黄河得流木以渡，经过宁夏，投奔和林（今蒙古国哈拉和林）。

朔漠狼烟

历史学家在研究中国历史时曾有过这样的感叹：

春秋大义别华夷，北狄迷伊真本性。
猃狁侵周屡代恨，五胡乱晋苦予衷。
汉唐突厥单于犯，宋后必有鞑靼凶。
中国世仇难并立，世间谁是真英雄。

明弘治五年（1492年），玉泉营上报的"战事记录"，一年内发生的战事，有记录的就有：

一月四日，明军在芦草洼打退了从贺兰山大风口进犯的瓦剌骑兵，追至花布山处，相机剿杀。

二月十五日，瓦剌入侵平羌堡西南，明军镇、巡等官命指挥使苏泰领兵三百人拒之。

三月一日，明军围剿鞑靼于贺兰山红石顶子，追杀至鹰嘴山，斩杀鞑靼三人。

四月十日，瓦剌在贺兰山磨石口出没，抢夺人畜，巡抚都御史孙仁，总兵官韩文自知节制不严，请治其罪。

五月三日，瓦剌在贺兰山小沟口偷袭明军巡防士兵，杀死明军流哨三人。

六月七日，明军在贺兰山东麓小井子与鞑靼作战受挫，总兵官韩文降一级，罚米二百石。

七月一日，鞑靼兵潜伏在黄羊滩沙漠之中，掠走平羌堡牧童六人，抢走拔沙葱的妇女三人。指挥使马良未能追回人、畜，被削职关押。

七月十三日，鞑靼偷袭贺兰山柳渠沟，掠走羊十二只，牛二头，骆驼二峰，玉泉营副指挥使尹玉追至贺兰山高石墩处，被鞑靼杀死。

八月十五日，鞑靼从贺兰山红井沟杀出，明军追至散石子，围歼斩杀鞑靼六人。

八月二十四日，瓦剌骑兵进入芦草洼、旱草洼、大墩洼，约数千人，飞尘数十里，拆毁烽火台，捣毁磨石口城墙。总兵官韩文调大坝营、玉泉营、三关口等地明军围歼，瓦剌急西遁，隐没贺兰山八里疙瘩。

十月二十日，总制尚书奏请，成立邵刚堡、平羌堡游击署，玉泉营游击署升为守备署，增防兵两千余人。

十一月四日，玉泉营驻军在马圈处清剿瓦剌部落有功，赏官兵一百五十三人；平羌堡驻军在窦家圈处搜杀鞑靼部落有功，赏官兵四十二人。

十二月五日，瓦剌夜冒牧民偷袭玉泉营守备署，杀明军十三人，玉泉营守备陈珍押京问罪。

十二月二十日，小股鞑靼装扮成牲口贩子，活捉平羌堡游击署哨兵五人，平羌堡游击官张凤畏罪自杀。

大明军战车图

贺兰山东麓的战事几乎月月都有，有的还一月几次。需要特别说明的是，玉泉营呈报的“战事记录”，因惧怕上面追查他们“节制不严”，瞒报很多，故而这些“战事很不完全，遗漏太多。

明洪武四年(1371年)，宁夏西北部鞑靼势力强大，明军暂无力据守宁夏，故把灵州路、鸣沙路、宁夏路等地的百姓，迁往西安一带，在宁夏北部造成无人区，以为防御地带。这便是明代初宁夏设“无人区”“空其城”的历史原因。四五年后，随着明军力量的加强，人口陆续得以迁回。

明洪武七年(1374年)十二月，遣放元降臣贾伯寿前往宁夏招谕，王保保籍所部将校前来降明，来投将校二十人，军兵百人，居民千户，马三百一十四匹，牛四十头，驼五十峰，皇帝诏赐文绮二、锦衣一袭。明永乐八年(1410年)一月，为彻底清除鞑靼威协，明成祖亲率大军北征，宁夏总兵陈懋、甘肃总兵何福等随征，何福因征途不听节制，畏罪自杀。

明正统二年(1437年)二月，瓦剌数次扰掠宁夏西部。五月，鞑靼5000余骑，兵攻唐徕渠，在永宁西部地区掠马牛3000余匹(头)。为此，宁夏总兵官史昭险遭军法处置，后降史昭为都督佥事，仍充总兵官，“以俟剿贼有功，方复原职，如再失机，罪皆不宥”。

蒙古军战斗图

明景泰元年(1450年)四月，瓦剌寇宁夏，宁夏总兵官都督同知张泰等，未即时阻击，亦未追击，致瓦剌抢掠人口集中的卫所、军屯、驿递、平府、苑马寺等地，掠走牛羊不计其数。十一月，瓦剌千余骑突袭宁夏城（今银川城区）西门桥一带，被明参将丁信领兵击败。

明成化五年（1469 年）七月三日，在贺兰山东麓的酸枣沟（今永宁县望洪镇北渠村西）兵分三路追杀鞑靼。追至大井子（今永宁县宁化村西），用伏郎枪击败增援的鞑靼骑兵，又追至单岭子，用枪炮火器，袭击鞑靼部落，大获全胜。

明弘治十六年（1503 年）十月，鞑靼军骑出没于贺兰山东麓，烽火不断。十二月二十日，鞑靼进入贺兰山大关口（今三关口）杀掠人畜。巡按御史劾总兵官郭钧节制不严，自请治其罪。朝廷兵部令带罪杀敌。

明正德六年（1511 年）六月二十九日，宁夏都指挥佥事陈恂等击败鞑靼于唐徕渠靖夷堡（今靖益村）西，斩首鞑靼 41 人。

明嘉靖七年（1528 年）十一月，鞑靼六七千骑沿贺兰山南攻，途经榆树沟、磨石口、小井子、大井子等地。宁夏总兵官杭雄等率 3000 余人在平羌堡抵御，明军失利死亡 90 余人。鞑靼从三关口逃匿。

据《嘉靖宁夏新志》记载，由于鞑靼、瓦剌连年扰掠，民户逃亡，宁夏各卫、所在籍之民只有 2 万户，人口也只有 5 万人左右。此后，鞑靼俺答部 700 余骑兵分别攻掠宁夏蒋鼎、林皋、大坝、宁化、靖夷、平羌等 8 堡，杀 2000 余人，畜产被掠者万计。

明嘉靖三十一年（1552 年）一月二十日，平羌堡拒鞑靼获功，赏官兵 153 人，邵刚堡拒鞑靼获功，赏官兵 42 人。

明嘉靖四十一年（1562 年）二月，宁夏总兵官吴鼎、固原总兵官许经领兵攻击吉囊，经多次战斗，致吉囊领兵北撤，又扰掠花马池，贺兰山东麓黄羊滩、玉泉营一带。副总兵王勋放弃清水营。吉囊部再度南进，攻掠固原、隆德等地而返。十一月，吉囊部（亦有称俺答部）攻宁夏，副总兵王勋战死。

明隆庆五年（1571 年），明穆宗诏封俺答汗为顺义王，采取安抚政策。自此后，结束对立状态，出现沿边和平局面。

在明代的历史长河中，鞑靼、瓦剌侵扰，几乎贯穿始终。明代康海撰写的《大明嘉靖平虏之碑》，记载了嘉靖十三年（1534 年）平虏的基本情况：

嘉靖十三年甲午，虏酋吉囊盘据河套数年，秣马厉兵，将图大举入寇。兵部尚书兼都察院右都御史唐公龙，与总兵官、都督同知刘文讲划战守之法，缓急远近部署咸定。

七月初，宁夏报吉囊结营于花马池，唐公下令曰："贼寇延绥，镇西将军张凤主之；寇宁夏，征西将军王效主之；寇固原，都督刘文主之；其当冲截突，副总兵、都督佥事梁震主之。"

十四日己卯，虏由定边干沟铲崖拥入铁柱泉，刘文堵截不得，犯固原。二十三日戊子，乃从青沙岘入寇安、会、金三县。文率所部参将霍玺、崔嵩、彭濬，守备吴瑛、崔天爵驰兵往赴。明日己丑，战于会宁柳家岔及葛家山，斩其桀者数十人。虏惧思遁。文曰："贼归必自青沙岘。游击将军李勋、守备陶希皋可趋青沙岘，伏道以俟。红古城、半个城，零贼之所必犯，指挥王缙可按兵截杀。二城无事，海剌都、干盐池、鸣沙州、石沟可安堵矣。"

八月四日戊戌，虏果合众出青沙岘。文督战当冲，伏兵尽起，复大败虏众。而王缙于半个城与指挥田国亦破零贼。前后斩首一百二十又七，所获马一百三十又二、甲胄器械衣物一千九百三十又七。

梁震与参将吴吉、游击徐淮、守备戴经，遇虏于干沟，大战破之，斩首一百八十又五，所获马二百又四，器物四千七百四十又七。王效与副总兵苗鸾，游击郑时、蒋存礼，又遇虏于兴武营，大战破之。参将史经、刘潮分布韦州，张年又从苗鸾摆边。遇刘文驱虏，结营北奔，各哨奋勇，而前后斩首一百三十，所获马二百又二，器物二千一百六十又六。虏幸得及老营，昼夜亟遁。故海剌都、干盐池、鸣沙、石沟，号牛羊富有之地，虽经行不敢正目。视昔驻掠豳、陇，而诸将闭门吁天，不能得一遗镞，何如哉？

十万之虏，经年在套，秣马厉兵，欲图大举。二旬之内，连复三捷。盖惟皇上神武圣文，知人善任。故唐公得以悉心壮猷，诸将得以摅忠自奋尔。语言上下相须，千古为难，岂不信哉？唐公受命以来，寒暑仅四阅也，斩获虏首，殆及千余。威宁细沟之功，北征已后，谓为再见。今日之捷，视威宁细沟，不知相去几许。庙堂与本兵大臣，必有以休休之心翊赞皇度者矣。方诸简册，周宣、汉武不足言也。

边方父老以予撰碑叙述其事，用告将来。辞曰：

惟明九叶，笃生圣皇。允文允武，帝德用昌。
因心弘化，宠绥万邦。内治既洽，恩被边疆。
惠德有赉，拂义必匡。元臣若德，逖惠厥常。
蠢兹酋虏，潜蠕幽荒。教既未逮，蝥亦屡猖。
盘据河套，未逐驱攘。屡犯屡挫，曾不戒戕。
公壮其猷，九伐斯张。青沙之役，易若驱羊。
兴武既蒧，干沟亦襄。大举反衄，鼠窜惟囊。
恭惟神武，所向必戗。况此元老，维德之行。
弗崇虚誉，克屏谲狂。稽勋者勩，而无否臧。
元戎丕奋，参佐孔良。节制四载，其武汤汤。
皇心匆二，公德愈光。甲午之捷，万古所望。
后贤秉钺，尚慎勿忘！

康海在他写的《大明嘉靖平虏之碑》中，只记载了嘉靖十三年七月十四日、二十三日、八月四日三次战争，就斩杀胡虏一千余人。那么，在明代共斩杀了多少胡虏，共牺牲了多少戍边将士呢？明隆庆五年（1571 年），“明穆宗诏封俺答汗为顺义王，采取安抚政策。自此以后，结束对立状态，出现沿边和平局面”，这是一个发人深省的问题。

西 边 墙

我国的万里长城行经156个县，人工墙体长度6259.6公里，壕堑长度359.7公里，天然险长度2232.5公里，总长度为8851.8公里。长城有敌台7062座，马面3357座，烽火台5723座，关堡1176座，现有相关遗存1026处。其中绝大部分属明代建造，是一个庞大的军事防御体系。宁夏境内确认战国秦长城总长173.2公里，隋长城总长89.7公里，明长城总长837.58公里，被誉为“长城博物馆”。

明成化年间(1465~1487年)，在今永宁县西部边境贺兰山修筑长城。宁夏境内黄河东有东长城，俗称“东边墙”“河东墙”，贺兰山明长城故称西长城、“西边墙”。贺兰山长城南起今青铜峡市的大坝堡，北入永宁县境，过磨石口，沿贺兰山东麓，经高石墩过三关口，再北行1公里出县境，全长27公里。这27公里长的西边墙，包括烽堠、堡寨，从明宪宗成化元年(1465年)到明宪宗成化二十一年(1487年)，总共花了22年时间，时间之长，劳役之苦，条件之恶，给永宁西部的贫民造成了深重的灾难。有诗为证：

险设名山志贺兰，华夷界限势巑岏。
千寻西北屏帏转，万代东南衽席安。
眩目晴光天染碧，入帘清气坐生寒。
乾坤有意开图画，一度乘闲一笑看。

永宁县西部贺兰山明长城

我国从夏朝开始，所谓“正统”王朝的疆域范围大体上是现在的中原地区，号称“华夏”。华夏之外，依地域方位称呼周边各民族，分别为东夷、西戎、北狄、南蛮。西戎又称羌，北狄又称胡，当时的宁夏地区，属于西戎、北狄之列。这一称呼从商、周、春秋战国延续到秦朝，西戎是对中国古代西北戎族的总称。

明军以贺兰山为“华夷”分界线，对贺兰山东麓世代放牧的蒙古族牧民，采取强迫迁赶的政策。因这里蒙汉世代通婚，沾亲带故，早已成为“山前山后是我家”，此政策的实施造成妻离子散，家破人亡，背井离乡。一部分汉人随了蒙古族，逃到了贺兰山西，一部分蒙古族人随了汉族，逃往贺兰山东部灌区，这一分别永远不能见面，直到老死，因此他们对明军修筑西边墙怀有敌意。明代修筑的西边墙，大多地段荡然无存，除了山洪吞噬、流沙掩埋、风雨浸蚀等原因外，主要是山前山后两边的人掘毁的，每隔不远就人为地毁掉一段，没有人为掘毁的地方，尽管风蚀严重，还有原址。一直到现在，只要海子湖开庙会，贺兰山西麓蒙区的人总来，他们说他们的先人原来就在海子湖边。靖虏堡、平羌堡等地的人，经常到蒙区访亲探友，他们说，《孟姜女小调》最早在“西边墙”两边传唱，他们至今还传唱着当年的那首《西边墙》：

西边墙，太荒唐，谁家隔个大高墙？左是爹来右是娘，儿子东边打沙蒿，女儿西边放牛羊，孙子站在墙头上，不知哪边是故乡。

这首《西边墙》里的“孙子站在墙头上，不知哪边是故乡”一句，是当时这里人骂明军守城将士最流行的话语。

贺兰山东麓本来就是永宁县有名的洪积扇地，植被较差，生态脆弱。明军在这里修筑西边墙，使这里自西夏开凿昊王渠以来恢复的草原生态植被又开始沙化了。

为了使边墙坚固，明军先把山顶的石头掘平了，挖出基宽6米的大深沟，再填上碎石一夯一夯的打压，然后在墙基两边砌护四七砖墙，中间夯的沙石每厚5寸，就铺一层松枝或芦苇做成的草帘。所用的黄土都是老百姓从山下一背篼一背篼背上山的，只修了一段就“劳役逃离，余人无几”，后来改为“就地掘土”，这样不但用土方便，还能使边墙两边形成深沟，“一可御敌，二可增加边墙的高度”。但是边墙两边全是砂砾土层，夯筑的高了会垮塌，所以只能采用“草连法”，即打一层夯土，垫一层草帘、芦帘，山上山下的草砍光了，就用树枝垫连，再后来树枝也砍没了，就动员山下农民把灌区砍的树枝一捆一捆背到山上。山下的农牧民又干起了烧砖的行当，因为打边墙用砖砌外墙，中间填砂砾土夯实，就可以省很多柴草。所以现存的西边墙遗址中，仔细观察就会发现每段长城的土质、结构、夯筑方法都是不一样的，有的地段外墙砌砖，有的地段外墙不砌砖，有的地段是纯黄土，有的地段是砂砾夹柴草夯筑，都是标准高度8米，底宽6米，顶宽2米。

永宁县西部贺兰山明长城

当西边墙打到一米高时，砂砾等填充物要一背篼一背篼地背了，再一步一步爬到梯子上倒下。往往人和背篼一起倒在边墙里再也爬不起来，人和背篼就都成了填充物。边墙工地饿死、病死的人越来越多了，长时间无人认领，就被拉了来填压在边墙里。永宁西部的边墙遗址里，经常发现有古人的白骨。

永宁西部灌区家家户户的青壮年都被征夫打边墙，家里只剩下老弱病残的人，他们还要背柴草、背砖、背水，给家里的征夫送吃的，田地荒芜，杂草丛生，人口不断逃亡。这里至今流传着这样一首歌谣：

永宁县西部明代烽火台远眺

自从那年打边墙，十年就有九年荒。饿死男女千千万，掩埋尸体没席片。男人黑心干坏事，女人吃饭不顾脸……

长城上每隔不远就有一个凸出墙外的台子，称墙台。其作用是一旦兵临城下，发动攻城近战，墙上守城士兵既可从台上突出的垛口，居高临下进行侧翼射击，控制来敌架梯攻城，又可指挥墙顶的士兵迎击敌人，是古代旁敲侧击、“两台相应，左右相救”的兵法在军事工程上的运用。台子突出墙面10米，其宽10余米，台顶与城墙顶部平行，可供士卒巡逻放哨，上有遮风雨的简易房屋，称墩铺或铺盖房。敌台不仅突出城墙之外，而且高出城墙之上，呈长方形，高出城墙顶部4米。在山巅深谷之上的险要地方，敌台侧呈圆形，高出墙顶6~8米，其形似碉堡，可供守城戍卒居住、储存粮草武器之用。战台有四步、六步、七步、八步战台，分布在长城险要地段或坞城正中，随防御面向留门，有较宽的通道，便于置放攻敌武器利于攻敌。

烽火台，当地也叫烽堠、狼烟台、烽火墩，星罗棋布，遥遥相望，尤以明代为最，与墙台、战台、敌台一样，亦属长城的附属建筑设施。

修筑烽堠，技术要求高，不但需要手艺较高的泥瓦匠，还需要木匠、油漆工等。最初用狼粪点燃，称“狼烟”，后来拾不到狼粪，便用柴草点火，牛马粪煨烟。

烽火台有的建筑在边墙上，有的建筑在边墙两侧，也有的建筑在没有边墙的最高点上。单独建筑的烽火台呈正方形，底部面积一般在200平方米，高15米，顶部面积一般在20平方米。也有高大的，当地称大墩，如平羌堡北的大墩；也有小的，如杨贤堡西南的小墩。有的修筑的高大宏伟、精细，有的较小粗糙。烽火台底部一般用砖石砌成，台身用青砖包护，顶部四周筑有女墙，女墙高1.5米，中间盖一座烽火楼，供执勤将士驻守和燃放烟火报告军情。

据明代《宁夏府志》记载，明初宁夏有烽堠600余座，其中今永宁县境内有101座。宁夏卫（今治银川老城）领烽堠42座，其中有高台寺墩（今高台寺村）、王元墩（今望远桥）、平羌墩（今平吉堡）、张政墩（今掌政村）、李祥墩（今立强村）。宁夏左屯卫领烽堠53座，其中有永朔墩（今金星村西）、靖夷墩（今靖益村西）、平虏墩（今平吉堡西南）。宁夏右屯卫领烽堠41座，其中有平胡墩（今黄羊滩西）、靖虏墩（今玉泉营西）。宁夏前卫领烽堠45座，其中有赤木口墩（今三关口头道关）、赤木口新墩（今三关口二道关）、赤木口里墩（今三关口三道关）、高石墩（今贺兰山东麓）、怀远墩（今贺兰山小井子）、磨石口北墩（今贺兰山磨石口北）、磨石口中墩（今贺兰山磨石口正东）。

明代烽火台

永宁县境内的这些烽堠因风化、人毁、沙埋，残址所剩无风，多不存在。20世纪80年代以前，永宁县西部还有不少烽堠遗址；20世纪80年代以后，由于山区开发，早已名存实亡。

明代建立烽堠，遇有敌情，白天燃烟，夜间放火。明成化二年（1466年）规定："有犯敌百余名，举放一烟一炮；500人，举放二烟二炮；1000人以上，举放三烟三炮；3000人以上，举放五烟五炮"。

明末清初又规定："若有敌情，白天举烟并鸣一炮，沿边传至城镇。敌若不退，每隔一时，照前进行一次。若敌出境，白天举空烟，夜间举空火，不鸣炮"。后又改为在烽堠上竖一高杆，若犯敌在三五十至百人左右，白天悬黄旗一，夜间悬红灯二；六百至千人以上，白天悬青旗一，夜间悬红灯三；五六千人至万余人，白天悬青号带一，并炬烟一，夜间悬灯笼器。有了烽火台，千里之外若有敌情，数小时之内即知来敌之数。有诗为证：

朔风吹雪透刀般，饮马长城窟更寒。
半夜火来知有敌，一时齐保贺兰山。

雄伟壮观的明长城，在经历500多年的风吹雨蚀之后，从昔日的刀光剑影、烽火狼烟的战火中一路走来，以一股金戈铁马、横扫千古江山的豪情，以一腔刺穿云天、气吞万里的浩然正气，坚定而安然地守望在荒漠边缘。正如陈毅元帅在《长城词》中所述：

此地屡见血殷红，登临凭吊感慨中。
待到风雨黎明时，阴霾尽消见碧空。

而今长城内外，或浩瀚沙丘、大漠风光，或稻麦飘香、果林森森、沃野广袤，或黄水浩荡、滔滔北去、风光旖旎。长城是中华民族勤劳和智慧的象征，是炎黄子孙引以为傲的伟大防御工程。作为中华民族悠久历史的见证，它永远载入华夏民族光辉的史册。

永宁县境内的长城，磨石口至高石墩一段因风化、人毁已成为断墙残垣。高石墩至三关口一段保存尚好，绵延不断，为全国重点文物保护单位。

边塞连营

明朝为了巩固边防，维护统一，抵御蒙古贵族等游牧部族的侵扰，先后设立了辽东、宣府、大同、延绥、宁夏、甘肃、蓟州、偏关、固原等9个军事重镇，总称“九边”或“九边重镇”。其中的宁夏镇永乐初年设，属陕西都司，归朝廷右军都督府管辖。镇下设卫、所、屯堡、烽堠，分别驻军把守。

宁夏镇史称宁夏军镇，隶属陕西都指挥司，下辖宁夏卫、宁夏左屯卫、宁夏右屯卫、宁夏中屯卫、宁夏前卫等，卫设指挥使，户设千户、百户，当时规定，每卫各有5个千户所，千户所下辖若干个百户所、总旗和小旗。一般5600人为卫，1120人为千户所，112人为百户所，50人为旗，10人为小旗。卫所军队平时训练与屯田相结合，战时统一调遣使用。明代的“冬操夏种”兵，是历史上屯垦戍边的丰富和发展。

宁夏卫，领5千户所、50百户所、卫镇抚、经历司、宁夏等卫儒学、宁夏仓、税课局、汉僧刚（今增岗村）司、番僧刚司等，分领屯堡寨11处，其中有李祥堡（今立强村）、河西寨（今永清村）、杨和堡（今杨和镇）、王泰堡（今王太村）、王弘堡（今望洪镇）、宋澄堡（今宋澄村）、任春堡（今仁存乡）、丰盈堡（今丰盈村）等堡寨和李祥堡、河西寨宁夏在城驿运所。驻正额旗军5370名，旗军1531名，马2382匹。设指挥使、同知、佥事19员，卫镇抚、经历、知事3员，千户正副20员，百户66员，驿递所百户11员，所镇抚2员，汉僧刚司正副、番僧刚司正副4员，宁夏大仓使（玉泉营仓）1员，承发司吏、镇抚司吏、经历司吏3名，五所司吏5名。备御西安左等卫两班官军

永宁县原掌政公社（张政堡，今掌政镇）武功坡出土的明代镇国将军何公太淑人马氏合葬墓志铭

4199名。每年春二月，一班在边，一班回卫；冬十月两班俱在。“冬操夏种”兵111名。

宁夏左屯卫，分领屯堡寨14处，其中有李俊堡（今李俊村）、邵岗堡（今邵岗村）、王铨堡（今旺全村）、魏信堡（今西魏村）、杨信堡（今胜利乡内）、张政堡（今掌政村）、唐铎堡（今唐铎村）、许旺堡（今许旺村）等堡寨。驻正额旗军5600名，旗军1484名，招募士兵62名，马2230匹。指挥使、同知、佥事15员，卫镇抚、经历2员，千户正副16员，百户52员，仓副使1员，承发司吏、镇抚司吏、经历司吏3员，五所司吏5员。唐铎、张政、许旺各有官军仓场。“冬操夏种”兵1007名。

宁夏右屯卫，分领屯堡寨18处，其中有靖夷堡（今靖益村）、僧刚堡（今增岗村）、杨贤堡（今杨显村）等堡寨。驻正额旗军、旗军、招募士兵共1268名，马892匹。指挥使、同知、佥事16员，经历1员，千户正副14员，百户47员，仓副使1员，承发司吏、镇抚司吏、经历司吏3员，五所司吏5员。靖夷堡、杨贤堡、平羌堡各有官军仓场。“冬操夏种”兵499名。

宁夏前卫，分领屯堡寨9处，其中有宋澄堡（今宋澄村）、宁化寨（今宁化村）、平羌堡（今平吉堡）、靖虏堡（今三关口西南）、平胡堡（今平吉堡西南）等堡寨。驻正额旗军5600名，旗军1328名，招募士兵1268名，马1050匹。指挥使、同知、佥事14员，经历1员，千户正副22员，百户53员，所镇抚2员，仓副使1员，承发司吏、镇抚司吏、经历司吏3员，四所司吏4员。“冬操夏种”兵443名。正如明代流寓文人潘元凯在《贺兰九歌》中的其中几句诗所云：

塞下由来非乐士，况复城中多斥卤。
四卫居人二万户，衣铁操戈御骄虏。

明万历时，宁夏巡抚罗凤翔奏报："本镇地方延袤一千三百余里，尺寸之地皆与虏邻，则尺寸之地皆所当守。统计本镇各营兵马共二万六千有奇，即尽守边，犹为难周"，请求增兵马数加强守卫。可见，明代宁夏军镇至少有兵二万六千名以上。

长城是浩然正气的象征，自从有了长城，吟诵长城的诗篇就不绝于耳。然而，长城又是苦难的诉说，"孟姜女哭长城"的故事传遍了大江南北。永宁县西部流传的边塞诗很多，有不少是诉说筑长城之艰、守边之难的。如《边人苦》《巡抚难》等，《贺兰大雪》则是借"苏武牧羊"的故事来描写悲壮场景的。明代庆王朱栴在《贺兰大雪》一诗中写道：

北风吹沙天际吼，雪花纷纷大如手。
青山顷刻头尽白，平地须臾盈尽厚。
胡马迎风向北嘶，越客对此情凄凄。
寒凝毡帐貂裘薄，一色皑皑四望迷。
年少从军不为苦，长戟短刀气如虎。
丈夫志在立功名，青海西头擒赞普。
牧羝持节汉中郎，啮毡和雪为朝粮。
节毛落尽志不改，男子当途须自强。

在这首诗里，朱栴描写了贺兰山风沙怒吼、大雪飞舞的恶劣环境，记述了千万胡骑向北嘶鸣和守边将士迎杀的悲壮场景。这些士兵少年时从军，穿着单薄，在战斗中如狼似虎，作战十分勇敢。朱栴引用了汉代《苏武牧羊》的历史故事，说汉中郎苏武饿的没法，吃毡拌雪，手中"节鞭"上面的毛都磨没了，但忠于朝廷的志气不改。

明代都御史冯清在贺兰山巡视边防多年，深切了解戍边士兵的苦难，他写了首

《边人苦》，把边关士卒的生活反映得淋漓尽致：

嗟予迂且腐，念切边人苦。边事耳频闻，边情目亲睹。
历边颇有年，穷边悉可数。边患每萦心，边差乱如缕。
余夫输边粮，壮夫隶边伍。边戍岁无休，边征身何怙。
修边妨耕锄，巡边历沙卤。边儿解兵戎，边女废织组。
边妇叹室庐，边夫赋屺岵。边衣毡褐裘，边技刀弓弩。
乏产集边商，冒险行边贾。茫茫边草秋，赳赳边军武。
凌汉边墩孤，剥雨边城古。边候苦寒凉，边俗杂夷虏。
边弊茧抽丝，边虐旱思雨。逃亡度边关，携扶弃边士。
抚镇寄边陲，功勋乏边补。边地极偏西，边日喜停午。
边疾养参苓，边髀籍斤斧。牧边广牛羊，艺边丰黍稌。
储富足边氓，强兵雪边侮。筹边愧前贤，安边慰明主。
雨露沛边方，草木蕃边圃。献贡充边庭，弦歌动边庑。
边罹臣职修，边沐君恩溥。边固擅坤隅，边实运丹府。
边苦知当甘，嗟予迂且腐。

冯清巡视边防多年，他感叹自己被派到穷边。他耳闻目睹了贺兰山边关的真实情况，边患每日在心头萦绕，边关的事如头发丝乱如麻团。主要壮夫都在边关，只有剩余的人从事运输，故而物资紧缺。军士一年四季无休息日，岁月的无情使青年人逐渐变成了老年人。众守边防，田地荒芜，执勤的士卒常在沙漠里跋涉，农活全靠妇幼老人承担，家里的妇人望空室盼夫归，而丈夫在边关已尸成白骨。边关本来就奇缺物资，但禁止少数民族贸易往来，买点急需品只能偷偷摸摸进行。秋天，边地秋草茫茫，一片荒凉，雄武的士兵只能与烽堠相伴，倍感凄凉。边关的天气说风刮风，说雨下雨，四季变化无常。沿边关一带，少数民族多，风俗各异，口音南腔北调，相处、交流十分困难。最主要的是边关弊政太多，如茧抽丝，虐待边民、士卒的现象非常普遍。偷过边关逃亡的人扶老携幼，早逃晚越，实难处置。守边将士只盼中午执勤，一来边关事少，二来能晒到太阳。因长期守边，将士多染疾病，在那个无医无药的地方，只能靠采集、种植当地中草药来解决病痛之苦。只有粮食丰收、牛羊成群才能从根本上解决边关一系列问题，只有兵力强大才能在边关不受欺侮，这便是都御史冯清得出的结论。

永宁县西部地区出土的明代文物

历边多年的冯清，“巡抚”是他的要任，因此他感受颇深，他在《巡抚难》中写道：

巡抚难，巡抚难！华阶峻地非崇观。徽音御墨帝躬制，使华千里来飞翰。紫薇堂上冠裳集，刍粮之外余非干。臬司要地擅风纪，四时凛凛霜威寒。郡邑牧爱切，阃卫兵戎繁。中贵摄方镇，元戎坐将坛。职司隶一事，何如巡抚难。百寮庶府纲维地，春荣秋肃归毫端。鉴之空，扬清激浊。矢之直，禁弊除奸。安内则黎元绥辑，攘外则夷虏摧残。权总兵民之任，位尊股肱之官。心宅惟公惟恕，政莅宜猛宜宽。九秋鹗荐，万里鹏抟。恩覃浩浩，威振桓桓。芟除稂莠，培植芝兰。巨木支厦，砥柱回澜。周师伊召，宋齐范韩。知名中外，增采衣冠。倾心士服，仰面人看。风恬俗美，物阜民安。九重慰望，四野腾欢。传芳今古，肖象青丹。如是斯名称职，如是斯免素餐。濯庵居士，地抚弹丸。风生豸角，光炫金鑾。幸知明主，自愧儒酸。任繁责重，力薄才单。感遭逢之不偶，喜心力之可殚。美玉执手，盈水捧盘。

商钺虔秉，舜琴笑弹。冰雪肃肃，雨露漫漫。河流荡漾，山势巑岏。威宣沙漠，头枭可汗。瑶空翔凤，紫诰回鸾。功业是懋，恩泽斯溥。仰瞻俯察，心广体胖。静思炳日，迅扫惊湍。颙质夫知言同志君子，愧不能形容巡抚之难。

都御史冯清在他的长诗中，先说到当巡抚的荣耀与权势，即“四时凛凛霜威寒”，使得“元戎坐将坛”，但他笔锋一转，重点记述“巡抚难”这个主题。感叹“职司隶一事”，最难是巡抚。要维护地方纲常，要惩恶扬善，要除害锄奸，内安黎民百姓，外除群夷摧残。虽权位总兵，受众人尊拜，但既要唯上，又要唯下。推行政令军令，既要适中，又不可过严。上下左右都要顾及到。只有这样，才不能受朝廷、地方的辖治，在此继续工作下去，否则就无立锥之地。在平时，还要注意自己的威信，解决将士的生活问题，培养教导官兵，在发生重大问题时，起到维护整体、中流砥柱的作用。只有这样，才能官兵皆服，万人敬仰。巡边，其实是慰边，冯清自叹穷酸儒生一个，深感自己一个人才小力单。他平时生活俭朴，基本吃素，只指望完成巡抚任务后，和家人团圆，握一支笔挥墨书写人生，再别无他求。

李俊戍边

李俊画像

李俊是永宁县家喻户晓的人物，他在明弘治年间曾经担任过宁夏镇总兵官，他的名字被当作地名沿用至今。那么，他是怎样被任命为宁夏镇总兵官的呢？这要从原宁夏镇总兵官韩文说起。韩文任总兵官不到三年时间，边防上的事越来越多，常上报"胡虏犯边，狼烟接燧，无岁不调兵，无月不征粮，灾伤迭见，户口逃亡"。朝廷兵部阅后不是批评"节制不严"，就是训斥"管理松弛"，再不就是"报兵部议处"。朝廷的批评给韩文的压力很大。

明弘治五年（1492 年）五月十七日，鞑靼首领之子小王子攻掠宁夏，入山庙墩（今靖益村西），镇、巡等官命指挥王良、赵玺领兵 300 人拒之。接战不久，鞑靼伏兵七八百骑突起，冲明军为三。王良等拼力御之，不克。赵玺并其下 14 人皆为鞑靼所杀，明军被射伤者 34 人。玉泉营守备都指挥王杰率兵来援，亦为鞑靼所围。总兵官韩文等兵至，鞑靼乃解去。镇、巡官以闻，自劾失律之罪。朝廷兵部训示："宁夏屡失利，朝廷皆获之。守臣漫不知警，复有此败。不一惩之，无以戒后。命停都御史孙仁、总兵官韩文俸，并守太监张睿令带罪杀敌，王良等三人下巡按御史逮问。"

"停俸"停多长时间？才过了几天，朝廷兵部又令："韩文，降一级，罚米 200 石。"韩文看着朝廷兵部文书中的"兵老将衰"四个字，心里阵阵酸疼。他感叹自己老了，该到下台的时候了，带兵守边一辈子，还被“降一级，罚米二百石”，眼见得这个总兵官当不成了，他含泪给朝廷写了份“告老还乡书”呈了上去。谁知自呈上“告老还乡书”后，如石沉大海，两个月过去了都没动静。他四处打听，三关口的一位随军太监告诉他，说现在将才奇缺，上面可能没人选。韩文突然想到了李俊。

李俊出生在平羌堡一个军户家中，小名叫俊来儿。父亲在明军服役，惨死在贺兰山长流水的一次阻击鞑靼的战斗中。李俊的母亲是蒙古族，她整天背着年幼的李俊，靠放几只羊为生。明军在贺兰山东麓驱赶蒙古族牧民，在清扫平羌堡时，这一带蒙古族牧民逃离，李俊和母亲在乱马军中失散分离。玉泉营的游击将军韩文在执勤时，见大沙漠中有个男孩啼哭寻母，便收留李俊在玉泉营当了一名哨兵。后来韩文升任宁夏镇佥事，李俊随韩文做勤务、当守卫。韩文发现李俊年纪不大，武艺高强，时值西北边防急缺武将，便推荐李俊应试。果然，李俊考取了宁夏武举第一名。韩文升任宁夏镇总兵官，极力推荐李俊接替了他的原职，任佥事。

韩文想到李俊，心中兴奋不已，他是看着李俊长大的，知道他是个难得的人才。于是，他又给朝廷写了份“告老还乡书”，言辞比上次更恳切，还专写了一份推荐信，向朝廷全面介绍了李俊的情况。结果不到半月，皇帝的批文就下来了。

这天，李俊正领兵在教场训练，总兵衙门来传，说总兵大人有请。李俊不知何事，匆匆赶来。只见韩文脸上有了难得一见的笑容，他什么也没说，只把两页谕旨递到李俊手中。李俊一看才知道，宁夏镇的总兵官、副总兵官换人了，总兵官是李俊，副总兵官是卢卿，只见《皇帝敕谕》中写道：

> 都督佥事李俊，今命尔挂印充总兵官，与太监并巡抚都御史，及副总兵等官，一同镇守宁夏地方。操练军马，修理城池，抚安兵民，保障边方。遇有贼寇侵犯，即便督同副、参等官相机战守，以除边患。凡军中一应事务，悉与镇守、巡抚等官计议而行。不许偏私执拗，乖方误事。尔受朝廷重寄，尤须持廉秉公，正己率下，抚恤士卒，蓄养锐气。毋或贪黩货利，科克害人，致生嗟怨。如违，罪有所归。尔其勉之，慎之，故谕。

另外一页《皇帝敕谕》中写道：

> 署都指挥佥事卢卿，今命尔充副总兵，协守宁夏地方。修理城池，操练军马，抚恤士卒，整饰兵备，遇有贼寇侵犯，与主将分投，相机剿捕，务在克敌制胜。毋或纵敌偷安。尤须持廉秉公，正己率下，不许纤毫科克害人。凡一应军情重务，须与太监、总兵、巡抚等官计议停当而行。毋得偏私执拗，有误事机。若河套有贼，仍照先次会议事理，前去大坝营、玉泉营、花马池等处调度军马杀贼。其边墙、崖砦、川面、水口等项，悉照原给榜文，每年夏初、冬末，二次亲临监督修补，务在坚完。无事之日，回还本镇。尔其钦承毋忽，故谕。

这时，门外一阵喧哗之声，原来是巡抚御史孙仁带着副总兵卢卿已经走马上任来了，韩文急忙迎了出来。孙仁已在这里当了好几年都御史巡抚，他是个中等个儿，抿着嘴笑嘻嘻的，浑身上下透着一股浓浓的文人气质。卢卿是个大个头，不过比李俊略矮。韩文先介绍了宁夏的边防情况，诉了一大堆苦。卢卿还没等孙仁开口，就叽哩呱啦地说起来，他重三叠四地说："不忘皇恩！"又拉起他家乡的事来。

李俊命勤务安排卢卿的住处，一个人在总兵府散步。他第一次这么仔细地望着这里的一切。宁夏镇总兵府是明永乐初年设，朝廷铸银质"征西将军之印"，起马符验一道，旗、牌十面、副，铜牌一十六面，银铃二十柄。宁夏巡抚、都御史，明宣德年间设，巡抚宁夏关防。起马符验一道，旗五面。宁夏副总兵官，明永乐初年设，旗牌四面、副。李俊看着这些，不由得苦笑一声，他突然想起儿时在平羌堡和巴图、札亚等一伙孩子玩耍，他们也举着大牌子，敲着破脸盆"鸣锣开道"，喊当大官的来了，要"闲人回避"。想到这里他猛地心里一阵难受，巴图、札亚兄妹俩和他母亲同是明军驱赶蒙族牧民那年失散的。巴图的父亲是蒙古族，母亲是汉族，早已亡故。李俊用手扶着墙站了一会，就急匆匆朝韩文家里走去。

韩文明天早上就要带着家眷回平羌堡了，他说辞官后要在老家开荒种地。第二天清晨，李俊为韩文送行，一路上李俊一句话也不说，呆呆的。眼看到了平羌堡城门了，李俊停住脚，说他就不进去了，看到那里的一切他会想起母亲，心里难受。韩文叹道："这么多年了！也怨我太忙，这回头上的紧箍咒脱掉了，我再帮你打听……"李俊跪在地上朝韩文磕了头，转身而去。

李俊刚任总兵官，就收到边防点的告急快报，告称鞑靼犯边，拆墙毁卡，杀伤兵民，抢夺财畜，要求派兵火速支援。李俊急派副总兵卢卿等分别出击，他翻阅历年战报，觉得这种"小打小闹"的方式无济于事。于是，他拟定了一份"联合清剿方案"，并给三边总制上书：

> 贺兰山一带，乃鞑靼巢穴，累次寇边，皆彼而入，因其居住年久，熟知地方，或诱北蒙大众，或招来野乜克力等夷，为患不断。边关告急，各自为战，往往你赶到东，他追至西，敌仍以游牧之名，实行抢掠，并未根除，反使苟延残喘，挑动残元旧部，拉拢蒙民，扩充势力，再生事端。惟三边联合，共同清剿，方是上策！

三边总制王越看了李俊的"联合清剿方案"后，大加赞赏，并决定立即调动三边精兵强将，联合各地边关，对鞑靼进行清剿，这便是当时有名的"王越破贺兰山小王子"之战。

三边总制王越领兵6000余人，清剿贺兰山鞑靼。旌旗猎猎，红尘滚滚，兵如潮涌。兵分三路进击，延绥副总兵都指挥同知朱瑾领兵2000出击南路（今邵刚堡一带），宁夏镇守太监张润、总兵官都督同知李俊领兵2000出击中路（今黄羊滩一带），副总兵官指挥使张安、监枪右监丞郝善领兵2000出击北路（今三关口一带），左都御史王越居中（今银川市金凤区一带）指挥。

张安、郝善分为两哨，北哨行25公里，至花果园遇鞑靼击之，斩杀13人；南哨至蒲草湖（今李俊堡西），遇鞑靼击之，斩杀40余人。小王子带兵将南哨包围，没料到朱瑾领兵在外围攻打，形成内攻外击之势。朱瑾军用枪炮火器，袭击鞑靼部落营，斩杀50人，获牛、马、羊、驼、器仗甚多。鞑靼部小王子扔下满山遍野的畜产不顾，领所剩人马朝沙漠遁去，其中有7人逃不及被南哨明军斩杀。

李俊、卢卿、张润等见小王子北逃，早已把兵将布阵成"口袋"状，当小王子进入

“口袋”后，黄羊滩一带明军四面合围，李俊领骑兵横刀马上，高叫“投降不杀！”“投降不杀！”喊叫声如四面雷震。不少蒙古兵双膝跪地，双手举起兵器，投降明军。这次合围共俘虏鞑靼兵民 327 人，另有 57 人顽抗，被卢卿领兵斩杀。张润佯装收兵，引鞑靼余部来袭，鞑靼兵追至玉泉营西北的芦草洼，明军杀了个回马枪，在芦苇丛中复杀鞑靼兵 8 人，又追至贺兰山榆树沟，斩杀鞑靼兵 3 人。小王子带领几十名精骑从旱草洼突围北逃，坐阵镇北堡的三边总制王越发出合围命令，张安、郝善等部在三关口一带将小王子围歼，斩杀 21 人，小王子仗着熟悉这一带地形，带领几个亲随逃匿贺兰山之中。

此次清剿，共斩杀鞑靼官兵 199 人，俘虏鞑靼军民 382 人，获骆驼 29 峰，马 122 匹，牛羊、器仗千数。朝廷兵部授官升二级者 2 人，升一级者 47 人，升署一级者 73 人，给赏者 1653 人。王越加少保，兼太子太傅，升张安、郝善等官各一级，赏张润、李俊、卢卿、朱瑾及领兵参将吴江、督饷右佥事张桢叙、管粮佥事李瑞澄等银币。

此次清剿对李俊来说，不只是个“大获全胜”的问题，他从中发现了历年来击虏戍边的弊端。

当王越在玉泉营筹办朝廷受奖大会时，李俊、孙仁、卢卿等正在研究处理战后事宜。李俊提议，凡被俘人员一个不杀，逐人登记注明身份等基本情况，逐人做出笔录，保证再不参与瓦剌、鞑靼组织，有三人以上据保；凡属蒙古族平民受鞑靼要挟而参与此战的，一律释放，令回贺兰山以西仍游牧；凡属鞑靼平民、士兵，一律分散到各堡寨当牧民，由各堡寨监管，三年后如想回家的，可再提出申请。被斩杀的 199 人，看管好尸体，严防野狼等吞食，严防被别人扒去衣服。每具尸体都要仔细搜查，有姓名牌章的登记清楚，没姓名牌章的作出记号，可令被俘人员前去辨认，集中埋葬在贺兰山磨石口的一片高地上，每位坟前要有姓名牌号，以便家属以后来认领。缴获的兵仗之物一律由玉泉营、平羌堡军库清点入库，缴获的马匹、驼、羊、牛、驴等，凡属牧民的一律由牧民认领，无主的暂由驻地部队养护，三年后充公。从总兵府挑选 30 名精通蒙语的官兵下去协助清查。卢卿提出异议说：“鞑靼兵留在这里，往后不就成了奸细？还是杀了为好！”孙仁说：“你们喊投降不杀，人家缴了枪又杀，岂不是言而无信？分散管理，层层节制，还怕他再反不成？牧民认领牛羊是上策，可张扬我大明之风度。再说，他们手里连根毛也没有，往后咋生活？”卢卿见孙仁大力支持李俊的主张，再不言语了。

第二天，各边防已清理完战场，总兵府清查官报称，鞑靼兵和属下牧民没有一个愿再回鞑靼部落，怕回去被杀，都愿留下当大明臣民。贺兰山西部蒙古族牧民有一半以上不愿回去，要求留下。他们还问，能不能把贺兰山西边的家属也接过来？李俊答复："三年后再申请！"李俊给西王爷府的王爷写了一封信，孙仁、卢卿也在上面签了字，李俊要求回去的蒙古族牧民回去后面呈王爷。信中写道：

> 王爷尊贵，我大明自建国以来，一心治国学尧舜，一心治民循汤武，唯恐天下不安，唯恐贫民流失逃逸。施行德治，扶困安民，御防战乱，防民饥苦，天下晓知。以贺兰山为界，两方各自相安，是我大明德政所致也。然而，瓦剌、鞑靼屡次扰边，挟迫麾下臣民拆墙毁卡，抢夺杀掠，以致兵刀之灾起矣。望王爷管教臣民，非听瓦剌、鞑靼妖言惑众，磨石口墓地昭示世人矣！
>
> 宁夏镇都御史巡抚孙仁、宁夏镇总兵官李俊、宁夏镇副总兵官卢卿呈上

这天，李俊查看总兵府清查官报来的花名册，发现其中的一栏中写道："巴图，被小王子部胁迫入侵，主要是想过来寻其妹札亚，已被斩杀。"李俊霎时间头顶如雷轰，他骑上马直奔玉泉营，这里收尸的士兵带他来到今李俊堡西一个叫蒲草湖的地方。这里东边是一片蒲草湖，西边是沙漠地，一个士兵静静地躺在这里。他浑身血迹斑斑，身体干瘦皮包骨头，满脸胡子拉茬的，要不是他的嘴角还像小时候一样朝上翘着，李俊根本认不出他就是自己少年时的伙伴巴图。李俊令士兵将巴图就地掩埋，埋好后他跪在巴图坟前咬牙哭道："是我杀了你！"士兵拿来木牌，李俊亲手在上面写了"巴图之墓"四个字，当士兵把墓牌揳好后，李俊围着坟转了三圈。那位辨认巴图尸体的牧民被传了来，他被安置在杨贤堡，李俊给了他赏钱，命他寻找札亚的下落。

李俊任宁夏总兵官后，他重点思考的一个问题是：明成化年间（1465~1487年），沿贺兰山修筑了长城，当地称西边墙。但是，这道屏障不但没有阻挡瓦剌、鞑靼的侵入，反而战争更加频繁，这是什么原因呢？

元朝灭亡后，明代把东部蒙古成吉思汗后裔各部称为鞑靼。明初，元宗族败走漠北后，部落酋长鬼力赤取掉元代国号，称鞑靼。后鬼力赤被杀，其新任可汗木雅失里由于受到明军及瓦剌的攻击，势力大衰，直到达延汗（明朝称为小王子）继位以后，势力重振。瓦剌，原在今俄罗斯境内的叶尼塞河上游驻牧，被成吉思汗征服后成为蒙古的一部。瓦剌一直受元的分封，且与元皇室通婚。元末，瓦剌向西发展，至阿尔泰山以西。正统十四年（1449 年），瓦剌首领也先率大军南下，与明军在土木堡（今河北怀来东）大战，明英宗被俘，史称“土木堡之变”。正统以后，为了防御强大的蒙古鞑靼、瓦剌的侵扰，明王朝在东起鸭绿江、西至嘉峪关的万里边防线上，设立“九边重镇”，分命大将，统兵守御。

李俊查看去年呈报的“战事记录”，有很多“战事”背景不清，一会儿是“瓦剌”，一会儿是“鞑靼”，到底是谁？瓦剌在鞑靼之西，为西部蒙古各部落的总称，又称西蒙；而鞑靼属北蒙，从军用地图上看，瓦剌和鞑靼迁居掠夺的路线是不同的。仔细分析还发现，很多“战事”并不是瓦剌所为，而是贺兰山西麓残元旧部撺掇游牧、驻牧蒙民干的。他们为什么要“拆墙毁卡”？为什么装扮成牲口贩子活捉哨兵？为什么掠走妇女、儿童？元朝在这里统治了 97 年，这里本来就是他们的家嘛！明初划定以贺兰山为界，不应当驱逐贺兰山东麓的蒙民。想到当时在驱赶战争中母亲和巴图、札亚与自己失散的事，李俊心里一阵痛疼。

后人都评价说，李俊自明弘治六年（1493 年）一月二十八日任宁夏总兵官，到弘治十一年（1498 年）九月三日止，在他任职的 6 年时间内，贺兰山边防基本相安无事，这到底是怎么回事呢？

清晨天还没亮，李俊就同孙仁、卢卿等总兵衙门官员议事。李俊首先拿出军事地图，说明了瓦剌、鞑靼历年驻牧、迁徙、掠夺的路线，以去年发生的战事为例，提出当今边防的主要问题，是处理好贺兰山西麓和东麓的民族矛盾。这个问题如处理不好，便给瓦剌、鞑靼及残元旧部留下可乘之机，致使边防问题复杂化。

这时，哨总来报，说去年抓的几个蒙古族人，不肯投降大明，说他们西王爷府的王爷没发话，他们不敢，嚷着要放他们回去。卢卿急忙说：“就赶紧杀了呗，哪有五谷给他们白吃？这事也来问！”李俊说道：“钢刀虽快不斩无罪之人，他们 6 个人说是放牧的，你们说是当兵的，有啥证据？他们是在磨石口抓的，就在磨石口放了他们！这事交给玉泉营办，扣留的牛羊也还给他们。记住，给他们吃饱了，不要饿死在路上。叫他们把我们给王爷写的信也带上，让他们面呈王爷。给他们说，去年他们从平羌堡抓走的6个牧童3个妇女呢？也要给我们放回来！”

卢卿说：“应该他们先放人，我们才能放人！”李俊说道：“交换人质，要双方信任，不讲义气，咋能办成？你刚来不知道，和他们处长了你就会知道，蒙古族处人最讲义气！你给他办一点好事，他都记你一辈子！你缺啥朝他要，他都给，但千万不能偷拿，那两只眼睛比天上飞的老鹰还灵，什么踪迹都能踏到找到！”总哨领令后，带着6个蒙古族牧民朝玉泉营走了。李俊说：“你们不少人是刚从外地调来的，不知道这里的情况。大明初期，聚集在贺兰山东麓、西麓的蒙古残元旧部，撺掇西王爷府的王爷反明，局势长期僵持。后来，双方摩擦越来越大，动起了刀枪。我大明皇帝便作出以贺兰为界，驱赶胡虏的决策，这才筑了西边墙。贺兰山东麓，元代时是他们的游牧、驻牧之地，他们祖祖辈辈在这里生活了近百年，叫他们离开家乡，谈何容易？结果弄得边防一带多少个家庭家破人亡、妻离子散。俗话说，‘百姓是群羊，谁来谁赶上’。政治是我们官宦人家的事，与老百姓何干？”

过了不到一周哨总来报，说原来放走的那6个蒙古族人又来了，说他们那边同意在磨石口放人。还带来了西府王爷的口信，说王爷说了：“休怪不能回信，望体量本王的难处，该办的事本王都遵照办理。”

李俊叫了几个随从，来到了贺兰山磨石口。这里的西边墙拆了几道口子，驻守这里的明军正在修山头的烽火台。烽火台下有一条直通贺兰山西麓的隐蔽小路，小路及两边山坡上，挤满了黑压压的蒙古族牧民，有的搀扶着拄拐棍的老人，有的背着小孩。他们中可能有认识李俊的，李俊精通蒙语，只听他们说：“瞧，来了！来了！那就是俊来儿！”李俊只朝他们看了一眼就避开了。经过平羌堡的堡长和家属辨认，那6个男孩和3个妇女就是去年7月被抢走的，其中4个男孩愿随父亲留在蒙区，他们4个的妈妈本是汉族，也要随孩子过去。2个男孩愿随父亲回平羌堡，他俩的妈妈是蒙古族，要随孩子回平羌堡。3个妇女，1个是姑娘，已在蒙区和一位蒙古族小子结了婚，不过来了。她的嫂嫂因她哥去年在磨石疙瘩清剿蒙族部落时战死了，她愿陪小姑子留在蒙区。还有一位妇女是汉族，愿随前来接她的丈夫回平羌堡。李俊令玉泉营的执事都登记清楚了，又叫他们按了手印，传令就随他们的意见办。

永宁县出土的明代青瓷罐

又过了不到一周，玉泉营来人报告说，西边蒙区的一伙牧民来到磨石口，带了很多牛羊骆驼肉，还有酥油、奶酪、贺兰山紫蘑菇，等等，一大堆，说是送给玉泉营军人吃的，“请问总兵官大人，我们能收不能收？”李俊道：“可以收，但要照市价给付钱，谁要是白吃，我就打掉谁的牙！”再后来，先是蒙区那边传来话，说有一对老两口快咽气了，要想见这边外孙子最后一面，这边的堡长、寨主、屯区头儿也来说，有多少户多少户申请，说今年天旱草枯牲畜死亡，要给蒙区那边的亲戚送点粮食、肉食。李俊从总兵署抽出几个精通蒙语的官兵，协同玉泉营、平羌堡在贺兰山磨石口成立了一个机构，专办这件事，这可能是永宁县最早的边防办事机构吧。

那么史书上记载，李俊戍边“边备一新，除三军盔甲之外，又备毡帽，柳青皮出袖，青布比甲，阵前更番迭出，以示兵众不同。马鞭、肚带、绊胸各二，以备不虞，此实将略所宜”，又是怎么回事呢？

在李俊任总兵官的第三年，连月暴雨，东部黄河泛滥成灾，灌区田渠被洪水冲垮，低洼田粮食大都绝收，逃荒要饭的人顿时多了起来。这年秋天，李俊视察完灾情回府，见桌子上放着一顶毛帽子，一双皮手套，还有一件出袖皮衣。他见面料、做工和他母亲当年为他父亲送的寒衣一模一样，心里明白，立马传来玉泉营游击查问。玉泉营游击吴平虏说，是他们从磨石口蒙古族人那里买的，今年雨涝，但蒙区水草丰盛，收获极丰，农副产品比这里便宜很多。李俊查到总兵府连续几年经费有余，就安排给守边士兵换冬服事宜。他还给宁夏卫写了一封信，建议他们在边防购买粮草，救济逃荒难民。这便是磨石口成为这里最大交易市场的由来。当这里的守边将士都穿上从蒙区购来的新服装时，西边墙上的歌声也唱了起来：

东边是牛，西边是羊，隔山你来拦牛，翻山他来挡羊。西边墙万里隔不断，长城两边是故乡。东边是雨，西边是阳，隔山你来避雨，翻山他来晒阳。西边墙万里隔不断，长城两边思故乡。

副总兵卢卿是个有话藏不住的人，他本来是协同李俊守边防的，却变成了个“查事”的人，一天不知哪里听来的话，有一句朝李俊的耳边传一句。什么有人说，李俊朝蒙区派了多少多少个“密探”，蒙区朝汉区派了多少多少个“奸细”，和敌人穿“连裆裤”，等等，一大堆。李俊当面训斥了他，他再也不敢在李俊跟前说了，就又到孙仁那里说。这几年宁夏边防朝廷和兵部经常表扬，孙仁暗自敬佩李俊的戍边才能。他在韩文任总兵官时就当都御史巡抚，他认为李俊比韩文的能力强多了。可谁知今年皇上嘉奖榜上无名，后来才听兵部下来检查的人说，是因为正、副总兵官“尿不到一个壶里”。

多宝塔(李俊塔)

这天，孙仁刚进门，卢卿又来说，孙仁烦透了，轻轻顶了他几句，就开始看李俊送过来的西部防务图。卢卿以为孙仁乐意听他的，越说越多。他正说着李俊进来了，李俊就和卢卿顶起来。谁知卢卿是这么不知趣，李俊当着孙仁的面几乎是把他“臭骂了一顿”，他第二天又来了，像是把昨天的事忘了似的，又“有鼻子有眼”地说起来。孙仁终于下定决心要把他调走。这天深夜，孙仁提笔写道：“宁夏总兵李俊、副总兵卢卿忿争不和，请改调卢卿一人于别镇。”写完后，他又想，万一上面不同意打了回来，叫卢卿发现了咋办？这不是我也在这里干不成了？思谋良久，他又改写到：“宁夏总兵李俊、副总兵卢卿忿争不和，请改调一人于别镇。”谁知他这样一改，完全起到了事与愿违的结果。上报后朝廷兵部批示：

> 李俊、卢卿为一方将领，不知协心同事，往往因私事忿不已，论法本当重治，故贷之。李俊罚俸三月，卢卿令回京闲住。上命大同游击将军都指挥张安充副总兵，都督同知李俊占种屯田，请加罢黜，今取回京，议处。

孙仁看了，气得恨不得自己用头撞墙，他把兵部批示朝抽屉里一扔，甩甩搭搭出去了。

1980 年的四棵树

1990 年的四棵树

李俊正在玉泉营监发兵饷，突然间南边有一飞骑而至，原来是韩文的一位家人，他跳下马，上气不接下气地说："有位老太太，经常在这一带寻找儿子，从三关口一直寻找到邵刚堡，还不停地喊'军来儿，军来儿！'时间长了，眼睛哭瞎了，有一位姑娘是寻找哥哥的，是她一直照顾老太太。我们家韩老爷查询了几年，才找到蒲草湖……"李俊还没听他说完，就跌足叫道："是俊来儿！俊来儿！"，他飞身上马，朝黄羊滩方向飞跑。

黄羊滩东边的荒滩上，有一片水不太多的湖，湖的四周长满了蒲草，外圈的地里一丛丛菖蒲布满沟壑，荒洼的沙地里，白茨像蘑菇似的凸起，白茨边上，有个用红柳条编顶的鱼脊梁小屋，像停泊已久的小船。李俊恨自己太粗心，埋葬巴图时他来过这里，后来绘制西部防务图时他也来过这里，怎么那么匆忙，不走过来瞧一眼呢？

小屋门口，韩文蹲着，旁边坐着位老太太，她身旁还站着位姑娘，李俊一眼就认出是巴图的亲妹妹札亚。老太太发如银丝，脸似核桃，两只手像鸡爪子似的。李俊连叫了几声"妈！"，双腿一软，跪在地上，跌跌爬爬朝来扑。老太太一听，愣了片刻，扔了手中的榆木棍子，抖抖颤颤朝前爬，她惊叫道："是俊来儿，是俊来儿！俊儿回来啦！"

李俊和母亲抱头痛哭，她的两眼还是和原来一模一样，只是没有一点神，眼珠泛蓝。她伸着双手把李俊的头、脸、双肩摸了一遍又一遍。李俊用舌头给她舔了两眼，她立马两眼放光，惊叫道："看见啦，看见啦！是俊来儿，长得和他爹年轻时一模一样！"她把李俊的手拉过来和扎亚的手落在一起，"咯咯咯"的笑了几声，猛地眼神发直，只片刻便咽了气。

李俊后悔地把自己的胸脯抓烂了，脸也抠烂了。他和札亚在小屋旁边把母亲埋葬了，又到巴图坟前烧了纸，自己就住在母亲住过的草屋里。好多天过去了，总兵府几次派人来请,李俊说他哪里也不去了,要在这里屯田。这便是史书中记载的“被六科十三道官劾其占种屯田等罪,而召京免职”的原因。

2007 年 5 月 2 日,四棵树中的一棵树因大风折断

李俊在蒲草湖屯田,这一带的军士也参与开发,后来又收留了很多逃来的难民。他们引唐徕渠水浇灌,拾山上的杂粪当肥料,几年时间荒地变成了良田,五谷丰收。李俊还带领屯民开通了直往贺兰山磨石口的通道,他的屯庄成为山上山下的交通要道和西北部农副土特产品集散地。来这里经商的不仅有周边地区的人,而且还有川区居民,特别是牛羊马驼及皮毛,成为集市的主要货物。

李俊建筑的这个堡子比平羌堡、玉泉营、靖夷堡和南边的宁化寨,规模要大得多,筑有城墙、门楼,留有东西南北四道城门,十里可望,远近闻名。据《朔方道志》记载,此集镇“二、五、八日交易,盛称繁富焉!”这里从此后,“牛马衔尾,羊群塞道”,成为闻名遐迩的朔方第一集镇。

因宁夏总兵官李俊在此屯垦建堡,后人称蒲草湖这个地方为李俊堡。李俊堡旁边建有一座八角形楼阁式砖砌重檐塔,塔身 13 层,连同塔顶刹与塔顶一共 15 层,总高 31.52 米。各层均辟有卷门,一、三、五、七、九、十一层卷门东辟,二、四、六、八、十层卷门西辟,第四层南北辟两卷门,第十三层则东南西北辟四道卷门,对风雨雪霜影响塔身的情况计算周密。塔层以迭涩砖和菱角牙子出檐,檐角用榆木起翘,形似龙头,下悬铁铸风铃,刮风时,塔铃清脆悦耳,十里可闻。塔顶刹座呈八角形,每面正中开一佛龛,龛内供佛像一尊,刹座上承托宝珠式样刹身,其上为巨大的桃形攒尖塔顶。整座塔外部轮廓呈角锥形,秀丽挺拔,直插蓝天。

1986 年 3 月 18 日,多宝塔(李俊塔)顶出土的佛像

塔内亦呈八角形,内直径 2 米,各层之

东汉孝子图

间用榆木板结构成楼层，楼板边沿开一个方形洞门，有木梯可以攀登顶层。近望田园似画，远眺黄河如带，贺兰群峰尽收眼底，令人心旷神怡。相传，这座宝塔是李俊为纪念母亲而建筑的，后人称之为多宝塔、金塔、李俊塔。

宝塔的北面有一道紫色的贺兰石雕墙，正面刻着《二十四孝图》，将社会上传颂的24位孝子孝敬父母的典型事迹镌刻在岩石上。巨墙的背面，铭刻着《十八层地狱图》，告诫芸芸众生如在阳间做了坏事，到阴间后必然要受到报应，在十八层地狱受各种酷刑。相传，堡中族人不论是谁做错了事，都要跪在这里惩戒忏悔。

宝塔的南面建有一座二层小楼，贺兰石做基，青砖黄瓦，上层供着文曲星君，下层供着孔子像，地上摆满了桌凳，相传这是李俊为堡子里各族儿童上学专门建筑的“童子堂”。

位于永宁县李俊镇的李俊塔

李俊塔，饱经风雨，历尽沧桑。如今宝塔周围的建筑早已荡然无存，唯有巍巍宝塔，仍然挺拔俊立。

宝塔东不远处有四棵古树，占地3340平方米。四棵古老苍劲的银白杨树，呈四方形布局，其株距、行距为8米，粗细相差无几，4人拉手环抱不及，树荫覆盖地面几亩有余。树高28.8米，直径1.67米~1.77米。老态龙钟，银皮龟裂，却仍枝杈横生，苍翠挺拔，浓荫蔽日。树头有苍鹭做巢栖息，生机盎然。李俊和札亚成婚后连生四子，相传，这是李俊的四个儿子死后埋葬的地方，后来变成了四棵树。

李俊塔和四棵树的故事和传说很多，当地人把李俊塔说的神乎其神，把四棵树当成了神树，经常焚香上供祭拜。

明弘治十四年(1510 年)十一月三日，鞑靼在花马池(今盐池)、鸣沙州(今中卫)、固原等地侵扰，明朝廷复任李俊为征东大将军前往清剿，李俊在清剿中立大功，受到朝廷的重奖。

赤 木 口

晓登赤木口，万壑怒生风。
良马犹惊险，衰身欲堕空。
筹边不计苦，净虏岂言功。
沙里三杯酒，出山见月东。

这是杨守礼当年登贺兰山修赤木口时写的一首诗。天刚拂晓，杨守礼便登上了贺兰山赤木口，但见千山万壑，怒气生风，坐骑受到惊吓，自己的身体好像要堕入万丈深渊。可见，贺兰山赤木口天险是多么虎气生威，蔚为壮观。

说到永宁的长城、烽堠，首先要说的人是杨守礼和任杰。明嘉靖十九年（1540年），宁夏都御史杨守礼和总兵官任杰奏请明廷“发金四万”在永宁县西北部修筑贺兰山赤木口（今三关口）。

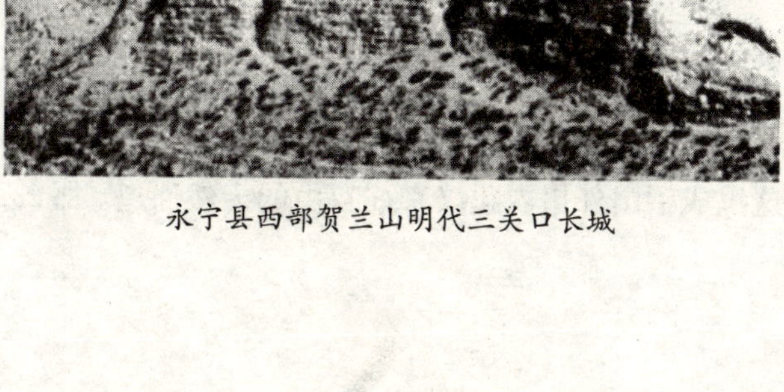

永宁县西部贺兰山明代三关口长城

杨守礼，字秉节，山西蒲州人，明正德六年（1511年）考取进士，从此进入官场。历任湖广佥事、叙州通判、右副都御史，巡抚四川、河南等地。明嘉靖十八年(1539年),任右副都御史巡抚宁夏。他到任后即整肃边防,使驻地军防面貌一新。史书评价他"尽心边务,不惮险难。仕在人为,尤善驭将士奋立战功。修筑赤木口,以绝百年通虏之路。建营房以庇独之军。利益于宁夏之大者无逾于此"。

永宁县西部贺兰山明代长城

杨守礼修筑贺兰山赤木口,堵绝了"鞑靼百年通道",恢复了宁夏军镇北路的镇远关、黑山营等军事要地的防务。他在任期间,修筑边墙,增筑关堡,调整防务,成效显著,多次受到朝廷的嘉奖。特别是他率部击败了蒙古军俺答、阿不孩和吉囊等部多次攻袭,以战功先后升加兵部尚书和太子少保。

杨守礼是明嘉靖十八年(1539年)任宁夏都御史巡抚的,当年的《皇帝敕谕》这样写道:

> 都察院右副都御史杨守礼,今特命尔巡抚宁夏地方,训练军马,整饰边务,抚恤军士,防御虏寇。务令衣甲齐备,器械锋利;城堡墩台,修治坚完;屯田粮草,督理完足。禁约管军头目,不许贪图财物,科克下人,及役占军余,私营家产。违者,轻则量情发落,重则奏闻区处。凡一应边务事情,军民词讼,及利有当兴,弊有当革者,悉听尔从宜处置。该与镇守总兵等官会同者,须从长计议而行。副、参、守备等官,悉听节制。尔宜摅诚效忠,严明赏罚,振举兵威。遇有警急,须与各官同心协力,相机行事。务俾丑虏詟服,地方宁靖,庶称任使。毋得乖方误事,自取罚愆。尔其敬之,慎之,故谕。

三关口,宋代西夏时称克夷门。蒙古军从这里进入后西夏灭亡。蒙古军占领这里时,克夷门就被烧毁。从此,这里成了山外川内蒙汉来往自由的天然通道。那么,

三关口头道关

明代初这里为什么又叫赤木口呢?这是因为赤木口是杨守礼用贺兰山里的红松木修建的,当地人称“红色”为“赤色”,故而称克夷门为赤木口。

赤木口依此处的高山峻岭而建。山口两边的山顶上,矗立着两座气势磅礴的炮楼,炮楼基石采用此山的花岗岩,砌得红白相配,岩石打磨得纹理清晰。墙体采用红砖砌护,门窗采用贺兰山里的红松木。红松木是从贺兰山深处阴坡地带砍来的千年古松,木质坚硬,色泽红润,远近一片松香气味。两座炮楼左右对峙,虎视眈眈。两边是蜿蜒起伏的贺兰山,炮楼城墙分别衔接山巅的万里长城。头道关口两侧的山体,有的形似刀切,雾松倒垂;有的爬满青藤,巨石裸露。门口耸立起一座用一棵棵整体红松制作的巨型牌楼,中有正门,侧有侧门,门框用粗大的红松,门板用松木横排,松木多不剥皮,天然实用,坚固原始。大门上方是走廊式的箭台、炮台,和两边大山之上的炮楼城墙连接。

过头道关向西行3公里为二道关,一路山形陡峭,怪石嶙峋,猿鸣山谷,松涛阵阵。地面五色卵石,地形平缓开阔,当地人称这是“瓮城”,又叫“瓮中捉鳖”,只要把敌人放进了二道关,就是长了翅膀也别想飞出去。二道关修建的和头道关基本相似,只是两边山巅上的长城向南北逶迤,逐渐形成“口”字形,从高空俯瞰,确是个“大瓮”。

过二道关向西2公里便是三道关。一路山体或开或合,一会儿山前无路,一会儿柳暗花明。忽儿烈日高照,繁花似锦;忽儿天成一线,云中盘雕。三关口建筑奇特,从里看和头道关、二道关相近,从外看酷似一座巨形山洞。门口上方的峭壁上,用朱红大字写着“三关口”几个大字。两边山体乔灌密布,林立的参天古柏下,山头若隐若现。这里的城墙远看近看都和层峦叠嶂的山头无法区分,女墙上的城垛似万绿丛中的白花,箭楼飘摇不定,射孔漫山密布。

三关口的峭壁奇峰之上,一位士官站在上面朝西眺望。西边天空似穹庐,笼罩四野。苍茫的天幕下星星点点的蒙古包在朔风中隐现，喇嘛庙的黄顶子闪动着耀眼的光。在风吹草低的山丘上，列队蒙骑明赳赳。一队牛羊朝这里跑来，牧童撵了来，垂着头努着嘴用鞭子狠狠地抽打。贺兰山东麓再没了蒙古人的身影，再想看到蒙古人只能是站在高高山上往西看。“站在高高山上看鞑子”从此成为这一代沿用至今的俗语。如果别人有事你不帮忙，只站在一旁观看，别人就会说你“站在高高山上看鞑子”，引深意义是“看别人的笑话”。

贺兰山赤木口竣工这天，都御史杨守礼在这里召开欢庆大会。艳阳下，贺兰青黛，山头白雪皑皑。赤木口红彤彤的一片，掩映在群山翠柏之间。城墙上、炮楼前旌旗猎猎，彩带飞舞。城垛上的排排士兵佩刀挂剑，俨如钢铁，威武雄壮，山腰里云雾中闪动着哨兵的刀光剑影。远处群山欢呼，近处鼓乐喧天，鞭炮齐鸣。

参加这次赤木口竣工庆祝会的有副总兵陶希皋、玉泉营游击傅钟、左参议潘九龄、提学副使刘思唐、都督同知郑卿、举人张九思等武将和文人。三边总督府派佥事孟霦前来犒劳军士，他当即作诗《赤木口劳军赠傅游戎》一首，诗曰：

携醪寻上将，驻马对群峰。
虎帐依沙碛，龙泉挂古松。
独营关塞险，应息戍楼烽。
励尔平胡志，终期定远封。

贺兰山三关口隧道

诗里说当他带着酒醪慰问将士时，被群峰中的赤木口惊呆了，急忙勒住马头观看。他看到筑城将领住在沙碛旁的帐子里，很是感动，这里条件很差，仅有古松前的一个泉眼供军士饮用。他赞叹这座独一无二的赤木口天险，从此使这里远去了刀光剑影，烽烟再不燃起。孟霦还把沿途中的所见所闻缀成《奉和途中口占》一首，几位将领急忙传看，只见上面写道：

追随旌节此游观，晓日繁霜满贺兰。
沙径曲穿丹壑入，石峦高倚白云看。
恩加藩镇连营壮，关阻天骄绝塞安。
喜见干戈作歌舞，邀宾载酒犯隆寒。

诗中描写了晓日繁霜的贺兰山景色，沙封道路沟壑流丹的地貌，守卫将士鼓角连营的雄伟。这里的一切，杜绝了当年一代天骄的蒙古军，将兵戈化为歌舞，将刀枪换成了杯盏。

夕阳西下，参观完赤木口内外的景致，前来参加庆祝的将领准备策马回营，杨守礼将他们强行留下。只见赤木口山峦一排排高挂的大红灯笼点亮了，映照的贺兰青翠，赤木口红光闪闪。虎帐里、柳营下，杯盘叮当，酒香弥漫，只见不远的士兵拨动琴弦坐在一截干树墩子下唱《思乡》歌，像棉丝一样的歌声透过窗棂飞上悬崖缝里的一棵野桃树上，从细长细长的桃叶、绒绒的毛桃间荡悠的很远：

猫头刺，沙蒿边，爬冰卧雪年复年。
家中高堂今何在，妻儿逃荒到哪边……

士兵的歌声一字一句传到大帐里，佥事孟霦等听得呆呆的。酒过三巡，杨守礼又给客人们满上，他“咚”的一声放下酒瓮道：“我知道他们都骂我，不但老百姓骂，将士里也有人骂。他们咋就不知道‘成者王侯败者贼’这个道理？你挨打，是你弱；你打人，是你强！到这里来的吐谷浑唱得好：‘强弱由人莫叹时！’我给守城的将士说，放马也不叫他们到边墙根放，快滚到半个梁去！”佥事孟霦夜宿赤木口感慨万千，听到士兵的歌声，久久不能平静。他挥毫泼墨又写了首《奉和宿赤木口》：

重关绝壁郁崔嵬，立马烟岚扑面来。

石上壶觞供笑咏，云间旌旆且徘徊。
龙沙戍卒闲戈戟，鸟道樵歌度草莱。
谁谓御戎无上策，人将霹雳比公才。

他在诗中称杨守礼修筑赤木口力排群议，做事果断，把他比作“霹雳公才”，此诗后来传到军士中，人都称杨守礼是“霹雳火”。宁夏副总兵陶希皋是平凉卫人，他“素闲韬略，遇大敌不惴。虽戎务倥偬，而吟咏不废”。他喝了几杯按耐不住，也挥毫写了一首《奉和赤木口》助兴：

贺兰山下防胡路，再见中丞拥节来。
翠壁丹岩聊怅望，青樽白日共徘徊。
威名今已知戎虏，德政还应被草莱。
部曲自惭非卫霍，令公原是济川才。

陶希皋在诗中说杨守礼威震胡虏，无人不怕。他的德政泽被后世，把他比作卫青和霍去病一点也不过分，是济世之良才。玉泉营游击傅钟写了一首《奉和途中口占》和一首《奉和赤木口》：

奉和途中口占

马蹄远踏平沙地，绝塞重云锁贺兰。
鼓吹声从天外落，旌旗影向野中看。
乌台兵出羌夷服，瀚海尘清远近安。
漫听康衢歌击壤，贤劳王事触风寒。

奉和赤木口

贺兰要地谁曾到？今筑重城喜共来。

1999年发行的三关口长城邮票

谷鸟岭猿时眷恋，林霞萝月欲徘徊。
威如霆电惊山岳，德共阳春及草莱。
此日关成边圉固，明良相际属高才。

傅钟在他的两首诗里，把赤木口比喻为“绝塞”，使羌夷慑服，使这里远近安宁，再无边患。但杨守礼为了王事，风寒染病。今天有幸来到这里共庆赤木口竣工，真有点舍不得回去。他赞扬“霹雳火”杨守礼震惊山岳，德被后世，这里边关固若金汤，是朝廷重用了高才。左参议潘九龄诗兴大发，连写了《次南涧中丞公阅赤木口途中口占》和《奉和赤木口》两首：

次南涧中丞公阅赤木口途中口占

范老提兵遥出塞，偶随旌旗到西兰。
风前野鹿将群避，谷口寒花带笑看。
百堵当关千仞险，一劳为国万年安。
悬知此后烽烟息，共说毡裘胆已寒。

奉和赤木口

不因筑塞驱胡远，安得今朝策马来。
深幸有缘陪眺望，敢辞多病倦迟徊。
风喧鼓角惊沙鸟，云拥旌旄度岭莱。
千里平原尽樵牧，中丞原是不凡才。

潘九龄在他的第一首诗的前面说，他是在甘州奉命来到这里的。甘州有个姓范的军官带兵出塞到兰州，他有了个偶尔的机会来到这里。一路上他有幸见到了成群的野鹿，繁茂的鲜花。但他印象最深的还是“一夫当关，万夫莫开”的赤木口，有了赤木口，从此这里万年平安，不见烽火狼烟。第二首诗里，抒发了他站在高处眺望赤木口的感慨。只见远近的牧羊人和樵夫在忙碌，浩瀚的沙漠里鼓角争鸣。他感叹“中丞”杨守礼为了国家的安宁积劳成疾，赞美他是不凡的人才。提学副使刘思唐也写了《和南涧中丞公途中口占》和《奉和赤木口》两首：

和南涧中丞公途中口占

鸣笳叠鼓麾诸将，晴日双旌驻贺兰。
青海远从天际断，黄河如在镜中看。
霜风已扫胡尘净，烟火还闻汉戍安。
经略于今多上策，遥知西贼胆应寒。

奉和赤木口

运筹坐见三边靖，出塞平驱万马来。
故垒风烟常黯淡，空山丝管暂徘徊。
防秋不用屯貔虎，设险今看辟草莱。
从此庙堂无北顾，长城方倚逸群才。

刘思唐是从青海西崖（地名）来的，他在诗中描述，一路上青海已渐渐远去，耳边是“胡笳叠鼓”的声音。他踏入宁夏大地，首先看到的是贺兰旌旗和如镜的黄河。如今宁夏已不见胡尘，不闻烟火，修筑赤木口是上策。他称赞杨守礼的运筹帷幄使三边宁静，从此家国无后顾之忧。都督同知郑卿也写了一首《奉和途中口占》：

铲山筑土建重关，珍重边防壮贺兰。
铁骑分营千队列，油幢共坐一尊看。
桑田春雨耕顶乐，蔀屋秋风卧亦安。

经略只今韩范在，夜烽长息虏心寒。

郑卿在诗中说，赤木口是铲来山上的土修筑的，实在不容易，要好好保护它。现在虽然没有战争，但蒙古军的铁骑虎视眈眈。要乘着这个有利时机发展农业生产。“韩范”是指宋代军事家韩琦和范仲淹，因两人在军队中名震一时，朝廷倚以为重，有歌谣云：“军中有一韩，西贼(指西夏)闻之心胆寒；军中有一范，西贼闻之惊破胆”。郑卿在诗中把杨守礼比为“韩范”再世。前来参加赤木口庆贺的举人张九思，见别人都有诗赋，自己也草书了一首《奉和赤木口》尽兴：

兰山旧是胡儿穴，赤峡登临岂易来。
野鸟依人如眷恋，群峰迎马欲徘徊。
风尘幸见清边塞，大豕何从踏草莱。
莫谓书生不语武，古来经略属雄才。

张九思说，在座的都是武官，他只学文不懂武，今天是来向诸位学习的。他提醒这些洋洋得意的武官们，贺兰山东麓是蒙古人经营近百年的老巢，而且这些人跟当地汉族的关系盘根错节，要他们小心谨慎。他说：“诸人都作诗吟赋，杨将军何以袖手不出？你文采飞扬，众人皆知，哪能躲过？”杨守礼拗不过，只得写了一首《赤木口》：

昔年荒落无人迹，此日从容有客来。
为道边城堪保障，不妨尊酒共徘徊。
夕阳挝鼓明金戟，寒雾冲风拂草莱。
寄语长安诸俊彦，平胡还待济时才。

他写完朝诸位道：“末了两句盖为区区惟能筑城以遏虏耳，平胡还望奇才也！”

任杰是西安左护卫人，都督佥事，他于明嘉靖十七年(1538年)调任宁夏镇总兵官，明嘉靖十九年调任延绥，在宁夏近三年时间。他“操纵得宜，赏罚明信。谋勇兼备，为虏所惮。以武备掩其文事，尤能制骄作懦，实为今之名将。十九年，以才望调延绥。报至，概镇之人如去父母，无一不欲奏留者”。

任杰是个心直口快的人，他呆坐在一旁，谁吟诗作赋，他就眨巴着眼睛朝谁瞪着。瞪着瞪着他就不耐烦了，“咚”的一声抱过酒翁喊道：“哎！哎！哎！喝酒就喝酒，闲话少说，书归正传，你们咬文嚼字的，故意气我们大老粗呢！”他先拉过孟霦的手，要和他“打通关”，孟霦说：“你是有名的‘老五魁’转世，我甘拜下风！”提起“老五魁”，任杰笑得气也上不来了。他说：“小时候随老爹到巴音拉羊粪，一伙蒙古族人晚上给我们敬酒呢，我说敬酒不喝，谁划拳输了谁喝，我就‘五魁首！五魁首！’的左右开弓，把一桌子蒙古族人都放展了！我说，我是当年的张魁转世，你们谁能灌倒我？他们听见‘张魁’两个字，都爬在桌子下不敢出来了！笑死人喽！”

杨守礼在这之后还写了很多词赋，其中不少是描写贺兰山赤木口的，让我们略录几首来纪念这位征战沙场、能文能武、用心良苦的将军。

入山劳士

冒暑巡行不惮难，筹边为国敢偷安？
蚊虻扑面孤臣血，烽火惊心六月寒。
占塞山灵刚送雨，高城云爽暂停鞍。
君王自有南风调，万里烟尘一望残。

新正西楼送任两泉出师

边城楼阁壮华夷，春日登临看出师。
细柳营中传号令，东风沙里拥旌旗。
红袍映日军容肃，白鸟腾空虏首垂。
共仰汉庭霍去病，捷书千里上彤墀。

三月巡边，晓发夏城

寂寞边城道，春深不见花。
山头堆白雪，风里卷黄沙。
计拙心惟赤，愁长鬓已华。
普云连寒草，回首各天涯。

第三首诗中的“晋”是一位姓晋的军官，杨守礼和他分手后，就各自天涯，此处记述了军人的离别之苦。

山行观猎

鼓吹合围处，元戎较射时。
弓矛皆献巧，狐兔不胜悲。
杀气山腰震，军容虏首垂。
夕阳天外淡，杯酒去迟迟。

途中口占

庚子十月念七日，挝鼓扬兵入贺兰。
仙客有情拼我醉，名山无主待人看。
筹边喜见重城固，报国羞称万户安。
分付胡儿莫作恶，霜风烈烈阵云寒。

明嘉靖二十二年(1543年)，杨守礼因父亲去世守孝而被免职。明嘉靖三十四年(1555年)，杨守礼在家中去世。他在世时主纂了《嘉靖宁夏新志》传世。明代佥事孟霦收集了关于赤木口的很多诗赋，编纂成集，但没见传世，他在《观赤木口诗》的序中写道：

嘉靖庚子冬，巡抚中丞杨公修筑贺兰山赤木口关成，将往祀山灵以报佑焉，乡之诸缙绅先生进曰："赤木，虏寇之便道，宁镇之要害也。昔虽设关，不足以为守。及关废岁久，屡议修而不果。我公复久废之险，成不拔之固，愿相随往观焉。"公许之。明日乃偕行，诸将与霦从之。是夕宿平羌堡。又明日之关下，举祀毕，大宴乐于帷幕中。众复进曰："地逼葫疆，人迹罕到。往时军旅之行，拥戈罗甲，亦未敢深入。今者列罇俎之筵，为歌舞之地，非公之赐哉！"乃举觞以为公谢。公亦欢甚，乃序述其意，作诗以咏之。诸君与霦咸和之，共得二十八首。霦复详纪其事于简端，以备览云。嘉靖庚子冬十一月十有三日，佥事孟霦谨序。

明代刘思唐编纂了一本《筹边录》，但可惜失传，他在《筹边录序》中写道：

宁夏远在大河之外，山川险阻，限界华夷，在三边尤为重镇。嘉靖乙亥秋，南涧杨公受命巡抚其地。下车之初，锐意经略，夙夜非遑，以求无负简任之至意。维时本镇当多事之秋，边患外殷，财力内屈。加以时平法玩，吏缘为奸，蠹弊蝟集，时势如今日亦难矣。公乃思艰图易，不沮不挠，经理边防，如治家事。完城郭，训兵戎，修险隘，储粮食，均赋役，禁奸慝，凡有裨于边计者，兴废补弊，事制曲防。其所擘划，动中机宜，类皆经久可行。越明年，政成人和，百度维新，遂编次其事为录，以贻夫后来者。乃不以思唐为鄙，命序其简端。

呜呼，夷狄之为中国患久矣。我国家以武功定天下，尤留意边防。百七十年来，太平既久，武备渐驰。迩者北虏日益猖獗，屡肆侵掠。边书告急，至廑庙堂之虑。天下之患未有大于此者。士大夫溺于宴安莫之省忧。间有一人言之，则群笑以为迂，否则以为病且狂。盖其祸伏而未发。是故尝病于不信,若俟其既发而后言,则又病于无及矣。惟公见高而识远,举世以为不足优者,公独以为深忧。又其才力足以副之。安攘大计,在他人积久不能决者,公谈笑俄倾之间,立可取办。如赤木口之役,力排群议,曾未逾时,屹成巨防,为夏人百世之利。自非才优经济、忠存体国者,何以及此。若假以久任,俾得究竟其设施,必能以身为西北长城,销北虏之患于未形。则全陕有安枕之期,而圣上可无西顾之忧矣!然则兹录所关,岂独为宁夏一隅之计耶?

如今的贺兰山赤木口已今非昔比。明末清初,赤木口失守,被清兵烧毁。从那时起到 20 世纪 80 年代初,为了交通方便,先后多次拓宽赤木口,当年赤木口的气势早已荡依然无存。过头道关向关外行 3 公里为二道关,如今这里当年的痕迹已不明显,关西南 20 多米高的山头上残存墩台,见方 11 米,高 8 米,用黄土夹砂砾夯筑,台西南角有脚窝可登顶上,墩台与西南山峰之间残存有长 1 公里的城墙,残墙高 2 米。出二道关外西行 2 公里为三道关,夹在两山头之间,今已辟为大路,但仍不失当年的险峻之姿。这里已被定为自治区重点文物保护单位。

西 关 门

在明代，永宁西部有两项重大工程无果而终，一是王珣重开昊王渠，一是齐之鸾枉筑西关门。

明弘治十三年（1500年），宁夏巡抚王珣给朝廷上书，提出："臣闻本边旧有古渠三道，东为汉渠，中为唐渠，今见通水利，可为守御。惟西一渠通在山下，首尾三百余里，渠两岸高俊，中广二十余丈，故道虽存，已多淤塞。请发卒相地势，循故渠疏凿成河。引水下流，修筑东岸，积土如山，斩削如墙"。王珣的提议，得到了朝廷的重视，并批准来年开工。这便是王珣修浚昊王渠的由来。

王珣，山东曹县人，字德润，明成化五年（1469年）进士，授太康知县，擢御史，巡按苏州、松汇。明弘治十一年（1498年），以副都御史巡抚宁夏。据《嘉靖宁夏新志》记载，他"招集军士，以实行伍。奏给哨军行粮及站军粮科，缓不急之征，益蜀无田之税，崇教化，增乐舞，以祀夫子。宽严得中，边人服之"。王珣奏开昊王渠，以更今名，将渠更名为靖虏渠，"一以绝虏寇，一以兴水利"。但终因"石坚不可凿，沙深不可浚，材耗力困，竟不能成，仍为废渠"。至今留有王珣《开靖虏渠》的诗句：

滚滚河流势险哉，平分一派傍山来。

经营本为防胡计，屯守兼因裕国哉。

此日劳民非我愿，千年乐土为谁开。

老臣喜得金汤固，幕府空闲卫霍才。

永宁县西部贺兰山明代西关门城墙

王珣重开昊王渠未成功，原因很多，其中的主要原因，首先是昊王渠基本被蒙古军决堤被山洪冲毁，多处被流沙掩埋；其次是黄河出峡口处因洪水冲刷，年长日久，改道下切，造成引水困难。所以他感叹“此日劳民非我属，千年乐土为谁开？”因昊王渠的名存实亡，贺兰山东麓西夏在大井子、小井子、井子泉、马圈、三响头等地建立的十几个屯庄的居民先后逃离，屯庄被流沙掩埋。到明代，山上屯庄只剩下后来因流沙而“三迁”的杨贤堡、平羌堡、玉泉营等几个屯庄了。

王珣重开昊王渠未成功，玉泉营明设西关门也未成功，这两项永宁历史上的重大工程，为什么先后都以失败告终，值得后人深思。

明嘉靖十年(1531 年)，北方边防重地宁夏镇在今永宁县西部修筑了一道新边墙，史称“西关门”。齐之鸾在《朔方天堑西关门记》中记载：

西关门者，北自赤木口，南抵大坝堡，八十余里。

嘉靖十年，佥事齐之鸾建议于总制、尚书王琼，奏役屯丁万人，费内帑万金而为之堑者。

初闻是议，父老以为不可，将士以为不可，制府亦以为不可。之鸾力主己议，坚不可回，逾六月而成之。

成未月余，风扬沙塞，数日悉平。仍责令杨贤、平羌、邵纲、玉泉四堡，时加挑浚。然随挑随淤，人不堪其困苦。巡抚、都御史杨志学奏弃之，四堡始绥。今于之鸾所撰《朔方天堑西门关记》，故不之载焉。

西关门长城途经昊王渠遗址，过黄羊滩、玉泉营、平羌堡等地，南到大坝堡。这条城墙与明成化年间（1465~1487年）修筑的长27公里的西边墙基本呈平行状，东西相距20公里左右。那么，山上有一条长城，山下为什么还要修一道长城呢？这是因为明代玉泉营驻地非常重要。西关门城墙北与贺兰山赤木口衔接，南通大坝堡，与大坝堡原长城交汇，形成了一个巨大的长方形瓮城。据《秦边纪略》记载，“大坝堡沿边四十里则西北至玉泉营焉！”可见，西关门城墙的修筑，是为了南直通大坝堡，北直到赤木口。

西关门长城借用原昊王渠西堤，夯筑加宽增高，城墙外边有很深的壕沟，底宽9米，深2.6米，以防进犯的胡骑。这便是王珣所说的“一以绝虏寇，一以兴水利”，兴水利没做到，绝虏寇派上了用场。还有专家学者认为，明成化年间修筑的西边墙，距明嘉靖十年修筑的西关门城墙已40年左右，原西边墙因人为破坏及山洪冲毁、流沙吞噬等原因，拆口、断墙甚多，有的墙体已成为土堆、平地，失去了“禁止胡人通行”的作用，故而重修。那么，重修为何不在原城墙重修，而要朝东移至20公里左右呢？再说，西边墙长城自修筑以来，曾多次维修过，并不是没修。可见，明嘉靖十年在玉泉营修筑的西关门长城是另有原因的。

西关门长城以玉泉营驻地为中心，设城门楼，左右两边有侧门，南部、北部长城下有暗道通行，沿途设烽堠，是南通大坝、北通赤木口的防务

长城被山洪冲刷现场

交通枢纽。现存西关门长城遗址起于黄羊滩小井子，途径烂营盘堡、大井子、牛头山、红井沟、夹子沟、鹦鹉山、柳渠沟，至今福宁村烽火台北侧100米处，再向东南延伸，因农田水利建设损毁严重，走向不明。遗址总长16.1公里，与史书上记载的20公里基本相符。

玉泉营西关门长城采用砂砾土筑墙、石片石块筑墙、斩山造墙、依昊王渠西堤造墙等多种建筑方式。现城墙均已坍塌呈斜坡状，底宽13米，残墙高1.5米，城墙西侧的沟壑宽6米，深1.2米。在小井子山顶上，有一座烽火台，烽火台东南530米处，有城堡遗址一座。玉泉营、平羌堡的西关门城墙遗址有大型垒石墩台，凸起的高地，有散布的大量陶瓷碎片等明代城郭遗物。

玉泉营明设西关门，《嘉靖宁夏新志》中有这样一段话，我们可以从中找到原因：

> 贺兰山在城西六十里。峰峦苍翠，崖壁险削，延亘五百余里，边防倚以为固。上有颓寺百余所，并元昊故宫遗址，自来为居人畋猎樵牧之场。弘治八年，丑虏为患，遂奏禁之。然未禁之前，其患尚少，既禁之后，而患愈多，何也？盖樵牧之人，依穷岩绝壁结草庐，畜鸡犬。虏骑乘夜而入，鸡犬鸣吠达于瞭台，烽炮即举。每每兵至山麓，虏方进境，扼之无所掠矣，或闻炮即回。禁后，止以瞭台为恃，风雨晦冥，耳目皆所不及，往往获利出境始觉。是故患益滋矣。说者或谓："林木采尽，恐通入寇之路。"殊不知木皆产于悬崖峻岭之间，非虏骑之所至者，使林木可以遏寇，岂特严于禁止，尤宣勤于栽植。

史书中明确记载，贺兰山自古为樵夫砍柴、牧人放牧牛羊马群之地。特别是元代近百年的苦心经营，贺兰山以西、以东的蒙古、汉和其他少数民族以通婚、部落联盟、民族商贸等形式，已经达到了民族融合、民族团结，成为"你中有我，我中有你"，有的少数民族加入了蒙族、汉族，有的少数民族则融入了蒙族等其他少数民族，血肉相连，盘根错节，关系颇为复杂。并非统治阶级以贺兰山作为"华夷"分界线，只一句简单的话就能使他们“相互为敌”,随便分开的。

结果又怎样呢？不分还好，分开反而边防纠纷更多了。自从明成化年间修筑了西边墙，拆墙、毁墙、两边逃亡、胡虏偷袭、乘夜而入等现象每天都在发生，搞得守边将士反而不得安宁。老百姓在任何历史条件下，都是为了过安宁的生活，多不管什么“政治”。史书中分析得正确，胡虏进入不是因为砍了贺兰山中的树木，便利了胡虏通道，而是他们是当地人，对地形地貌最熟悉，故而出入自如。当瞭望台上的守士见到他们时，他们已“获利出境”，隐无踪影，不是贺兰山中的树木能阻挡住他们的。

永宁县西部长城被人为毁坏现场

综上所述，在玉泉营设西关门，是势在必行的事。明都御史冯清在《边人苦》中说的“边弊茧抽丝，边虐旱思雨，逃亡度边关”等边关“弊政”见于此。

“朔方天堑西关门”，是佥事齐之鸾奏请朝廷后带领屯军将士修筑的。明嘉靖十年(1531年)，佥事齐之鸾建议于总制、尚书王琼，提出修筑玉泉营西关门。建议中列举了从明初到嘉靖北虏数次犯宁化寨、李俊堡、杨贤堡、小井子、玉泉营、靖夷堡、平羌堡等地的事实，提出了修筑玉泉营西关门，得到了朝廷的批准。

朝廷批准修筑玉泉营西关门的关键人物是总制、尚书王琼。王琼，曾修筑了东边墙长城关，长城关在花马池城北门60步的城墙上，建有关楼一座，高耸雄伟。长城关建好后，王琼在关楼的四面题写了“深沟高垒”“朔方天堑”“北门锁钥”“防胡大堑”等牌匾，说明建立长城关的重要性。当时建造长城关时，齐之鸾也参加了，他当时是按察司副使，他还写了《东关门记》。当时，宁夏境内建筑的关楼还有周尚文在平罗城西建筑的北关门，齐之鸾还为此写了《朔方天堑北关门记》，不过以长城命名的“长城关”只有盐池的花马池一处。齐之鸾任佥事时，提出了建造玉泉营西关门，首先得到了王琼的支持。王琼实边多年，又是位年逾花甲的“老边防”，是他的极力推荐朝廷才批准的，只凭齐之鸾年纪轻资历浅，朝廷怎能说批就批？为了了解王琼其人，不妨先看一下他写的几首诗。其中在《宁夏阅边》一首中写道：

仗钺褰帷入夏州，塞垣风景豁双眸。
田开沃野千渠润，屯列平原万井稠。
西北蜿蜒崇岭峙，东南缥缈大河流。
深沟划断通胡路，不用穷兵瀚海头。

这位尚书看到的只是川区的景物，他认为只用昊王渠的深沟，就能断绝胡路，不用那么多兵在大沙漠中击胡虏了。他在《阅视征西将军周尚文墙堑》一诗中写道：

高垒深沟意若何？东西形胜接山河。
胡儿夜半移营遁，农父秋成击壤歌。
限隔华夷须地险，守防扼塞仗人和。
受降尚记三城在，元帅勋名共不磨。

周尚文是陕西籍人，都督佥事，嘉靖十年镇守，以修筑平虏（罗）城西的北关门而有名。王琼在诗中第一句就赞扬周尚文的“高垒深沟”，说有了他的北关门，胡儿就把营地朝贺兰山里挪走了，乡下的父老乡亲才有了秋后的好收成，并且边打碾边唱歌。从以上诗词的字里行间可以看到，周尚文只是修了条比西关门规模小很多的北关门，王琼就大加赞赏，更何况齐之鸾提议的玉泉营西关门这个浩大宏伟的工程呢。

齐之鸾修筑玉泉营西关门，不但召集了屯军，还从各堡寨征集屯丁，总数达一万余人。所筹集的工程费用“帑万金而为之”。当修筑西关门的消息传出去后，当地老百姓极力反对，都说这是“瞎子点灯白费油”，“劳民伤财”。很多军士也不赞成，史书记载说“将士以为不可，制府亦以为不可”，也就是说，就连总制府里的官员都说不能修筑。但是齐之鸾“力主已议，坚不可回”。他极力坚持自己的意见，就是因为手中有“尚方宝剑”，即朝廷的批文。其他官员和士兵特别是老百姓，迫于大明朝的权势和威力，只能是“理解的执行，不理解的也要执行”，用了半年多的时间，玉泉营西关门修筑工程告竣。

永宁县西部长城被道路隔断现场

在庆祝大会的这天，王琼第一个到场祝贺。玉泉营西关门上挂的八盏大灯笼，还没等人到齐就被狂风刮飞了四个，城墙上的彩字早已在空中飞舞，上面插的五色旗也东倒西歪，有的有杆没旗。王琼还没登上城门楼，身子就被风刮得摇摇晃晃。随从嘱咐他不要说话，因为一张嘴就是一嘴沙子。

齐之鸾修筑玉泉营西关门，进一步破坏了贺兰山东麓的环境生态，加剧了这里的沙漠化进程。后人评论他只知道"政治"，不知道这一带的地理环境。明成化年间修筑的西边墙，是延贺兰山修建的，这里风很大，多是西北风，风沙朝贺兰山地区旋移的不多，故而西边墙受人为的破坏和山洪的冲刷比较严重。然而，经历 40 年以后，贺兰山东麓经过屯军和各屯堡的开发，生态植被已基本稳定，特别是西边墙朝东 20 公里的这一带，是当年昊王渠遗址，这里已有小井子、玉泉营、靖夷堡、平羌堡、杨贤堡等堡寨，玉泉营南的宁化寨、李俊堡、邵刚堡等堡寨已成为半山区半川区。在这一带再修筑西关门，引起的后果必然是"流沙又起，风沙弥漫，浑不见天"。

从贺兰山东麓各个沟口、风口刮来的黄沙在玉泉营、西关门这一带转了向，这里从此变成了风沙旋移之地。流沙像跑马似地在这里铺天盖地，但见大旋风方圆有一亩地大，一直朝天空旋转，将地上的枯枝败叶、碎石杂粪旋到空中再向四方扬落。初到这里的人远远望着，往往误以为是一个接一个的通天大烟囱。

风沙把西关门这一带塑造成一片片形状各异的沙丘。一丛丛淡黄色的沙蒿，一簇簇黑黝黝的老虎柴，一棵棵亭亭玉立的沙竹子，一团团针尖似的骆驼刺和一片片红霞般的红柳，都被明溜溜的沙子覆盖了。大大小小的沙窝头像馒头似的升起，飞禽走兽杳无踪迹，只有露出头的酸枣刺在朔风中哀鸣。每天到正午风沙才停留片刻，能听到从西关门里传出的如泣如诉的羌笛声。

还不到半年时间，玉泉营当年辉煌壮丽的西关门就大部分被流沙掩埋了。流沙有的已经爬到了关墙的头顶上，把关墙挤压得东倒西歪。关墙的大门从里边歪到了外边，门楼被风刮沙蚀，露出了铮铮骨架。屯堡里的马车缺底少帮，挽具五零二落。圈里的瘦牛伸出头来见人就叫。几个老太太坐在门槛上打哈欠，几个老头子蹲在屋檐下掰开裤腰捉虱子，几个头扎天辫的顽童围着抽打一条蜥蜴，边打边喊："沙扑扑，沙扑扑，你把沙子带进堡，还不爬到山后去，看咋扒了你的皮"。当地人叫蜥蜴为"沙扑扑"。相传，这是这里的儿童"打陀螺"的开始。当时他们打的是蜥蜴，这种动物你一抽打，它就在地上转，尾巴自动脱节，脱节的尾尖可长时间跳动。后来庄子里没有蜥蜴了，他们就用榆木削成陀螺，用鞭子抽打，称为"打老牛"。

据史料记载，西关门"踰六月而成之，成未月余，风扬沙塞，数日悉平。仍责令杨贤、平羌、邵刚、玉泉四堡，时加挑浚。然随挑随淤，人不堪其困苦。巡抚、都御史杨志学奏弃之，四堡始绥"。当地人说"插上招兵旗，就有吃粮人"，四堡寨的人去西关门只是为了混饭吃而已，谁还用力去"挑浚""清淤"呢？所以巡抚、都御史杨志学只得奏明废弃。

齐之鸾修筑西关门时，一直住在西夏时期的一座破庙里，庙门的两根柱子油漆斑驳，上面两条飞腾的龙变得模糊不清，唯有下面的石墩子花纹还是那么清晰。跪姿的两个裸女双手朝上举盘似的托顶着巨柱，双目无神，面色无光，像是她们做错了什么事，永远应受到这样的镇压。墙上的花砖失去了往日的风采，琉璃瓦、琉璃滴水、琉璃鸱吻接满了沙子。齐之鸾修玉泉营西关门以失败告终，他引咎辞职后，一个人又来到了这座破庙。他庆幸当时拿到了朝廷的批文，监察官才不敢太追究，要不然，叫他"吃不了兜着走"。夜幕降临，只听见一声声悲愤的颤音从破庙中传出："天苍苍，雁何往，心中边关是梦乡。歌声远，笛声颤，今夜不醉不还。酒喝干，自斟满，远去的岁月在眼前……"

天黑前，齐之鸾一个人悄悄地离开了这座破庙。他最后一眼望着他煞费苦心修筑的西关门。关门北面，当年士兵们栽的几排白杨树全枯死了。幸存的几棵树，树长多快沙子涌多快，明晃晃的沙子都涌到了树头的枝叶上，沙窝头像巨大的手攥住了婴儿的脖子。他叹息几声，喃喃地道："黄沙埋白骨，残生尘与土。名利一生空自老，是非千载不胜悲！"

齐之鸾，字瑞卿，安庆府桐城人，明代按察司副使，嘉靖五年以佥事都储。“负性方刚，用法明察，竟已是去官”。史书上对齐之鸾的记载很少。“诗书歌盛世，翰墨写华章”，可能是著书立说的人历来只记成功不记失败，也有“成者王侯败者贼”的原因吧。真是“生前造就千支笔，谁写孤臣一片心”。关于齐之鸾后来的事众说纷云，玉泉营的人说，他离开这里时没有一个人送行，是天黑才走的，正遇上大旋风，不知把他刮到哪里，可能叫沙子埋了。靖夷堡的人说，他一个人在破庙里饿了几天，出门后又昏头昏脑地转了向，走到虚沙子里爬不出来死的。这里的人都知道，沙子有虚的有实的，半年内形成的沙窝头，往往是虚的，踏上去沙子立马会有齐腰深。而平羌堡的人则说，他是穿了贫民服装趁天黑朝赤木口走了，他虽被罢了官，但身上带的腰牌还没上交，他是仗着腰牌过了关，朝蒙区逃了。

不论怎么样，齐之鸾也是永宁历史上的一位重要人物，他当年写的几首诗抄录在此，当作追忆吧。

将至灵州

复入人烟境，村墟鸡犬闻。
沙黄偏映日，树绿正连云。
古道流河润，高岚压虏氛。
服箱辕下犊，东饷马池军。

入夏城

髀消万里兴蹒跚，且以并州托贺兰。
城日未寒旗北影，塞风初紧雁南翰。
偏恳伪略河山负，混一皇图雨露宽。
宪节本兼休养寄，儿童竹马拜征鞍。

硖口

生犀饮河欲北渡，海月忽来首东顾。
冯夷举手挥神鞭，铁角半摧河上路。
至今夜有水泣声，罔象欷歔鬼奸露。
土人作渠灌稻田，玄灵委顺不敢怒。

将至威武堡（三首）

候物催屯种，肩舆历塞尘。
水萦三岔晓，渠动七星春。
花气酣歌鸟，荆丛翳斗鹑。
麦畦青未了，路有告饥人。

卤泛春畦白，阳回腊麦青。
山形夷夏界，渠利汉唐经。
燕早花前乳，莺迟雨后听。
客心淹冉冉，江树望冥冥。

朔气疑长闭，春深始见花。
山青横鸟道，日白闹蜂衙。
土屋耕夫墅，云烽战士家。
褰帷把残籍，不记在天涯。

平羌堡的边塞诗

在永宁的历史上，留下了创业者的足迹，也留下了他们用心血凝成的壮丽诗篇。这些诗篇多是描写贺兰山、赤木口、平羌堡、玉泉营的，也有描述唐徕渠、汉延渠及当地风物的。可惜大多早已失传，有的有题目没有内容，有的有书目但查无此书。明嘉靖年间佥事孟霦主编的《观赤木口诗》，提学副使刘思唐主编的《筹边录》均已失传，仅有两篇序文遗存。翻阅故人留下的诗句，字里行间透出他们的悠悠情思。他们的向往和志趣，他们的追求和信念，仍激励着今天的文学新人奋发向上，积极进取。

他们的诗赋不是一般意义上的"有感而发"，而是对生活长期的深入观察，从感性到理性的认识，是厚积而薄发的喷涌，是心灵深处血液的流淌，表达了作者对壮丽山河的无限热爱，对劳动者的深情厚谊。这些诗文创作用词考究，对仗工整，像涓涓细流，似江河澎湃，寓意深刻，言之有物，字字珠玑，掷地有声。诗词中对典故的运用，奇思妙想，意韵深远。

平羌堡西边的贺兰山

查阅史料，发现这些歌词诗赋的主要来源地或创作地大多都与平羌堡及其一带有关，这与平羌堡当时的地理位置密不可分。平羌堡位于永宁县西部山区，是西夏时形成的多民族聚集地。元代蒙古军占领这里后，平定了党项羌，建立了平羌堡。平羌堡的南面是军事要塞玉泉营西关门，西北面是贺兰山天险赤木关，东边沿贺兰山洪积扇一带是宁化寨（今李俊镇宁化村）、靖夷堡（今增岗乡靖益村）、小东方（今增岗乡金星村）等堡寨、村庄。平羌堡东头的沙漠和农田之间，便是此地闻名遐迩的海子湖。海子湖的龙王庙，经常香客不断，庙会和宗教活动，使这里众多少数民族皈依了道教、佛教，也促进了宗教文化的发展。

贺兰山东麓的平羌堡遗址

平羌堡一带属贺兰山东麓，自古以来是北狄、西戎、猃狁、鞑靼、羌浑等民族的游牧、驻牧之地。宋代西夏时，李元昊开凿了昊王渠，这里的水草开始丰盛，游牧民族逐渐由游牧向定居过渡，平羌堡逐渐形成规模。元军占领这里后，在平羌堡实行军户制。所谓“军户”，就是父死子继，世代为兵。军士也多娶军户的女儿为妻，平羌堡成为元代军士家属居住的地方，即“男服兵役，女眷耕织”。明军占领这里后，虽然取消了军户制，实行募兵制，但平羌堡仍然是募集兵源的主要堡寨之一。明军规定，军士家属不准在军营居住，所以平羌堡成了军队家属的居住地。这里从此成为“土屋耕夫野，云峰战士家”。

平羌堡军士家属增多，与玉泉营驻军逐年增多有关。明代初，玉泉营设游击署，由游击将军带兵镇守。这些游击署的将领，无论是家在本地的，或家在外地的，大多带有家属，而家属多在平羌堡居住。在平羌堡居住的军人家属还有南路邵刚堡、临近卫所、领班指挥等，平时到玉泉营巡视边防的军官也在平羌堡吃住招持。

明嘉靖十年（1531 年），在玉泉营修筑西门关，玉泉营游击署裁撤，成立了玉泉营守备署。明万历十年（1582 年）十一月二十二日，灵州参将移驻横城营，副总兵统兵 2000 人移驻玉泉营，与广武营游击署首尾相连，将玉泉营守备署裁撤，改由副总兵、副将直接驻守，提高了玉泉营的军事地位。《明实录神宗实录》卷二百八十三记载："移副将以守玉泉，盖玉泉乃宁镇迤西极冲，先虽改设游击，而军马无多，议将镇城副将移驻，增募兵马二千，以备防守应援"。从此，平羌堡的住军家属更多了。

这就是这些诗赋多出自平羌堡一带，而又是多描写军人生活的原因之一，这些诗人也被后人称之为永宁的"边塞诗人"。因为他们的家属多住在平羌堡，军人多来往于平羌堡，诗文爱好者便"以诗会友"，互相赠送。加之杨守礼、孟霦、刘思唐等军官带头撰写，形成了当时诗歌创作的热潮，在永宁县的历史上留下了璀璨的一页。

平羌堡一带诗赋创作兴起的另一个原因，与平羌堡的历史文化积淀有关。平羌堡是永宁县西部山区建立最早的堡寨之一。当时称平胡堡，宋代西夏时建立，同时建立的还有黄羊滩(一棵树处)、玉泉营、小井子、大井子、芦草洼、旱草洼等十几个屯庄。西夏后期，由于天灾人祸，不少屯庄搬离，居民逃逸。元代初期，蒙古军"血洗党项羌"，各屯点居民大部分"人走房空"，有的逃往他乡，有的从此融入汉族。沿续下来的只有平羌堡，后来成为元代的"军户庄"，其次是玉泉营，因为历代有驻军。

明代的平羌堡规模较大，建有城池，城墙有东西南北四道城门，城墙四周筑有四米多深的沟壕。居民大多住在城内，城周围是不断开垦的家属屯庄。明代先在平羌堡置"操守"，后来设"把总"。操守是流动岗哨和固定岗哨，领头的称"操守"；把总是一拨执勤的队兵，领头的称"把总"，均系玉泉营游击署管辖的军事基层组织。平羌堡把总署设在城内，火器局设在城内，大教场设在城外。这里的士兵和家属来来往往，送旧迎新的官员你进他出，十分热闹。

明嘉靖十八年(1539年)，杨守礼任宁夏右副都御史，他到玉泉营巡抚，夜宿平羌堡，写下了《宿平羌堡》一诗，被这里的军民传颂：

驻节平羌堡，残霞入照多。
寒烟浮土屋，衰草藉山阿。
立马传新令，张灯奏凯歌。
明朝应出塞，鞶鼓万声和。

诗的前几句描写了平羌堡残霞入照、寒烟浮屋、衰草漫地的景色，后几句则写他在平羌堡发号施令的威严，欢庆胜利的喜悦。预言再出战时，一定大获全胜。佥事孟霦原籍山西泽州，他“明敏廉洁，有不吐刚茹柔之风。督储多方，师行有赖。宪台清肃，边人贴然。诗得上乘法”。他的家属住在平羌堡，他巡视了军事防务后，夜里住在平羌堡，他记录了自己的所见所闻，写了首《奉和宿平羌堡》：

山城屯虎旅，日暮觉寒多。
荒草连河浦，惊沙暗岫阿。
遥临百战地，坐对一樽歌。
虏已寒心胆，横戈未许和。

此诗说明，平羌堡周围屯田的军士已成为“虎旅”，但是不少地方仍然是“惊沙”和“荒草”。坐在平羌堡，“遥临”当年打过百次仗的战场，心潮起伏，浮想联翩。如今胡虏已“寒心胆”，再不敢来犯了，明军将士斗志勇猛，不许胡虏前来谈和。

宁夏镇副总兵官陶希皋经常来到玉泉营视察军情，他的家属在宁夏城(今银川老城)居住，他巡视完军务关防后，多住在平羌堡，成为平羌堡为数不多的“夜宿高官”。陶希皋“虽戎务倥偬，而吟咏不废”，他来到平羌堡，急忙把途中的见闻纂成一首《奉和途中口占》：

中丞仗钺行边日，十月驱兵度贺兰。
猿鸟喜迎霜节驻，山灵应作故人看。
高城击坼千岩应，绝徼观风四境安。
战士感恩如挟纩，朝来那复觉祁寒。

从诗中可以看出，陶希皋来平羌堡时，正是农历十月。他是带兵到贺兰山视察路过而来，贺兰山里已是白霜满地，耳听鹰鸣山谷，眼前猿猴在树枝上跳跃。因为有了贺兰山天堑，蒙古兵不敢再来犯境，赤木口、西边墙、西关门使得“四境安宁”，士兵见到陶希皋，都“感恩”他的实边功绩。陶希皋写完这首诗后，随从急忙呈给陪同官员传阅。陶希皋夜宿平羌堡，又写了首《奉和宿平羌堡》：

绝塞人烟少，孤城雨雪多。
军声传朔漠，杀气满山阿。
戎虏行诛殄，闾闫自咏歌。
单于新败后，闻道欲永和。

不但这首诗，其他诗中也多次透出蒙古军求和的信息。由于陶希皋副总兵亲临贺兰山，大明军又打了一次大胜仗，只听“军声传朔漠，杀气满山阿”，战败后的蒙古军首领“欲永和”。

玉泉营游击傅钟，随陶希皋而来，他原籍陕北延绥，是都指挥，前副总兵傅钊之弟。弘治十三年（1500 年）协守，嘉靖十八年（1539 年）充任游击将军。他“沈毅有略，词翰兼善。好文谦己，谙练边务”。傅铎，傅钊大弟，嘉靖元年（1522 年）以都指挥协守，两月后，升任偏头关（地名）镇守，他“词翰兼优”。傅钟是傅钊的二弟。兄弟三人被称为“傅氏三虎”，其家世代居住平羌堡。傅钟也写了一首《奉和宿平羌堡》：

荒城聊驻马，寒夜柝声多。
斜月悬松际，疎烟上岫阿。
屯兵收鼓角，对酒听笙歌。
德政移边俗，兰山气色和。

诗中写的是当年平羌堡的实景实物。这座荒凉的平羌堡，村边拴着战马，说明又有军士回来了。入夜能听到哨兵打梆子报平安的声音。一弯新月挂在村头的松树梢上，村子里的炊烟袅袅升起，村外的屯军吹响了收

塞上景观——贺兰晴雪

工的号角,一家人对酒当歌,羌笛声声。平羌堡是边界地区,这里住的民族各有各的风俗习惯,因为住的时间长了,“渐染华风”,移风易俗,这是边防实行“德政”的结果。就连往日峥嵘的贺兰山,气色也变得柔和起来。

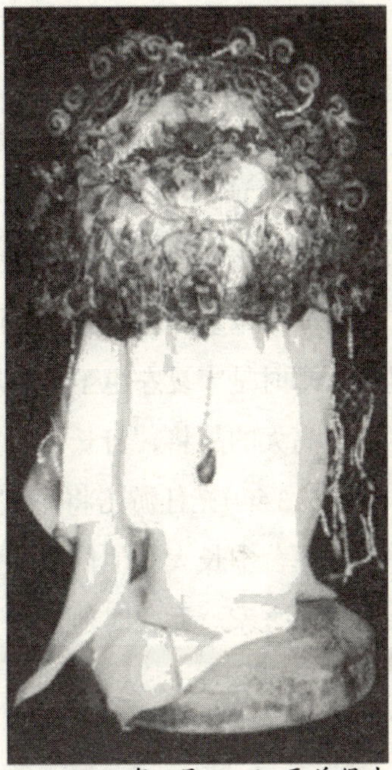
1972年4月26日,平羌堡出土的清代凤冠

左参议潘九龄创作的诗赋很多,他夜宿平羌堡,稍加思索便成诗一首《奉和宿平羌堡》:

野色寒犹浅,烟光暮渐多。
孤云飞树杪,斜日下城阿。
马首敲佳句,尊前听雅歌。
山村无夜警,地利更人和。

潘九龄驻在永宁西部的大井子、小井子屯区,当时又称“双溪”,他的家属在平羌堡居住,他回到平羌堡,便是回到了家里。诗中描绘了平羌堡暮色苍茫的晚景,这是一幅“征人梦中小村庄”的水墨画,含蓄深沉而扣人心扉。他们戍边那么忙,还骑在马上酝酿诗句,边行军边“推敲”,可谓“三年得两句,一吟双泪流”。他回家后和家人一起喝酒,一起聆听边塞美妙的、高雅的歌韵,一起观赏各民族各具特色的舞姿,对“山村无夜警,地利人更和”大加赞誉,字里行间暗暗透出对“征战”的厌烦。

刘思唐是提学副使,是位军中的文官。他是明嘉靖十一年(1532年)壬辰状元林大辂榜唯一的一名。先后在青海、宁夏供职,他写了首《奉和宿平羌堡》:

十月胡霜满,边声出塞多。
旌旗明夕照,笳鼓振岩阿。
已见三军饱,仍闻一范歌。
行当靖沙漠,羌虏莫言和。

从刘思唐诗中的时间来看，是农历十月。他随副总兵陶希皋来的，两人的诗中都有“十月”，都写了平羌堡“秋霜满天”的景色。地上、山上、树上都落满了白花花的霜，鲜红的旗帜在银白色中舞动，太阳映霜反射出缤纷的色彩，好一幅北国风光。此时，军士们都已吃饱了饭，只听到从军营里传来一阵阵歌声和操练声。诗的后两句表达了作者“不言和”的坚决立场，“奉和宿平羌堡”，是要求边防将士“以和为贵”，但对胡虏来说，则是永远都不与他们“言和”。

郑时是宁夏左屯卫人，明嘉靖十年(1531年)，以都指挥膺荐游击将军。是一员身材高大的战将，“身长七尺，勇敌百夫”。他的父亲郑廉，是左屯卫指挥，明正德八年(1513年)充任游击将军，“用兵有方，临敌无惴”。郑廉教子有方，郑时从小跟随父亲在军营中长大。他们虽在宁夏城居住，但老家原在平羌堡，郑廉祖上就是平羌堡的军户之家。元代时他家男丁世代从军于蒙，明代时虽取消了军户制，但他家仍世代当兵，只不过是从明军而已。郑时夜宿平羌堡，写了首《奉和宿平羌堡》：

寒天晴景短，荒塞野烟多。
霜气勍繁弱，星文耀太阿。
裁灯赓雅咏，把酒听高歌。
欲剿穷庐尽，谁容暂乞和。

冬天本来就是日短夜长，再加上平羌堡的风沙，太阳照的时间就更短了，“荒塞野烟多”反映出作者世代征战的惆怅。“谁容暂乞和”又提出了胡虏要求暂时停战，这个问题在许多“边塞诗”中都提出过。实际上，对连年征战不满的主要是边塞平贫民和士兵，不只是“胡虏”一方。

除了有赤木口、平羌堡的词赋外，还有贺兰山的有关诗句。贺兰山岿然屹立于永宁县境西部，是永宁县的天然屏障，是历代兵家的必争之地。贺兰山雄伟的气势和傲耸苍穹的秀丽风姿，为文人墨客敬仰。弘农王嘉斋在《贺兰晴雪》中写道：

贺兰西望矗长空，天界华夷势更雄。

岩际云开青益显，峰头寒重雪难融。
清光绚玉冲虚白，秀色拖岚映夕红。
胜概朔方真第一，徘徊把酒兴无穷。

诗中说，贺兰山作为“华夷”分界线，是天造地就，贺兰山天险是朔方第一，夕阳中的贺兰山景色美不胜收，这首诗是赞美贺兰的佳作之一，千古流传。

大学士金幼孜在《出郊观猎至贺兰山》中写道：

贺兰之山五百里，极目长空高插天。
断峰迤逦烟云阔，古塞微茫紫翠连。
野旷旌旗明晓日，风高鹰隼下长川。
昔年僭伪俱尘土，犹有荒阡在目前。

诗中描写了从平羌堡眺望“贺兰山五百里”的壮观景色，特别点出了边关旌旗晓日、雄鹰展翅翱翔的大漠风光，回忆了平羌堡的今昔。

郎中徐建在《望贺兰山》中写道：

华夷天险有斯峰，万仞巍巍障碧空。
芳草绿杨新塞堡，野花黄蝶旧离宫。
裔裾地古千年镇，唐汉渠分一水通。
几度政余闲眺处，翠屏高照夕阳红。

这首诗是郎中徐建站在平羌堡观望贺兰山时写的诗。诗中的“新塞堡”是指平羌堡周围新开辟的屯庄；“旧离宫”是指西夏陵的双王坟；千年镇是指弘静镇（今望洪堡），诗中描述了历史的演变和苍桑。

清乾隆三年十一月二十四日（1739 年 1 月 3 日），平羌堡城因地震倾塌。乾隆五年（1740 年）重修，共费帑银 8418 两。民国 9 年（1920 年）12 月 16 日，海原地震，平羌堡古城毁坏，人员、牲畜有死亡。民国10年（1921年），镇守使马鸿宾又重加修葺，“益壮观瞻”。20世纪50年代初，平羌堡城墙、城门的遗址还很完整，后来因周边单位、居民取土用土，平羌堡古城逐渐消失，只剩下夯筑遗址和几段挖不动、搬不走的坚硬土墙。民国初年，平羌堡按谐音更名为平吉堡。

1972年4月26日，平羌堡汉墓出土了一批重要文物，其中有汉代的陶屯4件，清代的凤冠1件，还有玉板、玉如意、金钗、金手镯等，对研究平羌堡的历史、文化、军事提供了科学依据，使平羌堡这座被沙漠吞噬的古城，更加清晰地展现在人们面前。

明代的堡寨

明代是中国古代屯田史上最发达的时期。早在明代初期，就在宁夏开始大兴屯田之举。明洪武三年(1370年)，河州卫指挥使宁正兼领宁夏卫事，率军民“修筑汉、唐旧渠，引河水溉田，开屯田数万顷，兵饶足”。

明代洪武七年(1374年)，朝廷制定了屯田法，规定卫所军屯，“边地三分守城，七分屯种；内地二分守城，八分耕种”。明代屯田法的颁布和实施，不但有效地解决了军队的给养问题，减轻了地方的负担，也为地方的经济发展注入了活力。永宁县如今的堡寨，就是在此期间，先后建立起来的。这些堡寨虽经多年的历史沧桑已荡然无存，但当年的堡寨名被当作地名沿用至今。

永宁县引黄灌区

明洪武九年（1376年）成立宁夏卫，“徙五方之人实之”，开始大规模屯田。除军屯之外，尚有民屯，军屯、民屯相继发展。屯田的基层组织是“屯”，每屯100户，为防御鞑靼攻掠，由若干屯组成堡。明洪武十三年(1380年)，以军屯为主，每屯筑堡以居。在4个至7个小堡适中地址，筑大堡1处，环以土城，围以濠堑，屯粮、牲畜和财产于堡内，还设有警卫，固守人、畜。

明洪武二十五年（1392 年），明太祖采纳户部尚书赵勉的建议，“命天下卫所军卒自今以十之七屯种，十之三守城，务尽力开垦，以足军食”。宁夏屯田全面展开，戍卒中从事屯田者称为屯军，每人耕田 50 亩，粮食全部上交。

明正统二年（1437 年），军屯“仓储充溢，有军卫者足支 10 年，镒以积久陈腐可惜，以给春夏军月饷，不复折钞”。可见，军屯带来的不但是粮食自给自足，而且还有余粮，部分粮食因存放的时间过长而“陈腐”，只得发给军士当春夏月饷。

明洪武至永乐年间，宁夏军人屯田达 8327 顷。出现了“田开沃野千渠润，屯列平原百井稠”的江南风光。

永宁屯田史，起于秦汉时期。从秦代的蒙恬到汉代的冯参，他们在屯田史上留下了光辉的一页。

河西寨，西汉冯参将军任农都尉主管屯田，建筑上河城（今上河村、下河村东处）。此地西汉时称上河城，后称汉城、河西寨，明代成化二年（1466 年）四月二十三日，“改筑宁夏河西寨于高阜之地，以旧城为河水冲决故也。”因此，河西寨迁筑在上河、下河村东处，属宁夏卫。

张政堡，西汉冯参将军任农都尉主管屯田，建筑北典农城（今掌政洼路村）。后称饮汉城、吕城，明代时称张政堡，以堡长张政之名命名，属宁夏左屯卫。

张政画像

邵刚堡，西汉冯参将军任农都尉主管屯田，建筑南典农城（今邵岗村）。后称胡城、灵武，明代时称邵刚堡，以堡长邵刚之名命名，属宁夏左屯卫。

王弘堡，北魏时建弘静镇，筑刁公城，后称薄骨律镇仓城。隋朝设弘静县，唐朝改为安静县、保静县，五代时废县为镇。北宋初复设保静县，后改为镇。明代时筑王弘堡（今望洪镇），以堡长王弘之名命名，后人写为王鋐、望鸿、王红等，1960 年后按谐音改为望洪，属宁夏卫十一堡寨之一。

魏信堡，北魏时建立的屯区，址在今永宁县东魏村、西魏村。明代在此设魏信堡，属宁夏左屯卫。

平胡堡，宋代西夏时在今平吉堡西北设平胡堡，蒙古军灭西夏后平胡堡荒废，明代时在此地复设平胡堡，安置戍边军士及其家属屯驻，属宁夏右屯卫，领屯堡一十八。平胡堡建立后一年，也就是嘉靖十三年(1534 年)，杨学志又修筑平胡堡墩。平胡堡先后改为丰乐堡、丰盈堡，先后属宁朔县、永宁县管辖。平胡堡原址在今平伏桥小学附近，这里出土的古代大青砖等便是历史见证。

靖虏堡，宋代西夏时在今玉泉营农场西设靖虏堡，主要安置蒙古军俘虏和蒙古牧民。蒙古军灭西夏后靖虏堡荒废，明代时在此地复设靖虏堡，安置戍边军士及其家属屯驻，属宁夏右屯卫。

平羌堡，宋代时为西夏民族部落驻地，蒙古军灭西夏后在此处设立平羌堡，即平定党项羌后建立的堡寨。这里是通往贺兰山赤木关的门户，明嘉靖十五年(1536 年)，由宁夏巡抚张文魁和总兵官王效督建，当时宁夏的军政要员经常到此巡视，夜宿堡内，饮酒赋诗。明代属宁夏右屯卫所领十八堡寨之一。民国初年按谐音改名为平吉堡，1956 年 9 月，永宁县在此建立永华乡。后因此地农民大部返回陕西华阴县或迁往陶乐县，未能成立人民公社，故 1958 年 12 月，永华乡建制撤销，划归银川市管辖，1960 年成立了国营平吉堡农场。1962 年，农场引进 174 头荷斯坦奶牛，建立了平吉堡奶牛场。

靖夷堡，宋代西夏时建立的堡寨，主要安置“夷族”，即少数民族居住屯垦，明末靖夷堡建文昌阁，属宁夏右屯卫。民国初按谐音改名为靖益堡(今永宁县靖益村)。

以上堡寨，均属宋代西夏就屯驻开发的堡寨，其中有平胡堡、靖虏堡两个堡寨元代荒废，明代在原址上又重新屯驻开发。平胡堡、靖虏堡、平羌堡当时属于山区堡寨，邵刚堡、靖夷堡当时属于半山区半川区堡寨。山区建筑堡寨，往往是因为有重要的军事地位。军士驻守长城边关，在邻近地屯垦，方便耕作，不误守边，供给便利。可见，明代以前建堡寨，主要目的是为了防务。明代川区建筑的堡寨有河西寨、张政堡、王弘堡、魏信堡等，也是为了给军士筹集粮草，解决军需供应问题。明代建立堡寨，大多是为了安置流民及军士家属屯垦，特别在川区，堡寨如雨后春笋，遍地开花，谱写了引黄灌区农业开发的新篇章。

李俊堡，是李俊镇守的堡寨（今永宁县李俊镇）。李俊，平羌堡人，宁夏镇都督同知，明弘治四年（1506 年）镇守，弘治六年（1508 年）任宁夏镇总兵官，弘治十一年（1511 年）屯筑李俊堡。后人以其名作地名，称李俊堡，属宁夏左屯卫。

李祥画像

李祥堡，是李祥镇守的堡寨（今永宁县立强村）。李祥，甘肃平凉人。历任游击将军、镇守、都督同知、副总兵官、总兵官。明弘治十四年（1501 年）十月十一日，鞑靼酋小王子等从花马池侵入固原等地，佥事朱晕领都督马仪并游击张雄、李祥统兵前往，抗鞑靼获胜。明弘治十七年（1504 年）五月十三日，升分守凉州右副总兵都指挥李祥为署都督指挥佥事，挂征西将军印，充总兵官镇守宁夏。明弘治十八年（1505 年）三月二十二日，鞑靼围灵州不克，总兵官李祥督诸军，斩首鞑靼兵 32 人，获战马 64 匹，追回被虏男女 11 人，驼马驴骡牛羊 3694 只，李祥等各赏钞 1000 贯。九月，总兵官李祥领兵 4800 人守宁夏城。十月十六日，李祥在石沟儿（今贺兰山大风沟）与鞑靼军作战受挫，罚米 200 石。史书评价李祥“勇于克敌，身先士卒，有骁将风”。明正德四年（1509 年）闰九月，李祥“以疾谢事”，将家眷从凉州（今平凉）接来，屯筑李祥堡。明正德十三年（1518 年）六月，李祥卒。后人以其名作地名，称为李祥堡。后按谐音改为立强村，属宁夏卫。

王泰堡，是王泰镇守的堡寨（今王太村）。王泰，甘肃洪水人，宁夏左屯卫指挥使，以军功升都督佥事。明弘治十四年（1501 年），任固原领兵游击将军，代任宁夏中路游击将军。八月二十二日，宁夏总兵官率部拒鞑靼兵于盐池等地，王泰亲自参

今日杨和镇

加战斗。先后斩首鞑靼20人，擒20人，获战马59匹，追回所掠人口12人，驼牛羊1900余只。都指挥王泰身先士卒，兵寡不敌，死于镝，殃于阵，忠勇可嘉。朝廷令兵部谕宁夏镇、巡等官致祭，仍厚恤其家。明弘治十五年(1502年)四月九日，朝廷兵部命陕西都司已故都指挥佥事王泰之子王通袭宁夏屯卫指挥使。明弘治十六年(1503年)五月，王通升指挥佥事。王泰屯筑的王泰堡，后人按谐音改为王太村，明代属宁夏卫。

杨和堡，杨和镇守的堡寨(今杨和镇)。杨和，甘肃庆阳卫人，明嘉靖七年(1528年)，分守宁夏卫，屯筑杨和堡，官署都指挥佥事，同年十月七日，命分守宁夏西路参将。杨和任参将时，每发岁俸银39两3钱3分6厘，养廉银500两。永宁县杨和镇有几个姓杨的大族，他们都说是杨和的后裔，说得头头是道。杨和其人在史书上记载得太少了，“明嘉靖年间，杨和屯筑杨和堡”，后人以其名作地名。民国和新中国成立后的一段时间将杨和书写为养和，1982年地名普查时又恢复原地名杨和。杨和堡，明代属宁夏卫。

唐铎堡，唐代在此设铎，即宣布政教法令时或有战事时用的地方。唐代后历代都在此设铎驿，即传递文书的人中途休息的地方，也称唐铎驿站。明代时在这里设唐铎堡(今永宁县唐铎村)，属宁夏左屯卫。

宋澄堡，宋代这里有座类似水库形的大坑，引唐徕渠水后供人畜饮用。西夏时这里有屯庄，元代时屯庄废，成为驻牧之地。明洪武九年(1376年)“迁各方之人”来此筑堡定居屯田，建宋澄堡(今永宁县宋澄村)。宋澄堡原有寨墙高筑，庙宇宏伟，十分壮观。整个堡子南北长500米，东西宽450米，由寨墙围成，开东西两个寨门，寨墙底基宽6米，高5米，顶部宽2.5米。每面寨墙有一个寨垛子，南北寨垛子上各置一个雷神台，遥相呼应。堡寨内有文昌阁、安公台，堡寨外有娘娘庙、牛王庙等。明代宋澄堡属宁夏前卫。

僧刚堡，明正统九年(1444年)三月十六日，改设陕西都司宁夏卫僧会司为僧刚司，置都刚、副都刚各1员，“以番僧耳布奏僧徒数多也”，也称僧道司。明景泰三年(1452年)六月二十八日，陕西宁夏卫“番僧刚司副都刚勺思吉坚朝贡马，赠僧衣、彩缎、钞有差”。宁夏卫设汉僧刚司、番僧刚司，管理以西番族和以东汉族，副都司屯筑僧刚堡。明代设的僧刚堡，传以守将曾刚得名，惜考证无果，属宁夏左屯卫。清代僧刚堡为宁朔县二十三堡寨之一，民国后规范书写为增岗(今永宁县增岗村)。

永宁县仁存渡口的黄河摆渡

任春堡，黄河自南向北流经永宁县，全长32.5公里，任春堡境内河面宽阔而水流平稳。黄河任春渡口自古以来就是宁夏著名的客运、货运渡口。北魏时薄骨律镇仓城(刁公城)的将领刁雍在这里开创了河运，自此以后，黄河岸边有很多渡口。任春渡口的地名来源，始于明代，是黄河西岸有位名叫任春的船工开办的，所以后人都叫这个渡口是任春渡，后来按谐音书写规范为仁存(今永宁县仁存乡)。明代任春在任春渡口之西建筑了任春堡，以第一任堡长任春之名命名，此地名流传至今，任春堡，属宁夏卫。

杨贤堡，是杨贤镇守的堡寨(今永宁县杨显村)。杨贤，宁夏前卫人，宁夏前卫所镇抚，历升都督佥事，充任副总兵官，镇守山西。明正德五年(1510年)五月十二日，副总兵杨贤以警出屯杨贤堡。明正德九年(1514年)十二月四日，命宁夏前卫指挥同知杨贤守备宁夏城以南的地方。明正德十一年(1516年)八月二十五日，命指挥同知杨贤协守宁夏东路兴武营。明正德十二年(1517年)二月十六日，升指挥同知杨贤署都指挥佥事，充右参将分守宁夏西路。明正德十三年(1518年)一月二十六日，调宁夏西路右参将杨贤分守东路地方。历任山西镇守。杨贤一生南征北战，留下了许多可歌可泣的故事。

玉泉堡，是明代“杨显、平羌、邵刚、玉泉四堡”之一，地理位置在今贺兰山灵武

明代玉泉营(今国营玉泉营农场)遗址

明代玉泉营守士画像

口附近。相传当初这里有3个泉眼,每个泉眼里有条龙。据明太祖朱元璋的第十六子庆王朱栴梦记:“此西去不三舍,信有莎罗模山。山下有三泉涌出,雷鸣电迅,莹绿澄清,其深叵测,而为莎罗模、祈答剌模、失哈剌模三龙之蛰窟。”后来两眼泉干涸,只剩一眼,人称“一碗泉”,因明代在这里驻军,人称此地“玉泉营”,在今国营玉泉营农场西南。

玉泉堡、杨贤堡明嘉靖十年(1531年)史书上就载有其名:因玉泉营西关门“踰六月而成之,成未月余,风扬沙塞,数日悉平。仍责令杨贤、平羌、邵刚、玉泉四堡,时加挑浚。然随挑随淤,人不堪其困苦。巡抚、都御史杨志学奏弃之,四堡始绥”。风沙不仅将刚建成不久的玉泉营西关门夷为平地,还肆无忌惮地硬逼迫杨贤堡搬迁。

杨贤屯筑杨贤堡,是在贺兰山东麓,今黄羊滩农场西北“二十里”墩处,当地人称杨贤墩。当时的杨贤墩处驻有屯军和贫民,边贸繁荣,后来发展成为一座城堡。城堡面积1.5平方公里,有土筑城墙,留有东西南北4道城门。后来杨贤调任山西镇守,城堡因流沙、山洪危害,逐渐荒废,被流沙掩埋。明天启年间,杨贤堡居住的杨氏族人等搬迁杨贤堡,将堡子建筑在大墩洼处。20世纪50年代初,大墩洼处还留有城堡遗址,后来被流沙覆盖,当地人称这里是杨贤城。清道光年间,流沙肆虐,黄河东移,杨贤堡又迁至唐徕渠西侧,今杨显村处。民国初,杨贤堡又被流沙侵袭，名存实亡。新中国成立初，这里还是沙窝头延绵不断，人民群众营造了西部防沙林，阻止了流沙，开始了“人进沙退”的新时期，发动周边生产队拉沙窝头垫圈、用沙窝头铺垫低洼田，最终消灭了这里的沙窝头。后人仍叫这里是杨贤堡，只不过按谐音将杨贤改为杨显。

杨贤堡的三处遗址，都基本上是在朝东北的一条线上，这里是贺兰山“风沙之口”，当地也叫“风路”，当时由于连年征战，草树皆毁，“沙进人退”，杨贤堡“三迁”也成为必然。“杨贤堡三迁因流沙”的故事，表现出当地先民不屈不挠的顽强精神，也说明了当地环境的恶劣。不过，明代并没有放弃这个堡子，而是通过搬迁，使杨贤堡继续存在，说明明代对屯堡的重视。杨贤堡，明代属宁夏右屯卫。

明代前期建筑的堡寨还有宁化寨（今宁化村）、王铨堡（今旺全村）、杨信堡（今杨贤村南）等。筑堡寨一般都是在四五个村庄之内，选择一处水草丰富的村庄建筑堡寨，四周筑二丈高的土墙，墙外挖掘宽一丈五尺、深七尺的壕沟。每座堡寨开东西南北 4 座门，大的堡寨开 8 座门，架设吊桥以方便出入。把没有围墙的村庄的辎重粮食全部集中管在堡寨内。平时村民仍住在各自的村子耕种放牧，有敌情时把牛羊赶进堡寨固守以待援兵，这样蒙古人来侵也抢不到物品。

那么，永宁县为什么“明代堡寨遍布山川”呢？这与明朝把军屯民垦当做大事来抓有关。明代的张链在给朝廷的《屯田议》中写道：

> 自古英贤之君、奇智之士，当诸侯割据、华夏分争时代，以师行而粮从。馈运不继，相其临戎广野，使戍卒率耕稼其间。耕而有获，以十一二输官，以十八九自赡。由来以为良法美意者，屯田是也。
>
> 赵充国以二羌反叛，广田金城，期年之间，使先零坐毙；曹操以征伐四方，屯田许下，垦荒积谷，无远运之劳；诸葛亮与魏将严拒，乃从容渭滨，分兵屯田，司马懿畏而敛避；邓艾与吴为邻，开河渠灌田，通于江淮，大为伐吴之资。嗣是历世因之，其法寖备，其利寖溥。
>
> 于今强敌陆梁，非兵无以御敌，非粮无以养兵。百计集兵，千

方足食，而独不及屯田者，何也？

我太祖体国经野，屯田遍天下，而西北边最多。开屯之例，军以十分为率，以七分守城，三分屯种。垦田之令，边方闲田许军民开种，永不起科。限亩输租蓄者为额内之田，不起科者为额外之田。然法久弊生，弊久法尽。瘠田荒芜不治，腴田为豪强兼并，为官校侵夺，为巧慧移丘易亩。汩没于田，混乱于籍。征输徒有其名，刍粟不为国用。

至于招商开市，责令募兵垦田，保伍屯聚，视功力给牒，予盐酬值。初时上下同利，今复为弊商蛊坏，泥而不行。然经界在田中，开列在纸上，非高远难行之事，无幽隐不可究之理。但求忧国敏事之臣，专任责成，待以不次之位，其规划措置一事，听其自为。直以期年为限，使田额如旧，课程如旧，无占种影射包赔如旧。随处有田，随处行师。刍粮如峙，内省帑运，外省民输。有卒徒将领以足兵，有沟洫陇畛以助险，有树艺园林以护耕。转盼之间，变荒碛为丰壤，易流莩而乐康阜。裕民足国，未有善于此者。

昔唐德宗问李泌复府兵之策，以兵多食少，欲减京西戍兵。泌请发左藏积缯，因党项易牛，铸农器，籴麦种，分赐缘边军镇，夏秋耕荒田而种之。沃土久荒，收入必多。戍卒获利，则愿耕者众。既因田致富，则不思归。及戍期将满，下令有愿留者，即以所开田为永业。家人愿来者，本贯给食而遣之。是后收入既腆，耕者愿留，家人愿来，变关中之疲敝为富强。

泌之一言，即日行之，如彼其速；即年获效，如彼其厚。矧在今日，大修屯政，简付得人。今年举之，则明年报功，决食其利矣。

其他筹边远略，十百千万，无如此事为急务也。

从张链给朝廷的《屯田议》中可以看出，“兵马未到，粮草先行”，历代如此。但如果军队屯田，则可省运省征，减轻老百姓的负担。赵国屯田金城而使强羌首领先零坐毙，曹操屯军百万，威震一方。明代规定戍边屯垦的军民开荒不收田赋，三分士兵守城，七分士兵耕作，使得国内“随处有田”，发展植树造林以护田，使荒芜的土地获得了大丰收。《屯田议》中还列举了唐德宗年间的屯田事例：把党项族的兵器都收了来铸造农器，发展耕作。屯军到了服役期不愿回家，愿留下继续耕种农田，有的把家属接了来一起耕种。这就是为什么“明代堡寨遍布山川”了。

征战、屯垦、创业，给永宁县留下了鲜明的印记。昔日飞沙走石之地，如今绿野平畴，莺飞草长，锦绣如画，林茂粮丰。寻访古战场，回顾历史的脚步，凭吊历史人物，追怀历史故事，探求地理形势，验证记载，昨日金戈铁马的古战场，已不见战尘滚滚的硝烟，“回首贺兰青矗矗，黄河依旧绕东行”，留下的是可歌可泣、可悲可叹的动人故事和优美传说。

地名是历史的传承，是连续历史的纽带，蕴含着很深的历史文化。随着历史的变迁，当年所筑的堡寨如今也只有遗址，镇守堡寨的将领也已成为传说、故事，唯有他们的名字都当作地名，沿用至今，只不过有的按谐音更改罢了。

观桥柳色与鹤泉传说

官桥的名字起源于宋代西夏时期，直到民国年间，官桥南面又有一座桥，当地人称原官桥为大官桥，南面不远的桥为小官桥。历史上这里是南北交通要道，是官员送行离别的地方，当时还有亭子，曾被列为西夏八景之一。明代《宣德宁夏志》中，“官桥柳色”被列为宁夏十景之一。清代《乾隆宁夏府志》中被列为宁夏八景之一。民国时，大官桥因王泰堡马公馆来往的官员很多，动辄就将桥路戒严，禁止人、畜、车辆通行，当地老百姓又称为“当官的桥”，马鸿逵听到后，下令改名为“达观桥”，为庆祝抗战胜利，马鸿逵将达观桥更名为胜利桥，今永宁县胜利乡地名源于此。但是当地人仍称为大官桥、小官桥。新中国成立后，大官桥更名为大观桥。在此设永丰大队，1982 年 5 月 1 日，永丰大队更名为观桥大队。

官桥柳色

明代庆靖王朱栴，于洪武三十一年（1398 年）从韦州来到宁夏，他观游了引黄灌区的美丽景色，描写了“西夏八景”，其中在《官桥柳色》中写道：

桥北桥南千百树，绿烟金穗映清流。
青闺娟眼窥人过，翠染柔丝带雨稠。
没幸章台成别恨，有情灞岸管离愁。
塞垣多少思归客，留着长条赠远游。

从诗中我们可以得知，“官桥柳色”宋代时就被当做“西夏八景”之一。而到了明代，这里更是繁荣富庶之地。当地人“折柳”送别的习俗由来已久，从此诗中可以得知，最迟这种习俗开始于明代，故诗中有“留着长条赠远游”之说。从此，“官桥柳色”被后人吟诵不断。

明代屯筑堡寨，使当时的永宁山川面貌一新，正如明代诗人在诗中描写的“千家禾黍足耕锄”，老百姓有其田种；“岁岁丰穈粟”，老百姓丰衣足食；“东西处处人栽树，远近家家水灌田”，老百姓安居乐业，一派发家致富的繁荣景象；“千里屯田广馈粮”，是明代屯垦戍边的真实写照。明代诗人陈德武的诗《官桥柳色》中写道：

边城寒苦惜春迟，三月方看柳展眉。
金塔画栏黄尚浅，丝淹流水绿初垂。
染增新色绿烟雨，折减长条为别离。
可幸娇莺飞不到，等闲乌鹊闹争枝。

在诗中描写了当时杨和堡大官桥一带的屯庄景色：“郭之南下，春烟靡靡。柔绿如染，秋风飒飒，黄叶谁惜，是曰官桥柳色”，“送故迎新，离歌别舞，攀折无算，吾不知其几荣枯也”（《乾隆宁夏府志·八景诗序》）。这里杨柳依依，金塔（李俊塔）远眺，汉延渠两岸绿柳舞风，如烟似雾。送别路上折柳条相别，娇莺远飞、乌鹊闹春争枝，好一幅“塞上江南”的优美画卷。

明代诗人王逊在《官桥柳色》中描写了他来到这里的另一番感受：

官桥千树柳，一路照征袍。

色可黄金此，丝非绿茧缲。

春容知不愧，客意叹徒劳。

送别青青眼，何时见我曹？

这是王逊的一首送别诗，送别的地点就在大官桥。当年大官桥千万棵绿柳中，掩映着来往将士送别的身影，万绿丛中映照着各色袍服，真是赤橙黄绿青蓝紫。"绿柳照征袍"是一幅流动着的水墨画，这种颜色可与黄金媲美，细腻如茧繅织成。然而，面对满眼春色，作者深感悲伤，他两眼巴巴地瞪着将要远征的战友，轻声问道："我何日才能再见到你？"汉渠春水，奔流而去，逝者如斯。杨柳垂绵，别情依依，万古千愁。这是杨和堡屯区大官桥一带最美的历史画卷。

明代诗人宋枚在《官桥新水》中写道：

来去年年柳浪青，一帘活水傍窗棂。

千家鼓舞趋农事，想见扶风喜雨亭。

诗中描写了这样的情景：他坐在官桥旁边的屋子里，窗棂之外柳浪轻荡，渠水汩汩，远看千家万户忙于耕耘，他突然想起了陕西扶风的喜雨亭，就和这里的景色一模一样。

明安塞王樗斋在《渠上良田》中写道：

天堑分流引作渠，一方擅利溉膏腴。

鱼游浅碧东风细，花涨残红暮雨余。

千顷良田凭富足，万家编户获安居。

亢阳任尔为骄虐，稔岁何妨史氏书。

明代屯垦戍边，对汉延渠、唐徕渠进行大修，使这里的引黄灌区物产丰饶。原本的干旱不毛之地，已变成了鱼肥水美的稻花飘香之地，"若说良田无限好，风光谁亚小江南”之说流传很广。“千顷良田凭富足”,不光只是农业的发展,“万家编户获安居”,因水利的滋润,各种编织业也发展起来。直到今天,这一带居民仍从事柳编业、席编业(用芦苇)、草编业(用芨芨草、沙竹子),这里的一切变化,何劳史学专家来记呢? 劳动人民把这一切早已铭记心中。

明代诗人王逊在《良田晚照》中写道:

斜日照良田,关心匪少年。
才看离若木,又叹薄虞泉。
人老余光际,牛耕寸晷边。
似伤羁佃意,欲没更留连。

民国时期的达观桥

明安塞王樗斋的《渠上良田》和明王逊的《良田晚照》等诗,很多史学家多说是描写观桥一带风物的。也有史学家认为“良田”,即银川郊区良田公社,原属永宁县管辖,后划出。也有史学家认为不只是描写一个地方,而是描写明代永宁黄灌区的。因为诗中所描写的景物在其他诗人的诗作中也有反映。王逊在《良田晚照》中,描写了这一带老年人耕耘田间的景况:西下的斜阳映照着良田,一位老者耕耘其间,日晷是农民的“大钟表”,吆牛犁田,光阴在一寸一寸流动。羁,即“羁旅”,诗人是过路的客人,当然“一步三回头”,“更留连”了。

明代诗人骆用卿在《别夏城亲友》中写道:

邂逅寻春遍朔方,兴州原是旧名疆。
山形西限今夷夏,渠利中分古汉唐。

花木悰情留客驻，衣冠骨肉许人狂。
对廷期了经纶债，回首来酬第几觞。

兴州，西夏国设，在今永宁县西北部地区。作者“邂逅”了一个春天，足迹踏遍了朔方大地，才在兴州寻到了亲人。这里原是西夏国的疆土，明代在此以贺兰山划分为“华夷”分界线，诗人看到如今这里因有汉延渠、唐徕渠的灌溉，花草繁盛，林木葱茏，骨肉相聚，惊喜若狂。亲友又有公务远行，但愿下次见面后，再来多喝几杯。

今大观桥东边的显圣寺

“官桥柳色”“汉渠春水”“良田晚照”，明代时被列入“宁夏十景”，这不仅是永宁历史上的一件幸事，也使不少古人诗作留于后世。

清代“南麓果园”被列为“宁夏八景”之一。“南麓果园”指银川南门外大官桥、小官桥一带，有诗四首：

显圣寺的龙泉井

塞城秋早果园熟，古道官桥试重寻。
低树亭童时碍马，高云磊落总悬金。
荔枝漫说来巴峡，绿橘空烦赋上林。
几处短篱开板屋，檐前风露晚香沉。（许德溥诗）

秋原绿老小红酣，野色平看入软岚。
曲水横桥之字路，杖藜闲处足幽探。（武溥诗）

塞北林檎树，绿荫暗小园。

花开每误雪，花落果如瑞。（王宋云诗）

南麓果园

碧树暗交柯，林檎结子多。

晴光分翠岫，秋影入明河。

句忆谢灵运，人疑郭橐驼。

酒醒桥畔路，卜筑计如何？（王德荣诗）

在大观桥的南边，有座远近闻名的陕西庙，人们都不明白，永宁怎么盖了座“陕西庙”，更不知道它本不是陕西庙，实名为显圣寺，这到底是怎么回事呢？

相传很久很久以前，从黄河里漂来一根大木头，它漂到这里只打转转，几个月都不漂走。想用木材的人费了好大劲才把它捞了上来。谁知捞上来一看，并不是一根大木头，而是用榆木雕刻的一尊佛像。当地人说佛像漂到这里不走是好事，就在黄河边建了座庙供奉起来，他们说佛像是从陕西漂过来的，都叫这座庙是陕西庙。从这以后，黄河再不西移了，再不发生洪灾了，风调雨顺。当地老百姓说是佛像显了灵，又叫这座庙为显圣寺，但是陕西庙的名字早已流传开了，再无法改口了。

据史料记载，显圣寺，又称陕西庙，位于县城新区北侧、109国道东侧，始建于明嘉靖五年(1526年)。原寺庙高墙深院，四周用黄土夯筑围墙，墙高5米，呈长方形，占地15亩。寺庙大门东辟，门外南侧有一口常流不涸的泉井，院内是南北两个群体建筑。南边院子的东西两侧，各建有35间厢房。庙宇全部建筑在院子北边的土台上，土台高3米，南侧有石条阶登至台面，上面建有过殿、娘娘殿、大佛殿。过殿面宽3间，进深1间，一脊卷檐，穿过殿入内，东西各建3间香表房，中立高脚大香炉，香炉对准娘娘殿门。娘娘殿为一脊一拱重檐殿，面宽3间，进深2间，最后为大佛殿，是一座两歇山顶夹一卷棚顶结构的重檐大殿，面宽5间，进深3间，内塑大佛和18罗汉像。明嘉靖十四年(1535年)，悬空法师在大雄宝殿后建光佛塔，塔高30米，造型秀丽，风格独特。清康熙皇帝访宁夏时，曾来到显圣寺，并亲自手书“西夏砥柱”四字。整个建筑群飞檐陡翘，错落有致，布局对称，气势宏伟。

令人神奇的是显圣寺的那口常年冒水的泉井，不知多少年多少代了，仍汩汩冒水，永不停息，人们都称这口泉井为龙泉井。井旁的《龙泉井碑文》这样记载：

> 五百年前，黄河西移，生灵涂炭，苦不堪言，众生齐心合力，盖起显圣寺，河患方止。寺东突冒一汪清泉，东热夏凉，众皆称奇，争相饮用，百病皆去，精神倍增，传为佳话。住寺大师净修在泉边洗脸，水中浮出一木盆，置于寺中。有曾三、曾四兄弟贩粮经商至此，借寺中木盆喂畜，倒黄豆少许，食之不尽。兄弟知是聚宝盆，便起忘义之心，争夺宝盆，盆成两半。法师大怒，愤而将半个木盆抛入水中，盖住半个泉眼，只留半眼泉向外涌淌，水仍清凉甘甜，泽被四方。百姓感恩，称龙泉井，颂传至今。

据史料记载，显圣寺东边共有 6 个龙泉，那么还有 5 个龙泉在哪里？这 6 个龙泉是怎么来的呢？

显圣寺的东边，是著名的风景旅游区鹤泉湖。鹤泉湖的由来，有一个美丽的爱情神话传说。相传，很早很早以前，有一位科举落榜的穷书生，他在回乡途中经过此地，被一位仙女所爱慕。仙女劝书生留在这里，重新开始新的生活。然而，书生因落榜而心灰意冷，看破红尘，执意出家为僧。出于无奈，仙女挥泪而别。她变成了一只仙鹤，在天空飞了 6 圈，依依不舍地离去。她的泪水便化作 6 个秀丽的泉眼，泉水涌流，日夜不息，成为波光粼粼的一片水面，逐渐形成了一个大湖，后人称这个湖为鹤泉湖。据探测，鹤泉湖中确有 5 个泉眼，所以湖水永不干涸。

鹤泉湖湖面 3000 余亩，净水面 500 余亩。湖水碧波荡漾，令人心旷神怡。湖四周果园花树环抱，湖中生长着翠绿的芦苇，湖叉纵横交错，数十种飞鸟此起彼伏，蓝天上鹤鹭盘旋，引颈长鸣，呈现出西北特有的自然景观。湖中芦苇丛丛，荷花圈圈点点，鱼跃虾戏，银光闪烁。湖里特产大鲫鱼，肉质鲜美，遐迩闻名。常有快艇、小舟在碧波中穿梭、荡漾，或进入芦苇迷宫。许多制片厂、电视台常在此拍摄外景，经常有旅游者乘轻舟在湖中漫游，流连忘返。“鹤泉荡舟”成为一大景观。

鹤泉湖，原来这里的人都称为黑泉湖，属谐音叫错。1995 年 7 月 4 日，县委书记刘宗祥提议，纠正谐音恢复原名鹤泉湖。诗人刘德祥在《游永宁鹤泉湖》中吟颂道：

平湖一望水连绵，翠苇晶莹抱绿川。
闪闪日光波上舞，片片云影浪中旋。
才乘游艇绕迷宫，就见群鸥翔碧天。
鱼跃莺飞南粤貌，神仙到此也流连。

纳家户纳氏的由来

离陕居宁五百秋，汉延渠畔辟荒洲。
躬耕渔猎勤劳作，如今商贸连亚欧。

水清柳翠绕回乡，幢幢新楼映日光。
街市繁华通九省，家家户户兼农商。

这是诗人张嵩写的《纳家户》和《春日纳家户印象》两首诗，诗中描述了永宁县纳家户村五百余年的沧桑变迁。

始建于明代嘉靖三年(1524年)的永宁县纳家户清真大寺(1986年摄)

纳家户位于永宁县城的汉延渠西侧。从明嘉靖三年(1524年)就能修建纳家户清真寺这点来看，在此之前此地就已形成相当的人口规模。明代此地属杨和堡，清代称为“纳家闸”或“纳家牐”。《乾隆宁夏府志》记载，当时宁夏府城“南四十里有纳忠桥”，这说明该地早就生活着纳姓的回族人了。清末至民国时期此地叫纳闸桥、纳家户，民国30年(1941年)4月

1 日成立永宁县时，规定“纳家户等地划归永宁县杨和乡”，“纳家户”的名字第一次出现在官方文献中。同时出现的还有张腾户（今银川老城南门一带）、邵必户（今银川老城东门一带）、谢谷俊户（今掌政堡西一带）等地名。

回族是宁夏少数民族中人口较多的民族，那么，回族是什么时候从什么地方来到永宁的呢？这要从元代说起。

纳家户村景（1997 年摄）

据史料考证，随元军而来的回族工匠、商人、学者、官吏、掌教等人及其家属，最早安排在农业比较繁盛、交通比较便利的灌区，即王元桥、杨和堡、王弘堡、李俊堡等地。据此地回族聚居较集中的杨和村、东和村、西和村、王团村、红旗村、望洪村、金塔村、东全村等村庄的老年回族群众回忆，他们的先人是随军队来到这里的。刚来时，这里很苦，住红柳条编制的鱼脊梁小房子，有的冬夏睡帐篷，家里的男丁当兵，他们便被编入当地户籍，以种田放牧为生。住在路边的回民有的提着饭罐子卖饭，有的端着盘子卖饼子之类的食品，还有挑着担子卖水的。几年以后，才用土坯盖起了土房子。

回族和其他少数民族一样，开始时姓氏很多，起名也各有习俗。回族姓氏主要是与阿拉伯、波斯人名的音译，特别是与伊斯兰教的先知和先贤有关。

赡思丁是中亚穆斯林的后裔，他死后有子孙分别为纳、马、撒、哈、沙、赛、速、忽、闪、保、穆、苏、郝十三姓。今永宁县各村的回族和纳家户村的回族上述 13 个姓氏几乎全有。纳家户清真寺大匾上的文字是“吾家弃秦移居西夏”，表明以纳家户为中心的回族，是元代离开居住地西安一带，先来到西夏故地宁夏城，后又到永宁县的。也就是说，是银川的纳家巷在前，即元代；永宁县的纳家户在后，即明代。这也就说明了为什么时至今日，仍有相当数量的纳姓回族居住在银川市区。虽然纳家巷这个地名已经湮没在人们的记忆中，但作为曾经的历史印痕之一，它却真实地见证了一段回族先民从城市到农村的一段历史。

据慕寿祺所撰的《甘宁青史略》记载："元初赡思丁以回回别庵尔之裔归降太祖，号赛典赤，意为贵族也。历官太原、平阳、陕西、四川、云南各省，追封咸阳王，其子纳速拉丁追封延安王，子孙众多，分为纳、速、拉、丁四姓。留居各省。故宁夏有纳家户，长安县有拉家村。今临夏喇氏最盛"。

元代著名的回族政治家赛典赤·赡思丁家族，是"荣耀的圣裔"之家，元初赛典赤·赡思丁与父苦马鲁丁随成吉思汗入中原后，更是将相王侯，盛世不衰，贤才良吏，世代荣显，文韬武略，功名显赫，声震朝野者累累不绝于后。其长子赛典赤·纳速拉丁继其父职分别任云南和陕西行省平章政事后，子孙分纳、速、拉、丁等姓氏，分布在云南、福建、山东、河南、陕西、甘肃、宁夏等地，是回族中鼎盛望族。考其宁夏回族纳姓，均为纳速拉丁的六子纳哈辛之后。

赛典赤·赡思丁1211年出生于中亚布哈拉(今属乌兹别克斯坦)，其名赛典赤，是阿拉伯文"荣耀的圣裔"的意思，赡思丁是"宗教的太阳"的意思。1221年，赛典赤与其父苦马鲁丁随成吉思汗征入中原，初袭父职任燕京断事官。1251年，任燕京路总管、中书平章政事，1261年任陕西、四川行中书省平章政事，1274年任云南行省平章政事。在云南执政6年，"忠君泽民""功闻五朝"，政绩斐然，颇受当朝皇帝的赏识和百姓的爱戴。1279年赛典赤病逝，"百姓巷哭"，后赠咸阳王，谥忠惠，享年68岁。

赡思丁生有五子，长子纳速拉丁，官至云南行省平章政事、陕西省平章政事，次子哈散官至广东道宣慰使都元帅，三子忽辛官至云南行省右丞、江西行省平章政事，四子赡思丁兀默里官至建昌路总管，五子马速忽官至云南行省平章政事。其孙子对云南地区也作出了许多贡献，对回族和伊斯兰教的发展同样起了很大作用。

赡思丁的长子纳速拉丁，原任中奉大夫、云南诸路宣慰使都元帅，于至元十六年(1280年)迁入大理。据史料记载，纳速拉丁以军抵金齿、蒲、骠、曲蜡、缅国，招安夷寨三百，籍户十二万二百，定租赋，置邮传，立卫兵，归以驯象十二入贡，有旨赏金五十两、衣二袭，麾下士赏银有差。当其父赡思丁殁，云南省臣与诸夷失去抚绥之方，世祖忧之，近臣以纳速拉丁为言。至元十七年(1281年)，授资德大夫、云南行中书省左丞，后升右丞。纳速拉丁曾建言三事，"云南省规措所造金簿贸易，病民宜罢；

云南有省，有宣慰司，又有都元帅府，近宣慰司已奏罢，而元帅府尚存，行省既兼领军民，则元帅府亦在所当罢；云南官员子弟入质，臣谓达官子弟当遣，余宜罢。”朝廷准其奏。至元二十一年（1285年），纳速拉丁进荣禄大夫、平章政事。奏减合剌章冗官，岁省俸金九百余两。屯田课程专人掌之，岁得五千两。至元二十三年（1287年），以合剌章蒙古军千人，从宣太子脱欢征交趾，论功赏银二千两。至元二十八年（1291年），进拜陕西行省平章政事。朝廷赠推诚佐理协德功臣、太师、开府仪同三司、上柱国、中书左丞相。至元二十九年（1292年），纳速拉丁劳卒于任，追封延安王。

纳速拉丁有子12人，长子伯颜，官至开府仪同三司太傅，追封淮安王；次子乌马尔（也列夫），官至江浙行省平章政事；三子阿里普舍（马札尔台），官至太师中书右丞相，封忠王；四子剳法尔（札法尔），官至荆湖宣慰使；五子忽先，官至云南行省平章政事；六子哈辛，官至宣慰司副使；七子沙的查尔丁，官至云南行省左丞；八子阿容，官至太常礼仪院使；九子伯颜查尔，官至中书平章政事；十子穆岁帖尔，授国子舍人，十一子月鲁帖畦尔，官至建昌路平章政事；十二子阿里，事迹不详。

纳家户村2011年全村共有1474户4723人，回族占全村总人口的96.3%，全村共有纳姓、马姓、王姓等41个姓氏，其中纳姓占总人口的62%。为什么说纳姓回族是纳速拉丁的六子纳哈辛的后裔呢？这要先从银川沙滩回族墓葬群说起。

银川沙滩回族墓葬群位于银川市兴庆区最西端的“世纪小区”住宅区中部，西距唐徕渠200米，南距北京东路150米，其东北方向10米处有清真寺和拱北各一座，原属银川市郊区北塔村沙滩地，有滩涂沼泽和浅水塘，个别地段还有小片芦苇。2002年，随着城市扩建将沙滩村辟为“世纪小区”。2003年10月下旬，宁夏文物考古研究所对墓葬群进行了勘查和发掘清理，从已出土的器物可以断定，这座墓葬群的时间大约在明代晚期至清代初年。

银川沙滩墓葬群发掘现场

沙滩拱北底座有台阶，台阶上的原墓亭标志是六边方形，留有拱圆形东门，拱北顶部是绿色圆拱顶，圆顶上竖一标志，貌似月牙，是“穆罕默德”一词阿拉伯文的变形，这是一个十分巧妙的设计。拱北墓厅西约 80 米处，有石盖古墓群，再朝西有多处回族墓地。2004 年考古发掘石盖墓 11 座，墓葬的地上部分有人工雕凿的条石垒砌成的塔式墓盖石。

在银川沙滩回族墓葬群（人称“沙滩拱北”，又称“圣陵园”）前竖立着一块花岗岩大碑，墓碑为辉绿岩琢成，顶端呈拱圆形，高 150 厘米，宽 62 厘米，厚 20 厘米。碑座呈梯形，高 50 厘米，上宽 66 厘米，下宽 70 厘米，厚 24 厘米至 40 厘米。正面有阴刻汉文、阿拉伯文两种文字。右边的汉文是：乾隆三年岁次戊午四月吉旦，即农历四月初一，公历 1738 年 5 月 19 日。正面刻有“元翁纳老太师”6 个字，“师”字被后人磨去，改为“爷”字，有明显的痕迹。还有“这是受人尊敬的导师、尊贵的圣裔：赛典赤·哈辛之墓”21 个字。从碑文中可以看出，墓茔主人是纳速拉丁的第六子纳哈辛。银川沙滩回族墓葬地离纳家户村不远，可以推断，纳速拉丁第六子纳哈辛的后代屯驻纳家户。

银川沙滩拱北复原图

那么，纳哈辛是怎样到银川落户并葬在沙滩的呢？据史料考证，纳哈辛的父亲纳速拉丁去世后，纳哈辛奉旨在陕西为其父守陵，后因元明战争等原因，纳哈辛只能“吾家弃秦移居西夏”，故银川有“乌姆寨”。“纳家巷”的名字第一次出现在民国 25 年（1936 年）的《宁夏省城全图》上。纳家巷，即后来的崇信巷，东起解放东街，北连文化街，长 290 米，宽 4~5 米，是条土巷子，1947 年更名为崇信巷。据祖辈为沙滩墓地守陵的纳连捷老人讲，明代居住在银川的纳姓回族，有不少人外迁，其中相当一部分纳氏回族迁往纳家户居住，因为这里是汉延渠畔，地处交通要道，湖泊众多，养鱼种田、做小买卖都很方便，后来这里的汉延渠上有了大水闸和桥，便有了“纳家闸”“纳家桥”的地名。清同治年间此地还叫“纳家闸”(见《永宁县军事志·清兵围攻纳家闸》，2002 年 10 月宁夏人民出版社出版)。清末和民国初年，“纳家户”地名开始流传。1941 年成立永宁县时，规定“纳家户等地划归永宁县杨和乡”，“纳家户”第一次出现在官方文献中。

银川沙滩墓葬群发掘之前的现场

据纳家户村里回族老人说，纳家户原有纳氏兄弟两人。兄称“老五门纳家”，弟称“渔户纳家”。兄以经商为主，弟以打渔为生。他们刚来到这里时，有很多小湖泊。经商，也只是做点小买卖，日用杂货、针头线脑之类；打渔也不是只打渔，兄弟俩还要带着族人开荒种地。凡是如今纳家户村的纳姓人，都知道自己是纳氏的哪一门宗族，即是“老五门纳家”的后裔，还是“渔户纳家”的后裔。如纳家户村的六、七、八、九组(生产队)的纳姓村民，多称自己是“老五门纳家”的后代，二、三、四组(生产队)的纳姓村民，多称他们是“渔户纳家”的后代。

不少宁夏人都知道，“五亩宅”是马鸿宾在银川的住所，原址位于银川市八一巷内，现为银川市自来水公司所在地。“五亩宅”是一种误称，实际应为“乌姆寨”。乌姆寨是哈辛在宁夏城内建造的一座府邸。“乌姆寨”意为“神圣的房屋”，阿拉伯民族对麦加称“圣地”，也称“乌姆·古拉”，意为“村庄之母”。纳家户的老人称自己是“老五门”，实际上是“老乌姆”。

还有一种说法是“五老四庄”说。相传很早很早以前，纳家户村有五个纳氏兄弟，其中四个生有后代，分别住在四个庄点上，这便是纳家户村原有的四个庄点的由来。老大一门称“老五门纳家”，习于经商做买卖；老二一门习于渔猎，称“渔户纳家”；老三一门靠打柴草为生，人称“大囊爷”，据说力大无比；老四一门住在一棵大榆树下，以经营羊杂碎、茴香饼子和糖酥馍、油香为生，人称“大榆树纳家”。不过，这一种传说没有前一种传说流行。

两个传说，都印证了回族纳氏自古以来，就有经商做买卖和制作清真小吃的技艺，也反映了纳氏宗族在历史发展变化的长河中，艰苦创业、自强不息的精神，折射出纳家户村深厚的民族文化传统。

据史料考证，回族纳姓人“吾家弃秦移居西夏”，是先在银川居住，后来才到纳家户屯田开发的。来时不足50人，后来又有马姓、哈姓、丁姓、王姓等回族加入，十几年后扩大到百余人。屯居的地点在原汉延渠大闸桥西侧，因这里屯居纳氏回族，后人称这里是纳家闸。当时的宁夏府营田司安排他们在这里屯住，一是因为这里距汉延渠较近，灌溉农田方便；二是因为他们擅长做小买卖，这里道路多，能为过往军士、屯民提供服务。他们刚来时，就地搭席棚、芦苇帘子当屋，后来才盖起了茅草房，主要用红柳条、柳条、芨芨草、沙竹子编织屋顶，有的房顶是一面斜，有的房顶是两面斜，砌墙用的是自己拓的土坯或挖的土坷垃。住在这里的回族从此相依为命，亲如一家，互相照顾，和睦相处。他们开荒种田，引汉延渠水浇地，农闲时撒网捞鱼，做小买卖，开始了艰难的创业历程。

纳家户清真大寺的传说

明代建立堡寨，杨和堡、李俊堡、王弘堡等堡寨的建立如雨后春笋。各堡寨建立后，都要盖座庙宇，供汉族和皈依道教、佛教的少数民族进行宗教活动。纳家闸隶属杨和堡，当时已有回民几百人，杨和堡周边还有其他回民屯点，但没有一座清真寺。纳家闸的族长纳老大便向杨和堡的堡长杨和提出建清真寺的请求。当时，永宁一带随着建堡寨的兴起，建立的道教、佛教或道佛合一的庙宇很多。有河西寨（今上河村、下河村）的正觉台，王泰堡的千佛寺，王弘堡的雷祖庙、河神庙，杨和堡的牛王庙，杨贤堡的杨贤台，靖夷堡的文昌阁，小东方的龙王庙，大官桥的显圣寺，李俊堡的多宝塔，许旺堡的东狱庙，等等。杨和堡的堡长杨和时任都指挥佥事，奉命屯驻杨和堡，他遂即同意在纳家闸建清真寺，以满足周边屯垦回民的宗教需求。他给顶头上司，即宁夏卫的镇守使写了一份表章，得到了应允，主要内容是：

华夏千年，民族甚众，宗教各异。而南蛮北夷，渐染华风，南腔北调渐溶华语。然信仰自由，皈依道佛自愿，岂有强迫之理？道佛寺庙，遍布塞上，而清真寺院寥寥无几，岂有“大教”压“小教”之理？今凡大明臣子，犹如一家兄弟，宗教不平等，焉能律法等之？屯垦之民，弃家背井，敬宗祀祖，不忘桑梓，属人之常情。况十里不同风，百里不同俗，古今由之。伊斯兰圣教，遍及五州四海，贤人辈出，子弟豪杰，文化灿烂，独树一帜，汉夷仰目，焉有不准之理？

纳家闸建清真寺的消息传开后，周围王元桥、大官桥、王疃庄、金塔庄等屯点的回民欣喜若狂，奔走相告，都自愿无偿前来帮工。平羌堡送来了沙石，李俊堡送来了红松木，河西寨送来了上等榆木，杨贤堡送来了芦苇芦席；靖夷堡的泥瓦匠，魏信堡的木匠，王弘堡的彩绘匠，都被推荐而来。杨和堡的回民负责烧制青砖，杨和带着测绘人员在纳老大的指挥下，设定施工方案。这座清真寺从设计、施工到竣工，总共花了两年多的时间，于明嘉靖三年(1524年)开斋节前夕完工。

今日纳家户清真寺

清真大寺完工这天，纳家闸回庄隆重庆祝。各堡寨各屯庄的头目都被请了来。宁夏卫镇守使亲自光临，李俊堡、杨贤堡、王泰堡、李祥堡等堡寨的主人也被请了来。纳家闸回庄百姓热情招待，衷心致谢。

纳家户清真寺，融阿拉伯风格和汉唐建筑艺术为一体，是一座传统的中古式建筑寺院。寺院呈长方形，以邦克楼、礼拜大殿、厢房、沐浴堂组成院落，形成典型的中国古代四合院建造布局。门楼为过洞式，上面壁部是一组仿古结构的挑檐，横向的栏额、斗拱，纵向的荷花柱和反映伊斯兰风格的精美砖雕，增加了壁面的光泽。上部正中为“邦克楼”，是招唤穆民礼拜的地方。邦克楼高达21米，面阔3层各3间，是一座卷檐歇山顶3层汉式木体楼阁，飞檐层起，朱门彩柱，气势轩昂。飞檐角上龙头张口鼓目，神态形象逼真。龙口内含龙珠，虽不动，但稍有微风，清脆的铃声悠悠远长。

邦克楼左右，陪立着两座高19米的十分美观的重檐四角尖顶“望月楼”，穆民登楼望月，确定开斋时间。望月楼、邦克楼均置砖砌台座之上，台高8米，宽9.5米，长14米，夯土筑成，外包青砖。台中辟三道拱形门洞，有3米多高的绿色大门，门上整齐地排列着金色的铜钉，宏厚威严，在正门东西两边用砖雕镌刻一副对联，上联“遵主命活泼中显直性”，下联“顺圣行精微处在无言”，横批镌刻“圣迹永存”。登楼远眺，东面的九曲黄河玉带一般，西面的贺兰山连绵不断，尽收眼底。整个布局严谨、规整，显示了大寺的雄壮气势。

进入邦克楼，是一片豁然开朗的空间，砖铺路面两旁，有两棵槐树，使寺院显得十分宁静肃穆，这两棵槐树，是纳家闸的回民专程从陕西老家移栽而来的。南北两侧是左右厢房各8间，分别为教长诵经室、教长住室、宾客接待室。厢房为砖砌起脊，鱼鳞瓦顶，出檐廊柱，精巧典雅。正中为寺院主体建筑礼拜大殿。大殿是一座歇山卷棚大屋顶建筑，由4座五尖歇山脊连接3座卷棚脊组成大殿顶盖，山脊鳞比，错落有致。盖上飞檐雕塑云龙，口滚圆珠，凌空欲飞；盖下花拱上有“双龙戏珠”“凤凰戏牡丹”“丹凤朝阳”等主雕并铺以草木花卉相辉映。

大殿宽敞宏伟，4个卷棚脊和5个歇山脊组成的勾连搭屋脊，远远望去，高低错落，鳞次栉比，十分壮观。殿堂由98根直径为60厘米的木柱与墙壁顺序撑起，堂面阔5间，进深7间，面积1102平方米，可同时容纳1000余人礼拜；栏额拱上，绘有花卉草木与《古兰经》经文浑然一体。堂内地上铺棕色木质地板，上铺各堡寨信教群众捐赠的500多条地毯。顶上有30个斗拱彩笔绘画，墙壁无华，唯后墙正中雕画拱门，拱门两侧饰有银色《古兰经》经文浮雕4幅，肃穆庄严，整个建筑群雕梁画栋。梁头、柱头、额枋、挂落都雕刻有回族喜受的春草花纹图案，门窗隔断精工细作，砖雕、石雕陪衬。建筑彩绘以绿色调为主，用清淡式彩绘的手法，凸现建筑的庄重、尊贵和神圣。

走近礼拜大殿廊檐下，抬头仰视，门楣上方悬着名人字匾，正中的是宁夏卫镇守使亲笔题字“清真大寺”，两边是在银川传播伊斯兰教的呵比部、清真寺第一任主持题写的“吾家弃秦移居西夏”，下方还有一行小字：“吾寺起建于明嘉靖三年，圣迹永存”。殿前的回廊里，刻着几首诗，其中的一首写道：

别梦依稀到此方，远离尘嚣入殿堂。
远望汉庙凌空起，近观无烟绕画梁。
清静光明常思过，圣教泽被永弘扬。

可惜这些匾额、辞赋后来都毁于战火。

纳家闸的清真大寺，是民族团结和睦的象征。自此之后，王疃庄、大官桥等地的王姓、李姓汉民，页开始信仰伊斯兰教。王弘堡、僧刚堡等不少其他少数民族也从此信奉伊斯兰教。明太祖于洪武五年（1372年）就下了太祖诏令："蒙古、色目人民既居中国，许与中国人家结婚姻，不许本类自相嫁娶。违者，男女两家抄没入官，为奴婢。其色目钦察自相婚姻不在此限"，从那以后，少数民族和汉族通婚者甚多，而当地回族和汉族通婚，则始于明嘉靖三年。到明万历年间，纳家闸的回民已达数百口。

明万历初，纳家闸屯庄已形成规模，始筑城池。城池四周筑有城墙，有东西南北四道城门。城四角有角楼，城四周有护城河。城西是回汉杂居的王疃庄，城东门设有吊桥，吊桥前方是一个农贸市场，市场两边设有马家烧坊、纳家油坊，马四寨在城池南边，纳五屠宰场在城池北边。这里市井繁盛，成为当地农副产品的集散地。纳家闸回民不但和王元桥、王弘堡、李俊堡、通贵堡、吴忠堡等地回民密切往来，还和周围汉人缔结婚姻，和睦相处。

纳家户中华回乡博物馆里收藏的回族文物精品50余件，展品中有镌刻着阿拉伯文的钧窑、哥窑、临汝窑瓷器，郑和下西洋带回来的犀牛角，由大明内府组织工匠镌刻的莲纹如意杯，彩绘描金抄本《古兰经》，铜胎珐琅阿拉伯文香炉与炉瓶三设，孙中山先生为回族志士题写的"共和"墨宝，张大千为白崇禧绘赠的山水大图，还有各个时期的回族名人画作，等等。其中郑和的遗宝——用犀牛角根加工的莲纹如意杯，是郑和的后裔收藏的，保存至今非常难得。展馆里的文物，印证了纳家户的历史。

如今的纳家户村已今非昔比，诗人刘德祥在《游纳家户清真寺》中写道：

> 穆民古寺哪儿寻，塞上纳家人最清。
> 北靠回乡文化园，东临永宁富裕城。
> 楼阁蓝饰装秀丽，堂殿白冠跪拜城。
> 风风雨雨几百载，婷婷玉立羡游人。

大寺风格今罕见，汉回文化谱新篇。
神州古建融伊经，阿语汉音喜殿间。
望月楼连华夏殿，穆斯林润众族贤。
和谐皆似亲兄弟，节日开斋共庆欢。

纳家户清真寺1988年被列为自治区重点文物保护单位、2013年5月被列为全国重点文物保护单位。是永宁县爱国主义教育基地。

王泰堡的乡贤——黄古淮

王泰堡是一处交通便利，土地肥沃，物产丰富，地貌多姿的风水宝地。惠农渠、汉延渠由南向北流过，水源十分充足，庄稼长势极好。这里的古树参天蔽日，乌鸦、喜鹊等各种鸟类成群结队在林中栖息，鸟粪成为当地农田的肥料之一。民国时期日机轰炸宁夏省城，马鸿逵和刘慕霞为避战乱，在这里建造了公馆和花园，马书诚老太太也携子孙在这里颐养天年。后来连马鸿逵的办事机构也搬到这里，王泰堡一时成为宁夏政治、军事的中心。

抗战前夕，范长江在《中国的西北角》一书中，曾谈到他经过永宁县王泰堡时，看到这里有一片茂密的树林，林子上空飞鸟盘旋，树头上落着数千只雕，其形大如鹤，嘴带钩，尖端扁盘形，羽色有黑、灰、白、麻多种。令他称奇的是这种"神鸟"，人行林下，它们并不高飞远走，而是旁若无人悠闲自得。这种鸟当地俗称青脖庄、长脖子老。这里有河湖沼泽，农田草场，为鸟类提供了丰富的食料和良好的栖息环境，成为银川平原上鸟的天堂。范长江的这段记述，说明了当时王泰堡的自然环境是十分和谐的。

昔日王泰堡树木多

王泰堡是王泰开发建筑的堡寨，王泰系甘肃洪水人，宁夏左屯卫指挥使，以军功升都督佥事。明弘治十四年(1501 年)，任固原领兵游击将军，代任宁夏中路游击将军。八月二十二日，宁夏总兵官率部拒鞑靼于盐池等地，王泰亲自参战，先后斩首鞑靼 20 人，擒 20 人，获战马 59 匹，追回所掠人口 12 人，驼羊 1900 余只。都指挥王泰身先士卒，兵寡不敌，死于镝，殁于阵，忠勇可嘉。朝廷令兵部谕宁夏镇、巡等官致祭，仍厚恤其家。明弘治十五年(1502 年)四月九日，朝廷命陕西都司已故都指挥佥事王泰之子王通袭宁夏屯卫指挥使。明弘治十六年(1503 年)五月，王通升指挥佥事。王泰的名字不但当作地名(今杨和镇王太村)沿用至今，王泰、王通也被当作乡贤在当地传说。

相传，王泰不但是位英勇善战的军事指挥使，还是一位屯田植谷的能手，他在王泰堡种植的蜀黍，由于精耕细作，蜀黍长得不是很高，但头很大，籽粒饱满，沉甸甸的红色一片。其他堡寨的人都纷纷到王泰堡兑换蜀黍种子。一传十，十传百，便形成了一个俗语：王泰堡的高粱——大头。

在王泰、王通的故事和传说中，当地有不少人提到明太学生黄古淮，说他在这里办私塾教化乡邻子弟，资助贫困，调解邻里纠纷，还为家乡修志，但是笔者查遍所有的史料均无记载，更无修志的只言片语。

2013 年 7 月，王泰堡发现黄古淮墓碑和墓志铭现场，图中为郝生荣(中)、哈小飞(右一)，和郝生荣的孙子(左一)

2013 年 7 月的一天，永宁中学有位教师来说，他的亲戚在平整田地时发现了两块石碑，我们驱车前往，来到了王太村一队郝生荣的田里。这个地方在 109 国道东侧，北面距当年马公馆的地方不远，这里原是一片坟滩，新中国成立后才逐渐变成了良田。据郝生荣说，他们淌稻田时，常常发现田里有一个一个的大坑。后来才知是坟墓塌陷后出现的。转过一片茂密的玉米地，北边是一条小渠，渠底的淤泥里有块正方形的石碑，是用来挡水的。洗去上面的泥土，一块完整的墓碑呈现出来，墓碑高81厘米，宽45厘米，厚8厘米，上面有清晰的14个大字："明故太学生古淮黄公合葬墓志铭"，篆书体，很是流利美观。另一块碑找来找去，没找到，原来已经被泥土压在渠塀下，这是块墓志铭，和墓碑一样大小，上面工工整整地刻着1079个字，其中26个字已损坏，无法辨认，只能推出个大概的意思，其他字迹均能辨认。至此，当地关于乡贤黄古淮的传说，才有了文字可考的依据。

原来黄古淮"名瑁，字脸信，古淮其别号也"原籍直隶淮安府山阳之望族，生于明成化已丑年（1468年）十一月初五日，去世于明嘉靖二十六年（1547年）三月二十六日，享年79岁。于同年四月十八日葬于宁夏城南王泰堡之东，先祖兆啓墓地和马氏、陈氏夫人合葬。敕封文林，即浙江道监察御史友生王文撰写碑文，其孙鹍为其立碑。

黄古淮曾承巡抚按司的委命，做过数月管治乐具的工作，虽时间不长，但成效显著。他在选入贡生后，与同僚谈古论今，渊博的知识让其他人刮目相看，都夸他是边隅之地的俊才。他曾在官衙短暂供职，但是他自忖做官整天对着案牍，或奔走在车尘马足之下，太过劳累，还不如燕居静处做个闲谈之人惬意，于是他告隐还家，在家督课儿孙，并为乡间子弟读经讲学。

黄古淮墓碑和墓志铭

黄古淮善于做生意，且诚实信用，因此家境殷实。作为乡间的富裕人家，他尽力帮助乡邻，欠他钱物没有能力还的，他便烧掉借据不再追取。穷困的亲戚或乡邻，凡遇婚丧等事没有能力操办的，他便出钱出物周济。黄古淮的高尚行为，让乡邻十分敬佩。乡邻间发生了矛盾，都会找黄古淮决断。遇到这些事，黄古淮总是耐心劝解，动之以情，晓之以理，以国法家规苦口婆心地开导，当事人都能知悔悟，心服口服，矛盾便平息和解，对黄古淮更加敬畏。黄古淮的舅父对黄古淮有栽培之恩，他去世后黄古淮将他的像悬挂房间，随时致奠，以报恩德。黄古淮的堂弟在黄古淮的教导下，官至副千户。黄古淮不仅为家乡修志，还为家族修订族谱。黄古淮“以族人繁衍无世谱，乃会集族众制谱系，使知某人为某人之子，某人为某人之孙，伦序分明，源流不紊，此先生处家之要也”。时至今日，虽未发现黄古淮先生有族谱、家谱传世，但不能不说，他是我们修志的老前辈、老祖先。

明代的宁夏，明军与鞑靼、瓦剌征战不断。由于战争的原因，人口迁徙，住户往往惶惶不安。永宁一带的人口，很多是随军屯驻或逃荒而来的。夫妻离散，父子失联，很多族人在战乱中失散，兄寻弟、哥找妹、子盼母的现象成为常态，自然会出现不知“某人为某人之子，某人为某人之孙”的社会现象。黄古淮在王泰堡为乡邻修族谱、家谱，使族人“家族繁衍、伦序分明，源流不紊”，特别是为他们修订“家规”“家训”，起到了凝聚人心，不忘乡愁，积极向上的教化作用。黄古淮墓碑和墓志铭的发现，使我们知道，在明代王泰堡这个地方相对安宁，经济发展，社会稳定，这才出现了“盛世修志”的局面。

史志专家姜自力校对碑文

黄古淮生四子，均学业有成，有栋梁之才的赞誉。众孙男，“为文豪放”“科魁捷增”。众曾孙也是“三入乡试”，自强不息。儿女亲家分别是巨族王景隆、指挥王印、舍人刘棋及千户等名门望族。

黄古淮静卧于“王城南王泰堡之东南原先祖之兆启”墓地，从明代嘉靖二十六年（1547 年）到今，已经 540 多年了，他虽尸骨早已化成泥土，但他的墓志铭却把他完好无损地“留”在了人间。这两块墓碑似昨夜星辰仍在闪耀，它提醒着后人一生中应该做哪些事情。黄古淮墓志铭的出土，也引来了当地人对他更多的传说。他是明代王泰堡的乡贤，是当地有名的书香之家。史志学的专家学者们，还是先解读一下

《明故太学生古淮黄公合葬墓志铭》吧:

先生名瑁,字脸信,古淮其别号也。嘉靖二十六年三月二十六日以寿终于正寝，乃孙茂材鵾捧状涕泣请铭于进□与先生□同游泮庠其懿行不待状悉而知故不辞而誌之铭耳。先生之先直隶淮安府山阳之望族，谪徙宁夏遂家马曾大父安生大父宁宁生考讳鑑隐德不衍。配杭氏生先生兄弟三人,孟曰玘仲曰琮先生其季也。先生早失怙母孀居,先生孝养纥笃,年旨之奉定省之,仪来缺废后,母丧哀致踰礼几至殒绝,孝行著间无人闲言,二兄悻戾弗友。先生曲书其礼克恭厥兄,先生幼时颖敏秀拔,克卫庠弟子员治尚书为文奇古冲，淡累乡试不偶於主司。先生自咎无蹙容,先生在学以揄材擅名本学丁祀无乐以歆神,先生承巡抚按司委命系直赴省下管治乐具,先生矢心竭诚九应祀乐具不旬月,完备而归至今廟，祀有乐士夫与祀事者咸颂曰，古淮黄先生之绩也。先生闻见传洽,谈经甚敏选贡入成,均每与监友谪今论古,如洪河洞庭浩不可挡,闻者隐之曰,边隅之俊材也。先生将轂就禄忽自思曰,苟图禄利不,兑劳形案牍奔走於车尘马足之下,孰若还家,□颐养服晨,农服贾资以自给不愈於仕途之劳苦乎,遂告隐还家,燕居静处,督课儿孙及乡间子弟读经讲学,检间经史。兀坐终日自不知倦,且又善货殖讬乡间,良贾贸以为赡家之计,至今数十年囊觉盈家乃丰禧,人或有欺诈匿私者,畧不与较,负欠贫不能当者,则焚券不取,亲族乡当窘乏,婚丧不能举者,先生则周济之。先生存心仁恕,公直亲邻,有闲争不决,来取质於先生者,先生始以话言晓之,再以法律论之,人知悔悟,争者息讼者止,服先生之公畏,先生之□也。岳翁大尹马公业师司训孙公母舅者英杭公素有恩惠及先生,先生乃悬像授位,岁时致奠,以报恩德,堂弟进好戒事,先生劝之,应祖役树功,官至副千户。先生以族人繁衍无世谱，乃会集族众制谱系，使知某人为某人之子，某人为某人之孙，伦序分明，源流不紊，此先生处家之要也。先生初配马氏，乃三河大尹马公之女，柔顺温雅，女仪妇德，作范闰阁。先生卒再配陈氏，克尽妇道，内助有方，亦先生卒子男四，长曰九霄，以后秀清白尚。

庆蕃镇国将军崇明郡君为仪宾。

诰封朝列大夫。次曰九山九官先卒，□马氏出，次曰九乡陈氏出，党夏庠生贡间，学有声，先配巨族王景隆女卒，继娶尹引礼堂之女，孙男五，长曰万绪养卫学，娶指挥王印女，次曰鹏，娶舍人刘激女，曰鹗，聘舍人刘棋女，九霄出也。曰鳶，曰鹓，九乡也。孙女二一適王千户朴之子□□来许婚，亦九霄出也。曾孙男一，名葵，女一，名换儿，鹍出也。鹍负气奇特，为文豪放，三入乡试□□□□□□□以来，科魁捷以增，先生泉下之光，先生懿德善行特职，其大昔耳。先生于成化己丑年十一月初五日，归命宁，寿七十有九，卜今四月一十八日□□至□，王城南王太堡之东南原先祖之兆啓孺人马氏陈氏之进而合葬焉，为之铭曰於维先生得寿□□□□□□□即先茔啓孺人之凿宫揜人之遗形丘阜岿然，三玉其封，垂千百□之，芳与□为古淮□□□□住城，敕封文林即浙江道监察御史友生王文进撰，不孝孙鹍泣血谨书。

据王泰村一队农民郝生荣回忆说，当年这里还有一座年代久远的武庙，气势相当壮观，文化积淀深厚。庙门口有一对大石狮，四周还有很多大槐树。时光流年，世事变迁，如今的王泰堡已旧貌换新颜，银川至北京的铁路从王泰堡由西向东穿过，109 国道由北向南延伸。这里的柏油路四通八达，城市公交开进了农户村落，电视、网络普及万家，格局新颖的楼群也取代了零散的农家小院。生活在这方土地上的农民，亲眼目睹了这里日新月异的变化，也切实感受到了改革开放给他们带来的实惠，而昔日王泰堡的景象，永远留在了他们的记忆之中。

王元被杀与志锐劝耕

清军入关进占北京，不过用了十来天的时间，但是平定汉族民众的反抗，使清王朝统治稳定下来，却用了20余年的时间。这20余年，汉族民众的抗清斗争风起云涌，其规模之大，地域之广，持续之久，在历史上都是罕见的。其中深层次的原因，就在于清朝对汉族进行了残酷的民族压迫。

清军入关后代替明朝的地位，残酷地镇压李自成、张献忠领导的农民起义军，实行了一系列的民族压迫政策。

一是实行“圈田”，不但在畿辅(京城周围)500里以内，而且在全国各地都时有发生。清初仅京城官员圈田就有16万余顷，“圈田所到，田主倾刻逐出，室中所有，皆其有也”。清朝政府圈田令的发出，“被圈之民，流离失所，煽惑讹言，相从为盗”。

二是推行“薙发令”，“薙”本意是除去野草的意思。叫汉人和其他民族把头发剃光也就罢了，反正头发剃光了凉快、好洗。但清廷推行的“薙发令”并不是要求所有的男人把头发像“野草”似的剃光了事，而是要叫男人在后脑梢留出巴掌大的一块，梳个“后辫子”，这在当时就连外国人都笑掉了大牙。“薙发令”在初时尚未严厉执行，而在攻陷南京之后，清廷以为天

李自成入京图

下大定，乃重申此令，便是令在必行了。“剃头之令，不遵者斩”，可见是多么残酷。“薙发令”一发出，便引起了汉族和其他少数民族的强烈反抗。

三是推行“逃人法”，满族贵族的奴仆有逃跑的，则“将逃人鞭一百，归还原主”，“邻右九家、甲长、乡约各鞭一百，流徙边远”。清廷在顺治年间，屡次“申严隐匿逃人”之罪，设立兵部督捕衙门专司其事。凡是汉官奏章非议“逃人法”者，则一概被流徙。凡隐匿逃人者，不论为何人，即犯不赦之条。当时国内逃者不止，追捕不已，告讦纷纷，官吏唯恐贻累，民间骚动不安。

四是推行“投充法”，满族贵族可任意逼迫汉人和其他少数民族投充“八旗子弟”膝下为奴，在全国各地引起巨大骚扰。凡在京城300里内外，八旗庄头及奴仆人等，将各州县村庄的汉人和其他少数民族逼勒投充，特别是各色工匠务令投充，以致民心不安，唯思逃窜。所以，清初逃亡人口众多，成为一大国患。

五是实行惨无人道的屠城政策。杨州城攻破时，清豫王多铎乃“传令尽杀百姓”，于是“清兵屠旧城，男子无少长皆死，妇女尽缚归营”，自此以后，一系列的屠城事件接踵而至，如苏州之屠、嘉兴之屠、宁都（属江西）之屠、海宁（属浙江）之屠、广州之屠，等等，杀戮情形，伤心惨目。

清初，为了防止西北地区的汉人和少数民族反清，清廷在宁夏设险筑城，增派重兵把守，可谓“高筑墙，广积粮”。

宁夏满城，也称宁夏满营，是清将阿鲁修建的。满城周长1360丈，共7余里，城墙高2丈4尺，底宽2丈5尺，顶宽1丈5尺，垛口墙高5尺3寸，女墙高3尺，底宽1尺8寸，顶宽1尺4寸，均厚1尺2寸，均系砖包。城角设有角楼，四城门均有楼台，四门瓮城各有大楼。城池共有炮眼1360个，垛口1400个。城内有大街牌楼4座，将军衙门1座（位于西大街），房屋124间。副都统衙门2座（位于东大街），每座共有房64间。协领衙署6所，每所共有房40间。佐领衙署24所，每所共有房31间。防御衙署24所，每所共有房12间。军贴式衙署3所，每所共有房10间。恩骑尉衙署2所，每所共有房12间。领催委署共有房600间。总计官衙80所，兵库5000间。

宁夏满营驻兵3560余人，其中副都统2员，坐甲随丁31人，前锋校16人，领催128人，前锋184人，步甲头目24人，马甲1872人，步甲584人，弓匠头目2人，养育兵600人，箭匠、铁匠头目4人，匠役66人，炮手16人，将军坐甲8人，副都统各有坐甲3人，又副都统各随丁甲20人。马5017匹，驼800峰，储粮6.52万石。

清代永宁人服饰

清初对玉泉营防地进行了重新修筑。修筑后的玉泉营城见方25丈，并筑有角亭。游击署在玉泉营城内西北，守备署在城内东南，火器局在城内正北，教场在城外西南。驻守游击将军1员，中军守备1员，把总3员。清代玉泉营游击署分防大坝、平羌两堡，领兵606人，其中骑兵161人，步兵44人，守兵396人。共有营、堡卫兵2000人。

平羌堡清初设把总署，重新修筑了平羌堡城，把总署在平羌堡城内，火器局也在城内，教场在城外，隶属玉泉营游击署。

宁夏总兵署在宁夏县署旧北门大街西，即原明帅府处。管辖左营游击署、右营游击署、前营游击署、后营游击署、城守营都司署、左营守备署、右营守备署、前营守备署、后营守备署及马场、草场和玉泉营大仓等。总兵署驻马兵、步兵、守兵9500余人，其中镇城营5个，有士兵2300余人。

清廷圈占耕地房屋，强制汉人和其他少数民族剃发易服，残酷镇压民众反抗，血腥围剿农民起义，最终在宁夏清兵营中引起了暴动。王元、马德反清是在全国反清的大背景下开始的。

清初出现的全国性抗清高潮，斗争的主力仍为明末农民起义军，即李自成领导的大顺军和张献忠领导的大西军。清廷视农民起义军为最大障碍，组织全力扑灭之，所谓“今日事势莫急于西赋，破此则大业成矣！”清顺治元年（1644年）五月，摄政王多尔衮进北京后，立即任命英亲王阿济格为靖远大将军，任命豫亲王多铎为定国大将军，分别率军分两路追剿李自成农民起义军，清西征军对陕甘宁地区进行清剿，农民起义军势力大减。清顺治二年（1645年）四月，清廷命刑部左侍郎孟乔芳为兵部右侍郎兼都察院右副都御史，总督三边军务，继续镇压明末农民起义。

李自成的农民起义军主力撤回陕西后，其余部在贺珍、贺弘器、李明义等人的领导下，仍在陕西关中、固原一带坚持斗争。农民起义军组织当地农民，联合前明将士，共同抗清。在宁夏地区，组织抗清斗争的主要领导者为贺珍部大将武大定。武大定原为明朝固原副将，在固原组织反清，“徒党甚众”，同东南抗清斗争相呼应。清顺治二年（1645 年）十二月，武大定处死清军固原总兵官何世元和副使吕鸣复、游击周存德、马应熊，还有守备赵文光、董师吉、魏尚忠等人。次年五月，为反击肃亲王豪格的围剿，武大定率众退入秦州（今天水市）。清顺治四年（1647 年）六月，武大定攻克陕西紫阳县，声势复振。最后因寡不敌众，被清军击败，部众 2000 余人遭残杀，其余部仍在各地坚持抗清斗争，直至清顺治六年。武大定等大顺农民军，对宁夏各地农民和士兵的反清斗争，起到了很大的推动作用。

说到王元抗暴政反满清被杀，首先要说刘芳名，因为他是杀王元的“指挥者”。刘芳名，字孝五，明末清初将领，清代首任宁夏镇总兵官。他是何方人士不清楚，只知是后来入籍宁夏卫的。官至明朝末期，任甘肃柳沟，即今甘肃省安西东的七道沟总兵。刘芳名于清顺治元年（1644 年），随原明代将领降清，仍留原职位。次年，清廷为了迅速控制西北局势，起用明代将领到宁夏任职，刘芳名仍以都督同知衔，首任宁夏镇总兵。是年底，汉中镇总兵官贺珍举兵叛清，同时固原镇副将武大定，占领了固原镇城，各地纷纷响应。刘芳名奉三边总督孟乔芳之命，率兵前往镇压，迫使武大定率部众撤离固原，与在汉中驻扎的贺珍回合。刘芳名一路追击，杀死大批反清官兵。

清顺治三年（1646 年）三月，宁夏镇发生兵变，清宁夏副将王元、马德杀死首任宁夏巡抚焦安民。刘芳名火速返回宁夏镇，采取分化瓦解的手段，平息了此次士兵暴乱，杀死兵变首领杨成名、白友大等，王元败走。次年春，马德等又同农民义军首领贺弘器部众联络，于预旺城，即今同心县城进行反清斗争，一度攻克安定，即今甘肃省定西县，同时王一林占据螺山，即今同心县罗山。刘芳名又奉命进剿，收复预旺城，杀死王一林、马德等，宁夏兵变遂告平息。可见，首任宁夏总兵刘芳名为满清的政权稳定不遗余力，同时也双手沾满了反清者的鲜血。

刘芳名因功被特授为三等阿达哈哈番，后升任四川提督、定西将军，又以右都督身份继续留镇宁夏。清顺治五年(1648 年),刘芳名平息了占据中卫香山的李彩反清起义军,并出兵击败榆林叛将刘登楼、定边屯蒙古首领扎穆素叛乱,清廷又授刘芳名为二等阿达哈哈番。清顺治十六年(1659 年),刘芳名出征江南,任征讨大军右路总兵官,加右都督,率宁夏三营驻守江宁,与明将郑成功战,打败郑成功于崇明。1661 年,刘芳名因不服南方水土,病卒于江宁军营中,清廷破格为刘芳名加授太子太保,谥“忠肃”。

说到王元反清被杀害,就少不了说马宁,因为他是杀死王元的凶手。王元在刘芳名的围剿中已经逃脱,是马宁又追杀的。马宁本是清初将领,回族,宁夏镇人。清顺治二年(1645 年),以明代参将的职务降清,升任凤翔协副将,隶属于英亲王阿济格汉军正白旗。次年,调任宁夏,参与刘芳名与活动在陕甘的李自成农民起义军余部贺珍、贺弘器作战。是年,宁夏镇爆发兵变,首任巡抚焦安明被乱兵杀死,马宁随刘芳名急返宁夏镇进行镇压。刘芳名采取分化瓦解的策略,使兵变头领王元败走,时任副将的马宁等一路追击,王元被杀。

清顺治五年(1648 年),马宁参加镇压甘州回民起义,因斩起义军首领米喇印、擒丁国栋,立大功加都督同知。后因战功,历任四川右路总兵、云南前镇总兵,两右都督、左都督。平定南明桂王后,于顺治十一年(1654 年)改任湖广提督,旋迁山东提督。顺治十三年(1656 年),随顺承郡王博尔锦征讨吴三桂,以功加太子太保。

王元,宁夏府王元桥人,镇总兵署副将。清顺治三年(1646 年)三月,宁夏发生兵变,清宁夏副将王元、马德拉开了反清复明斗争的序幕。

兵变是因八旗兵虐待汉族士兵赵锐引起的。同在一个军营服役,八旗兵吃喝穿戴兵饷等都是双份,而汉族兵一切减半。副将王元分别向巡抚焦安民、宁夏总兵刘芳名反映。“同处军营,两样对待,士卒不满,何以带兵?”而焦安民、刘芳名却说:“朝廷定额,本官无奈,不想带兵,即可辞职。”王元和焦安民、刘芳名大吵了一场,气急无奈,只得回营。

谁知晌午吃饭时,两个八旗兵将吃不完的饭菜喂狗,还戏弄吃不饱的汉族士兵。赵锐骂道:“总有饿死你的那一天!”八旗兵道:“哪一天?咱们有朝廷保着,永远都饿不死,小心哪一天把你饿死了!”两人便吵了起来,幸亏王元及时赶到,把赵锐训了几句，这事也就算完了。

没料到后晌修防御工事时，几个八旗子弟都不好好干营生，躺的、坐的、站的，指手划脚，只命一伙汉族士兵干活。赵锐等汉族士兵知道他们不是来服役的，是来滥竽充数领兵饷的，只顾自己干，也不理他们。一个八旗兵拿着根棍子，这儿敲敲，那儿指指，吹毛求疵。他见赵锐的裤裆破了，弯腰干营生时常露出肉来，就用棍子戳着赵锐的屁股取乐，污秽之言不堪入耳。赵锐骂道："你们这伙乏旗旗，除了干营生没劲，整天乏疲奄拉的，再干啥都来劲！"一个八旗兵听到"乏旗旗"三个字，说赵锐骂了他们的老祖宗，还说赵锐本是这里的"明兵"，并没有真心归顺大清。他把赵锐告到了宁夏满营，清将阿鲁令巡抚焦安民处理。副将王元、马德求焦安民"从轻发落"。清廷为了强化其统治，不许有一言一行的反抗，不许有一字一句的不满，汉人偶有触犯，即杀戮。虽然极力标榜"满汉一体"，但民族偏见极深，对汉族防范猜忌、加强控制，唯恐起来反抗。焦安民说"诋毁朝廷，事关重大，概莫能助"，将赵锐押送满营，说"汉兵之事，凭将军悉便处之"。清将阿鲁将赵锐交给部下一位小监处理。这位八旗小监命人将赵锐衣裤扒光，一丝不留，耳朵上穿了箭，"游营"。

王元画像

这件事霎时轰动了宁夏府城，王元舍命到满营操场，救出了被"游营"的赵锐，约马德参加反清复明斗争。副将马德立即聚集了所属人马，和副将王元的人马围住了宁夏总兵署。清顺治三年(1646年)三月三日，这是个大快人心的日子。王元带兵冲进了巡抚衙门，亲手杀死了清首任宁夏巡抚焦安民，马德包围了总兵署，杀死了八旗副将都鲁多、达花赤，总兵官刘芳名到满营议事正巧逃脱。宁夏总兵署官兵，除了部分清廷任命的官员外，多数士兵都是汉族和其他少数民族。他们听到副将王元、马德反清复明，振臂欢呼，人如潮涌，宁夏府城的居民和壮丁也积极参与。他们杀了清廷任命的官员，共计39人，杀八旗兵315人。王元望着黑鸦鸦的反清军民，高声讲道："三桂可恶，引清妖入关，逼死我大明皇帝，万里江山生灵涂炭。反清复明，国人所向，岂止宁夏府城？今处死妖孽，投奔武大定将军，何惜肩上这颗头颅？”马德讲道：“华夏大汉，岂能容山野匹夫这等欺侮？泱泱古国岂能容豺狼横行？纵然一死，也要与清妖拼个死活！”

王元命将宁夏总兵署武器库打开，全副武装了反清复明兵民，又将粮仓打开，命宁夏府城百姓尽力去拿。宁夏总兵官刘芳名、宁夏满营清将阿鲁带满营兵包围了宁夏总兵署，连续三天都被王元、马德带兵击败。阿鲁命大坝营、玉泉营出兵支援，王元、马德怕士兵们惨遭杀害，放火烧了宁夏总兵署，带兵从宁夏府城西侧突围。浩浩荡荡的反清复明大军跑过王元桥南，又转向西，直朝玉泉营杀了过去。

玉泉营守备张雄迎击王元、张德兵败，畏惧自杀，游击将军阿鲁赤、汗可庆，抗击被俘被王元斩杀。大军占领了玉泉营后，城内士兵和贫农勇跃参加反清复明队伍。王元、马德在玉泉营镇守了近半月，等待固原反清复明的将领武大定派兵马接迎。宁夏镇总兵官刘芳名、宁夏满营清将阿鲁，命大坝营、广武营、花马池营等地出兵围攻玉泉营反清复明军士。王元见玉泉营粮草所剩无几，同马德商议突围。

那是一个拂晓，王元带了一队人马突然冲出了玉泉营，沿着芦草洼、旱草洼、黄羊滩，东转跑过了李俊堡、王弘堡。清军探子报告刘芳名、阿鲁，说王元、马德带兵朝东面灌区逃了，清军的大队人马急忙朝东追击。马德见清兵东去，带玉泉营兵马沿贺兰山脚下行进。在浩瀚的大沙漠中，马德采用迂回、包抄等方式，消灭了大坝营、广武营等地留守清兵，直奔固原城。

王元跑到王弘堡，只听西边的追兵喊杀连天，远望沙尘滚滚，知道清兵追他而来，旋从王弘堡折转沿宁兰公路原址朝北奔跑。王元跑过了王泰堡、王弘堡、大官桥、魏信堡，将所带士兵沿途分开，隐蔽在树林、沟渠对清兵阻击，射伤、射死了大部追兵。王元采用诱敌深入的方法，将沙枣树枝拴在马尾巴上，一路奔驰，烟雾沉沉，把追兵引了过来。当王元跑到王元桥头时，被清军副将马宁的弓箭射中，王元身中毒箭，落马而亡。家乡王元屯区的居民，跪请马宁为王元留下一具完尸，马宁还是把王元的尸体驮在马背上带走了。据说清军把王元的尸体肢解后，朝宁夏府城（今银川市兴庆区）东西南北的荒郊野地里扔了，是城里的老百姓把尸体捡了回来，安葬在一片银白色的滩涂上。安葬王元这天，宁夏府城出现了历史上罕见的“六月雪”，全城银装素裹白茫茫一片，府城内外，哭天号地，四野悲鸣。

清初宁夏发生的反清复明斗争，是居住在韦州（今同心县）的已故明王爷庆靖王之孙发动的，虽说最后以失败告终，但也沉重地打击了清王朝的嚣张气焰，使清王朝后来不得不改变对待汉人和其他少数民族的态度。清顺治帝谕：

> 陕西叛将王元、马德杀抚臣，议扶庆王之孙，摇旗惑众，因而故明王等多被诛戮，朕甚悯焉。今朕亲理万机，代天子民，务期四海万姓，咸得其所，岂独故明子姓不在函育之中乎？自今以后，凡各直省有故明亲王、郡王流落地方者，该督抚察其投诚实情，有无功次，并将伊家口起运来京，分别畜养。

据史料记载，永宁县的王元桥，是汉延渠上较早的桥梁之一。这座桥梁是王元在这里屯田时建筑的。自从王元在桥头被马宁杀害之后，人都叫这里是王元桥。尽管这座桥后来多次拆了重建，但当地人始终叫它王元桥。后人以其名作地名，1958年后，按谐音改为“望远”（今望远镇），含“登高望远”之意，望远被当作地名沿用至今。

“王元大街”第一次出现在官方文献中是民国25年（1936年）的《宁夏省城全图》，王元大街东面便是纳家巷。王元街是明清古街道，南起宝湖东路，北至上海东路，全长4.5公里。此街与解放大街交汇处，是银川市老城区的中轴坐标，也是旧城区街巷经纬交叉的中心点。因此，不仅民族街和解放街从这里分割为民族南街、民族北街和解放东街、解放西街，而且所有东西走向的大街，均在此处和它的延长线上分割为东西街区。在此街的口碑资料调查中，有王元街、王银街和王爷街等不同说法，但按谐音均属一个名称，那就是王元。

据考证，民族街历史上无王银此人，也没有什么王爷住过，王银、王爷属同一个谐音，系当地方言发音变异。1947年，王元大街正式改名为民族街。1956年，民族南街、民族北街合并，称为民族街，但当地年岁大的居民，仍然称这里是王元街。他们说，人老几辈子叫惯了，永远也难改其口。

王元一生嫉恶如仇，路见不平，拔刀相助。宁夏镇总兵署中像他这样能体贴老百姓的官员不多。他为了给反清复明的众兄弟们留一条活路，自己甘愿引火烧身。他被害时，妻子陈氏为了躲避灾难，在王元屯民的掩护下逃出了王元桥。辗转逃离了几个地方，儿子进善还是被清兵搜杀。陈氏痛不欲生，她带着怀孕的儿媳驼氏从河西逃到了河东，最后在亲朋好友的帮助下，又从河东逃到了河西，改名换姓，隐居在宁夏府城郊外。

今日望远镇人民政府

陈氏带着儿媳、孙子，三人相依为命，靠给别人纺织亚麻度日，生活极为艰辛。据史料记载，王元的后裔，“中文举、武举者甚多，第六代孙宋云取进士，列贤人册”。老百姓都说，善人、孝子终有好报。

志锐像

清同治二年(1863 年)，宁夏满营官兵糊口无资，官员之家日仅一餐，兵丁呼饥号寒，以泪洗面，甚至甘心自尽。到了清宣统元年(1909 年)十二月，清将志锐任宁夏满营副都统，上奏拨款安排八旗子弟屯垦。

这一年，在志锐等人的主导下，在唐徕渠西岸，即永宁县靖益村东南的地方，做了一个大水闸，后人称“新开口”，修成了一条长约百余里的水渠，这条渠穿过靖益村、金星村、先锋村，北至镇朔堡(今平罗县境内)，灌溉沿贺兰山东麓一带的满营马场新垦之地。将唐徕渠水北引至银川郊区芦花台北偏西 4.2 公里处，设立“屯庄”，修建了一个大寨子，寨子四方形，南北各有一个门，寨墙高 7 米，占地 50 余亩。供旗兵及家属屯垦，并将这条渠取名为“湛恩渠”，这里原名叫西店庄，成立人民公社后改为同(屯)庄大队第三生产队，但是旗兵及家属多不在屯庄耕种，而是将用地租给附近逃荒到此的外地人耕种，这条渠被称之为“新开渠”。志锐的这种很有眼光的举措，却遭到这些寄生虫的强烈反对，他们暗地里向朝廷编造谎言，控告志锐。朝廷只得将志锐调任伊犁将军。不久，辛亥革命爆发，志锐又被调往杭州，垦荒之事便不了了之。清宣统二年（1910年）七月，志锐被调任杭州将军离开宁夏，同年十二月被调任伊犁满营将军，不久遇刺身亡。志锐在宁夏任职期间，曾写下许多抒情言志的诗词，但多已散失。他离开宁夏时，到宁夏满营副都统常连的别墅"一揽楼"（将军楼）做客，兴致所使，作《题常冠三都护一览楼》诗：

背郭堂成静掩关，黄河如带有无间。
为邀佳客频开阁，贪玩奇花每破颜。
地敞喜无遮眼树，楼高常对列眉山。
主人雅有桑麻意，戴月携锄且往还。

民国3年（1914年），马福祥任宁夏护军使兼任宁夏将军，他宣布取消旗制，解散满营，化旗为民。当年志锐为旗人开渠屯垦之举，终究还是派上了用场。当时被解散的满营官兵2200余人，马福祥不分官兵，骑兵每人发生活费白银50两，步兵每人25两，全部遣散。另外，还有官兵家属2400余人，除少数孤寡酌给救济费外，绝大多数分文未给，就随同被遣散官兵一起，拨给湛恩渠（今新开渠）附近部分荒地，令其垦荒谋生。

因满族人一向依靠政府供给生活，子女出生，即有双粮双饷，从不知劳动生产为何事，加上当时既无农具，又无畜力，即使劳动，实际也无法耕种。因而大部陷入饥寒交迫的惨境，有出卖儿女的，有沦为乞丐的，甚至有生活无着被迫自杀的。

东征西战的赵坤

清圣祖康熙爱新觉罗·玄烨像

清康熙初年，噶尔丹做了准噶尔汗，野心勃勃，极力向外扩张，先把厄鲁特各部统一起来，再征服天山南路回部诸地，形成了一个巨大势力，占据新疆、青海，并且威震西藏。于是噶尔丹又进一步向东发展，欲吞并喀尔喀蒙古，和清朝相对抗。康熙二十七年（1688年），噶尔丹率军越杭爱山突袭土谢图汗部，土谢图汗未及防备，仓皇溃走，噶尔丹复进而攻打车臣汗和扎萨克图汗，又劫夺了大喇嘛哲布尊丹巴呼图克图的坐帐，全部喀尔喀都遭受蹂躏。当时喀尔喀部众被逼，欲北向投往俄罗斯。但由于风俗习惯的不同，大喇嘛哲布尊丹巴呼图克图说："我辈受天朝慈恩最重，若因避兵投入俄罗斯，而俄罗斯素不奉佛，俗尚不同，视我辈异言异服，殊非久安计，莫若携全部内徙，诚投大皇帝，可邀万年之福。"

就这样，喀尔喀的数十万众即相率南走，投顺了清朝。康熙帝一方面把他们安置在内蒙古北部水草地游牧，一方面命噶尔丹退兵归还喀尔喀之地。但噶尔丹在俄罗斯的支持下，有恃无恐，乃乘势东进，在康熙二十九年（1690年），以追喀尔喀为名，侵入内蒙古。为了维护国家的统一，康熙帝遂决定用兵讨伐噶尔丹。

康熙帝对噶尔丹的战争共进行了三次，皆御驾亲征。第一次是康熙二十九年（1690年），第二次是康熙三十五年（1696年），第三次是康熙三十六年（1697年）。康熙帝第三次御驾亲征噶尔丹，是坐镇宁夏府城（今银川老城区）亲自指挥千军万马的。康熙三十六年（1697年）二月初，康熙帝第三次亲征噶尔丹。二月初六，康熙帝踩着北方大地的严寒，带着稳固西北边防的重任，经大同、渡黄河、过榆林、过定边，进入盐池。二月二十四日，康熙帝在黄河边祭奠河神到达横城，在横城古渡住宿一夜。三月二十六日，康熙帝抵达宁夏府城。三月二十八日，康熙帝检阅绿营马步兵操练。三月二十九日，康熙帝登银川南门城楼巡防阅兵。康熙帝离开宁夏府城，赴银川北塔。康熙帝在宁夏共住了19天，他检阅绿营军队，布置军事运输，从横城渡离开时，河面上有101艘船，其中楼船3艘，官员和侍卫坐船96艘，载马匹的大船2艘。他从水路沿黄河运输军粮1.17万石，运往前线的骡马1.5万匹，骆驼1600峰，为平定噶尔丹叛乱提供了足够的物资。康熙帝写了一首《横城堡渡黄河》流传至今：

历尽边山再渡河，沙平岸阔水无波。
汤汤南去劳疏筑，唯此分渠利赖多。

康熙在宁夏写的诗还有《望贺兰山》《凯旋言怀》《中卫酒》《塞上行》等。有关康熙帝访宁夏的故事，当地流传很多，民间传播甚广，有的已经编成了戏剧。关于康熙帝亲征噶尔丹的故事却鲜为人知，这要从跟随康熙帝亲征噶尔丹的赵坤说起。

赵坤，字兑先，号赓场，宁夏府宁朔县魏信堡人，死后埋葬在永宁县通桥公社西南侧的汉延渠畔。清康熙、雍正年间，历任荣禄大夫、銮仪卫銮仪使、左都督、湖广提督、总兵官，是古代永宁县职位显赫的一位将军。永宁县的魏信堡（今东魏村、西魏村），是北魏时期刁雍任薄骨律镇仓城将军时建立的新魏屯庄，明代时设立了魏信堡，可见历史悠久，人文荟萃。

赵坤少年丧父，是母亲吴氏供其读书，通文达义。后因家庭衰落，生活极为困苦。母亲吴氏年老体衰，又多种疾病缠身，无人供养赵坤继续读书，万般无奈，赵坤只得弃书从戎，以军饷供奉老母的生活所需。人说“家贫出孝子，磨难出豪杰”。赵坤从军后，在军营中苦练武艺，尊上敬下，吃苦在先，很快就精通兵书韬略，成为拔尖人材。宁夏镇总兵官殷化行（原名王化行）在一次检查军士的操练中，“慧眼识金”，发现赵坤不但军事技艺娴熟，而且指导有方，善于判断推测，在士兵中威信高。他说这孩子天生有“聚将心”，点名将赵坤要到总兵署，亲自培养训练。赵坤跟随了殷化行后，更是严于律己、宽以待人、谦虚好学。他勤操苦练，娴熟地掌握了各种兵器的运用、维修，擅长骑马射箭，深得殷总兵的器重。

清康熙十年（1671年），漠西（今新疆伊犁河流域）蒙古贵族噶尔丹夺得准噶尔汗位后，极力向周围扩张。噶尔丹吞并了境内杜尔伯特和辉特部后，于康熙十六年（1677年）进占了青海的和硕特部及南疆的回部诸城。

清康熙二十九年（1690年），噶尔丹又率兵三万人马，自呼伦池（今呼伦湖）沿大兴安岭西麓南下，占领了内蒙古乌珠穆沁族一带。对于噶尔丹分裂割据的行为，康熙帝遂决定出兵，并亲自挂帅，御驾亲征噶尔丹。宁夏镇总兵官殷化行，任命赵坤为镇标把总，随康帝御驾亲征噶尔丹。清军分左右两翼出击，右翼军在内蒙古乌珠穆沁的地方和噶尔丹交战，清军作战失利。噶尔丹乘胜急进，攻入乌兰布通（今赤峰市），直打到离北京仅350公里的地方，朝野上下震惊。赵坤在左翼军，他看出噶尔丹兵力拖拉、战线过长，噶尔丹驼城兵力弱的情况，立即提议殷化行攻打驼城。殷化行遂命赵坤为先锋，攻打噶尔丹的驼城。赵坤带领人马，身先士卒，一举攻克了驼城，使噶尔丹首尾不能相顾，全军败退。赵坤在战斗中立功，受到康熙帝的奖赏，由镇标把总升职为千总。

清康熙三十五年（1696年），康熙帝第二次亲征噶尔丹，千总赵坤带兵前往。清军在昭莫多（今乌兰巴托东南）的地方和噶尔丹激战。赵坤带领部队在大漠中和噶尔丹迂回作战，反击包抄，收复了噶尔丹部占领的三处部落，歼敌100余人。在清兵的围攻下，噶尔丹部大败，噶尔丹仅以数十骑逃遁。赵坤在战斗中又立功，再次受到康熙帝的赏赐，由镇标千总升职为都督佥事。

清康熙三十六年（1697年），康熙帝第三次亲征噶尔丹，都督佥事赵坤领兵前往。康熙帝在宁夏府城坐镇指挥，宁夏镇总兵官殷化行采纳了赵坤将噶尔丹在宁夏北部地区围歼的建议，将噶尔丹四面包围。赵坤采取偷袭、诱敌深入、佯攻等方式，个个击破噶尔丹军部落。最后，在“四面楚歌”的拉锯战中，噶尔丹部被分化瓦解。噶尔丹自知穷途末路，再无伎俩可施，只得服毒自杀。康熙帝第三次御驾亲征噶尔丹，大获全胜，班师还朝。随后，赵坤又率兵出塞，至空廓洛济尔罕，击败噶尔丹残余势力，收复部落四处，歼敌200余人，率兵凯旋而归。清廷升赵坤为宁夏镇都督佥事、玉泉营守备署守备。

战争结束后，康熙帝使喀尔喀诸部仍回原来牧地，并把喀尔喀各部一律改编为旗，共分为55旗，旗设扎萨克(旗长)，由蒙古领主担任。雍正年间，喀尔喀又分为74旗，到乾隆年间，因人口增多，增加为84旗。从康熙朝开始，喀尔喀蒙古正式归附清廷，外蒙古地区完全处于清廷的管理之下。至雍正、乾隆两朝，清廷又先后在乌里雅苏台(今蒙古扎布哈朗特)及科布多(今蒙古吉尔格朗图)筑城，设定边左副将军驻乌里雅苏台，设参赞大臣驻科布多，以掌管喀尔喀蒙古的一切军政大权，从此遂为定制。

赵坤参加康熙帝御驾亲征噶尔丹，多次立功，多次受到嘉奖。他先后调升为遵化游击将军、平阳参将、新平参将，杀虎口川陕督标副将。其间，曾代理总兵官，屡立战功。康熙帝曾数次亲自召见，赐给赵坤袍翎、鞍马、御筵、御书、御扇、楹联及皇宫御书。一名副将，能受到皇帝召见已属罕见，至于御赐优惠礼物，即使是朝廷重臣也不多见。

清康熙五十六年(1717年)，赵坤被任命为云南鹤丽镇总兵官。康熙五十八年(1719年)秋，赵坤统五路大军平定了大中甸。康熙五十九年(1720年)春，赵坤统兵与定西将军会师察木多，打败准噶尔兵，活擒蓝占巴丹巴，攻克墨竹工卡，平息了结敦及工布竹贡，平定了西藏叛乱，被晋升为左都督。这年冬天，定西将军授令归朝，只留赵坤统帅四川、云南籍士兵镇守西藏。

当时西藏久经战乱，百姓饥疲不堪，被平息后的残余势力还蠢蠢欲动，被击退的准噶尔势力仍虎视眈眈，伺机再次作乱，致使民心恐慌，且“帐下卒久客思归，势岌岌也”。面对这种形势，赵坤镇定自若，积极安定军心，谨慎安抚少数民族。因此，赵坤镇守西藏三年，无骚动，边陲安定。康熙帝大悦，赐厚物嘉奖，下令赵坤班师还朝，就在赵坤领旨回归的途中，康熙帝驾崩。康熙帝在宁夏时，曾视察过位于原陶乐县的浑怀障，并留下诗文流传至今：

塞北边关浑怀城，天下黄河独一景。

各族儿女陶然情，乐而忘忧享天伦。

据考证，后来在此设立的陶乐设置局、陶乐县，就是根据康熙帝诗命名的。

清雍正元年（1723年），雍正皇帝即位，提赵坤为贵州提督，并亲自召见了赵坤。雍正皇帝赐给越坤白银千两及弓刀等物品。赵坤赴贵州上任时，正遇苗族起事于定广，他立即派军平息，使事态再没扩展，矛盾化解，恢复正常秩序。

清雍正三年（1725年），雍正帝又晋升赵坤为銮仪使，兼四川提督。不久，又改授为湖广提督。清雍正四年（1726年），赵坤以銮仪使退职，回归故乡宁塑县魏信堡。

赵坤身为宁夏府宁朔县籍的一员名将，他的身世当地人并不知晓。20世纪80年代初，永宁县开始编修历史上的第一部县志。县志办从有关资料中查到了赵坤的名字，但一直苦于无其他资料记载。后来查来查去，听说1972年通桥公社平田整地时，发现过两块石碑，但是谁也不知道这两块碑后来被扔到了哪里。向这里所有的老年人打听，才听说可能是在白家湾子那个队。白家湾子，是靠近汉延渠拐弯处的一个生产队，县志办便在这个生产队挨家逐户搜寻。最后在一家农户的圈墙基下发现了两块石碑。

清代赵坤墓碑和墓志铭

据当事人说，平田整地时在汉延渠东，通桥公社供销社西侧，开挖引水渠，挖开了一座古墓，墓室用青砖砌成拱形，里面的棺材已朽，但人的原样还在，带着官帽，穿着官袍。当空气进去后，墓室瞬间变成了一堆灰，棺材成了碎木沫，尸骨变成了细尘,不住朝出飞腾。里面还有一些大大小小的陶瓦罐子,一些锈迹斑斑的箭头、短刀。两块石碑合扣,外用铁箍箍扎,原置于大青砖拱券的墓室口处。

砌墓室的大青砖后来被生产队拉回去砌了猪圈,一些瓷器陶器等瓶瓶罐罐,当时就被当作“封资修”的遗物打成了碎片,一些锈迹斑斑的“铁货”被人捡了去卖到了供销社废品收购站。出土了几块金锭、几块银元宝,几块银元谁也说不清,当时用麻袋装了送到公社革委会(查无下落)。出土的很多铜圆、麻钱钱(铜钱),当地人忌讳,不敢把坟墓里的东西朝家里拿,被不知事的儿童捡了去栽鸡毛毽子踢。两块石碑先抬了放在渠塀上,后来被社员用做圈墙石基。

两块石碑大小形状相同,材质是贺兰石,质地坚硬,表面打磨得很光滑,宽64厘米,高61厘米,厚14厘米。一块是墓碑碑文,为篆刻阴文墓碑,竖排5行41个字,每字大小为5.3×4.3平方厘米;一块为楷书阴刻墓志铭,竖排39行1281个字,每字大小1×1平方厘米。

这两块石碑如今存放在永宁县档案馆的楼梯下,经常有文物工作者来永宁县档案馆拍照、拓制碑文。从这以后,赵坤的身世、经历、事迹才大白于天下。

原来赵坤的曾祖父赵廷鹗、祖父赵尧宁、父亲赵文焕,均被清廷诰赠为荣禄大夫。曾祖母杜氏、祖母金氏、母亲吴氏和夫人姚氏,均被清廷诰赠为一品夫人。据《乾隆宁夏府志》记载:吴氏,赵文焕妻,銮仪卫赵坤母。坤八岁,文焕卒。吴氏苦守清贫,教坤成立,以功名显,诰一品夫人。蒙圣祖仁皇帝御书“女节闺阃”匾以赐。

赵坤生于清顺治十七年(1660年)庚子冬十二月十八日,卒于清雍正十三年(1735年)乙卯春三月二十日亥时,享寿七十有六。墓志铭中记载,“国家将领多产西陲,宁夏其尤也”。幕志铭中评价赵坤,共四次出塞,“抗击逆夷,战胜攻取”,由一名小卒升为一名军帅。他的雄杰被誉为“全军之冠”,对下谦逊,和颜悦色,不以功臣自傲。作战思虑周到,运筹于帷幄之中,决胜于千里之外。敏思恢远,气量有度,超过同辈人等。故能在三个地方统帅军民,而又能历两朝。受人器重,受人尊敬,并以功名而贯穿始终。古人称之为良将者,唯有赵坤能列入其中。铭曰:“发迹队率,到肇纡朱,昌家之绪,公曰母劬。申威漠碛,勒鼎赐旅。敌国之忾,公曰庙谟。鹰扬桓桓,气雄万夫,泊以功归,如虚若无。黄河剑横,燕峰饰舒,景溯仿佛,公其在乎!”这便是墓志铭中对赵坤的评价。

2011 年 10 月 14 日在胜利乡胜利村一组发现的石碑，字迹已模糊不清

赵坤的夫人姚氏，终生“明淑瑞肃，治家有方”，被清廷诰赠为一品夫人。她生于康熙五年(1666 年)丙午冬十一月十五日寅时，先于赵坤在清雍正二年甲辰秋八月二十六日亥时去世，享寿五十有九。姚氏先葬于老茔坟地，于雍正十二年(1734 年)甲寅冬十月十三日辰时移葬于通吉桥新茔。所以，赵坤死后，同夫人姚氏合葬，也埋葬在通吉桥新茔坟地，证明出土石碑的地方，是赵坤家族新建立的茔地。

赵坤的新茔地在宁朔县的通渠(吉)桥，那么他的家祖上的老茔地在什么地方呢？多年来一直是个谜。2011 年 10 月 14 日，家住在 109 国道边的胜利村一组农民发现一块石碑，这座石碑高 140 厘米，宽 85 厘米，厚 21 厘米。因为年代久远，碑上的字迹无法辨认，抹去浮土，可见“皇清诰授荣禄大夫顕考威远府，康熙岁次甲午十月二日”字样，碑的周边刻着三组二龙戏珠的图案。据当地村民说，这里以前就发现了很多石板，都用来垫了墙根，当了水闸。2007 年，杨贤村的一位农民还挖出了一个一吨重的石乌龟，是石雕的，后来埋在了池塘下。

清代永宁籍的历史人物再无授“荣禄大夫”的，只有赵坤的曾祖父赵延鹗、祖父赵尧宁、父亲赵文焕和赵坤本人被授“荣禄大夫”，由此可以推断：赵坤的祖上老茔地在今胜利村一组的 109 国道边。

赵坤只有一个儿子，名叫赵秉铎，任广西浔州副将，原配夫人沈氏，系原任四川会盐营守备沈弘业之女。继配夫人石氏，系原直棣抚标外委千总石武之女。赵坤有三个孙子，长孙赵浚，娶妻沈氏，系原任四川建昌镇标千总沈瑾之女。次孙赵溥、三孙赵涵。赵坤有曾孙一人，取名赵学朴，系赵浚之子，年幼。

赵坤的墓志铭由高其倬撰写，高其倬曾被赐进士第、太子太保、兵部右侍郎、巡抚湖南兼都察院右副都御史、世袭三等男。赵坤的墓志铭由解震恭亲手丹书，解震恭曾被赐进士第、戊戌会魁、陕西省原翰林院庶吉士。赵坤的碑文由辛禹籍用篆体字书写，辛禹籍曾被赐进士出身，文林郎、宁夏府宁朔县知事、丙辰科陕西乡试同考官、纪录五次。赵坤的碑文、墓志铭由赵秉铎、赵浚、赵溥、赵涵等一子三孙请雕刻匠刻制。碑文是："皇清诰授荣禄大夫、銮仪卫銮仪使、左都督带余功四次、前提督湖广全省军务赵公暨一品夫人合葬墓"，墓志铭是：

公讳坤，字兑先，号赓扬，陕西宁夏府宁朔县人

曾祖曰廷鹗，祖曰尧宁，父曰文焕，俱以公贵。诰赠荣禄大夫。曾祖妣曰杜氏，祖妣曰金氏，母曰吴氏，诰赠一品夫人。家世儒素，少而孤，母吴太夫人苦节，抚训读书，通大义。顾家世中落，既缺齑粥。吴太夫人年又老贫，无以为养，不得已弃书戎行，籍军饩为供馈。遂娴韬钤，善骑射，材武冠其侪伍。乡□达勇略赵公，提军殷公为时名将，少所许可见公皆器之，数里中后起者必为公下一指己。而后镇标把总，随师征噶尔丹，战功最，拔千总。复出塞至空廓洛济儿罕，军还。擢玉泉营守备。录前后功，加署都司佥书。由守备历遵化游击，平阳、新平参将，杀虎口川陕督标副将，六迁转为石匣副将，中间凡再膺卓異异一署总兵。五被召见，受知于圣祖仁皇帝。赐袍翎、内厩马、御庖珍食，又再赐御书扇联及内殿书。武职自副参以下偏裨不与戎帅比。公之受赐同于闽，臣盖异数也。

康熙五十六年，命领西宁兵，未行，授云南鹤丽镇总兵官，赐赉优异，遣之镇。五十八年秋，偕都统五格统兵抚定大中甸。五十九年春，率师与定西将军会察木多，败准噶尔兵，擒蓝占巴丹巴，攻克墨竹工卡，抚定结敦及工布竹贡，降伪藏王，恢复西藏。录功加左都督。是年冬师旋，独留公总川滇兵镇西藏。当是时，藏地经逆贼蹂躏，遗民饥疲，反侧者复介其间，时时摇诸番而怵之，准噶尔逆众虽遁去，犹眈涎伺隙阴与若辈通，以虚声相恐动，而帐下卒亦久客思归，势岌岌也。公意思安闲，佯若不知者，抚将士以恩，接夷落以信，终三年迄于无警，边赖以安。圣祖嘉之，命率师还，仍朝京师，赐赉视昔有加。甫首途，值龙驭升遐。

世宗宪皇帝即位初，即擢公贵州提督，入都召见，赐银千两

及弓刀诸物。比至黔，值仲苗横扰定广，遣军平之。奉谕嘉叙。雍正三年，擢銮仪使。复命署四川提督，未几改授湖广提督。四年，以銮仪使致仕。十三年乙卯春三月二十日亥时，以疾终于里第。距生顺治十七年庚子冬十二月十八日子时，享寿七十有六。夫人姚氏，明淑端肃，治家有方，诰封一品夫人。先公十二年，于雍正二年甲辰秋八月二十六日亥时卒，距生康熙五年丙午冬十一月十五日寅时，享寿六十有九，以雍正十二年甲寅冬十月十三日辰时葬于通渠桥新茔。

子一：秉铎，广西浔州协副将加一级、记录一次。原配沈氏，原任四川会盐营守备讳弘业公女。继配石氏，原直棣抚标外委千总讳武公女。孙三：长浚、荫生，娶沈氏，原任四川建昌镇标千总讳瑾之女，次溥、涵，俱业儒，未聘。曾孙一：学朴，浚出，幼。秉铎奉旨给假归里，将以乾隆三年戊午春二月初二日戌时葬公於府南魏信堡通渠桥西，合祔姚夫人新茔。道经长沙，因予向与公联事，来乞铭。呜呼！国家将领多产西陲，宁夏其尤也！迹公生平，凡四出塞，击逆夷，战胜攻取，由卒伍取军帅，其雄杰为军锋冠。予闻与言，言谦而色下，若不有勋伐者。及与筹方域长计，又意思恢远，其气量有度越伦辈者，不徒以劲捷猛鸷与师武臣挚长于尺寸间，故能帅三阃历两朝，受寄举职，以功名终始。古之称良将者，公殆其人哉！是可铭也。铭曰：发迹队率，列肇纡朱，昌家之绪，公曰毋劬。申威漠碛，勒鼎锡旅。敌国之忾，公曰庙谟。鹰扬桓桓，气雄万夫，泊以功归，如虚若无。黄河剑横，燕峰旆舒，景溯仿佛，公其在呼！

赐进士第、太子太保、兵部右侍郎、巡抚湖南兼都察院右副都御史、世袭三等男，年家眷弟高其倬顿首拜撰文

赐进士第、戊戌会魁、陕西省原翰林院庶吉士、年家眷世晚生同里解震恭，顿首拜书丹

赐进士出身、文林郎、知宁夏府宁朔县事、丙辰科陕西乡试同考官、纪录五次，辛禹籍顿首拜篆额

不孝男秉铎泣血稽颡，期服孙浚、溥、涵稽首勒石

宁夏县与宁朔县

凤凰城里凤凰游，凤去城留岁月悠。
沃野千湖波涌碧，峻山万壑松拂幽。
广场绿苑舞花影，大道华灯映锦楼。
塞上山河惊巨变，壮歌一曲动神州。

这是项宗西写的《凤凰城新歌》，诗中描绘了今日银川凤凰城的景色。

宁夏府城自古以来有凤凰城的传说。凤凰，人称九天娘娘，也称为九天玄女圣母娘娘，其化身有2个，分别是金凤仙女和青鸾童子。金凤仙女侍奉创世女神女娲娘娘，青鸾童子守护女娲宫门户。女娲娘娘经常巡视天下，金凤仙女和青鸾童子随其左右。在《尚书·益稷》中记述大禹治水后，举行庆祝盛典，由夔龙主持音乐，群鸟群兽载歌载舞。最后，一只凤凰也来了，“萧韶九成，凤凰来仪”。

凤凰的到来，天空顿时金光灿灿，八方禅云飘飘，百兽起舞，百鸟朝贺，一派欢乐祥和的景象。金凤仙女带领百鸟驾彩云、舞长空，一路翱翔，飞过贺兰山，看到一片一望无际的绿洲，大河在绿洲中流淌，湖泊在绿洲中闪烁，真是“晴川历历、芳草萋萋”的仙境。于是，凤凰和众鸟在天空中久久盘旋，流连忘返。突然，一座瑶台突立于绿洲之上，巍峨辉煌，傲视苍穹。凤凰鸣叫三声，盘落台上。瞬时，红光漫天，莺歌燕舞，绿洲更是生机无限。凤凰从此后，就再也没有离开过这个地方。

凤凰来仪之地，就是现在的宁夏川。那座高台，就是宁夏城西南郊的“五里台”。于是，这里的人把宁夏府城称为凤凰城，五里台称为凤凰台。

在历史悠久的凤凰城有两个古老的县衙，这便是宁夏县和宁朔县。这两个县同时成立于清雍正二年（1724年），其中宁夏县一直到民国30年（1941年）撤销，在历史上存在的时间长达217年；宁朔县虽在1941年管辖范围有所变动，但县名未变，一直到1960年才撤销，成立青铜峡市，在历史上存在的时间长达236年。宁夏县、宁朔县在当地老百姓中影响极深，至今永宁县当地的老百姓还指着原宁兰公路遗址东的人说他们是宁夏县人，而宁兰公路东的人指着宁兰公路西的人说他们是宁朔县人。宁夏县、宁朔县成立前后的轶事，要从清康熙王朝说起。

康熙帝为了加速荒田开辟，从康熙十年（1671年）开始，陆续放宽垦荒起科年限，将三年宽至四年，又宽至六年，再宽至十年。而在平定三藩之后，因为释去浩大的军费负担，康熙帝更进一步放松了起科令，对于农民开垦成熟应该按限起科的田地，则常常是“未令起科”，“不事加征”。这样康熙年间的垦荒才有了起色，渐次获得效果。

此外，康熙帝又积极鼓励地主乡绅垦荒，以官职作为赏赐。凡贡监生员富民垦地20顷以上，能通晓文墨者授为县丞，不能通晓文墨者授为把总，而垦地至100顷以上，以通晓文墨者授为知县，不能通晓文墨者授为守备。

除了招民垦荒之外，还发动民间的自愿垦荒，宁夏府的户民在城南陈家寨（银川南门外）、谢家寨（今宁夏医科大学附属医院一带）、更名户（今银川南门一带）、谢谷俊户（今掌政堡西一带）、邵必户（今银川市兴庆区东门一带）、张滕户（今银川光华门一带）等地开荒，这些开荒的家族和户主成为这一带的地名。清廷还下令将明代藩王庄田及清军八旗子弟圈占后而又撂荒的土地免价给予原来的佃户耕种，佃户“改为民户”，田地“永为世业”，号为“更名（明）地”。所以，宁夏府城之南明代便有了“更名户”“无名户”田庄，后来作为地名。“更名地”的实施，对于鼓励农民从事农业生产，开发荒地，起了一定的作用。在上述种种举措之下，到了康熙末年，荒地基本上得到开垦，所谓天下田土“开垦无遗”，“尽皆耕种”。

康熙帝重视蠲免钱粮，免赋税，把这看作是恢复经济的重要措施。在执政的60余年中，“前后蠲除之数，殆逾万万”。像这样大规模的蠲免钱粮，在历史上是罕见的。康熙帝招民垦荒，采取一系列优惠政策，促进了农业的发展，为雍正朝的继续发展奠定了坚实的基础。

清雍正元年（1723年），雍正帝推行“地丁合一”法征收粮银，即丁税不再按丁征收,而摊派到地亩上,这样田多的人丁税负担就多,田少的人丁税负担就少,而无田的人则不负担丁税。此后,“富者田连阡陌,竟少丁差,贫民地无立锥,反多徭役”的状况为之改变,田多的地主不再倖脱于丁税,丁税即寓于其地税之中,而无地少地的贫苦人则可以免去丁税或减轻丁税负担。从此之后,农民不再有添丁纳税之虑,不必再为躲避丁税而逃匿。这一政策的实施,也有利于人口统计和人口增长。

雍正帝改革了延袭明代的“一条鞭”法,实行“地丁合一”法,解决了垦田中的深层次问题,使农民垦荒种田的热情近一步高涨,人口持续发展,为设置宁夏县、宁朔县提供了经济、人口的必备条件。

清雍正二年(1724年)十月,在宁夏镇左屯卫的基础上设置了宁夏县,在宁夏右屯卫的基础上设置了宁朔县。宁夏县用故西夏地的一个“夏”字,前加一个“宁”字,表示安宁之意;宁朔县,用故朔方郡的一个“朔”字,前加一个“宁”字,同样表示安宁之意。

宁夏县、宁朔县境域,大致以原宁兰公路遗迹为准,即今109国道大致走向,路东为宁夏县,路西为宁朔县。

宁夏县隶属甘肃省宁夏府,东至灵州临河堡界30里,西至宁朔县丰盈堡50里,南至宁朔县林皋堡90里。在宁夏府城内辖前在城、左在城、宁在城三街区,共辖堡寨21个。其中有任春堡、王弘堡、王泰堡、王铨堡、杨和堡、许旺堡、魏信堡、张政堡、河西寨、李祥堡。今银川市三区、永宁县、贺兰县大部和青铜峡市局部地区属之。

县衙在宁夏府城南门大街西,初设县时没有署,清乾隆四年(1739年)始建署。清同治二年(1863年)兵燹全毁。清光绪二十九年(1903年),知县林寿钧在其旧址捐廉重建。清宣统三年(1911年),头门被兵焚毁。民国2年(1913年),知事张鉴禀请就府废署木料补修。民国7年(1918年),知事余鼎铭于二堂左侧小院建戏楼一座,房屋均加修葺,署之曰宁夏县行政公署。

县衙管狱员署在县署西(民国2年,典史改设,狱在署后)。警察所寓民房(民国2年设)在县署后。镇标左营游击署(兼中营)在大仓西。左营守备署在城隍庙街西。右营守备署在旧北门大街东。前营守备署在瓦仓后。后营守备署原在城隍庙前,后移至大南门西。火器局在城北真武庙,军器局在守备署。教场在德胜门外,马场在河西寨南堤埂外。清和门外、杨和堡、叶盛堡有官厅各一所。草场在城西南隅(明五卫草场旧地,与宁朔县草场相连)。杨和堡、任春堡各设社仓一所。

宁夏县衙原在宁夏府城（今银川市兴庆区）南门大街西,1935年迁到谢保堡(今贺兰县习岗堡)。

宁朔县隶属甘肃省宁夏府，东至宁夏县张政堡沟桥5里，西至贺兰山外边界70里,南至宁夏县王元桥8里,自宁夏县叶盛堡兴里庙起至中卫县属分守岭交界60里,东南至青铜峡河岸10里,北至平罗县李刚堡界40里。在宁夏府城内辖更名户、张滕户、邵必户、谢谷俊户街区。其辖堡寨23个,其中有镇北堡、平羌堡、李俊堡、唐铎堡、邵刚堡、宁化寨、宋澄堡、僧刚堡、靖夷堡、杨贤堡、丰盈堡、杨信堡。今银川市三区、永宁县、青铜峡市、贺兰县部分地区属之。

县衙在宁夏府城西大街,清乾隆四年(1739年),由旧道署基址改建。清同治二年(1863年)兵燹全毁。清光绪二十年(1894年),知县傅维祐拓地藏庵北巷重新建筑。民国3年(1914年),取消旗制,移宁朔县治于满城,以将军署改建,规制甚宏,西边建有花园一处,树木荫浓怡人,共计房屋200余间,署之曰宁朔县行政公署。

县衙管狱员署在县署侧(民国2年设狱在署侧)。警察所在城内(民国2年设)。将军署在城西大街(改县署)。左翼都统署在东大街,右翼都统署在西大街(移驻凉州,公署久废)。八旗官兵营房,镶黄、正白在城东北,正黄、正红在城西北,镶白、正蓝在城东南,镶红、镶蓝在城西南。协领佐领防御骁骑校署各在本旗。镇标右营游击署在城旧北门大街东。前营游击署在城西方井街东。后营游击署(兼城守营都司)在城羊市街北。南薰门外官厅一所,米粮市官铺5间,文庙南、大仓后、喇嘛寺西、玉泉营各设社仓一所。

宁朔县衙原在宁夏府城(今银川市兴庆区)西大街,民国3年(1914年)迁到满城(今银川金凤区),后迁址王弘堡、翟靖堡、小坝堡。

宁夏县、宁朔县各设警局一所,分局5处,警官一员,管缉盗、盘奸宄。下有快班,负责缉拿追捕,巡兵125人。

宁夏县、宁朔县成立后,开始了农业和水利的大发展时期。史书上评价永宁县的农业开发,“起于秦,盛于汉,复兴于隋唐,大完备于明清”,其中的“清”,就是指清雍正年间，也就是成立宁夏县、宁朔县之后的这段历史时期。

民国17年(1928年)宁夏省成立,宁夏县、宁朔县仍然是宁夏省的大县。虽然自古以来就不断有汉族、蒙古族、回族迁入,但宁夏省的人口密度和青海、新疆一样,亦属全国最低。民国23年(1934年),宁夏全省人口平均密度每平方里仅有7人,在宁夏西北部的沙漠地带几乎是杳无人烟。在水草繁茂的地带,游牧民亦居无定处,仅在黄河沿岸地区或水路交通方便之处有一些小城镇。而宁夏县、宁朔县在民国29年(1940年)总面积分别是4000平方公里、5200平方公里,总户数分别是1.67万户、1.52万户,总人口分别是9.83万人、8.42万人,人口密度分别是每平方公里41人、39人,耕地面积分别是41.53万亩、38.68万亩,人均耕地分别是4.35亩、4.59亩。随着经济的发展,宁夏县、宁朔县的教育事业也突破了长期以来的桎梏,宁夏县中心小学发展到7所,教员54人,学生1529人;国民小学63所,教员113人,学生4979人。宁朔县中心小学发展到8所,教员47人,学生1582人;国民小学52所,教员72人,学生3759人。

民国26年(1937年)11月,宁朔县曾岗乡地籍册

民国30年(1941年),宁夏县、宁朔县析置为宁朔县、贺兰县、永宁县,宁夏县从此撤销,史称“夏朔两县变三县,增添永宁和贺兰”。宁朔县治先迁址宁夏满城,后迁址王弘堡、瞿靖堡、小坝堡,改为青铜峡市。永宁县治设在杨和堡。

四渠总龙王——通智

通智画像

通智，满族，官兵部侍郎。于清雍正四年（1726年）三月来宁夏办理渠工6年，先后办理大清渠、惠农渠、唐徕渠、汉延渠等渠整修工程。为防止黄河水泛滥，通智从王泰堡起，沿黄河筑长堤320余里，还疏通西河旧淤350余里，以泄汉延渠、唐徕渠及诸湖碱水。

通智主持新修的惠农渠，从宁朔县的叶盛堡东南开进水口，渠身走向并汉延渠而东北行，至平罗县的河西堡，渠口宽十三丈，至尾收为四五丈，底深丈一二至五六尺不等，全长300余里，灌溉农田2万余亩。在渠上建进水闸一座，在惠农渠东建护堤一道，沿渠种植树木10万余株。渠成赐名“惠农”，俗称“皇渠”。在惠农渠北梢以东的地方开挖昌润渠一条，以补充惠农渠的水量。他在昌润渠浚工时曾即兴赋了一首《昌润渠工竣恭纪》，表现了对宁夏县、宁朔县水利的热爱：

黄河别派六羊通，石闸巍然跨彩虹。
激起众流增浪力，引开曲水灌田功。
川辉原润千村聚，野绿禾青一望同。
从此遐荒欢鼓腹，群歌大有慰宸衷。

通智在诗中描写了惠农渠灌区“川辉原润千村聚，野绿禾青一望同”的美好景色。而原来这里还是河滩牧场，“因汉、唐二渠余波不及，遂旷为牧野”的荒凉景象。宁夏县、宁朔县成立后，垦荒耕种、发展水利，不但河滩地也耕种，而且在汉延、唐徕渠两侧，还开挖了很多支渠及配套灌溉设施。

通智于清雍正九年(1731 年)二月二十日开始，到四月十日止，历时 53 天彻底疏浚了汉延、唐徕、大清三条大渠，加固了引水口，新建滚水石坝一座，筑四墩五孔石闸一座，对所有正闸、贴渠、底塘、梭墩、石墙等水利设施进行了加固重修。维修旧桥 17 座，在渠底部埋石一块，石上刻有“准石”二字，作为上下地形的标志。

据《乾隆宁夏府志》记载，“通智开渠，亲身督率，备极劳瘁”，也就是说，他是累死在开渠工程现场的。因渠道很深，一锹土是撂不到岸上的，要经过数人转撂。通智叫民工们用背篼背土，工省而取土多，加快了工程进度。其所作为，深得民心，受百姓尊重。惠农渠灌区内新建成了 8 个堡子，分别以通智姓为通宁堡、通朔堡、通贵堡、通昌堡、通吉堡、通义堡、通福堡、通城堡，这是宁夏县建立后，因通智兴修水利，发展起来的最为亮丽的地区之一。惠农渠灌区新建立的这 8 个堡寨，安置了大量回民居住，成为宁夏县后来回族较多的地区之一。1941 年成立永宁县时，这些地方归永宁县通贵乡管辖。

雍正帝设置宁夏县、宁朔县后，特命兵部侍郎臣通智会同督岳钟琪详细踏勘地形，命侍郎单畴书专门协同，拣选部、道、府、州、县 15 名工作人员各司其职，调取官弁武举 12 人监督施工。雍正帝一次拨银 16 万两，用于开渠之资；一次拨银 15 万两，用于招农户耕种之资，“不累于民”。滔滔黄水，顺流远引，溉亩万顷，五谷丰登。其田高处，“刳木凿槽”，飞槽引水，汩汩向东。沿渠做暗洞、孔道、桥房，小渠均留有“獾洞”(当地农民对小水闸的统称)，“以绝无涨漫之患”，渠边建有小屋，以方便守渠之人居住。建龙王庙，立碑亭，以记工程，以壮观赡。沿渠建桥 22 座，西河之桥 16 座。各闸旁建水手房 42 座，以司启闭。遍置塘房 37 处，以稽查边汛之情。如此完备的水利设施，如此精细的管理体系，堪称史书上所说，永宁的农业、水利“大完备于明清”。

通智在宁夏县、宁朔县兴修水利，充分发挥了他的睿智与才华。他“辟田园，葺庐舍，犁云遍野，麦浪盈畴。汉夷赤子，尽戴光天，边塞黎民，欣逢化日”，牧歌绕田园。宁夏县、宁朔县因五谷丰腴、六畜膘满，一跃成为塞北名县。

通智被当地老百姓一代又一代传颂，他的业绩后人敬仰。当地民间传说，有人向雍正帝告他，说他贪天之功，图谋不轨，因而雍正帝下令将他在惠农渠正闸桥处斩首。因其含冤而死，故人死尸不倒。后来乾隆帝为其平反，被封为汉延、唐徕、大清、惠农四渠总龙王，每年放水之日，享民间祭祀。这是民间传说，实事是他累死在开渠工程现场的。

通智撰有《钦定昌润渠碑》《修唐徕渠碑记》《惠农渠碑记》《河源记》《石嘴山土神祠记》等碑记传世，其中他在《惠农渠碑记》中写道：

> 黄河发源于昆仑，历积石，经银川，由石嘴而北绕鄂尔多斯六部，落入黄甫川，逾潼关，会泗沂，合淮归海，源远流长。而朔方一带导引灌溉，厚享其利焉。独查汉托护地方，沃野膏壤，因汉、唐二渠余波所不及，遂旷为牧野。
>
> 我皇上轸念宁夏为边陲重镇，建新城，设将军，领兵驻防。特命侍郎臣通智，会同督臣岳钟琪，详细踏勘。嗣命臣通智，偕侍郎臣单畴书，专董是役。复拣选在部、道、府、州、县十五员，命赴工所分司其事。又奏请调取官弁武举等十有二人，共襄厥工。
>
> 乃相土宜，度形势，以陶家嘴南花家湾为进水口，近在叶升堡之东南也。黄流自青铜峡口而下支派分流，至此而滔滔汩汩，顺流远引，足溉数万顷之田。其渠口石子层累，底岸维坚。由此而东北，遍历大滩。择地脉崇阜处，开大渠三百里，口宽十三丈，

至尾收为四五丈,底深丈一二以至六尺不等。高者洼之,卑者培之。引入西河尾,并归黄河。

建进水正闸一,曰惠农闸。建退水闸三,曰永护,曰恒通,曰万全。节宣吐纳,进退无虞。设永泓、永固暗洞二,以通上下之交流。设汇归暗洞一,以泄汉渠之余水,正口加帮石囤,头闸竖造石桥,则渠源不患冲决。特建尾闸以蓄泄之,外累石节以巩固之,则渠梢可以永赖。大渠口以东,俱引灌大渠水,其田势高处,刳木凿石为槽,以飞渡汉枝渠之水而东之,仍不失其已然之迹。西坂渠尾以南,直抵渠口。其西岸不能归暗洞之小退水,特留獾洞,放之大渠一带出之,亦绝无涨漫之患。任春、叶升二堡,为往来孔道。

于正闸覆造桥房,旁列数楹,可为守者居,兼为行者憩。建龙王庙,立碑亭,以记工程,并壮观瞻。沿渠之桥二十有二,西河之桥十六,行旅往来,赖以普济。其支渠四达,长七八里以至三四十里者百余道,均作陡口飞槽,而户口人民又沿渠各制小陡口、小獾洞千余道,以相引灌。

自此沟塍绣错,二万余顷良田无不沾足。于渠之东,循大河涯筑长堤三百二十余里,以障黄流泛溢。于渠之西,疏通西河旧淤三百五十余里,以泻汉、唐两渠诸湖碱水。各闸旁建水手房四十二所,以司启闭。遍置塘房三十七处,稽查边汛。而大渠长堤以至西河,兼恃防护渠堤。两岸俱夹植垂杨十万余木,其盘根可以固 ,其取材亦可以供岁修。

至于东北隅一带,其地尤广,其土尤沃,改六羊河为渠一百一十余里,以佐大渠所不及。奏请建县城二:其一在田州塔南,为新渠县;其一在省嵬城西,为宝丰县。立县以膺民社,设通判以司水利,建学校以育人材,置营弁以备防汛。移市口于石嘴,汉夷皆便;建城堡于山后,守御相资。

兹役也,蒙皇上特颁帑银十六万两,以为工匠车船、一切物料之用，纤微不累于民。肇始于丙午之孟秋，工峻于己酉之仲夏。向之旷土，今为乐郊。复蒙皇恩广被，又颁帑银十五万两，以为招来户口恒产耕种之资。

由是亿兆欢呼，争先趋附，辟田园，葺庐舍，犁云遍野，麦浪盈畴。勤耕凿者歌帝力，安陇亩者颂高深。奏之九重，锡以嘉名曰惠农渠。遐陬赤子尽戴光天，边塞黎民欣逢化日。诚国家万年之基，而民生世享之业也。

爰立石而为之记。

每到夏季开水时，渠务人员总要提前一天集中到惠农渠正闸桥(今任春堡许家桥处)，祭祀四渠总龙王通智，然后再分别到各渠正闸祭祀本渠龙王。各渠龙王的名字，汉延渠叫“溥泽”，唐徕渠叫“溥济”，大清渠叫“溥润”，惠农渠叫“溥泳”，这些名称从清雍正年间开始流传，一直流传到现在。各干渠正闸和各段都建有龙王庙，开水时必须备设三牲(猪、羊、鸡)祭祀龙王，祈祷保佑渠道安全流畅，五谷丰收。

在正闸开水时，宁夏县知县总是派来水利知事亲临，撰写祭文，虔诚祈祷。有主祭官、代祭官、陪祭官等。各祭官祭前斋戒沐浴，身穿礼服，跪在龙王牌位或龙王塑像前的香案下，由礼宾先生赞礼，鼓乐伴奏，行大礼颂祭文后，鞭炮齐鸣，将香案上供的猪头、羊头割下来抛入渠中，献给龙王。祭完龙王，大摆筵席，供来者会餐。

斗转星移，光阴荏苒。古老的宁夏县、宁朔县发展到民国年间，无论是耕地、人口、收入均为宁夏川区各县之首。在夏、朔、平、金、灵、卫、宁七县之中首屈一指。王元桥、杨和堡、纳家户、王弘堡、李俊堡、通贵堡、西魏信堡、东魏信堡、张政堡、李祥堡等地已经形成农业密集区。王弘堡、杨和堡、李俊堡已经形成了规模较大的集镇。

纳家闸遭难同治年

清咸丰六年(1856 年),云南回民领袖杜文秀响应太平军起义,首先在大理树起义旗,成立了大元帅府,建立政权。同治元年(1862 年)冬,杜派回民武师纳尚邦等 5 人,扮作茶客到金积堡,面见宁夏回族领袖马化龙。呈上杜的密书,策动马起义反清。马授意派纳尚邦等人到甘肃秦安支持协助穆生花阿訇攻取固原,进据平凉,随之,西北地区旨在反对清王朝民族压迫的回族起义运动便以迅猛之势蓬勃发展。

当时在甘肃主政的清廷官员采取"纵汉抑回"的策略,效法曾国藩、左宗棠在湖南以办团练来镇压反清起义的故伎,利用地方汉族豪绅招募乡勇,大办"团练"。以"回回勾结长毛(太平军)谋叛朝廷"来欺凌压迫回民,蓄意制造回汉互斗以收渔利。马化龙采取以牙还牙的策略,在宁夏河东地区办起回民团练 1 万多人,其中仅骑兵就有 3000 人,成为宁夏最大的回民反清势力。

清廷以不报官府私办团练为由出兵镇压。马化龙于同治二年(1863 年)十月二十五日,在金积堡举旗起义反对清廷。首先出兵攻占灵州,派马殿魁为灵州知府,建立起义政权,并出示布告晓喻百姓,各安生业,严禁起义军杀害无辜汉民百姓。当地百姓唱的《金积堡》歌流传至今:"金积堡雾腾腾,松林园子绿莺莺。洪乐府赛北京,芦沟闸调大兵。谈元璋赛孔明,鸽堂沟赛大营。孩儿们兵马精,到后来立大功。"

马化龙占取灵州后,号召平罗、宁夏、宁朔等县回民响应起义进攻宁夏府城(今银川老城)。宁夏县纳家闸、王疃庄、王元桥、王弘堡,宁朔县李俊堡等地回民在武举人郝文典、千总马讦率领下,于同治二年(1863 年)十一月初率 5000 多人进攻宁夏府，与城内回民纳四里应外合，一举攻克汉城（今银川市兴庆区东）。回军占领宁夏府城后，在小南门打死清将陈天仁，放火烧了赫宝塔（海宝塔，今银川北塔），推举马万选、郝文典为地方官，坐镇宁夏府城管理民事。宁夏清军将领庆昀惶恐退到平罗抵抗，平罗知县守城不降，回军多次攻城不克，在战斗中击毙平罗左领等军官 4 人。此时，宁夏河东、河西地区已多为回军占领，由于马化龙严禁回军杀害汉民群众，所以汉民百姓在战乱中基本安定，除了广武城内汉绅集体屠杀回民 30 多家外，没有回汉百姓仇杀出现。相反在灵州一带汉族群众藏匿回民家属使其未遭清军杀害者为数不少，至今尚有许多真人真事流传民间。

位于吴忠市利通区四旗梁子的马化龙拱北

清同治二年（1863 年）十二月十日，回军攻满城。乘夜攀入城内，打死左领官员牛录，缴获一批资财、军械而归。宁夏县知县彭庆章、驻防军游击保立，投归回军。他们联名张贴告示，号召军民响应回军，并致函洪广营游击宁贵，劝其投顺回军。同治三年（1864 年）五月十二日，回军于夜间放水淹宁夏满营，并乘水势攻城。因满城易于排水而未得手。五月二十日，李俊堡回军首领张堡龙投降清军。六月十日，回军攻打玉泉营，玉泉营游击赵周诰在抵抗中阵亡。

清陕甘总督恩麟得到庆昀告急求援文书，命令定边副将赵延出兵攻取宁夏府城并解平罗之围，但赵延被回军打得溃不成军。恩麟又急忙派提督马德昭星夜驰援宁夏，也被回军击败。在战斗中回军打死清佑隆领海隆阿、骁骑校伊勒哈春十几名满官。慈禧太后得奏后大怒，痛诉恩麟“剿叛无能”，撤总督职，命都兴阿督办陕甘军务。都兴阿亲率清军 3000 人，数次进攻宁夏府城，均未能克，十分被动。

同治三年（1864 年）秋，清廷又改派汉官杨岳斌为陕甘总督，以汉官李季高为宁夏镇总兵，调穆图善、庆昀、刘蓉、都兴阿、常升、杜戞尔等将，率 3 万清军同 3000 蒙古骑兵，再度对回军发动攻势。在清军猛烈攻击下，回军遂处于敌众我寡之势。原守平凉、固原、同心等地回军约万人相继败退到宁夏北部川区，分别驻到金积堡、王疃(屯)庄、纳家闸、宁夏府城、灵州等地。当时王疃庄、纳家闸积粮甚多，两地便以充足的粮源为退入川区各地的回军解决了军需之急。因纳家闸"剿匪"失利，革副都统常升、协领依铿额、左领庆霖职，仍留营。

马化龙见清军集中优势兵力向陕甘进发，各路回军均以败势退到宁夏，以金积堡为中心控制局势，仅用不及2万人的金积堡全部兵力实难击退清军，遂向主攻宁夏的清将穆图善提出休战，谈判就抚。

宁夏府城回军首领马万选，在马化龙、穆图善谈判之前，未经马化龙同意，就和清将都兴阿议和受抚。不料，清军入城后，对受抚军民大杀两天，使府城3000多军民人头落地，连马万选等人也未能幸免。清廷为了瓦解回军的斗志，赐马化龙记名提督官衔，改名"马朝清"以示归顺。这时马、穆的抚局传到王疃庄和纳家闸，马化龙虽命令停战受抚，但首领纳万源、王三春仍坚持战斗，拒不受抚。穆图善派兵专攻纳家闸、王疃庄。当时纳家闸、王家疃庄有回军万余人，内有陕西、固原等地回军千余人，他们拒清军于王元桥北，王弘堡南，回军伤亡1000多人，清军死伤多出一倍。

杨岳斌出兵"剿回"两年不见成效，多次奏请朝廷派兵增援。慈禧太后撤杨岳斌总督职，又派镇压太平天国的功臣左宗棠为钦差大臣兼陕甘总督，率号称10万的湘、淮两军攻打陕甘回军。董福祥遵其父之命率部10万人降清，清军提督刘松山择其精壮者整编为三营，号称董字三营，授董福祥五品军功，统领该三营(居中营，后驻洪乐府)，张俊(居左营，后驻吴忠堡)、李双良(居右营，后驻王弘堡)副之，均归刘松山统辖。

1959年的鸿乐府

同治八年(1869年)九月二十九日，刘松山在灵州一带屠杀回族军民一万多人，因而激起宁、灵地区回民再度起义。马化龙一反就抚，派骑兵5000人反攻陕甘重镇柠条梁，并出兵重打灵州。灵州回军参将铁秉忠和陕西义军首领马正和、马生彦、白彦虎等合为一军，攻入灵州。马化龙命平罗上下十八堡回军，集中于通贵、通昌、纳家闸、王疃庄、王元桥等地，共1万余人，在首领纳万源、纳万邦率领下，第二次进攻宁夏府城。同年十月四日，清将金顺派常福率马队由平罗驰援宁夏府城，围攻陕西回军，回军退至王泰堡、王弘堡一带。

20世纪50年代的原金积县

同治八年(1869年)十一月六日，清将金顺、张曜率兵5000人进攻纳家闸、王疃庄。回军首领纳万源、王三春会同陕西部分回军1万余人，在纳家闸、王疃庄四周增设卡垒，坚守阵地。清军进攻多次受挫，副都统贵升、参将何维恺阵亡。

此时，刘松山集中兵力攻击金积堡。马化龙义军所控制的多处阵地相继失守，回军已处于败局。但他们仍坚持抵抗，并于同治九年(1870年)二月十四日，将督攻马五寨的刘松山杀死。当地有首《回民英雄马化龙》唱道："回军首领马化龙，转战南北显威风。"

清廷痛斥左宗棠"剿回不力"，降三级留任。左宗棠急调劲旅2万增援，命清将刘锦堂、金顺、张曜和降将董福祥等，限期攻取回军的金积堡、纳家闸、王疃庄等守寨。进攻刚开始，王弘堡一带回军掘开山水沟，造成泛滥区，截断清军运粮之道，使清军不战自退。由于金积堡处于内无粮草、外无援兵的困境，马化龙于同治九年(1870年)十月二十四日夜，开堡到清营，呈降书于刘锦堂。刘锦堂迫使马化龙于十一月七日写信，劝说纳家闸、王疃庄等地坚持斗争的回军，放下武器开门投降。但纳家闸、王疃庄的回军，坚持不向清廷投降，继续抵抗。

马化龙投降后，金积、灵州战事基本平息，刘锦堂集中得胜之军2万，向王疃庄、纳家闸孤守的几千回军猛攻，双方在10公里外的地带展开了殊死鏖战。纳万源等调集陕回各股回军，在汉延渠大官桥以南迎抗清军，马天喜、纳保牺牲。清军杨春

董福祥像

祥等追近纳家闸寨门，连破两个回军垒卡，纳家闸、王疃庄回军伏匿不出。

同治八年（1869年）十二月十三日，清将嵩武军会南路，攻拔王弘堡。

同治八年（1869年）十二月十七日，清将金顺会同张曜攻纳家闸、王疃庄，将王家烧房、油坊寨先后攻拔，回军马鸣漳牺牲，清军副将李大胜、守备鲍得胜、郭占魁阵亡。总兵官王连三、游击李福贵、冯贵珍、黄得胜、刘用富，都司李纯一、詹恩科、龙得胜，把总胡崇光，赏巴图鲁名号，余者加衔升叙有差。

同治九年（1870年）一月一日，清将金顺、张曜炮攻纳家闸、王疃庄，义军抢踞长濠，开挖地道，凭墙踞濠，卡垒甚多，未能攻破，清军逮回军纳玉溃，令其交出军械马匹、捆献党羽并断绝与王疃庄的来往。清军副将李宏林、守备孙殿甲阵亡。

同治九年（1870年）一月二十二日，同治帝谕军机大臣等，令金顺会同张曜挑派得力队伍逼攻纳家闸、王疃庄，“昼夜环攻，迅图蒇事”。令李宗义给金顺、张曜部“每月应解1万两军饷再添1万两，按月如数批解，以济需要”。又谕，“金顺奏宁夏剿匪，所用火枪不能得力，采办洋枪二千杆，解送宁夏军营，以资攻剿”。清副将徐效孟、游击杨学正阵亡。

保存完好的董府

同治九年（1870年）二月七日，金顺、张曜切断纳家闸、王疃庄外援，围困已久，调部猛攻，金顺手受刀伤，游击丁得胜、都司骆元益、守备夏逢圣阵亡。金顺、张曜部月军饷银由2万两升为3万两。

同治九年（1870年）三月二十六日，金顺奏，甘肃宁夏回寨“兵进数月未克，亟需锐利火器”，军机处筹银10万两并火药

2万斤及火绳、铅丸等件，拨子重780磅大开炮5尊、子重340磅小开炮5尊，配齐开花子、三楞药及一切器用，交金顺所派之员领解赴营，清军“相度机宜，滚营进逼，捣六擒渠”，纳家闸外据点马四寨被攻破。清游击熊履山阵亡。

左宗棠画像

同治九年（1870年）十二月九日，清军对王疃庄久攻不下，通昌等堡踞回及南路马家滩一带回军乘间滋抗，牵掣官军。王疃庄另股回军乘夜间南扑官军卡垒，各义军迎击官兵，在王元桥一带激战，回军败逃西沙窝一带。清守备田世君阵亡。十二月十日，金顺、张曜围攻纳家闸、王疃庄，清副将丁德西，参将孙德麟，游击唐广兴，都司何远镇、丁采庭阵亡。十二月十一日，左宗棠等将金积、通昌等堡攻克。十二月十三日，金顺、张曜将王疃庄攻破，始发现王疃庄有通往纳家闸的秘密地道，遂断绝纳家闸的粮草供给。清廷赏提督张曜加云骑尉世职，宁夏将军金顺黄马褂，游击王明泰、董大成、崔家福、沈志高、杨寿山、陆国锋，都司乔凤友、陈友吉，守备胡治国，千总孙万林巴图鲁名号，都司丁玉德等花翎。后又赏提督陈祥胜、总兵官周大华、邓得胜一品封典，协领库克精额，佐领景庆、富升，参将胡三仁、刘大福，游击孟兴铭等7人、都司金孔辉等4人、防御银亮等4人、守备徐桂林等18人、千总刘经文等5人骁骑校巴图鲁名号，知府史璐、都司王金荣等花翎，宁夏县知县周桂敷等蓝翎，余者加衔升叙有差。总兵官贾惠山、汪德才、胡在朝等17名官员阵亡。

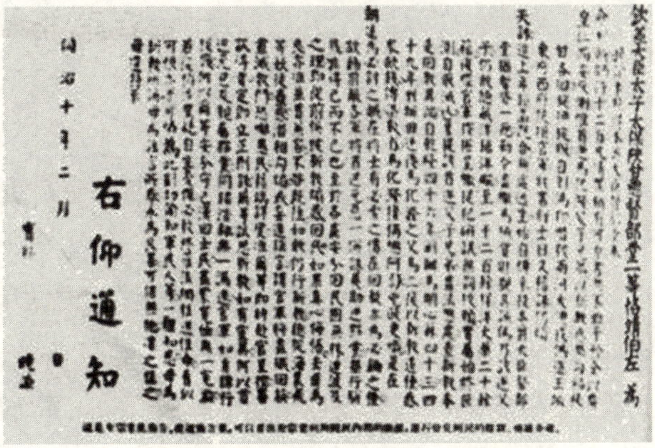
右仰通知

左宗棠发布的“禁绝新教”告示

同治十年（1871年）三月三日，除纳家闸外，宁夏县、宁朔县回堡卡寨全部攻破。六月二十三日，投顺回军的前宁夏县知县彭庆章逃匿，被清军俘，清廷下令处决。清军开始撤兵，神机营远胜字步队800名，骏骧马队500名，天津洋枪队1200名，神机营两翼前锋八旗护军营头、二起马队1000名续行遣撤。给宁夏满营拨山西火药1万斤、铅丸1.5万斤、火绳1.5万丈。曾国藩奏请给围攻纳家闸的金顺、张曜部洋火药2万磅、洋炮药5000磅、金底大铜帽200万颗、24磅开花弹子4000个、药引6000个、木心6000个，同治帝谕知左宗棠，由金顺、张曜派员赴津提解到营。游击尚清兰、守备秦得银、把总吴开恒等纳家闸阵亡。四月一日，纳家闸被攻破。同治帝谕军机大臣，命金顺、张曜统率各营认真搜捕，务绝根株。所有宁夏县、宁朔县投诚众回，均交地方官编立保甲。将军金顺、安定、提督张曜嘉奖，赏提督王连三一品封典，提督程之伟、孙金彪、李葆珠、刘廷、副都统托云布、总兵官李孝祥、刘宏发黄马褂，游击沈镛、守备刘世俊巴图鲁名号，余者加衔升叙有差。

纳家闸凭借城墙、护城河、马四寨、王家烧坊、油坊等垒卡和通向王疃庄的秘密地道，加上先后投来的义军总共不足2万人，从同治八年(1869年)十一月六日至同治十年(1871年)四月一日，整整坚守了一年零五个月，清军围攻纳家闸、王疃庄，先后共阵亡将士500余人，杀害回民和回军9000余人。当清军攻破纳家闸这座最后一个回军据点时，里面不足2000人，且多是妇女、儿童和老人。回军伤员、妇女为节粮饷士，鼓励士气，多持刀悲壮自刎。最后寨内粮尽弹绝，几百名老少在首领纳万源、纳万邦、王三春率领下，于清军登梯上寨之际，高念《古兰经》："以时光盟誓，一切人确是在亏折之中，惟信道而且行善，并以真理相劝，以坚忍相勉的人则不然……"

念完清真言，他们便放火烧寨，人寨同归于尽。回军纵火自焚的悲壮情景，催人泪下。清军用洋枪洋炮逼使回军就抚，没想到会是这种结果。左宗棠说："这些人宁死不降，纵火自焚的信念由何而来？"

清廷镇压西北回军，"用东南之财赋，赡西北之甲兵"，除年耗费近1000万两白银外，还不惜出卖主权，借外债300多万两，从普鲁士进口了后膛来复线大炮等新式武器。在军事上，清廷先后出动湘军、皖军、川军、豫军、楚军、鲁军、直隶京兵和吉林马队、黑龙江马队以及蒙古兵和番兵(藏兵)，总计达210营11万人左右，地方团

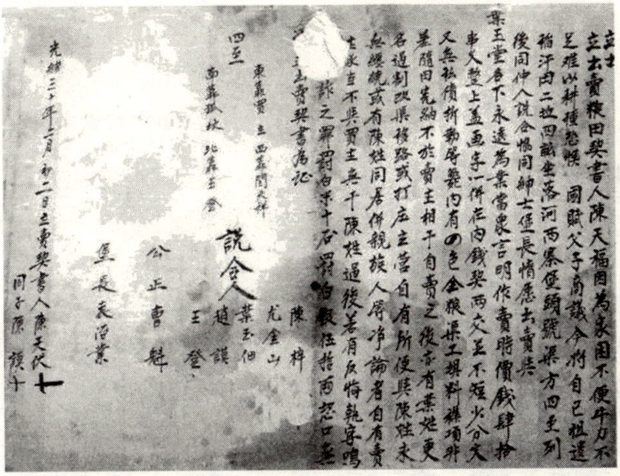

清光绪三十年(1904年)二月初二日,宁夏县通吉桥(原通桥公社)农民的卖地契

练尚未计算在内。先后参加"剿办"的总兵官以上大员300多名,直到肃州(今甘肃酒泉)回民剿抚后,历时12年之久。回军起义,宁夏先后共死亡30万人,清军阵亡、病故官兵3142人。左宗棠叹道:"一年之间,连丧大将,人心震骇,谣诼繁兴。仆十余年剿发平捻,所部伤亡之多,无愈此役者。"马化龙领导西北回民起义,动摇了清王朝的统治,打破了统治阶级吹嘘的"同治中兴"的神话,在历史上留下了深深的印迹。

马化龙领导的西北回民起义,迫使清廷四易总督(恩麟、都兴阿、杨岳斌、左宗棠),为回民历史谱写了光辉的一页。清廷直等纳家闸攻克后,才将马化龙父子及亲属22人凌迟处死,同日在金积堡被杀害的还有马化龙亲族、党友80多人,可见当时纳家闸地理位置的重要。被俘回军被发往新疆等地给官兵为奴,普通回民百姓被迁赶到偏僻边远地区垦荒种地,王弘堡回民安插在灵州附近,马家滩回民被迁往甘肃张家川,金积堡老弱妇女1.2万人被安插于固原。至今内蒙古、新疆、蒙古国等地区和国家均有宁夏当时逃亡的回民。王疃庄、纳家闸、马四寨等已堡毁寨亡,回民流失,当地回民有首《大清江山人头填》唱道:"满清逼得民造反,还说回汉有仇冤。汉杀回来回杀汉,大清江山人头填。"

金顺与张曜的一生

2002年6月、10月,《银川军事志》《永宁县军事志》先后出版,许多读者打来电话并写信询问:清同治年间,围剿纳家闸的清将金顺、张曜是哪里的人?因为他们看到两本军事志上都有这样的记载:

清同治八年(1869年)十一月六日,清将金顺、张曜率兵5000人进攻纳家闸(纳家户)、王疃庄(王屯庄),义军首领纳万源、王三春会同陕西部分义军1万余人,在纳家闸、王疃庄四周增设卡垒,坚守阵地,清军进攻多次受挫,义军打死清军副都统贵升、参将何维恺。

同年十二月十七日,清将金顺会同张曜攻纳家闸、王疃庄,将王家烧坊、油坊寨先后攻破,义军马鸣漳阵亡,清军副将李大胜、守备鲍得胜、郭占魁阵亡。

清同治九年(1870年)一月一日,清将金顺、张曜炮攻纳家闸、王疃庄,义军抢踞长濠,开挖地道,凭墙踞濠,卡垒甚多,未能攻破。清军逮义军纳玉溃,令其交出军械马匹、捆献党羽并断绝与王疃庄的来往。清军副将李宏林、守备孙殿甲阵亡。

同年一月二十二日,同治帝谕军机大臣等,令金顺会同张曜挑派得力队伍逼攻纳家闸、王疃庄,“昼夜环攻、迅图蒇事”。令李宗义给金顺、张曜部“每月应解1万两军饷再添1万两,按月如数批解,从济需要”。又喻,“金顺奏宁夏剿匪,所用火枪不得力,采办洋枪二千杆，解送宁夏军营，以资攻剿”。清副将徐效孟、游击杨学正阵亡。

同年二月七日，金顺、张曜切断纳家闸、王疃庄外援，围困已久，调部猛攻，金顺手受刀伤，游击丁得胜、都司骆元益、守备夏逢圣阵亡。金顺、张曜部月军饷由2万两升为3万两。

同年三月二十六日，金顺奏，甘肃宁夏回寨“兵进数月未克，亟需锐利火器”，军机处筹银10万两并火药2万斤及火绳、铅丸等件，拨子重780磅大开炮5尊、子重340磅小开炮5尊，配齐开花子、三楞药及一切器用，交金顺所派之员解赴营。清军“相度机宜，滚营进逼，捣六擒渠”，纳家闸外据点马四寨被攻破。清游击熊履山阵亡。

同年十二月十日，金顺、张曜围攻纳家闸、王疃庄，清副将丁德西、参将孙德麟、游击唐广兴、都司何远镇、丁采庭阵亡。

同年十二月十一日，左宗棠等将金积、通昌等堡攻克。

同年十二月十三日，金顺、张曜将王疃庄攻破，始发现王疃庄有通往纳家闸的秘密地道，断绝纳家闸的粮草供给。清廷赏提督张曜加云骑尉世职，赏宁夏将军金顺黄马褂。余者加衔升叙有差，总兵官贾惠山、汪德才、胡在朝等17名官员阵亡。

清同治十年(1871年)三月三日，曾国藩奏请给围攻纳家闸的金顺、张曜部洋火药2万磅、洋炮药5000磅、金底大铜帽200万颗、24磅开花弹子4000个、药引6000个、木心6000个，同治帝谕知左宗棠，由金顺、张曜派员赴津提解到营。

同年四月一日，纳家闸被攻破。同治帝谕军机大臣，命金顺、张曜统率各营认真搜捕，务绝根株。所有宁夏县、宁朔县投诚众回，均交地方官编立保甲。将军金顺、安定，提督张曜受嘉奖，余者加衔升叙有差……

看了两本军事志上这样的记载，读者自然会询问：这位同治帝多次给他发谕旨的清将金顺有何来头？清廷清剿西北及宁夏回族义军，时间长达十一年，迫使清廷四易总督（恩麟、都兴阿、杨岳斌、左宗棠），最终在金顺、张曜的努力下，才将纳家闸攻破。

金顺遗像

金顺，清道光十一年（1831年）出生于吉林乌拉，即今东北吉林市江南乡永庆村。满族，字和甫，伊尔根觉罗氏，隶满州镶蓝旗。少年时父母先后离世，家境贫困，性格“忠纯宽和”。清咸丰三年（1853年），太平天国举兵北伐，清政府征调八旗兵赴山东堵截，金顺随军征战，因作战勇敢，以功授予骠骑校尉。清咸丰六年（1856年），金顺随荆州将军、副都统多隆阿，征战湖北麻域、蕲州等地，为清廷立下赫赫战功，被咸丰帝赐予“图尔格齐巴图鲁”。清咸丰十年（1860年），金顺率部征战太湖获胜，擢协领。

清同治元年（1862年），金顺随多隆阿征剿捻军于河南荆子关，克敌致胜。清同治三年（1865年），西安被困，围城之众号称十万。金顺奉命率数百骑，出其不意攻克获胜，巡抚刘蓉盛呈报其功，称赞金顺“忠勇有谋”，同治帝授予金顺镶黄旗汉军副都统，任西安副都统。清同治五年（1867年），清廷调任金顺为宁夏副都统，后授予金顺为宁夏将军。清同治七年（1868年），金顺率部从河南、陕西至宁夏多次征战，克敌致胜。清同治八年（1869年）至同治十年（1871年），金顺、张曜部围攻纳家闸、王疃庄回民义军据点获胜，清廷赏金顺黄马褂，并嘉奖，擢乌里雅苏台（今蒙古扎布罕省扎布哈朗特）将军。

俗话说，“鸟尽弓藏”。纳家闸作为回民义军的最后一个堡垒被攻破后，清剿回民义军的斗争也接近了尾声。左宗棠将回民义军及支持回民义军的汉民家产统统称之为“叛产”，强行没收，然后折银分配给清剿官兵，将抢占回民的田地作为埋葬阵亡官兵的坟地和祭扫费用的“公田”。

宁夏县有个叫河西寨周公渠的地方，即今永宁县永清村六组、七组处，这里原来居住着一户姓周的人家，他在这里开荒种地，开挖了一条灌溉渠。由于周老先生识文断字，办事公道，这里的人都称他为周公，他开挖的这条渠也被称为周公渠。清同治年间，因周公渠冯、汤两家汉民支持了回民义军遭到左宗棠的迁赶。左宗棠命金顺居住在周公渠，金顺带领长子金昌盛、次子金昌运从此居住此地。金顺父子们在这里种田养畜，辛勤劳作。他们盖了两院土房，修了围墙，日出而作，日落而归，一家人其乐融融。

然而，好景不长。早在同治三年(1865)，新疆阿古柏建立政权，自称洪福之王，屠杀维吾尔、汉、回各族人民，并与英、俄等国勾结，出卖中国权益。同治十年(1871年)，俄国悍然出兵占领了新疆伊犁。次年，陕西回民义军首领白彦虎为避清军追杀，率一万余人出关，进入新疆，投靠了阿古柏，这使得新疆局势极为复杂，驱逐外国侵略者，收复失地已成为清廷迫在眉睫的任务。

清同治十二年(1873年)，清廷开始收复新疆，任命陕甘总督左宗棠为钦差大臣，督办新疆军务。左宗棠深知在宁夏县河西寨周公渠赋闲在家的金顺能征善战，遂向朝廷保奏起用金顺。清廷准奏，金顺官复原副都统，改授为镶蓝旗汉军副都统，帮左宗棠办理新疆军务之职。过了三年农耕生活的金顺，正抱着小孙子悠闲的享受着儿孙绕膝的天伦之乐，接到清廷重新启用的任命后，金顺忠心报国，初心不改，不虑个人得失，立即率部出征。为了感谢左宗棠的知遇之恩，他给孙子起名为金棠。

清同治十二年(1873年)，金顺作为新疆军务帮办，率部二十营先行进军新疆进入嘉峪关，经哈密西行。这里黄沙滚滚，酷热难耐。出关数十里，先头部队便因“军需不足，环境险恶”而停止前进。金顺急带数骑人马赶到，他采取断然措施，“手刃六人”严肃军纪。他望着自己亲手杀死的士兵痛心万分，遂列尸而祭，流泪拜曰：“杂赋豆面不饱佐以野蔬，天下无若西军苦，此行渡戈壁并乏水草，吾非不知，但不杀汝六人，如全军何？如国家何？如关内生灵何？”言毕，遂大哭。金顺将军的爱国赤肠，使将士们感动激扬，增强了官兵征途跋涉的决心。

清光绪元年(1875年)，金顺率部进入新疆的古城(今老奇台)，并在此建立起收复新疆的第一个军事据点。不久，左宗棠驻扎肃州，主持西征的全局工作。金顺以西征军第二长官的身份被左宗棠提任前敌指挥。

清光绪二年(1876年),收复新疆战役开始。七月下旬,左宗棠的湘军刘锦棠部进抵济木萨(今古木萨尔,距古城90里),两军会合后西进,在攻打沙俄军队及阿古柏叛军时,敌军精锐对清军逐渐形成三路包围之势。金顺与刘锦棠面对敌军,以迅雷不及掩耳之势,机智分兵合击,首先击溃了阿古柏的白彦虎等部,彻底粉碎了敌军的包抄计划。八月下旬,金顺率部进攻,围困古牧地(今米泉县)敌军据点。阿古柏派骑兵驰援,欲将清军消灭在城下。金顺率吉林、黑龙江马队立即与湘军步兵配合,击溃了敌军的驰援骑兵,随后合力围攻敌占牧地砖城。金顺冒着枪林弹雨赴一线指挥作战,将士们个个义愤填膺,身先士卒。八月中旬,金顺率部歼灭了守城之敌,收复了军事重镇。

紧接着,金顺又指挥部队乘胜追击,先后夺取了迪化(今乌鲁木齐)、昌吉、呼图壁各城,直逼马尔斯,在血与火的战斗中斩杀了敌元帅马兴,攻破了阿古柏的许多重要据点,为收复新疆奠定了基础。同年秋,金顺被清廷任命为伊犁将军。

不甘心失败的阿古柏纠集2.7万叛军,凭险据守天山达坂城山口。金顺的部队在达坂城内维吾尔族民众的帮助下,摧毁了敌人的炮台火药库,炮轰达坂城墙,阿古柏兵败自杀。

清光绪四年(1878年),金顺率部收复南疆重镇和田,依附沙俄的"哲得沙尔"伪政权被彻底消灭,粉碎了沙俄帝国主义分裂、瓜分中国的阴谋。然而,沙俄妄图继续霸占伊犁地区,清廷派吏部右侍郎崇厚出使俄国交涉欲收回伊犁,沙俄诱使崇厚擅自与其签定《里瓦吉亚条约》,将霍尔果斯河以西地区、特克斯河流域、穆素尔山口割让给沙俄。这一丧权辱国的条约,立即引起国内朝野上下的同声谴责,"街谈巷议,无不认为一战为快"。沙俄对此极为惊恐,在伊犁地区集结4万余名侵略军,配备各类火炮150多门,侵略气焰十分嚣张。金顺奉命率领官兵,屯田于塔尔巴哈台及安集海(今石河子市以西),时刻准备反击沙俄侵略者。左宗棠与金顺的军事准备令沙俄万分惧怕,使其不敢冒然开战,最后不得不与清廷重新谈判。

清光绪六年(1880年),清廷新任外交代表曾纪泽抵达沙俄京城,他在谈判中据理力争,改定新约,促使沙俄把强占已久的特克斯河谷和牧素尔山口一带2万余平方公里的土地与伊犁城交还给清政府。清光绪七年(1881年),清廷签订了《中俄伊犁条约》,结束了沙俄对伊犁长达八年的殖民统治。清光绪八年(1882年),金顺率部进驻伊犁古城。

据史料记载，金顺进驻伊犁城后，“建城垣，复营制，开屯田，畅边报，抚流亡”，整修了伊犁所属的惠远等8座城市的城垣及库房、兵房、官厅，恢复了锡伯、察哈尔等营制，召民屯田生产，整治年久失修的渠道，动员军民开辟荒地耕种。对伊犁汉民给耕牛、种子、家具，使其不误农时，早种庄稼。收抚流离在外的满、蒙各营兵士，免其失所。他与沙俄明确划分疆界，使流徙“蒙岭三万余众”召回境内，使边疆各族人民得以安居乐业。起到了“重边防，固边卫，佐军食，连通邮”的作用。金顺重视地处边荒、连年兵灾的边陲重镇建设，后人评价为“慎怀永图而规久远”，他的眼光长远，爱国爱民之心令后人称颂。

清光绪十一年(1885年)，清廷任命升泰为特派大臣，办理收交伊犁事宜及分界一事，金顺是“协办”。就在此时，发生了兵勇哗变。清廷闻知，诏命金顺“即刻回京述职”。这年八月，二百名士兵护送金顺，从伊犁出发，步行返京。一个月后走到了乌鲁木齐，再到哈密过玉门关入嘉峪关，又经过两个多月的晓行夜宿，长途跋涉，终于到达肃州酒泉。由于多年征战，几度负伤，且老迈年高，加之因兵勇哗变，心情郁闷，积愤难平，又时值三九天零下40℃的严寒，冰天雪地，金顺在赴京途中病倒，于光绪十二年(1886年)正月，因“宿疾发作”，病逝于肃州，时年55岁。

金顺去逝后，由于一生为官清廉，两袖清风，就连买棺材的钱也没有。随行军士将他的衣物抵押，又借了些钱买了棺材，给金顺入了殓。二百名士兵头戴重孝，抬着棺材，从肃州到兰州再到宁夏，急行两个多月，走了几千里路，才回到了宁夏府宁夏县的周公渠(今永宁县永清村六、七队处)金顺家。二百名士兵和金顺的儿孙们，将金顺埋葬在周公渠庄子北面的坟地。

埋葬完金顺后，二百名士兵穿着孝服，步行千里到达京城，他们向清廷兵部报告了金顺生前死后的事，说到无钱买棺材入殓时，士兵们一个个号啕大哭。清廷闻知，被金顺的忠心报国操行所感动，于是诏赠金顺为“太子太保”，“谥忠介”，“准予建祠”纪念。史料上这样记载金顺：“道肃州，病卒。身后不名一钱，几无以为殓。寮宷醵金，丧始归。部为缟素，步行五千里至京者，达二百人云。事闻，赠太子太保，谥忠介，予建祠。”这是对金顺一生征战功绩和去逝后的盖棺定论，金顺九泉有知，可以瞑目了。

周公渠金顺嫡孙金棠、金福等遵清廷圣旨，倾其所有财力在金家寨东面，修建了一座金顺祠，以纪念先祖金顺。由于是金棠负责管理，后来当地人又称为金棠庙，这里的地名后来也称为金棠门。金棠、金福两兄弟因子孙众多，分家另居，金棠住地称前头庄子，金福住地称后头庄子。清朝末期，周公渠金氏家族对外宣称“脱满入汉”，从此融入当地汉族之中。

金顺的老家仅有一个哥哥，姓名无考。他一直住在乌拉（东北吉林市江南乡永庆村），他只知道自己有一个弟弟，少年时就离家，后来听说从军，死在甘肃。他的后代住在吉林永庆乾坤花园，金顺的第五代孙金科还专程到那里拜访过金顺哥哥的后代。

周公渠金氏家族，从同治年的先祖金顺起，历经 154 年，子孙传承七代。第四代孙，金生光是清末秀才、贡生，民国时期长期担任永宁县河西寨乡户籍干事。第五代孙金杰曾任杨和公社社长、胜利公社党委书记、通桥公社党委书记、永宁县商业局局长等职。第五代孙金科曾荣获宁夏水利厅颁发的荣誉证书和奖章。第六代孙金万廒曾任永宁县人民法院院长。第六代孙金万清曾被银川市委、市政府授予个人三等功，被评为银川市优秀人民警察。第七代孙金铸曾任永宁县建设环保局副局长、李俊镇副镇长、望远镇副书记、永宁县交通局副局长等职。

金氏家族继承祖宗金顺传承下来的家训、家规、家法，在新中国成立后积极参加社会主义革命和社会主义建设，改变了家乡贫困落后的面貌，在建成小康社会的进程中，在各条战线发挥了积极作用。

那么，读者关心的张曜情况又如何呢？张曜，字亮臣，号朗斋，河北大兴人，一生大部分时间在军旅中度过。他起初在河南固始办团练起家，因智退捻军有功，深得钦差大臣僧格林心的赏识，被召入清军，后当上了固始知县。在知县任上，他又抵御李秀成围城立功，在清咸丰十年（1860 年）擢升为知府，第二年又擢升为河南布政使，率军在汝宁大败陈大喜、张凤林所部捻军。此后他长期率军转战于河南、河北、山东，屡屡大败捻军。清同治八年（1869 年），他又跟随左宗棠转战于西北战场，镇压回族义军。光绪十七年（1891 年）七月，张曜正在山东黄河工地上监工，忽然“疽发于背”，等到被人护送回济南时病已经十分严重，不久便不治身亡。张曜在山东巡抚任上还带头植树造林,在黄河大坝以及从洛口到市中心的路旁遍植柳树,形成了一道柳树风景带,后人称这些柳树为“张公柳”。

令老银川人念念不忘的是张曜在离开宁夏时重修了银川书院,他在《重修宁夏银川书院碑记》中写道:“余统兵十九年,转战半天下,贼平即奉命他去,未得流连以观后效。前岁廓清宁夏,幸奉谕旨留防”,“此两年中得见贤有司孜孜不倦,百废渐兴,而银川书院之成,又获躬逢其盛,治平景象,略可观已”。张曜在宁夏征战期间,仅留存了两首诗:

西征留别

贺兰驻节岁频更,又奉丹书促远征。
方愧安怀无善策,那堪士庶颂长城。
河声山色增离感,白叟黄童见至情。
满目疮痍犹未复,不才何事益苍生。

登宁夏河声山色楼

佳节同人上此楼,贺兰山色满城头。
十年烽火繁华歇,万姓疮痍将帅忧。
铁券功名无易传,玉门争战几时休。
秋风动我莼鲈念,何日西泠一泛舟。

诗中记述了战争的惨烈后果,给人民造成的灾难和对家乡的怀念。

金顺、张曜是值得研究的历史人物,他俩一生的复杂经历和个人结局,都相当典型地反映了那个时代的社会特点和历史特点。他俩的军事政治生涯中,比较集中地反映了帝国主义与中华民族的矛盾和封建主义与人民大众的矛盾。

辛亥革命在宁夏

1911年是农历辛亥年，这年10月10日，孙中山领导和发动了具有划时代意义的武昌起义，推翻了统治中国两千余年的封建帝制，建立了中华民国。这次革命运动就是中国近代史上最为有名的“辛亥革命”。

从1907年至1908年，在孙中山的领导下，同盟会连续举行了六次武装起义。在同盟会的影响下，全国各地武装斗争风起云涌。1910年2月，广州新军起义。1911年3月29日，广州黄花岗起义。1911年9月，武昌起义，辛亥革命爆发。1911年10月11日，中华民国军政府成立。宣布中国为中华民国，改政体为五族共和；制国旗为红、黄、蓝、白、黑五色旗，代表汉、满、蒙古、回、藏为一家；废除清朝年号，以黄帝纪元（1911年是黄帝4609年）；发檄文，声讨清政府，号召各省起义。1912年1月1日，孙中山任中华民国军政府临时大总统。1912年2月12日，清宣统帝宣告退位，统治中国几千年的封建君主专制政府从此被推翻。

1911年10月22日，陕西同盟会联络会党、新军在西安发动武装起义，占领了西安，成立了陕西革命政府，极大地推动了整个西北地区的革命形势，有力地促进了宁夏革命武装起义的爆发。消息传来，宁夏革命同盟会支部立即秘密召开了各方联席会议，决定策应陕西，响应武昌革命，尽快举义宁夏，钳制西军攻陕之兵力，切断清廷仅有之西北交通，予清廷以威胁，并秘密联络宁夏镇台衙门教官刘复太、千总袁宗刚和续备左旗营官黄连升等歌老会中人，约期起义。宁夏镇台张绍先听到陕西等地纷纷起义，宁夏革命党人和哥老会众秘密活动的消息，惊慌失措，借请示军

中华民国元年(1912 年)月份牌年历上已出现五色旗

机事宜为名，于 10 月下旬前往兰州述职，其职务由中营游击贺明堂代理。

11 月 9 日，宁夏县知县陈元骧开始在全城昼夜巡逻，严加戒备，大肆搜捕。哥老会骨干李麻花、吴说书、罗大辫子、沈疯子、贼狮子(均是绰号)等 10 余人，因行动不慎，被捕入狱。驻宁清军亦调兵遣将，加强防范，严密缉拿，包围革命党聚会的四川会馆，由于革命党人与哥老会首领正议事于城东岳武庙，清军扑空。

11 月 14 日晚，宁夏革命同盟会支部在岳武庙召开紧急会议，为举义宁夏作了各方面的部署。11 月 15 日，辛亥革命灵州起义爆发。

11 月 19 日晚 10 时，宁夏府城北门外号炮三响，起义民军分七路发动猛烈进攻。第一路由刘先智等 4 人率领，与北门内应民军相呼应，架云梯攻入府城，与驻军续备中哨、左旗左哨起义官兵会合，攻打宁夏镇署；第二路由刘华堂等 4 人率领，攻打宁夏道署；第三路由刘复泰等 4 人率领，攻打中营游击府衙和宁夏县、宁朔县衙；第四路由黄连升等 4 人率领，攻打钦差部院和城守营衙门；第五路由袁宗刚等 5 人率领，在府城四周游动，随时策应；第六路由孙学文等 2 人率领，占领府城南路据点，并与河东起义民军相呼应，防止广武、中卫方面的援敌；第七路由刘照黎等 2 人率领，在府城以西设防，警戒和阻击新城满营的援敌。

在激战中，起义民军奋勇杀敌，顽强战斗。城内贫民百姓 500 余人相随而起，放火烧当铺，顿时宁夏府城内火光冲天，喊杀声四起，城内城外联成一气，起义民军里应外合，与清军激战街巷，短兵相接，激战至晓，敌举措仓皇，四处逃窜。清军中营游击、代理镇台贺明堂、右营游击陈秀全及拒降的中营护总镇、左营游击、守城都司、典史等数百名顽抗的清军官兵被起义民军击毙，其余清军官兵土崩瓦解，皆各自逃匿民间。宁夏县知县陈元骧，初率领衙役及其随从卫兵开枪迎击，与起义民军相持约半小时后，见起义民军声势强大，力不能支，遂与其堂弟陈铁生越墙而逃，星夜奔至距府城40里的通义堡，隐藏在贡生王赞兴家中，被李岗堡民军发觉，将陈氏两兄弟抓获，捆绑至李岗南门外，用乱刀砍杀。宁朔县知县高秉彝与哥老会相近，见城已失陷，遂带领全城文武官员及汉延、唐徕、惠农、大清四渠委员向起义军投诚。当夜，起义军占领了玉泉营、叶盛等处。宁朔县典史张少棠被推选为城守督指挥，掌管民军营务。

11月21日，宁夏革命同盟支部推举孙庭寿、胡志笠、吕锡有等10人组成临时宁夏政府，孙庭寿为军政大元帅。11月23日，支那宁夏革命政府正式成立，设营务、政务、度支、驿传等处及城守司、咨议局各机构，王俊分任宁夏县知县。宁夏军政府颁布了《临时新政大纲》10条，布告安民。宁夏县典史曾善全、汉延渠局长王文郁因泄漏军事机密被逮捕枪决。

宁夏满营当地人称满城，也叫旧满城。始建于清雍正三年(1725年)，属宁朔县地，位于今银川兴庆区满春乡附近。清乾隆三年平罗大地震满城被震塌之后，于宁夏府城西10余里处新建满城一座，当地人称之为新满城。革命军占领宁夏府城后，距府城10余里的新满城尚有清驻旗兵2000余人，配备有德造神机炮4门，旧式火炮50余门，快枪5000余支。装备精良，弹药充足，且城池坚固，虎视眈眈。

宁夏革命军政府决定，任命刘先智、刘华堂为正副指挥，挑选精兵，分三路攻打新满城。同时号召宁夏城乡起义同胞参加民军。规定凡能自行招集群众参加民军100人以上者为连长，200人至300人为营长。召集的民军统由牟宪章、黄连升两人负责编制训练，所有民军官兵一律白布包头，以作标记。武器除旧式枪支和土枪外，大多是刀、矛之类。

宁夏革命军政府在积极准备攻打满城的同时，派遣与满城副都统常连有旧交的军政府总文案胡宝森，前往满城劝说驻防清军缴械投降，促其反正。但顽固的满城将军台布和副都统常连，自恃兵力较强，武器精良，弹药充足，城池坚固，竟以“各守城池、互不侵犯”，推委拒降，并将满城内的170多名哥老会成员解除了武装，派人严密监视，还在满城四周城墙上各设神机炮一门，配备旧式火炮和快枪，昼夜轮流巡罗防守，组织学生大刀队配合，严阵以待。宁夏革命军政府见满城推委拒降，遂决定采取军事行动。

12月2日，宁夏革命军政府对满城发动进攻。刘先智率1000余名民军进攻满城，常连亦率驻防旗兵1000余名出城迎战。双方交战不久，民军败退，伤亡40余人。当晚，刘先智重整旗鼓，又从各地抽调人马继续围攻满城。哥老会骨干张兴、唐开选、马四虎、吴说书等亦前往参加战斗，并准备云梯爬城。民军昼伏夜出，与满城军激战10日，刘先智中弹牺牲，民军伤亡200余人，满城未攻克。

清陕甘总督长庚和新任陕西巡抚升云等不甘心失败。他们接到宁夏满城被困求援的消息后，在围剿陕西起义军的同时，急忙从攻陕西前线的清军中抽调精锐军（俗称西军），派统领马安良、参将马麒及分统马政、马占奎等率领马、步六营，星夜赴宁夏剿办民军起义。

12月中旬，清军马麒率领西军到达广武，与原宁夏镇台张绍先部清军及地主豪绅的民团会合，遂分兵东西两路，镇压宁夏起义民军。西路由张绍先、马麒率领沿黄河西岸，过王弘堡、杨和堡、大官桥、王元桥直趋宁夏府城。东路由西军李自正与张绍先之子率领与河东地主豪绅的民团数千人，水陆并进，直扑仁存渡、灵州、横城渡等地。西路精锐西军步、骑势众，接连攻占大坝、叶盛、王弘堡、杨和堡等地，进逼宁夏府近郊，其一部沿贺兰山脚下攻占了玉泉营、平羌堡等地，又向围攻满城的民军迂回攻击，满城清军乘势反扑，民军与清军浴血奋战数日。民军在西军的猛烈攻击下，军心涣散，无力应战，队伍逐渐自行瓦解。

12月19日，宁夏革命政府决定兵撤城内。在对垒战中，民军伤亡1000余人，黄连升、李麻花、夏梓、张少堂、刘复泰、袁宗刚、马四虎等10余名民军首领被杀。刘华堂见大局无法挽救，遂约同刘照黎、张兴、吴说书、胡宝森、哈明等人，突围出城，向城北平罗方向退去。

西军入城后，从小南门、西门到东门，从黑夜至天亮，沿街巷挨家逐户搜杀抢掠、奸淫妇女。死伤平民1400余人，40岁以下的妇女多被奸污，被抢掠的财物无以计数。

1912年1月11日晚，民军刘华堂等北逃，被巡抚升允、宁夏满城将军台布等纠集蒙古兵1000余人包围，为避免蒙汉冲突，民军被迫退回了陕北。至此，一场轰轰烈烈的宁夏辛亥革命起义，在反动封建势力的残酷镇压下惨遭失败。

孙马大战

辛亥革命失败，袁世凯篡位，复辟帝制，继之而起的是大小军阀的黑暗反动统治，军阀混战，使中国社会黑暗到了极点。北洋系的军阀分裂为几个派系，势力最大的是皖系，以段祺瑞为首脑，是北洋的主力，窃据中央政府的实权，背后得到日本帝国主义的支持。其次为直系，以冯国璋为首，窃据江苏、江西、湖北、直隶地区的权力，得到美帝国主义的支持。其他各地有云南滇系的唐继尧，广西桂系的陆荣廷，湖南湘系的谭延闿，广东粤系的陈炯明，东北奉系的张作霖，山西的阎锡山。四川和贵州大小军阀更多，连年混战，民不聊生。

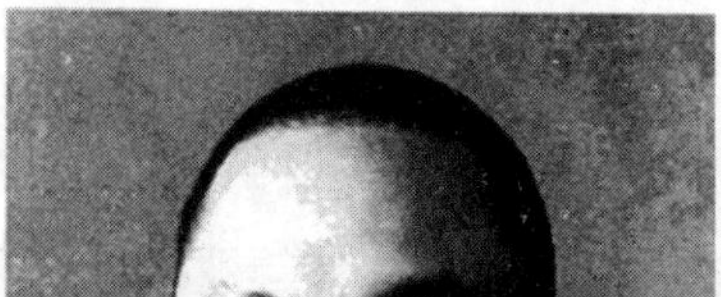

孙殿英像

军阀马鸿逵和孙殿英之战，当地称之为孙马大战，给宁夏县、宁朔县带来深重的灾难。当地人至今记忆犹新。

孙殿英，名魁元，外号孙老殿，是河南省永城县人。他父亲老年得子，对其极为珍爱，盼子成龙，心切万分。俗话说，有意栽花花不活，无心插柳柳成荫。他小时极为顽皮，不受父母管教，任意妄为。成年之后，他堕入歧途，烟酒嫖赌，无所不为。结交无赖聚众闹事，以致寄身绿林，作恶多端，经常出没豫西一带，后被当地驻军收编为连长。他乘机收罗流氓、土匪、赌徒、烟贩，扩大势力，逐渐发展到五六千人马。他率领这批匪徒，纠集乌合之众，先后流窜到豫、皖、鲁一带，所经之地，奸淫掳掠，无所不为。之后，他投靠军阀张宗昌，在直鲁联军中当上了师长。北伐战争期间直鲁联军失败，他又投靠蒋介石。以此，成为国民革命军的高级将领。

1928年春，孙殿英奉命率部开往河北蓟县、马兰谷一带时，乘机挖盗了慈禧太后和乾隆皇帝的陵墓，将宝物全部满载而归。后将珍宝金玉变卖，换来军火武器，装备了军队。

俗话说，人随社会转。孙殿英在河北、山西驻防时，亲眼目睹了军阀混战的惨状，他感到当前各路军阀各霸一方，为所欲为，而自己虽说兵多将广，但寄人篱下，还没有块属于自己的地盘，将来怎能谋取大业？于是，几度向蒋介石提出要求，请求给予“立足之地”。此时，占据山西的军阀阎锡山也怕孙殿英“夜长梦多”，赖在山西不走，势力渐大，将来会霸占他的地盘，只好也帮孙殿英向蒋介石说情。

由于山西军阀阎锡山的竭力帮忙，蒋介石点了头，委派孙殿英为青海西区屯垦督办。蒋介石一面勒令孙军西开青海，一面电令马家军就地消灭孙军，再令阎锡山出兵宁夏，夹击孙军，而他坐山观虎斗。因此，1933年秋，在孙殿英部进入宁夏省境内前夕，马家军早已将炮兵集中在省城（今银川市）和平罗城内，大部分骑兵分散在平罗县与省城周围，其他如磴口、石嘴山、黄渠桥等大小乡镇一律放弃。

民国23年（1934年）1月，孙殿英率四十一军3个步兵师，1个骑兵旅，1个炮兵团，加之离察哈尔进军途中，到处拉壮丁，并在绥远（今内蒙古）西收编杨猴小子等骑匪，共有7万余人，号称10万大军，赴青海上任。

1月14日，南昌总司令部给马鸿逵发电：“孙魁元部，前已明令暂驻原地候命，如擅行冒进，除另电制止外，希秉承朱主任之命令，尽力防堵，勿稍瞻顾为要。”同日，兰州朱主任给马鸿逵发电：“孙部抗命西进，侵占磴口，勾结匪共，扰乱地方，自应作正当防御，予以痛击。兹派马鸿逵为左翼军总指挥，马鸿宾为右翼军前敌总指挥，邓宝珊为右翼军总指挥，马步芳为总预备队总指挥，除分令外，特电查照！”

马鸿逵收到这两份电文，深知这是要他和孙殿英互相残杀，消灭军阀势力，最后他们从中得利。孙殿英部队势力强大，一旦打起来，谁胜谁负难以预料。因此，马鸿逵就急忙给孙殿英秘密发函：

> 殿英如兄麾右，久别渴念，溯兄自抗日班师移防绥西，弟以为失机，曾以平心静气处之一言为进，此虽奉督办青西屯垦命令，而事实里面情形本不简单，中央意旨所在，弦外另有余音。吾弟素居会心，当以先人体解，于时苟能善自运用机宜，不难觅取正当途径，求得合理解决，乃不此之图。然而，避实就虚，存侥幸之心，走偏坡之路……

马鸿逵在函中明确指出"中央意旨所在"，然而"弦外另有余音"，诚劝孙殿英不要西进。

向西开拔的孙殿英部队

但孙殿英却认为是马鸿逵在阻止他西进。孙殿英遂发出《告西北同胞书》，指责马鸿逵等马家军："彼辈把持地盘，残暴不仁，用人行事，专尚四同：一要同姓，即马，非马不喜；二要同族，即回，非回不亲；三要同河，即河州，非河不同；四要同教，即回教，非教不信。"自称"本军不分种族，不重地域，不论亲疏，不问宗教，任贤用能，一本大公"，扬言"吾率10万雄兵，所向无敌。今观朔方于掌上，取陇阪若探囊，投鞭黄河，指日可渡，饮马青海，为期不远"。

就这样，孙马大战爆发。

民国23年（1934年）1月26日星夜，孙殿英部一个旅围攻平罗县外，其主力一一七师、一一八师及炮兵团，由刘月亭指挥，利用唐徕渠作掩护，从渠中秘密南下，直扑宁夏县、宁朔县署及宁夏省城。当时马鸿逵主力直属部队、步兵第三旅、骑兵第三旅、三五师驻守省城。1月27日拂晓，孙殿英主力到达城北满达桥及其以东的李家寨、马家寨、许家庄一带。其先头部队在城西唐徕渠埂及大小清真寺等地，挑选精壮士兵1000余人，架云梯数十座猛攻城，被马鸿逵守城部队用机枪扫射击退。马鸿

孙马战争中破坏的清真寺

逵部第三旅马英才旅长率部队从省城北门出击，协同保安处马全良的两个团向孙殿英攻城部队的左翼迂回攻击，第一旅卢忠良旅长率部从丁义堡向南包抄孙殿英部后路，青海军韩起功旅进至满达桥西北各堡寨，向孙殿英军右侧攻击，对攻城的孙殿英军主力形成四面合围之势。双方经过激烈战斗，孙殿英部溃不成军，退据满达桥以北各堡寨，马全良在战斗中负伤。此战当地称满达桥之战。

孙殿英在接连失利的情况下，于2月5日凌晨，以5个团的兵力从新城西南，绕至唐徕渠西岸，向宁夏省城的西南突击。孙殿英部用机枪掩护200余人架云梯登城，又被守城的马鸿逵军队击退，迫使孙殿英军队退据宁夏省城西南保伏桥一带，马鸿逵军队乘胜追击，在保伏桥将500余名孙殿英军队全部包围缴械。此战当地称保伏桥之战。

2月10日黎明，孙殿英军队再次组织全线进攻。蒋介石看到孙殿英败局已定，派飞机3架，自兰州起飞，向姚伏堡、李刚堡、满达桥等地孙殿英军队驻地猛烈轰炸。马鸿逵军队士气为之大振，孙殿英军队攻城再次失败。孙殿英军队敌前总指挥刘月亭指挥攻城屡次失败，被孙殿英撤职。2月22日凌晨，孙殿英亲率精兵猛攻马鸿逵驻军的北塔阵地，冲锋数次，未能成功。2月23日正午，孙殿英再次增加精锐部队，以炮火集中射击，掩护步兵向北塔及赵庄攻击，双方展开肉搏激战，混战约9个小时，孙殿英军队再次败退。此战当地称北塔之战。

2月24日黄昏，孙殿英军队在宁夏省城攻城未果，从三关口以东西部山区向南进攻。途经平羌堡、玉泉营、黄羊滩以东地区，占据了良田、丰盈、杨贤、先锋、金星、靖夷、宋澄、李俊、宁化一带乡村，形成向东部灌区反攻之势。马鸿逵军队以宁兰公路为防线，从王元桥、大官桥、杨和堡、王弘堡一带驻重兵向西进攻。马鸿逵发电，令河东的三十五师两个团火速过黄河支援河西战斗，日夜兼程，开赴王弘堡、王泰堡一带整装待命。

据宁夏城至王弘堡段的邮差李光明、李德报称，宁夏省城南门外至王弘堡东各村庄为马鸿逵军队驻防，以西几乎全被孙殿英军队占据，双方不断开火，夜间通过危险万分。因此，邮班由夜间 10 点发班改为早晨 5 点。2 月 25 日，据专差田南坡及叶盛堡代办所呈报，宁朔县的李俊堡已被孙殿英军队占领，邮差不能前往，李俊堡邮件暂存叶盛堡代办所。孙殿英占领宁朔县西部地区，大肆抢掠，给当地人民造成深重灾难。3 月 10 日，蒋介石派嫡系部队第一师第二旅袁璞旅长进驻中卫，对孙殿英施加压力。此时，孙殿英军队的给养及粮食发生了困难，内部矛盾加深，高级指挥官离心离德，军心涣散，马鸿逵派潜密探、特务趁机分化瓦解。孙殿英军队的骑兵军长丁世铭、一一七师的丁渤庭师长宣布退出战斗。独立第一旅的李纯华部宣告独立，一一七师第二旅的杨干卿旅长投降了马鸿逵。孙殿英感到大势已去，被迫下了退却令。

孙马战争中破坏的房屋

3 月 19 日入夜，孙殿英军队向北撤退。退到绥西三盛公时，被阎锡山预先布置的晋军全部缴械，孙殿英也被阎锡山软禁在太原晋祠。至此，历时近 3 个月的孙殿英、马鸿逵大战宣告结束。

孙马大战，有李岗堡之役，平罗五香堡、通城堡之役，大礼拜寺之役，省垣西南米家寨、保伏桥之役，省垣城北之役，北塔之役，发生大小战争数十次。铁蹄所到之处，“村舍皆墟，粮食、财物、农具、房屋劫毁一空”。宁夏县、宁朔县、平罗县、磴口县受兵掠达 7.5 万户，灾民 45.8 万人。炮火伤亡及冻饿而死的百姓 5384 人，牲畜、农具、粮谷、财物、房屋等项损失 2000 多万元，因无籽种、无耕畜、无人口而荒芜良田 97 万亩。

孙马大战后，孙殿英军队的残骑杨猴小子及高霞轩余部，逃到贺兰山一带为匪。经常下山窜至李俊、宁化、靖夷、杨贤等沿山堡寨，破坏交通，肆行抢劫，烧杀奸淫，无恶不做。马鸿宾派兵追剿，残匪沿贺兰山西山麓北窜，杨猴小子逃至陶乐。马鸿宾派人到陶乐与杨猴小子洽谈，讲接受收编的好处。杨猴小子率部到新城附近，接受马鸿宾的点验，一月内相安无事。后因粮草供应不周，军饷不按时发给，杨猴小子乃率部离去，仍从事他的土匪生涯去了。

牟凤鸣

黄河南来几千里，浊浪如山日夕起。
昼夜不舍向北流，滚滚滔滔不暂息。
雨溢晴波洪渺漭，风摇细浪远茫迷。
吁哉一水隔塞北，戍客思乡愁万里。
呜呼壮志未能酬，不知何日是归期。

这是明代描写永宁境内黄河的一首诗，按当地黄河的走向实写，所以黄河不是“西来”而是“南来”，不是“东流”而是“北流”。戍客的千肠愁绪和万缕思乡之情，大气凛然，跃然纸上。

泱泱黄河，水阔地宽，长啸万里，永不回头。从古至今，黄河两岸留下了丰稔的五谷，也留下了很多心酸动人的故事。我国最早记述黄河两岸故事的是北魏时期的地理学家郦道元，他写了一部千古名著《水经注》，全书不但记载了全国的河流，还记录了黄河边发生的故事。其中有“焚书坑儒”“荆轲刺秦王”“五胡乱华”“孟姜女哭长城”，等等。与治河有关的故事有“河神娶妻”“火烧巨石”“王尊守河”“渔阳童谣”“瓠子歌”，等等。

“河神娶妻”是说邺县县令西门豹破除封建迷信，带领农众治河的事，已编入小学语文课本，家喻户晓，不再赘述。

“火烧巨石”是说汉代虞诩任武都太守时，东面30多里处有一条山峡，河水在峡中流过,水中有一块巨石,阻塞了水流,每年春夏洪水泛滥,冲毁城墙。虞诩用火来烧石,再用醋浇注,巨石碎裂,然后把它凿掉,从此以后就不再有泛滥之灾了。

“王尊守河”,说的是汉代黄河在金堤决口,涿郡人王尊从徐州调任东郡太守,河水暴涨,泛滥到瓠子(河名),金堤被冲塌。王尊亲自率领吏民,把白马投进河里,向河伯(河神)祈祷。又亲自捧着玉圭、玉璧,要用自己的身体来填堤,并搭建草棚,住在河边,吏民都逃跑了,独有王尊站着不动,水波漫到他的脚上,他还是一动不动。谁知奇迹发生了,当水波漫到他的脚上时,河水再不上涨了,反而开始退洪。朝廷和百姓都十分称赞他的勇敢和气节。

“渔阳童谣”说的是渔阳太守张堪,在县里开垦稻田,教会百姓种植水稻,带领民众浚通河道,引水灌溉,当地百姓始而殷富。他在位8年,戍边有方,匈奴不敢来侵犯边塞。全县连几岁的小孩都在唱:“桑树多齐整,麦苗双穗生,张太守来当政,老百姓乐腾腾!”

“瓠子歌”说的是汉武帝治河的故事。河水向南泛滥,淹没民房。汉武帝派遣汲仁、郭昌征发役卒数万人,堵塞瓠子河的决口。汉武帝从万里沙(地名)赶回来,亲临决河的地点,把白马、玉璧沉入水中,并令群臣将军以下都去背木柴堵塞决口。汉武帝悲叹堵塞决口没有成功,于是他面对黄河悲切切地吟了两首辞赋,后人称之为“瓠子歌”。河神可真听汉武帝的话,他吟了两首辞赋后,终于堵塞了瓠子口。于是,汉武帝就在堵住的决口上建了一座宫,称为宣房宫。因此,也称瓠子堰为宣房堰。

从古至今,上至皇帝下至贫民,从大禹治水起,治河事迹史书不绝。

今天,我们说说“县长投河”的故事。“县长投河”是说宁朔县的县长牟凤鸣,因黄河水淹到县政府大门口,他投河自尽,河水自退的故事。后人立石刻碑,著书作赋,纪念这位忧国忧民,以身殉国难的县长。有首纪念牟凤鸣的诗中写道:

黄河呜咽秋风冷,滚滚狼烟横虎豺。
携幼流民塞大道,亡国清泪落尘埃。
提糇奔走风雷聚,振臂高呼波浪开。
烈士音容随水去,全民呐喊入云来。

宁朔县，是清雍正二年（1724 年）设立的县，县衙原在宁夏府城西大街。民国初年，县衙迁至宁夏府城西门外 7.5 公里处的平湖桥东南新满城（今银川市西夏区）。县衙公署设在原满营将军衙门，有房屋 200 余间，建筑甚为宏伟壮观。民国 21 年（1932 年），因此处建飞机场，宁朔县衙迁至王弘堡。牟凤鸣是民国 24 年（1935 年）1 月任宁朔县政府县长的，他仅任职半年多的时间就投河自尽，这到底是什么原因呢？

牟凤鸣，字仲阳，1889 年出生于甘肃省陇西县塔寺巷一个书香门第。自幼受传统文化教育，性格内向，不爱张扬，善于独立思考，抱负远大，做人低调，作风务实。清光绪年间，牟凤鸣参加乡试，名列榜首。民国初，牟凤鸣以优异的成绩考入兰州文科高等学堂。曾任甘肃省立第一、第五师范学校校长共五年，在任第五师范学校校长的四年内，第五师范学校在省内 8 个师范学校中，各项工作遥遥领先。省教育厅奖给牟凤鸣一等金质奖章，学生们为他送了一块匾额，上面写着“士仰昌黎”四个大字。当时甘肃省的有关报刊上，对牟凤鸣的先进事迹也进行了宣传报道。有感于这一时期的从教生涯，牟凤鸣还写了一首诗：

王弘堡东边的黄河

长教师范几经年，变幻风云晦冥天。
耗尽心血溢斗量，赢得虚名到人寰。
半生心血付蠹鱼，造物弄人尚崎岖。
纵有绝代英雄气，会向苍冥怨凄其。

从诗中可以看出，牟凤鸣是位喜欢务实而不图虚名的人。在军阀混战的血腥年月，牟凤鸣忧国忧民，毅然弃教从戎。1926 年，他投奔冯玉祥的国民军第十一师师长兼陇南镇守使佟麟阁部，任秘书。不久，他又同几位学生，投奔冯玉祥的国民军第七师师长马鸿逵部，任军部党务宣传干事。1933年1月，马鸿逵被蒋介石任命为宁夏省政府主席，牟凤鸣便随马鸿逵来到了宁夏。先后任宁夏师范学校校长、宁夏军法处上校处长等职。

牟凤鸣1935年1月就任宁朔县县长，那天，县衙里正准备欢迎他，厨房里的油锅"嗞啦嗞啦"的响，氽香氽香的味儿直冲鼻子。秘书拿来一叠文件，牟凤鸣翻了几页，见有一页动员各乡村抗日募捐的，日期正好定的是今天，牟凤鸣便叫了几个随从，准备下乡参加抗日募捐活动。秘书叫他参加完欢迎宴会再去，他说迟了，要了一个馒头，边啃边跃马而去。

牟凤鸣及其随从出了王弘堡，穿过宁兰公路，朝西南又走了十余里地，才到了抗日募捐宣传地。远远就见人头攒动，群情激昂的歌声已经唱了起来。

牟凤鸣跑近才知，这是临近的几个小学组织的抗日宣传。几位教师正在组织学生唱抗日歌曲，张贴抗日宣传画，对围来的农民进行抗日动员演说。街道的大路两旁，一幅幅挂图中，用图文并茂的方式，揭露了日寇侵华罪行，其中有对我同胞进行烧杀奸淫，使用毒气的，还有日寇掠夺财物的，每幅挂图都使人义愤填膺，留下难以磨灭的印象。师生们唱《义勇军进行曲》，不少农村青年也跟着学唱。牟凤鸣被感动的热泪盈眶，离开学校多少年了，他像是又回到了师生之中，他举起拳头领着师生和农民们呼口号："打倒日本帝国主义！""把日本鬼子赶出中国去！"

乡保甲长第一次见到他们的新县长，都围了过来问候。围观的农民原以为牟凤鸣也是教师，知道他是新来的县长后，奔走相告，来的农民更多了。小学生们个个像只小老虎似的，满腔热血，义愤填膺，当学校组织的20余人抗战歌咏队表演完后，牟凤鸣开始演讲，他在一段很简略的演讲中，揭露了日本帝国主义烧杀抢掠的罪行，宣传了国共两党抗日统一战线，慷慨激昂地号召民众团结抗日，把日本帝国主义赶出中国去。

宁朔县城墙根下的难民

县三青团贴出了献粮献金布

告，说献粮献金，增裕国力，提高士气，早速完成抗建使命。凡属国民，皆当尽量捐献，以尽天职。当县党部把抗日募捐的牌子打出后，人都围着捐款捐物。牟凤鸣急忙把刚从军法处领到的半年薪水全部捐了。秘书小声说："留下两个钱买双鞋穿吧，你的脚趾头都出来了！"牟凤鸣说："有双鞋穿就不错啦，你看看老百姓，十个有九个都光着脚！"一个农妇端来一斗米说家里没钱，捐点粮吧。收粮的士兵正要朝口袋里倒，牟凤鸣眼尖手快地拦住说："你的米咋上面是湿的？"农妇不好意思地说："上面那点米刚下到锅里，听见你们来捐粮又捞了出来，凑够一斗嘛！"牟凤鸣把上面的湿米又还给她，说："能捐多少是多少，主要是尽抗战之心嘛！不能勒了你们的咽喉。再说，湿米掺到里面会发潮的！"这位农妇端着一点湿米，千恩万谢地走了。一位农村老太太拄着拐棍颤颤抖抖地来了，牟凤鸣急忙拉过一个凳子叫她坐，谁知她一屁股崴在凳子上，便唠唠叨叨说个没完没了："好县长呢，虽说你是父母官，哪能常见呢！你是从城里派下来的，你们那里有没有婆姨吃上不养娃娃的药？你说说嘛，我从16岁嫁到他们家，就沟子不离炕的养了一大堆娃娃！像一窝燕儿子似的，你一回来就见尽是张嘴要吃的，吃了上顿没下顿，捐啥呢？"她退掉左手腕上的一只银镯子，呆了半天，又退掉右手腕上的一只银镯子，双手伸着要捐，又退回一只手，拿着只银镯子说："好县长呢，要不然我捐一只，留一只吧。这是我老婆婆死前留下的，她临死前说，要我传给我的儿媳妇！一大堆儿子，抓兵的抓兵，逃兵的逃兵，几年不见的几年不见，从天上能掉下个儿媳妇？人说，三十年河东三十年河西，说不定哪年再有个儿媳妇呢？还是给她留一只吧？"牟凤鸣看着老太太期求的眼神，急忙说："大娘，你就给儿媳留着吧，有你这份心就足够了！"老太太说："那不行，县长开恩就捐一只吧，要是不捐，你们走后，保甲长找麻搭呢！"

当地的野生苦苦菜，在灾荒年救了老百姓

送走老太太，牟凤鸣心里难受极了。排队募捐的农民中，有的是一斗谷子，有的是半斗糜子，有的用簸箕端着豆子，他们满脸菜色，衣裤破烂，一个个像讨吃似的。还有几户筐子里放着一只正下蛋的老母鸡，或是一头嗷嗷叫的猪崽，几只绑着爪子拍着翅膀的鸽儿子，要等在这里卖了后才能拿到钱募捐。

县兵役局亮出"把日本鬼子赶出中国去！"的横幅后，仅这里一个保就有5名青年报名参军。

时到正午，在这里宣传抗日救国的师生都被当地老百姓请到家里去吃饭。乡长来说，保长家里准备了一顿便饭，请县长过去用餐。牟凤鸣正在听县兵役局汇报征兵的事，那位拄着拐棍的老太太又来了，她说她又补捐了半斗糜子，说啥也要请县长到家里吃一口，牟凤鸣拗不过，只得来到了她家。这是一间半地下半地上房顶是一面斜的土房子，一进门便是锅台连着的一个大炕，炕上的几床被子全成了棉花套子，烂得东一个窟窿西一个窟窿的。几个年幼的孩子远远地缩在门外。老太太一进门，就叫老头子抓蹲在鸡窝里正下蛋的老母鸡，牟凤鸣拦住说："有啥吃啥，我还有事呢！"老太太指着碗里泡的蘑菇说："这是老头子在贺兰山里放羊掰的紫蘑菇，炖上鸡肉才好吃呢。你没听我们当地人说，杀那只当年的公鸡肉准嫩，泡上蘑菇多半斤……"牟凤鸣笑道："我们城里人都说你们农村有一大怪最好吃，那就是麻怪麻怪，香油拌的苦麻菜！"他指着酸菜缸说："就吃苦麻菜吧！"老太太笑道："是苦苦菜，因为叶子是麻的，你们城里人都叫苦麻菜！咋能叫县长吃这个？"牟凤鸣揭开锅盖，里面焖着一锅饭，有三分之二是萝卜疙瘩，他盛了一碗，又捞了一碟子苦苦菜，就有滋有味地吃起来。

回到县衙后，牟凤鸣就发现桌子上的公文积有一尺多高。他先将下乡调查民众中的问题梳成辫子，再从公文中翻阅查找上面有什么规定，怎样解决这些问题。他叫秘书拿出积有三尺余厚的群众来信，一页一页的摘录整理出36条，其中列出的第一个问题，就是乡里的大户每年趁青黄不接时放高利贷，当地称"黑驴子打滚"，利息高达几倍，有的甚至十几倍，逼得不少农户因借高利贷而破产。此事早在民国22年（1933年）蒋介石提倡新生活时，马鸿逵就明令，要坚决取缔农村高利贷，怎么直到现在，不但没取缔，反而越搞越烈？牟凤鸣上任伊时，便决定先从取缔高利贷入手。

他发出县政府训令，召开乡保长会议，将"严禁重利盘剥"列入重中之重。县政府训令中指出，对高利贷“严加禁止，以除恶风，此后谁敢再重利盘剥，查出严惩”。牟凤鸣在乡保甲长会议上讲话的主要内容是：这几年来，匪患频惊，灾祸相继，弄得地方十分凋敝，农村经济已陷于破产。当青黄不接之时，而人民痛苦，更甚于在往日。所以，省政府令各县暂将清乡费停止征收。这是因为在三月四月，人民嗷嗷待哺，望天天高，指地地远，农民在此时期，既无衣，又少食，且账债逼索，只有典田卖地，以渡难关。但在此时期，典田吧，一时无人接承，卖地呢，难找下售主，又出不上地价，故而为难。到了这步天地，日暮途穷，只好高利借贷，任人盘剥了。省政府这次停止征收清乡费，老百姓是最喜欢的。有钱的人却有点不高兴，因为农民在此困月，没有钱交纳公款，或是没有钱吃饭穿衣，势必向他们借贷，而他们便趁此发大财，忽然一停止征款，有钱人捞不上钱了。不举别的例子，单拿佃户来说，他们辛辛苦苦耕了一亩田，费了许多籽种肥料，才收获成功，每亩不过收成石八斗粮。可是除过交纳公款外，完全被债主以高利盘剥，七折八扣算了去，到他们自己一点也剩不下，白费了苦力，还入不抵出，这就叫做“黑驴子打滚”，这样丧尽天良，无人道的作法，令人恨入骨髓，咬破牙关。这种弊政，应该依照惩治土豪劣绅条例办理。到那时不要认为这个条例，中央已经停止施行，可是在未有颁发应当适从的条例之前，还是本着除恶务尽的规定，恢复这个旧有的惩治土豪条例，施行于一般放黑账、吃黑利、害人民的人身上。今日土棍地痞，横行乡里，鱼肉良民，不惩治是不行的。不要认为县财政没钱，有的是钱，搬倒一个“黑驴子打滚”，便有了钱，一切的事务，都有办法了。只有这样，才能使社会安宁，私见化除，和民共济，治国安邦。否则，土劣依然肆虐，利加利，本加本，把别人的田产房屋都折扣了去，那别人岂能平心善罢吗？要是这样继续下去，则社会争执，永远不能解决，人民永远不得安居乐业。

治理黄河塌岸的木桩

牟凤鸣在会上讲的一番话，很快传遍了四面八方。宁朔县的第三乡有个姓吕的大户，是放高利贷最多利息最高的大户。第三乡的乡长到此户检查他家高利贷的发放情况时，他把墙上贴的县政府训令撕了，不交出账本子，还说放高利贷是“周瑜打黄盖，一个愿打，一个愿挨”，县政府是“狗逮老鼠，多管闲事”。牟凤鸣带着几个人亲自来到他家，命令他把县政府训令重新贴好，命令他拿出账本子，把借债户一户一户传来，重新按规定利息登记，把原借条、原账本子当众烧毁。

牟凤鸣到宁朔县上任半年就投黄河自尽，而且是两次，第一次被救后第二次又投，死时年仅38岁。是什么原因致使他非要离开这个世界呢？直到后来，这个尘封已久的秘密才被揭开，原来他是被逼无奈的。

这天，牟凤鸣刚进办公室，就接到一个电话，是军法处的处长吕进打来的。他原来是副处长，牟凤鸣到省政府领取县长委托状时，马鸿逵突然问他：“你看军法处谁接你的班好呢？”牟凤鸣沉默了片刻说：“还是副处长合适，他业务熟悉！”马鸿逵点了点头。这位副处长当了处长后，从没来过电话，这是第一次，只听他在电话里说：“牟县长好！多日不见，十分想念。你上任伊始，就拿兄弟开刀问斩，你做的好啊！我家已经被你整的破产啦，破就破了嘛，从头再来！我没有半点怨你的意思，请你不要多心，再见！”牟凤鸣拿着电话愣了片刻，放下电话后一阵冷笑：“原来他是吕大户的四子，难怪吕大户这么嚣张！”这位处长老同事、老相识聚会，再不通知牟凤鸣了，说牟凤鸣和他们是“两股道上跑的车，不是一路人”，还经常借给马鸿逵汇报工作之机，说牟凤鸣在军法处经济有问题，几笔款子去向不明，等等。他的父亲放高利贷从此由地上转为地下，更为猖狂。

治理黄河塌岸的卷埽施工

宁朔县原设5个烟土收购点，不知什么时候又增设了2个，百姓纷纷告状，说当官的都争着发大烟财，还令百姓禁种罂粟，是“明禁暗纵”。牟凤鸣亲自调查，原来增设的这两个烟土收购点是前任县长私自表态设的。于是，牟凤鸣亲自查封了这两个烟土收购点，并对原有的4个烟土收购点进行了全面整顿。将全县种罂粟的面积由上面规定的2万亩压缩到1万亩。谁知道他查封的这两个烟土收购点是马鸿逵的秦副官开办的！秦副官后来又把这两个烟土收购点挪到了省城，开办得更加红火了。

这天，牟凤鸣准备下乡检查治河石料准备情况，刚出县衙，就见一位农民缩在县衙门口探头探脑地等他。牟凤鸣认出是抗日募捐那个保的保长，便急忙跳下马问候。保长拿出了一只银镯子，牟凤鸣一眼就认出是那位老太太的。原来抗日募捐刚过去一个月，几个因抗日参军的士兵便到乡间卖抗日募捐物品，说是团里发给他们的军饷。那位老太太认出是自己的手镯便大骂起来："你们不是上月参军打日本鬼子去了吗？咋在这里转悠悠？我们给打日本鬼子将士捐的东西咋到了你们这伙兵油子手里？怪不得人都说马鸿逵打日本鬼子是假，果真如此！"想起募捐时那位端来湿米的农妇和那位捐手镯的老太太，牟凤鸣简直连两条腿都在发抖。

黄河抗洪抢险现场

今年，黄河防汛工作安排得早。牟凤鸣刚来后，许多乡保甲长就给他建议，说今年树头上的喜鹊窝都留的是东门，肯定从西来的风雨多，要早做治河准备。从春天开始，牟凤鸣就叫各乡保朝黄河边拉石头，这些石头都是从西边贺兰山拉来的，路途遥远，很费人工，花费太大。拉来的石头都用铁丝网捆了，一捆一捆朝黄河里推。牟凤鸣召集汉延渠、唐徕渠和本地治水专家商议，大家说还是用土法治河好，又省工又省钱。这种办法是"草土围堰法"，即沿河挖出深壕，一层一层用黄胶泥土铺垫，然后夯实，铺上用杂草、秸秆、树枝拧成的粗绳，称之为"埽"也叫"卷埽"，再一层层夯实。各乡保拉来的柴草在黄河边堆成了一座挨一座的山岭，男丁打夯，妇女儿童"卷埽"，那位捐银手镯的老太太也领着两个小儿子"卷埽"，她见到牟凤鸣就说："牟县长么，你指挥叫他们干就行啦，咋啥也是你自己干？”牟凤鸣和她只说了两句话，就又消失在人群中。还没到河汛期，黄河岸边便人山人海，打夯声不断，只听他们喊道：“嗨哟！嗨哟！嗨哟！老乡们哪，嗨哟！抓紧绳哪，嗨哟！提上劲哪，嗨哟！朝下砸哪，嗨哟！夯落地哪，嗨哟！砸成坑哪，嗨哟！谁劲大哪，嗨哟！是好汉哪，嗨哟！河龙王哪，嗨哟！罢靠岸哪，嗨哟！朝北奔哪，嗨哟！罢回头哪，咳哟……”

在河汛到来之前，牟凤鸣几乎没离开河岸，他带领百姓将沿河一带几乎全做了“草土围堰”工程，还在十几处险段用巨石做了76个顶水码头，河水直溜溜的朝北奔腾，根本没有冲西岸的水浪。汛期到来，牟凤鸣住在黄河边的一座龙王庙里，每天骑马沿河查看灾情。谁知往年最多下雨半月左右，今年连下两个月雨水还是不停止。在黄河唐徕渠入口处，唐徕渠东渠埆被洪水冲开了20多米长的口子，洪水朝东而下，又冲断了汉延渠埆，滚滚洪流像匹匹野马，直朝王弘堡呼啸而来。

牟凤鸣紧急动员县衙公务人员带领各乡抢险救灾，急忙给省防汛总部打电话求援。好容易打通了，电话里说叫他打到防汛办公室，打到防汛办，原来前任宁朔县长又当了防汛办主任，他不冷不热地说，防汛经费有的是，要省里发话才能下拨，他叫牟凤鸣找秦副官，最后还说了句：“牟兄真不识时务。”牟凤鸣又给省政府打电话，打了半天，几个话务员都接了电话，最后才请出了马鸿逵的秦副官，他在电话里说牟凤鸣“不识时务”，连个“轻重缓急”都不知道，西征红军都打到眼皮子底下了，为什么宁朔县修战备路的人还差大半截子？牟凤鸣请求省政府再拨点救济款安排转移灾民，秦副官冷笑道：“你们县今年烟土收购的最少，哪来的钱？”说完电话压了。

牟凤鸣突然想到了西部驻防团的团长王兴。他是和牟凤鸣当年一起来投马鸿逵的，他一直在军队里当团长，前些日子还在贺兰山长流水驻地，最近部队换防，移驻宁朔县西部山区。上月他还打来电话，叫牟凤鸣到他的部队去“游玩游玩”，牟凤鸣忙得昏头转向，哪有工夫去他那儿呢？按省防汛条例规定，当地驻军负有帮助驻地老百姓防汛的职责，他应该伸伸手吧。电话倒是一打就通，王兴团长在电话里说，省军部一天几次电话，令部队进入战备状态，不能擅动，违者杀头。

听到这里，牟凤鸣如雷轰顶，头上的汗珠不住朝出冒。

门外的雨越下越大，沉沉黑云似雷霆万钧直压过来，天空黑雾一片，分不清东西南北。牟凤鸣来到工地才知道，战备路指挥官拿着马鸿逵的手谕把青壮年都赶到战备路修公路去了，这里只留下了一个国民兵小分队。牟凤鸣带领国民兵小分队开展自救，在雨水中奔忙，他记不清从洪水中救出多少个老人儿童。秘书跑来说，县衙里的东西都搬走了，黄河水已经淹到县政府大门口了。乡长都来报告乡里的情况，全县 7 个乡 3 个乡被水淹，死亡 7 人，失踪 6 人。那位捐银手镯的老太太也死了。牟凤鸣还没听完他们的汇报，就急令各乡保寻找失踪人员，抢救粮食等财物。

牟凤鸣挽起裤腿，趟过泥水又来到了黄河边。河边那座龙王庙是牟凤鸣住的地方，这里地势高，周围已经变成了汪洋。龙王庙的墙上挂着牟凤鸣的公文包，他从里面拿出一封家信，急忙拆开看，眼泪顿时夺眶而出。这封家信他已收到几天了，就是没时间看，原来他的父亲死了。牟凤鸣伤心父亲对他那么疼爱，他老人家死时他都忙的没回去看最后一眼。

年初，牟凤鸣接到县长委任状后，先回到家乡看望了年迈多病的父亲，父亲教了一辈子书，暮年身体不好，老在炕上躺着。他听说马鸿逵叫牟凤鸣当县长，脸上没有丝毫兴奋之意。他板着脸沉默了好大一会儿，才一字一板地说："你当初路就没有走对嘛！放着书不教，跑到军法处干啥？你知道世界上哪个职业最能积德吗？是教师！也好，快罢在那个军法处作孽了，还不如下去为老百姓办点事。为啥自古以来称县官是父母官？要像父母对待子女一样对待老百姓嘛！不是说当官不积德，而是当官往往身不由己，因为上下左右前后那么多人制约着你，不是你想怎么干就怎么干！史书上说，富贵无三世，清官不到头，你可想好了？"他挣扎着坐起来，颤抖的手提起狼毫，在一方纸上写道：

> 修身齐家，德孝为先。忠厚传家久，诗书继世长。耕读教化，恪守纲常，治沙治水，兴族安邦，仓廪实而知礼节，衣食足而知荣辱……

牟凤鸣万没有想到，他上任前父亲对他说的一番话，成了父亲临终前的遗言，他老人家给自己写的一方字，也成了遗书。

牟凤鸣仰望着龙王庙前的那棵高高的沙枣树，几只乌鸦围着树头旋转鸣叫，就是不肯落下来。他不禁冷笑道："月明星稀，鸦雀南飞，围树三匝，何枝可栖"？他趟过齐腰深的水又来到了黄河边。河边的顶水码头、草土围堰工程，使河水驯服地朝北奔流，而从西南地面上淹过来的洪水，将草土围堰一层层剥落，一层层冲到河中，"哗啦，哗啦"，溅起数十丈高的浪花。滚滚黄河的河面，全被柴草树枝覆盖，像一片移动的大地，使人头昏目眩。顶水码头本来是顶东面洪水的，可是这洪水从西面来的，把一个个码头淘涮得东倒西歪，"轰隆"一声，码头跌入河中，像河面上荡起的闷雷。牟凤鸣伫立河岸，望着烟雨朦胧的河面，遥想当年汉武帝治河时"哪知泽国堤防急，百万金钱掷浪头"的情景，不禁轻声吟起了《瓠子歌》：

> 瓠子决兮将奈何？浩浩洋洋虑殚为河。殚为河兮地不宁，功无已时兮吾山平，吾山平兮巨野溢，鱼沸郁兮柏冬日。正道驰兮离常流，蛟龙骋兮放远游。归旧川兮神哉沛，不封禅兮安知外。皇谓河公兮何不仁，泛滥不止兮愁吾人。啮桑浮兮淮、泗满，不久返兮水维缓……

民国25年(1936年)12月，为纪念这位县长，宁朔县的学界、乡绅们，在王弘堡桥头竖起了一座石碑。鲜红的刻字热情颂扬了牟凤鸣忧国忧民的思想。这座碑直到"文化大革命"前仍竖立在王弘桥头。纪念碑高180厘米，宽80厘米，厚20厘米，继任县长赵熙撰写碑文，简述了牟凤鸣的一生。纪念碑是块粗砂石行体阴刻碑，表面粗糙，弧顶条型，内竖"流芳百世"4个字，额下碑文"民国二十五年十二月上浣，牟公县长逝世纪念碑，宁朔县绅学仕各界敬立"。背面内竖"永垂不朽"4个字，额下碑序竖排字13行380字：

宁朔县县长牟公碑序

> 前宁朔县长牟公自沉之，明年，县长请余文。曰：军兴后，来吾邑多矣，至来为爱民，去为民思，惟公。况后自沉，吾民能勿悲欤！宜刻石以志，勿忘也。
>
> 余按：公讳凤鸣，字仲阳，甘肃陇西人。初任甘肃第一、五师范学校校长五载，造就千人，中多豪杰之士。次愤国乱，乃投陇

南镇守使佟公麟阁,任秘书长。又投今宁夏省府主席马公鸿逵,任军部党务宣传干事。北伐之役,公与有力追随。马公至宁,任长师校及军部军法处长,益多劳勋,乃于二十四年元月调任宁朔县长。旋闻华北阽危,愤甚,乃投惠农渠,不殊。至七月二日自沉黄河乃殁。其河岸遗绝命词云:“日祸迫于眉睫,呜不忍视。吾黄帝子孙,沦为他人奴隶牛马,噫其志哀矣!”

公天胜和蔼,志虑忠纯,长官属吏于其生莫不敬爱,于其死莫不痛哭。其任朔令也恒单骑入闾里亲询疾苦,其有扰民者一切罢免之。其力不能及者与民相视嗟叹。故人谓其死固为国,亦为民也。今民之不忘而志之宜矣。呜呼!迹近屈原,国史当予所载。然为政如典,诚使后来者之难继也!

宁朔县县长赵熙,敬撰并题

这块石碑是20世纪80年代永宁县开始修县志时，县志办经过千辛万苦才在王弘堡一家农户家院寻找到的,已被当作圈墙基石。挖出来后抬到109国道,花了20元钱,雇了一辆手扶拖拉机,拉到县委大院,放到档案楼墙角,那天正下着大暴雨。

牟凤鸣死后,他所忧虑担心的日本侵华战争终于漫延到了宁夏。日军先后轰炸银川、中卫、磴口、固原等地共7次。宁夏省政府大门口的石狮子四条腿变成了三条腿、两条腿，宁夏县、宁朔县县衙被炸，特别惨不忍睹的是被轰炸后的街道。墙头上黏挂着人的肠子；树头上缠挂着一颗女人头颅;一位孕妇被炸破腹部,胎儿被炸出来塞在墙缝里；一个小伙子被炸的上身在路东,下

保存在永宁县政府大院内的牟凤鸣纪念碑

身在路西。炸塌的民房浓烟滚滚，街巷里散发着熏人的腥臭味。人挤人的难民从街南跑到街北，又从街东挤到街西，而炸弹又是在人流中频频爆炸。全城到处是血肉模糊的面目，到处是四肢不全的尸体，哭喊声惨叫声，令人毛骨悚然。难民成群结队从银川南门逃出，朝王元桥、大官桥、杨和堡、王弘堡奔跑，破庙中、山洞里、沟桥下、砖窑旁、树林中、黄河边，躲满了老幼难民和被炸伤炸残的伤员。

这大概就是牟凤鸣生前最怕见到的场景吧！而在他的身后，这惨绝人寰的现实，果真活生生地摆在了人们的面前。

牟凤鸣当年投奔佟麟阁部，只是无所事事，虚度年华，报国无门。他写了一首《野外》的诗，抒发了对祖国名山大川的热爱，韵意深邃：

出城觅野趣，爽兴独悠然。
日暮僧归寺，风来树拂天。
渔歌藏远港，鸟语和清泉。
寒雁冲烟雾，深芦渔钓船。

牟凤鸣面对祖国的大好河山，目睹军阀混战给老百姓带来的满目疮痍，他感到痛心疾首。他写了一首《秋夜怀勋卿》的诗，表述了对在前线征战的友人的怀念：

杵韵蝉吟关客居，迁延征战故人疏。
寄怀肝胆期羊左，放眼江湖冷雁鱼。
渭北飞鸦空绕村，淮南归雁尚傍枝。
销魂最是婵娟夜，游子何堪月满除。

牟凤鸣身处边塞，怀念家乡，深感自己救国无门，抱负无法实现，他在给旧友《登黄鹤楼有感》的诗中，描述了“国疆任剪裁”的现状和他的无奈心情：

问谁再乘黄鹤来？悠悠天地我徘徊。

大江滚滚日澎湃，世事茫茫时劫灰。
楚天湘云无限好，辽山沪海有余哀。
可怜夜夜朔边月，忍照国疆任剪裁。

牟凤鸣任军法处长时，曾多次在马鸿逵面前要求到抗日前线杀敌立功，但每次都碰一鼻子灰。他任宁朔县长后，曾几次给马鸿逵写信，减少征兵人数，减轻兵役负担，惩治土豪劣绅重利盘剥，罂粟不能逐年减种，而应当全部禁种。但是一封封信发出后，都如泥牛入海石沉黄河。他亲自到省政府找马鸿逵，不是门卫挡道，便是推说不在。他感到自己像是被扔进了滔滔黄河的无底深渊，干不得走不得更逃不得。他在重阳节这天写了一首《重九登高题诗》，诗中写道：

踏破河山诗债多，江山岁岁起蛟鼍。
风云乾坤四海老，戎马半生鬓发皤。
世故感伤琴再抚，人情阅尽剑重磨。
国逢阳九愁何恨，醉倒黄花哭当歌。

牟凤鸣死时年仅38岁，但他已鬓发斑白。他戎马半生，人情阅尽，只能是对哭当歌了。

牟凤鸣纪念碑碑文

日机轰炸与宁夏抗战

豺狼行径野心狂，掠抢烧杀逞列强。
大好河山任蹂躏，妻儿老小遭祸殃。
三军浴血驱贼寇，万众一心振国邦。
鉴史明今民所望，和平发展奔康庄。

这是陈勇在纪念抗战胜利七十周年写的一首《鉴史明今》诗。日军在中国所犯下的滔天罪行令人发指，罄竹难书。以史为鉴，铭记国殇，莫忘国耻，是国人的根本。

1931年"九一八"事变，日本侵占中国东北后步步紧逼，采用"速战速决"策略，妄图在"三个月灭亡中国"。日军1938年10月占领武汉后，因战线过长，兵力不足，战争转入相持阶段。当时我国的大西北因不通火车，公路简陋，日军用兵及军用物资均有困难，故未能侵占。因此，西北成了抗战的大后方。因新兰公路畅通，在国防上与苏联保持着密切联系，日本便将其视为重点空袭的战略目标，并配合空袭其他城市，骚扰整个大西北。日军先是将侵略矛头指向与宁夏相邻的内蒙古绥远一带。在这种情况，宁夏马鸿逵对日本的态度如何，对西北时局十分重要。

日本人加紧了对马鸿逵的拉拢。在这一时期，马鸿逵对日本的态度一直处于游移观望状态，直到"西安事变"爆发，全国抗日民族统一战线初步形成。在全国人民抗日高潮的推动下，马鸿逵对抗日的态度也终于由观望逐渐变得坚决起来。

非常希望与马鸿逵"合作"的日本军仍不甘心，其头领板垣征四郎亲赴阿拉善旗，邀请马鸿逵会谈。马鸿逵未赴会，而是派下属前往交涉，并在会谈中表明了态

日本零式战斗机图

度——与日本“势不两立”。

至此，日军策动马鸿逵“合作”的计划破产。回到北平后的板垣征四郎发电威胁，声称要派大军惩罚。数周之后，日军飞机飞临宁夏，轰炸拉开序幕。

日本飞机轰炸宁夏省有文字记载的共有7次，其中轰炸银川及宁夏县、宁朔县县署所在地4次，轰炸中卫1次，轰炸磴口(当时属宁夏省管辖)1次，轰炸固原1次。

民国26年(1937年)11月5日下午，日本飞机第一次轰炸银川城区。这次轰炸共有日机7架，由城东北方向飞临城上空，城内居民一见日机临空，立即呈现出一片混乱状态。当时因抗战开始不久，城内防空警报系统尚未健全，事先未发警报，加之居民初经空袭，慌乱不堪。这次轰炸带有侦查、骚扰性质，故仅沿城北偏北地区由东向西飞行。日机飞到马鸿逵部的教导团门前的操场(今宁夏宾馆)时，投下了五六枚炸弹。顿时这里成为一片火海，房屋倒塌，火光冲天，伤亡惨重。宁中学生郑克锷、教导团干部一队班长王佑才等人均被炸死，更多的人被弹片击伤。日机第一次轰炸后，马鸿逵才开始建立防空体系，成立了防空司令部，在街心的钟鼓楼上安装了防空警报器。

日机轰炸银川城图

民国27年(1938年)2月20日中午，日机18架由北向南飞，对甘肃省兰州城进行轰炸。国民党驻兰州空军第十七航空队立即升空，与日机展开激烈空战，有数架日机被击落。由于没有达到对兰州进行空中打击的预期目标，又造成机毁人亡的重大损失，日机返航飞临中卫县上空时，对中方进行报复，将剩下的炸弹投到中卫县城。因当时的县城目标小，居民居住分散，空袭没有给中卫县造成太大的伤亡。

日本飞机轰炸重庆造成巨大人员伤亡

民国27年(1938年)12月23日中午，日机2架飞机轰炸磴口(当时属宁夏省管辖)，在磴口县城上空窥伺20余分钟，扔下炸弹11枚，其中9枚爆炸，2枚未爆炸。炸毁民所四五间，炸死2人，重伤多人。日机用机关枪四处扫射，极为凶暴，事后即向东飞去。

民国28年(1939年)1月30日，日军对固原进行轰炸，史料记载“情况残酷”。虽然当时固原不属宁夏省管辖，但这幅照片却是当时唯一留下的日本轰炸固原的罪证。

民国28年(1939年)1月30日，日机轰炸固原惨况。因当年日军轰炸宁夏，未留下任何照片档案，这是目前唯一一幅可以反映发生在今宁夏境域内日军轰炸暴行的照片

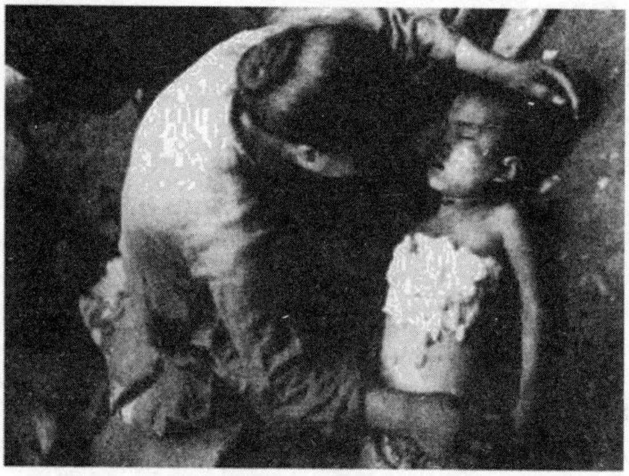

被炸死儿子的母亲在痛哭

民国28年(1939年)3月6日下午2时50分,日机12架从山西运城起飞,第二次空袭银川城区。虽官方发了紧急警报,但因飞机很快来临,绝大部分居民来不及向城外逃难,日机见城内居民到处逃窜,便以地毯式的轰炸扫射方法,依次由东向西轰炸,一直炸到西门方才飞离。据马鸿逵《关于日机侵入宁夏伤亡极惨给何应钦的电报》(1939年3月6日)记载,这次日机在人口稠密地区狂轰滥炸,共扔炸弹103余枚,共有军民300多人被炸死,重伤者400余人,共有600余间民居被炸。众多耳闻目睹的当事人回忆说,城内有10多处街道被炸成大坑,民房倒塌,道路堵塞。被炸的西塔防空洞共有2条,每条长20米,高2米,宽1.5米。日机空袭时,防空洞门口拥挤不堪,日机连扔炸弹,防空洞首、尾两处被炸,死亡42人,重伤20余人,惨不忍睹。敌弹落到宁夏省卫生处西厅,全院房屋皆毁,弹片飞溅,波及全处房宇,阁破窗碎,物器碰压裂坏,药械损失甚多,无法救治被炸伤的居民。宁夏电灯公司两次受日机轰炸。经过这次轰炸,除官方的一些机关单位陆续向城郊转移外,死里逃生的居民逃到望远桥、达观桥(大官桥)、黑泉湖避难,悲惨万状。

民国28年(1939年)9月15日凌晨三四点钟,日机33架,偷袭兰州。因得知兰州防空严密,便在折返途中空袭银川城。银川城内发出了紧急警报,城内灯火齐灭,一片漆黑,日机在飞到城西南五里台附近的胭脂湖上空时,恰有几个打渔的农民在湖边放火取暖,日机误认为已飞临银川城上空,便连投炸弹。据马鸿逵《关于日军飞机侵入宁夏轰炸伤亡的电报》(1939年9月15日)记载,日机从鄂托克旗侵入宁夏省上空,从石嘴山飞过黄河后,在沿途的李岗堡、通济堡、黄渠桥、杨家大湖等地狂轰滥炸。共投重量级炸弹115枚,死亡平民20余人,炸伤平民30余人,炸毁房屋696间。后因马鸿逵部队高射炮的迎击,日机向东南一带逃去。这是日军出动飞机架次最多、投弹数量也是最多的一次。此次轰炸,银川城区西部和西郊农村伤亡惨重，难民逃至王弘堡、李俊堡一带，各大小沟壑、獾洞成了难民的藏身之地。

民国28年（1939年）11月15日凌晨5时20分，日机3架从陶乐方向飞至宁夏省上空，因天尚未曙，即向西南转去。至7时30分，日机折转，返回银川上空。据民国《第八战区战报》（1939年11月25日）载，日机在银川城区南北大街投炸弹10余枚，炸死居民3人，军民伤者20余人，毁房屋10余间。返回期间，在内蒙古五原散发传单。

绥远铁马踏雪霜，宁夏金戈两万枪。
杀入包头裂敌胆，光复五原折儿郎。
河套前后敌寇远，长城内外熟稻粱。
碧血沉藏恩格贝，黄沙白骨曝天光。

这是马濯华写的一首《悼绥西抗战烈士》诗。据马鸿逵主编的《十年来宁夏省政述要》记载，绥远抗战是中国抗日战争的重要组成部分，从1936年百灵庙起义和百灵庙战役算起，到1945年日寇投降历时9年。1938年马鸿逵被任命为绥西防守司令，率八十一军辖马鸿逵骑兵、步兵3个旅及后续补充部队近2万军人赴绥西抗敌，到1943年撤回宁夏历时5年之久。

1939年12月，第八战区副司令长官傅作义部新编三十一师突袭包头城，攻入市区，日伪军猝不及防仓皇应战，被打死千余人，八十一军三十五师策应。

1940年2月1日，3万余名日军，1500多辆汽车、装甲车和坦克，数架飞机向乌不浪口、四义堂、乌拉敖包、乌镇一带八十一军阵地扑来。当天上午，日军在四义堂北集结，3架日机在天空盘旋

躲避日机轰炸的难民

侦察并投掷炸弹，对八十一军驻地进行轮番轰炸，同时又以密集火力攻击，坦克和装甲车开道，步兵尾随其后猛烈冲锋。八十一军各团包括骑兵团连同后勤人员5000多人全部参战。在枣树林大沙滩集结的日军车已有300多辆，开始向乌不浪口和四义堂接近。马腾蛟师长指挥三十五师官兵与日军激战到深夜，30余名官兵不幸牺牲，这场战役直打了一天一夜，仅当地耕牛就被炸死了60余头。

1940年2月2日上午，日军在进攻时，用飞机施放了燃烧弹和毒气弹，八十一军中毒的官兵出现了咳嗽、呕吐、流鼻涕、流眼泪等症状。下午，日军突破了八十一军三十五师驻守的四义堂阵地，三十五师牺牲3千余人。

1940年2月3日上午，日军占领了五原和临河。

1940年3月20日，傅作义指挥他的主力三十五军步、骑兵和宁夏参战部队等各路抗日队伍，向五原发起了猛烈的攻击。宁夏部队在五原丰济渠南北守备。此战击毙日军1100余人、伪蒙军3000余人，俘获伪蒙军1800余人；击毙步兵大桥大佐、特务机关长桑原一郎中佐，及警务和技术官员300多人；缴获大小火炮300门、汽车50余辆。中国军队亦有重大伤亡。五原光复后，日寇龟缩在包头未敢大规模西进。黄河前、后套地区，绥远南部和陕西北部的长城内外大部地区得到拱卫。

1940年6月30日，宁夏八十一军三十五师移防伊克昭盟之一部，在恩格贝与日伪军突然遭遇，发生了惨烈激战。恩格贝，是蒙古语平安吉祥之意，是个地名。距包头黄河西岸15公里，处于中国八大沙漠之一的库布其沙漠西端。这场遭遇战，由于敌我武器装备对比悬殊，宁夏八十一军之一部全军覆灭。几十年后，当初草草埋葬的千余具烈士遗体，经过风沙的剥蚀，已暴露于荒野，累累白骨令人触目惊心。1995年9月，宁夏记者首次将恩格贝之战披露于世。

1940年1月31日开始的乌不浪口之战，装备落后的宁夏军队阻击有飞机、坦克和毒气炸弹的日寇，有1000余名士兵为国捐躯，伤2000余人，冻伤700余人。一个月后，黄河解冻、春草萌绿，厉兵秣马的中国军队经过血战光复了五原及绥西各地重镇。傅作义部一〇一师等打援部队炸毁了乌加河上的桥梁，在乌加河岸痛歼由包头仓皇驰援而来的日军，一〇一师亦伤亡巨大。黄河后套的伊克昭盟地区、绥西战场上的各路抗日军队协同作战，故称傅作义的主力部队是“玉柱”，马鸿逵的偏师部队是“金梁”。绥西抗战，马家军配合傅作义部队，收复了大片国土，又将包头以西

抗战时期的傅作义

黄河以南地区的日伪势力全部肃清，粉碎了日军侵占宁夏和西北的计划，确保了宁夏和西北的安全，牵制了华北日军力量，民国中央政府授予马鸿逵、马鸿宾忠勤勋章，嘉奖宁夏马部在抗战中的功劳。

内蒙古五原县唐代称“中受降城”，如今已建有规模宏大的抗战烈士陵园。在五原县北的乌拉特中旗，修建了乌不浪口烈士陵园，埋葬的全是宁夏殉国军人。

鄂尔多斯领主博硕克济农1613年按照三世达赖喇嘛旨意，修建了一座喇嘛召庙，因其后裔受封郡王衔，故称“王爱召”。此寺庙规模宏大，极为壮观，占地50亩，建筑结构取藏汉两种传统样式之精华。日寇觊觎此寺庙的财富已久，并于1941年2月9日进行劫掠。中国军队的汉、蒙古、回各路抗日军，与敌军浴血厮杀，其中宁夏八十一军三十五师二〇五团、二〇六团、二〇八团的500多名将士为国捐躯。同年2月10日，日军从包头开来80多辆大卡车，将喇嘛召庙300多年来积存的文物珍宝抢劫一空，并将喇嘛召庙烧毁炸平，毁灭罪证。正如马濯华在《悼绥西抗战烈士》诗中写的那样：

王爱召寺大辉煌，觊觎已久动刀枪。
西军战死五百士，日寇垂涎三尺长。
巍峨殿堂遭轰毁，金佛魂宝被抢光。
新民堡旁埋忠骨，芳草枯荣伴凄凉。

马鸿逵开挖云亭渠

民国22年(1933年)1月,马鸿逵任宁夏省政府主席后,建立了贺兰山林管区,保护了贺兰山天然林木。建立了王弘(今望洪)黄河护岸林场、杨贤防沙林场、张政黄河护岸林场,等等。这些林场一直沿续到现在。马鸿逵率兵工修筑的宁兰公路,成为宁夏南北的交通要道,20世纪80年代后修建的109国道,就是在原宁兰公路的基础上重修的。虽然交通、教育、水利、市政等工程由军工及老百姓完成,但与省政府主席马鸿逵的支持是分不开的。

马鸿逵,当地的老百姓都背地里称他为"马大肚子",他身体肥胖,尤其肚子很大,站立起来自己看不到自己的脚尖,非弓下腰才能看到自己的脚尖。他一有机会就给老百姓训话,讲话都是河州口音,不细听就听不懂。他给老百姓训话时,总说他家祖祖辈辈怎么为民,怎么爱民,他本人怎么"为了党国"废寝忘食,忠心耿耿。说到激动时往往泣不成声,流泪哽咽,就连听的老百姓也跟着掉眼泪。老百姓告状,就是愁告不到马鸿逵那里,因为挡驾拦道的太多,但凡是告到马鸿逵那里,必定有结果。后来,老百姓又到马鸿逵的庶母马书诚,当地人称马老太太那里去告,同样必有结果。

开挖云亭渠时期的马鸿逵

最使当地老百姓记忆犹新的是马鸿逵开挖云亭渠。开工动员会在王泰堡马公馆门前的大操场上召开,参加会议的各级官员、军士、民工很多。马鸿逵先训话,说这条渠开成后,能灌溉多少亩多少亩良田，能使多少亩多少亩荒地成为良田，能给老百姓增加多少多少收入。说到开渠经费时，他首先命侍卫抬出自己的几箱捐银，里面不但有马老太太平时戴的金耳环，还有马敦厚、马敦静儿时戴的金锁、银锁、项圈儿等。在场的各级军官和当地官员也纷纷拿出自己的捐银。有的很少，怕公布在榜上脸面过不去，又使随从到家里再拿。现场有几位青年农民表示，不要工钱，自愿挖渠。马鸿逵又说："尕娃好！尕娃好！宁夏的尕娃就是好！不给工钱你们吃啥？家里老妈谁来养活？不行！不行！"他随即把云亭渠管委会的人叫到跟前说："参加挖渠的尕娃工钱一分不能少，当日兑现！"

云亭渠一带，属宁朔县东北一片广阔的滩地，是历史上黄河泥沙冲刷淤积而成的，这里土质较好，就是因为淌不上水而撂荒。马鸿逵任宁夏省主席的第二年，即民国23年(1934年)，身为宁夏省政府主席、国民革命军第十五路军总司令的马鸿逵便动员开挖云亭渠，主要靠军士开挖，当地老百姓开挖，付给工钱。同年，国民党经济委员会常务委员宋子文来宁视察各渠，赞佩宁夏水利工程伟大之余，深感水土优沃，而未尽其利，遂拨款20万银洋拟定计划方案，兴工开凿。

十五路军兵工开挖云亭渠现场

云亭渠土方工程分上下两段，作两期施工。由国民党第十五路军总指挥部派各部官兵承担全部工程。上段派军工8809人，从二渠桥新口起，至通贵堡的王庄止，长30公里，宽6丈，分6个小段施工。下段派军工12495人，从王庄起，至通吉堡(今通桥)渠梢上，长15公里，宽5丈，分5个小段施工。渠身自宁朔县王泰堡起，经过宁夏县的通昌、通贵等乡，到平罗县的通伏堡流入黄河，总长65公里，并修筑了朱家渠、董家渠、纳家渠、樊家渠等38条支渠，建有两孔进水闸和黑阴沟涵洞各1座，建桥梁6座。可灌溉40万余亩官荒地和农民耕地。整个工程于民国23年(1934年)11月1日开工，至民国24年(1935年)5月10日完工。

马鸿逵为纪念其父马福祥(字云亭,系民国中央政府委员兼蒙藏委员长),而命名该渠为云亭渠。并设立云亭渠水利事务正副专员2人,沿渠设营寨3座,所有行政事项由省建设厅监督指导,“以一事权,而利进行”。

马鸿逵(照片中穿大衣者)视察云亭渠开挖现场

民国24年(1935年)5月10日,云亭渠工程竣工时,马鸿逵带领众官兵在渠口举行通水典礼,渠口处建有纪念亭,亭柱上书有马鸿逵亲手题写的对联,上联“贺兰高山千古秀”,下联“云亭渠长万世流”,亭中立贺兰石纪念碑,碑高170厘米,连同底座2米,宽90厘米,阴刻竖排行体字碑文。《新建云亭渠碑记》全文是:

宁夏负山跨河,水利之富甲於全国。盖自秦汉以来,朔方置郡,沿河浚渠纵横交错,代有兴革,每览观未尝不叹,其缔造之艰,尽心民事而功垂不朽也!后之人纪念前徽,断代命名,如河西之汉、唐、惠、清四渠,汉渠尤特彰明较著。要渠皆以代传,从未有以人名命渠者;有之,盖自云亭渠始。先是,民国初元,先君子马公云亭使兼宁夏将军,服官斯土,历时八载,流风遗泽,父老往往称道弗衰。鸿逵以癸

云亭渠纪念碑遗址

酉春奉命任宁主政,桑梓弃养一岁有余矣。追怀往烈,昕夕惕勤,深恐弊有未除,利有未兴,无以上承先绪而慰地方喁喁之望。

苟有利于民而为地方人力财力所能及者类,无不亟图振兴,蹈蹶以赴。越明年,百废粗举,治具用。惠农渠东、黄河西岸地方百余里,土质肥美,田野荒芜,先民已有之陈规。苟无以续其趾而扬其炎,则虽有□□□引河流,辟草莱以成膏腴之渠,斯诚守土者之耻也。适全国经济委员会常务委员宋公子文视察后,拨款二十万元,为开凿新渠之需,并谆谆以渠成之日即以云亭名渠为嘱,鸿逵受命之余,躬自履王泰堡地方,惠农渠之东端辟为新渠渠口,而于渠之上游则加宽渠身并扩张其引河流入,渠口之迎水堤坍甚低,随顺地势而酌为迂曲。规划粗具,即于民国二十三年十一月一日开工,均以所部官兵担任,次年五月十日宣告成功。全渠蜿蜒自宁朔县王泰乡起,经过宁夏县之通昌、通贵等乡,以至平罗县之通伏乡境而入于河。既宏沿渠数十万亩之官荒,可以次蒐垦种矣。当事者董修得宜,既工巨而费省。鸿逵复饬沿渠建营寨三座,为将来组织新村之基础,亦用兵工修筑,先后蒇事。落成之日,水势畅旺,全体通流,从事垦种而利边民。以云亭名渠,为请用志,不忘先君子之遗泽,故特掇拾。所以命名之故,暨工程始末,使铭诸藉资纪念,碑垂永久。

中华民国二十六年五月吉日,宁夏省政府主席、国民革命军第十五路总司令　马鸿逵

由于修渠动用的主要是军队无偿的劳动力,所以开支很小,连国民党中央政府所拨的20万元也远远没有用完。马鸿逵用节省下来的钱从天津购置了一批测量工具,开始进行全省的土地测量工作,清查出大量过去隐瞒不报的土地,使宁夏实有耕地面积增长了近一倍。这一举措又使土地赋税收入大为增加,国民党宁夏政府的

财政收入也一下子成倍提高。

中华人民共和国成立后，云亭渠改名为民生渠，1958年决定在纪念亭址上新建惠农渠管理所,亭拆毁,碑垫在墙下。1984年所址搬迁,县水电局将云亭碑运往贺兰县惠农渠管理处。20世纪80年代初编修县志时,永宁县志办到处寻找云亭渠纪念碑，最后在贺兰县惠农渠管理所的外墙角和垃圾池里发现了纪念碑的残片,将残片对齐后,拓出了碑文。但不少地方已残缺,字体无法辨认。

云亭渠纪念碑碑文

永宁建县始末

民国27年(1938年),马鸿逵为了整治县政,加强管理,强化其统治,提出将宁夏、宁朔、平罗三县划分为五县。初定时想将宁夏、宁朔两县析置出一县,县名为“镇河县”。因为黄河多患,取名“镇河”是镇住河患之意。民国29年(1940年)12月21日,在宁夏省政府委员会第113次会议上,马鸿逵提议将夏、朔、平三县划分为五县的公决案,经委员会决议通过,并提出原拟“镇河县”改名为“云亭县”。

云亭县名,事出有因。马鸿逵为了给他死去的父亲马福祥(字云亭)树碑立传,曾提出以“云亭”命县名。但争议太多,最后提交知名人士和有关专家讨论,最后才定名为永宁县,意为长治久安,取永远安宁之意。因为当地老百姓盼望安宁,由来已久。王弘堡北魏时设弘静镇,隋朝时设弘静县,唐朝时设安静县、保静县,西夏时在王弘堡东设静州,在邵刚堡西设顺州,在张政堡南设怀州,在杨和堡附近设永州,拱卫京畿,形成“四州抱兴庆”之势,这“四州”,很多一部分都在当时的永宁县境内,均含安定、宁静、顺畅和怀念之意。永宁历史上曾设永州,又是宁夏、宁朔两县析置,取永州之“永”,与宁夏、宁朔两县之首“宁”字,故取名为“永宁县”。

翻阅历史文献,中国古代曾经出现过3个“永宁县”,分别是现今的浙江黄岩县、河南洛宁县和湖北武穴市。浙江台州市黄岩区是第一个“永宁县”,设立于东汉永和三年(138年),武则天天授元年(690年)改永宁县为黄岩县至今;河南洛宁县唐初名为永宁县,至民国2年(1913年)以洛河为名,改为洛宁县;湖北武穴市是北周(579年)设永宁县,唐天宝元年(742年)因与河南永宁县(洛宁县)和江南东道永宁县(黄岩县)同名,唐玄宗亲自取佛教语“广施佛法,普济众生”之意改名为广济县。至此,3个永宁县都在历史的长河中消失了。

民国30年(1941年)1月25日,在宁夏省政府委员会第114次会议上,马鸿逵提出临时动议:"增设云亭县,原以云亭渠贯流县境,以渠取名,窃与先父同名,愧有未当,拟请更名,以正观听",会议决定原定云亭县名改为永宁县。至此,永宁县名正式确定。同年3月25日,宁夏省政府委员会第115次会议决定,"各县(包括从平罗县析置的惠农县)于4月1日先行委员筹备,并将变动后各县拟绘之图说(地图及说明)报内务部备案。"宁夏省政府委托张诜一为永宁县筹备委员。同年4月1日,永宁县宣告成立。

时隔一年后的民国31年(1942年)3月30日,民国中央政府主席林森关于永宁等县建县的指令才发出,全文如下:

> 三十年三月六日,内政部呈报宁夏添设永宁、惠农两县,并将宁夏县改名贺兰县,既宁朔、磴口两县迁治一案。检同原件呈请签核备案。并铸发永宁第三县政府印信由。呈件均悉,准予备案。永宁、惠农、贺兰县政府印,仰候局发可也附件存,此令。
>
> 永宁县奉宁夏省政府令,暂设永宁县筹备委员会办事处。办事处承省政府之命,受各厅局监督指挥。办事处设筹备委员1人、秘书1人,设一、二两科,各科设主任1人,办事员2人,书记员4人,勤务5人,共15人。

宁夏省政府委任张诜一为筹备委员,统管筹备设县一切事务。秘书承委员之命,办理具体事务。第一科办理新设县之划界,绘拟图说、地籍之划分,所需地址、房屋之设计,及其他民政、财政、地政等事宜。第二科办理建设、教育各案卷之清理划分,及其他建设、教育等事宜。办事员办理委员、主任交办的事宜。书记员办理缮写公文事宜。办事人员由省财政厅月支薪金667元(法币),每月规定公务200元(法币)。

永宁县署初设在王弘堡,同年秋迁至杨和堡老爷庙,后迁至现永宁县人民政府大楼址。辖盈南、更名、宁城、张政、谢谷、邵必、上前城、通宁、通朔、通贵、镇河、李祥、许旺、杨和、王铨、王弘、东魏信、西魏信、王泰、唐铎、僧刚、杨贤、靖夷、丰盈、河西、盈北等 26 个乡。总户数 16715 户，总人口 82634 人，总面积 2800 平方公里，耕地面积 302551.49 亩，人均耕地 3.54 亩，麦田 9.18 万亩，稻田 2.3 万亩。有中心小学 7 所，国民小学 30 所。中心小学有教员 52 人，小学生 4035 人；国民小学有教员 33 人，小学生数 525 人。

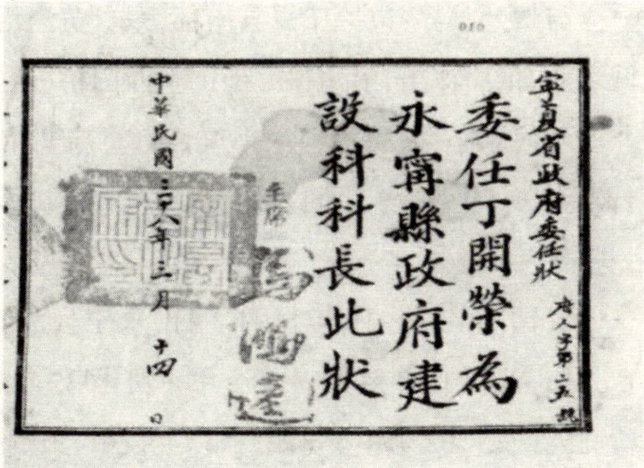
寧夏省政府委任狀

委任丁開榮爲永寧縣政府建設科科長此狀

主席 馬鴻逵

中華民國三十八年三月十四日

民国 38 年(1949 年)3 月 14 日，宁夏省政府主席马鸿逵给永宁县政府建设科科长丁开荣签发的委任状

宁朔县署，民国初年迁至宁夏府城西门外 7.5 公里处的平湖桥东南新满城，县公署设在原满营将军衙门，又因建飞机场，宁朔县署迁至王弘堡。后因调整宁夏、宁朔两县区域，成立了永宁县，王弘堡划归永宁县，宁朔县署迁到瞿靖堡，后迁至小坝堡。1960 年，复设青铜峡市，撤销宁朔县，原宁朔县管辖的宋澄、李俊、任春等地划归永宁县管辖。

据《永宁县志》记载，民国 30 年(1941 年)4 月 1 日，永宁置县时，县境四至为：东至通宁、通朔，隔黄河与灵武县、原陶乐设治局相望；南至王弘堡，与原宁朔县相连；西至靖夷堡，与阿拉善旗毗邻；北至更名，与贺兰县接壤。县界划分及走向：

与灵武县、原陶乐设治局界：以黄河主航道划分，北起金家庄(通贵乡通北村)，南至王弘堡。

与原宁朔县界：以原宁朔县王弘堡以南，东自黄河沿起，沿徐庄、侯庄以北之小渠西行，过汉延渠北转，经魏家圈至陈沟桥南，折向西北方，经靖夷堡西，由马家墩至山神庙抵三关口入贺兰山。以北划归永宁县，以南划归宁朔县。

与阿拉善旗界：以贺兰山中顺主脉划分，南起三关口进山 15 公里处，北至滚钟口西南之分水岭。

与贺兰县界：以原宁夏县南部，东自黄河沿起，西行经金贵乡南，过汉延渠至省城之北，抵唐徕渠，沿唐徕渠南下至西门桥，西去沿汽车路达新城东之连湖桥，沿湖北方至何家小渠，再沿何家小渠西行至新开渠，南转到原宁朔县靖夷堡边界，析西行经大口子、小口子之间入贺兰山，至滚钟口西南之分水岭。以南划归永宁县，以北划归贺兰县。

民国30年（1941年）4月1日，永宁县成立时共设26个乡，后来改设为13个乡公所，70个保办事处，919个甲。民国32年（1943年）12月，又改设为14个乡公所，55个保，792个甲。每10户以上设甲，根据人数分为上中下三个等级，每甲设甲长，保设保长、保丁，乡设乡长、文书、书记员、乡丁等。

同年6月设立县党部筹备处，张庆寿为筹备处代理书记长，接承宁夏县、宁朔县两县移交的国民党员243人，其中游离党员46人，占总数的22.5%。基层组织设区分部9个，县党部设书记长、常务委员、执行委员、候补执委、监察委员、候补监委、干事、助干、录事、佐理员、勤务、工友。后来党团合并，党员发展到2200余人，区分部改设为10个，设直属区分部13个。

民国34年（1945年），县政府成立临时参议会，于光恩任临时参议会长，杨政霖任临时副参议长，有参议员11人，候补参议员3人，工作人员设秘书1人。1946年7月，参议会正式成立，李丹桂任参议长，马宝山任副参议长，有参议员16人。

看过当地史书、志书的人都会发现，如今的永宁县变得越来越小了。这与永宁县靠近银川市区有关，银川市变得越来越大了，可不永宁县就越来越小了。1950年6月，将永宁县的四区、七区部分地方，即今新城、上前城、新水桥、八里桥等地区，划归银川市。县界仅北部中段与银川市接壤有变化。1958年9月24日，将永宁县的永华乡（今平吉堡）、杨显村的1个生产队、望远公社红旗大队（除吴家渠以南的2个生产队外）划归银川市。

据《永宁县志》记载，永宁县与银川市的边界走向是：西起榆树沟西之分水岭，经榆树沟向东通过平吉堡至银川、永宁交界魏家桥（南约1公里处）取一直线，以北划归银川市。然后通过魏家桥穿过寿湖到唐徕渠，接原永宁、银川旧界，往南至杨家湾子一段仍以旧界不变。再向南至吴家渠（接唐徕渠处），以东划归银川市。折向东以大新渠与唐徕渠之间的吴家渠为界，以北划归银川市。最后转向北，以大新渠为界到大湖北银川、永宁、贺兰市县交界点为止。

1959年，为解决内蒙古与宁夏西部边界争议，国务院主持在银川召开双方协商会议。会议达成协议，西部边界以长城为界。永宁县的西部边界亦变为以长城为界与阿拉善左旗划分。原来的以贺兰山主峰为划分，主峰西为内蒙古，主峰东为永宁县，执行终止。

1960年4月，将永宁县掌政公社（除政权大队）划归银川市，划出面积192.11平方公里。同年8月15日，国务院全体会议第102次会议通过撤销宁朔县、金积县，成立青铜峡市的决定。将原宁朔县的李俊、宋澄、仁存等部分地区划归永宁县。1964年，掌政公社由银川市划归永宁县。1970年，掌政公社又划归银川市。1985年，永宁县行政区划总面积1020平方公里，1986年，永宁县行政区划总面积1008.67平方公里，还不到建县时2800平方公里的一半。

据《永宁县志》记载，2003年8月27日，永宁县划入银川市兴庆区的面积是2.7平方公里，划入金凤区的面积是68.71平方公里，划入西夏区的面积是37.41平方公里，共划出面积108.82平方公里。2004年2月7日，青铜峡市划入永宁县的面积是26.17平方公里。至此，永宁县经过划出、划入后，总面积为925.98平方公里，和永宁县建县时的2800平方公里相比，缩小了三分之二，仅有三分之一。

民国倡导新生活

民国22年(1933年),蒋介石倡导新生活,并推行“新生活运动”。然而,这项运动在宁夏推行的效果并不明显。马鸿逵主政宁夏后,多次在各种会议上呼吁,也是雷声大,雨点小,收效甚微。永宁县成立后,马氏家族因防空疏散住进了永宁县,马鸿逵要净化这里的人文环境,责令永宁县政府实行“新生活运动”,将原来的“提倡、推行”,改为“实行”。并将永宁县实行新生活运动作为试点,向全省推广。他在给永宁县政府的文件上批示:

> 本省地处边陲,交通梗阻,以故文化落后,民智闭塞。一切生活习惯,较之内地各省,多有不同。恶习陋俗,随处皆是,本府近年来,力加取缔,如严禁烟酒嫖赌、破除迷信,提倡国货,崇尚俭朴,改良戏剧,崇尚道德,禁止缠足、蓄发等,均收到相当效果,风气大为转变。故督饬县府,切实执行,由县城推及乡村,由公务人员推及民众,切实履行。

民国永宁县政府根据宁夏省的“新生活准则”,结合永宁县的实际情况进行了修改,交于县党部重新修改完善定稿后,召集各乡乡长,各区分部书记会议,开始作宣传动员,永宁县实行新生活运动,拉开了序幕。在新生活准则中,首先确定了“规矩”,主要内容是:

衣服要整齐，钮扣要扣好，帽子要戴正，鞋子要穿好，吃饭要规矩，座位要端正，饭屑不乱抛，碗筷要摆好，喝嚼勿出声，房屋要整理，墙壁勿涂污，家具要简洁，行座要正直，眼要向前正视，约会要守时刻，等人家说完了再说，邻人失火要去帮助，人有丧事勿嬉笑，别人打架要劝解，见人跌倒要扶救，开会看戏要静肃，不要开口骂人动手打人，凡事要讲道理不要吵闹，坐车坐船不要高声谈笑，饭馆茶店不可大声喊叫，说话态度要和气，走路要靠左边走，走路不要争先，走路不要吸烟，走路不吃东西，走路不要大喊，走路时误碰别人说声“对不起”，公共场所进出一个一个顺着走，早晨相见要说“你早”，相别之时要说“再见”，不要去嫖赌，不吃鸦片烟，拾到东西交还原人，爱惜公物废物利用，升降国旗要敬礼，唱党团歌要立正，见长辈要敬礼，对于妇孺要礼让，上下车船要帮助妇孺老弱，要孝敬父母友爱兄弟姐妹，集会场所要脱帽，进了房屋不戴帽，对朋友要讲义气，做买卖必须公平，无谓应酬要减少，婚丧喜庆要节俭。

以上内容，涉及公共场所的方方面面，要求具体，便于实行。从衣帽穿戴到纽扣和鞋子，从吃饭的“端坐”到碗筷的摆放及喝嚼，从房间的整洁，“墙壁勿涂污”，行走的姿势，约会的守时，不抢着说话，帮邻居救火，见到丧事勿嬉笑，见打架的劝解，不骂人不打人，等等，就连生活的细微之处，礼节的一般常识都规定得清清楚楚，至于走路不吸烟、不吸鸦片烟、不嫖娼等更是在规定之内，涵盖了尊老爱幼，孝敬父母，买卖公平等诸方面的内容。当时在永宁县还流传着这样的童谣：

吃馍不要掉渣渣，吃饭不要剩巴巴。

走路不要踏庄稼，玩耍不要打和骂。

墙上不要胡乱画，对人不要说谎话。

永宁县自古以来就是多民族聚居地，俗话说“十里不同风，百里不同俗”，“南腔北调，南蛮北夷”的人居住在一起，要让他们有一个标准的“规矩”，确实艰难。更何况民国中央政府刚刚支起炉灶，就是军阀混战、抗战八年，还有后来三年的解放战争，在腥风血雨之中，要让公民都有“规矩”，谈何容易？在连年的战乱灾荒之中，老百姓连肚子都吃不饱，要做到这些规定，当然是很难的。但这些规定却反映了推翻几千年的帝制后，新建立的中华民国的新思潮。民国永宁县政府的这个规定，既传承了中华民族仁义礼智信的传统，又注入了新的思想。

民国永宁县政府在新生活准则中规定了“清洁”条款，涉及人们衣食起居卫生的诸多方面，具体到消灭蚊子、张贴广告等，主要内容是：

> 早起早睡，脸要洗干净，手要洗干净，要漱口要洗头，要吸新鲜空气，头发要梳理，指甲要常剪，常常要洗澡，衣服要干净，衣服破绽要补好，被褥要常晒常洗，小孩要干净，不要吃零食，物不洁不食，水不沸不喝，不酗酒，不吸烟，房屋要经常打扫，沟渠要经常疏通，窗户要多开，桌椅要干净，厨房要干净，碗筷要干净，厕所要干净，苍蝇要扑灭，蚊子要扑灭，老鼠要捕杀，不要到处吐痰，不要随地小便，垃圾倒在垃圾桶，字纸不丢马路上，果皮不要随地乱抛，晒衣服不挂在街上，广告不乱贴，要种痘防疫，公园戏院要清洁，饭馆旅馆茶店要干净，洗澡堂理发馆要清洁，家家天天要打扫门口的街道，人人时时要讲究个人清洁。

民国时的永宁县，县城经商的人很多。县城商业的兴起，可追溯到清朝末年。清朝末年，山西商人陆续流入宁夏经商，在杨和堡摆摊设点，开设货栈，形成山西帮商户。主要商号有“富盛勇”“天顺和”“天成涌”“同心成”“复盛和”“鑫兴荣”“天发公”，等等，分布在杨和堡前街和后街两条主要街道旁。这些商号大部分是山西来宁的商人，利用当地房地资产，与永宁的财东合股经营。多半经营小百货、布匹，以陕西、河南的土布居多，还有日用杂货，不少商号还开办手工作坊，兼营糕点、食油、调味品、中草药等。资本最大的1万银元，最小的2000银元。货源主要来自吴忠和银川，运输均采用自行车、牲畜驮或雇佣马车的方式。这些商号前门面后居住，垃圾乱扔，乱贴广告，是县城卫生的一大隐患。条例规定"天天要打扫门口的街道"，"广告不乱贴"，是很有针对性的。然而，"不随地吐痰"，"不在公共场所吸烟 "却是在民国时期就有规定的。在这个规定中，有反对不良饮食习惯和卫生习惯的，有消灭苍蝇蚊子老鼠的，有妨碍邻里瞻观的，也有戏院、饭馆、澡堂、理发馆等公共场所卫生的，较为全面、具体。

民国永宁县政府在实行新生活中，规定了"革除婚丧庆节不良习惯"和"破除各种迷信"的内容：

> 婚丧庆节，古有长典，既不可失之草率，尤不宜过事铺张，总以无乖伦常适中为宜，乃本县人民，对于婚丧庆节等事，因于积习，讲究迷信，往往将可贵财物，置之于无用之地，非严行取缔，殊不足除浇俗，而挽颓风，节省靡费，势在必行。因县民知识固陋，对于迎神赛会，及神鬼巫医等，迷信过深，牢不可破。遇有疾病，不知请医诊治，而辄请神延巫，以冀禳解，因而遗误诊治断送生命者，不知凡几。本县乃迭令各乡，严禁人民，迎神信巫，级力干涉，近年此风，渐见减少矣。

民国永宁县政府在实行新生活中，列举了因讲排场、比阔气，大操大办后造成的家庭困境，有的甚至大操办造成倾家荡产，无法过正常生活。其中指出丧事的大操大办不是"孝心"，而是一种虚荣心，像演戏一样演给别人看，被老百姓称之为"死要面子活受罪"。明确指出民族的风俗习惯，是指一个民族在生产、居住、饮食、衣着、婚姻、丧葬、节日、庆典、礼仪等物质文化生活上的共同喜好、习尚和禁忌。风俗习惯是一个民族在长期历史发展中逐渐形成的，也是随有社会生产条件的变化而不断变化的，而不是永远不变的。抨击了永宁县存在的包办婚姻、买卖婚姻、指腹为婚、结拜兄弟、认干亲、换亲、等郎妻、等妻郎、近亲结婚、早婚、合婚、娶亲、结鬼亲等丧葬习俗中诸多陋习弊端。

在包办婚姻中，父母违背儿女意愿，采用强制手段撮合，婚后双方不合，受苦终生。正如当地歌谣《嫁错郎》中所唱的：

桃花碗，梨花盘，马莲绳子把我缠。
红布蒙脸上花轿，揭开盖头泪涟涟。
缩头乌龟麻脸汉，蒜头鼻子倭瓜脸。
姐妹本是苦瓜蛋，噩梦醒来泪不干。

在买卖婚姻中，父母因贫困等原因，将女儿卖与他人为妻。这种作法不但降低了女儿在婆家的地位，而且“吃了人家的嘴软，拿了人家的手短”，丈夫虐待妻子，还称之为“买来的驴任我骑，买来的马任我打”。正如当地歌谣《媳妇受折磨》中所唱的，“三十两银子卖了我，不卖平川卖山坡”。

“指腹为婚”，是双方父母孩子还在怀孕时就订下的婚姻，俗称指腹为婚，在民国初年乡村普遍存在。如果双方生出一男一女，就结为夫妻，两男就结为干哥干弟，两女就结为干姐干妹。这种婚俗，是造成新婚家庭不幸的重要原因。

“拜干亲”，是为孩子多病或“相宿不利”，怕养活不大，就给孩子拜个干爹或干妈，多选择孩子多、人口旺的家庭。“拜干亲”当时有严格的程序，比如结拜兄弟，双方结拜往往在寺庙祠堂，只有特殊情况才能在野外结拜。结拜时，先双方跪下上香升表，然后叩首念结拜词，也叫金兰词。

这份民国 22 年（1933 年）9 月 7 日结拜兄弟的《金兰谱》其中的结拜词是：

民国年间的小丈夫大妻子图

桃园结义，月霁风光，难兄难弟，史册流芳，义气千云，空前绝唱，懿欲休兮，穆穆皇皇，令维册士，旧雨联床，宁维管鲍，莫踵孙庞，休戚舆共，永矣弗忘，全始全终，山高水长。

牟颖字敏斋，年二十岁，民国三年古历九月初二日午时生，甘肃省陇西县人，现居陇西县妙华寺巷本宅，职业宁夏省立第一师范学校肄业生，父凤翔，母李氏，妻杨氏，年二十一岁。

如兄马子周惠存，如弟敏斋鞠躬。中华民国二十二年九月七日，盟于本校中山礼堂。

此《金兰谱》折迭成书，印制精美，见附样。

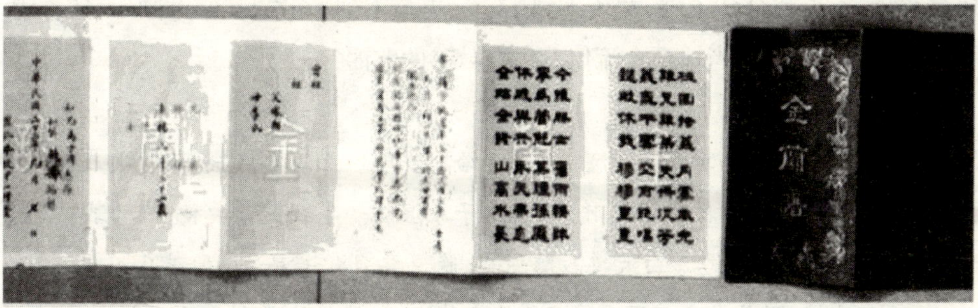

民国 22 年(1933 年)9 月 7 日的金兰谱

在新生活准则中，民国永宁县政府对永宁本县民间的“结拜兄弟”“认干亲”等各种各样的现象“一律不予承认”，理由是：“中华民国，民主自由，岂能还是桃园结义之年？拉帮结派，结党营私，相互包庇，混淆户籍，躲避兵役，田赋搅戈，对抗保甲，实为不良习俗，唯血亲为青少年监护之人。”

当地的“换亲”，是将自己的女儿嫁给男方的哥或弟，男方将自己的姐或妹嫁给对方的哥或弟。因换亲有连带关系制约，往往造成 4 个家庭不和。

等郎妻，是家中的男子还是小孩时，就给娶妻。如鲁迅的《祝福》中的祥林嫂就是这样，祥林嫂嫁过来时祥林还不到 9 岁。有的妻子比丈夫大 10 多岁，有的甚至大 20 岁，等丈夫成年后，悲剧自然而然产生。

等妻郎，是男子入赘女家时，妻子还是女孩，当地称为入赘或站年汉，等妻子成年后再“上头”“圆房”，有的丈夫比妻子大 20 多岁。

民国年间的抢寡妇图

近亲结婚，在当地山区、边远地区普遍存在。姨母、姑母、舅母的儿女互相联姻，称之为“亲上加亲”，在少数民族中较为普遍。这一陋习不但造成亲戚关系不和，更重要的是后代常有“残缺不全”的现象。

早婚，当地称“娃娃亲”，即男女双方都还是小孩，家长就给订了婚，女孩不到 14 岁，男孩不到 16 岁，就结婚同床，还称为“早养儿子早得济”。当地至今流传着《童养媳》的歌谣：

> 妈妈卖我不商量，把我卖给七岁郎。上炕要我提，下炕要我放。晚夕枕我胳膊睡，尿湿被子尿湿炕。半夜哭着要他娘，含我指头当奶尝。白天要我陪他耍，晚夕要我背进房。说他是儿不叫娘，说是夫妻不同床。不是婆家待我好，早把他背到山后喂了狼。
>
> （独白）他却说，蜜蜂虽小采花心，蝴蝶虽小扑花影，秤砣虽小压千斤，我不给你个“休”字难翻身。

民国永宁县政府在实行新生活运动中，对上述现象进行了尖锐的训斥：“传宗接代，人之常情，万物天性。然而，愚昧无知，腐朽陈旧，骇人听闻。如不彻底革除，何以家旺国兴？”

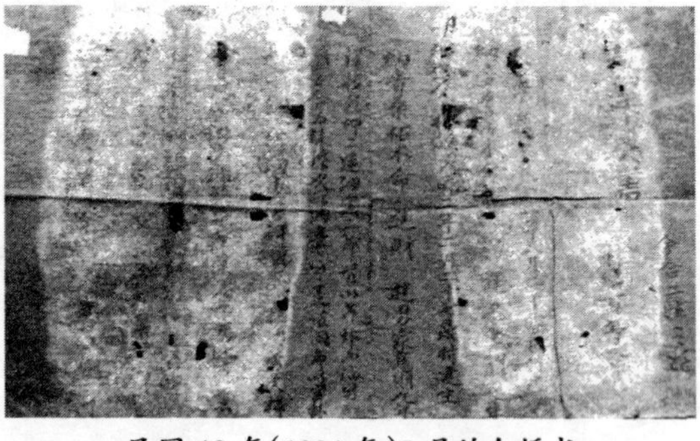
民国 13 年(1924 年)5 月的合婚书

“抢寡妇”是不少堡寨的婚俗。

南京市新生活集團結婚證書

民国 18 年(1929 年)9 月 10 日,南京市新生活集团结婚证书

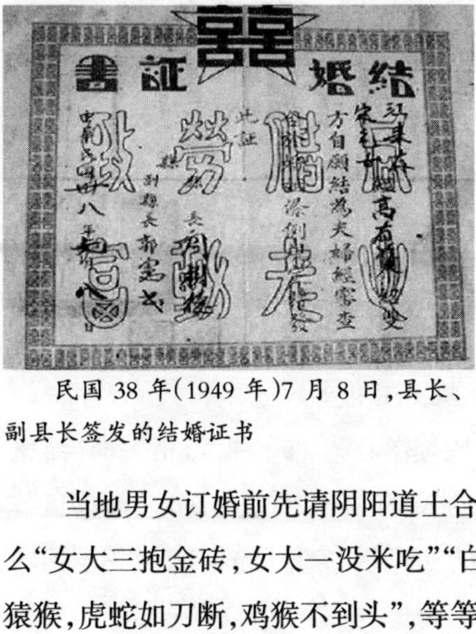
結婚証書

民国 38 年(1949 年)7 月 8 日,县长、副县长签发的结婚证书

他们祖上就有“富家厚纳聘,贫者窃妻去”的习俗。中青年妇女只要死了丈夫,不管你愿意改嫁还是不愿意改嫁,那些光棍们都虎视眈眈垂涎三尺盯着你。在你毫无思想准备的情况下,往往采取突然袭击,把寡妇抢去为妻。抢寡妇事先可以跟丈夫家或娘家主人串通,暗中给予支持配合,也可以不跟任何人打招呼,凭光棍汉户族的势力去硬抢。无论采取哪种方法,只要将寡妇抢去,就天经地义成为光棍汉的妻子。有的少数民族聚居地,民国初年仍然有“父死娶后母,哥死弟娶嫂”的习俗。

民国永宁县政府在实行新生活中规定:“寡妇嫁与否,嫁谁与否,全由自己决定,家族、外族凡干涉者,一律为非法。儿娶后母视为乱伦,判刑入狱;弟如无妻愿娶嫂者,嫂同意者为前提,家族、外族干涉者,视为非法。”

当地男女订婚前先请阴阳道士合婚,又称合庚。按双方八字、阴阳五行推算,什么“女大三抱金砖,女大一没米吃”“白马怕青牛,鸡犬泪交流,龙兔难相逢,野猪怕猿猴,虎蛇如刀断,鸡猴不到头”,等等。合婚时,在一方红布上写“万年庚书”,右边排列的两行小字是“今合两性之好,永结百年之欢”,正文根据每对夫妻的不同情况而定。如:中华民国十三年五月吉日,合媒人姜梦熊给一对夫妻的合婚书这样写道:

一性造癸丑相于民国二年八月二十二日己时逢建生,纳音桑拓木命,进财、进女家马财五十年。一性造癸丑相于民国二年二月二十七日戌时建生,纳音桑拓木命,进财、进男家马财九年。

祥搭乾坤两造，细定二命，首以命卦而论，男女同宫和合，婚次以纳音，又值同命，男女两造，天清地秀，孝子贤妇，此乃天定良缘，他年必子孙满堂。

旧时娶亲先要“择吉”，即翻开老黄历选定娶亲的“吉日”。什么“正蛇二鼠三月牛，四兔五猴六狗游，七猪八马九羊头，十月鸡儿架上愁，十一月白虎当道卧，十二月老龙不抬头”，所谓的“利月”，即“吉月”是“正七迎鸡兔，二八虎与猴，三九蛇共猪，四七龙与狗，牛羊五十一，六腊鼠马走”，等等。

旧时当地有“结鬼亲”的习俗，男女终生未娶嫁者，死后家人为其结阴亲，当地称结鬼亲，即给已埋葬的光棍、孤女家“阴聘”礼金，将其坟墓挖开合葬。如尸骨在外的或无尸骨的，做个“招魂”匣子先“招魂”，后埋葬。

当地汉族的丧葬习俗是，家里老人咽气后，先给穿老衣，当地称“寿衣”。做“打狗的鞭子喂狗的干粮”，拴在左右手中。地下铺谷草，将死者放在上面，称之为落地或落草。将白纸用石头打砸粘连起来做成“纸被”，盖在身上。口里放一枚钻眼穿线的小银元，称“口含钱”。当晚七点后装入棺材，称为“入殓”。用黄米做成米饭供上，称为“倒头饭”。请道士念经超度亡灵，主要程序是吵坛、发牒、阅庙、取水、引魂、破狱、烧衣裳、拜表、祭祀、起灵、埋葬、圆坟、泼汤、烧五七花等。

综上所述可以看出，丧葬习俗，完全是汉族埋葬亡人的一种“习俗”，而“结鬼亲”完全是一种荒唐可笑的迷信。但凡是过来的人都晓得，“神婆子的嘴，胡捣鬼”，“阴阳的话，不可信”。说是“女大一没米吃”，女方过门后，家里肥的流油，“银子用斗量”；说是“女大三抱金砖”，家里后来穷的连土坷垃也抱不上，甭说抱金砖了。阴阳道士将几千年来的“父母之命，媒妁之言”，用封建迷信的方式使其合法化，毒害了一代又一代的青少年。

民国永宁县政府在实行新生活中规定，男 20 岁，女 18 岁准许结婚，由本保出据介绍，到乡公所依法登记。民间私自娶嫁者，官方一律不予承认，不转户口，不调整田地赋税、渠工坝料、各项非差。规定妇女有离婚的自由，可到县民政科办理离婚手续，男方写的“休书”法律上不予承认。禁止童养媳，取缔结鬼亲，依法禁止巫婆神汉的一切封建迷信活动。提倡机关公务员中的汉族实行火葬。对乡间游医、阴阳道士实行审查，有资质的发给证件，并进行严格管理。推行国历，严禁赌博，厉行放足，提倡节约，扶植地方正气。

推行国历，即废除清代旧历，如宣统元年(1990年)；改行国历，如民国三十年(1941年)。虽然推行多年，但民间积习难改，仍然沿用旧历，虽然不用清代年号，但仍然使用旧历中的初一、初十等，不使用民国年号。当地人使用"老历年"，也称"阴历年"，而不用"阳历年"，是长期的民间习俗。民国永宁县政府在实行新生活的运动中极力推行国历，规定，"嗣后无论民商各界，一律实行国历，蔚为风气矣！"

在严禁赌博中规定，"赌博之事，危害最烈，公务人员，为民众表率，不应有此丧品败德之举，本县公务人员赌博，查禁向严，如有犯赌博，即行撤职惩办，毫不宽贷。对于民间赌博，近年来，亦极注意禁止，因之各方赌风大减"。在实行新生活运动中，还印发了禁赌标语，分发到各乡保张贴宣传，主要是：

> 赌博足以倾家败产；赌博足以丧失人格；赌博足以误事伤人；赌博足以招惹是非；赌博足以戕害民族健康；赌博沮丧社会道德；赌博是盗窃之媒介；赌博是犯法行为；赌博是社会的虫贼；赌徒是家庭的逆子；前方将士流血，何忍后方赌博；节省赌博钱，捐献到前线；严肃战时生活，彻底戒绝赌博；革除不良恶习，提倡正当娱乐。

规定抓到赌徒，罚他们给乡保甲长每人做一套新制服。

缠足是当地百姓中的劣俗，汉族妇女中尤为普遍。后来发展到其他少数民族的妇女也开始缠足。妇女缠足，是封建社会男权、族权统治的产物，源于唐代窅娘，是她最先发明了缠足，在中国的历史长河中绵延至今。据史学家分析，妇女缠足后，被男人打骂时不会逃跑，被男人蹂躏时无力反抗，不能出远门，只能围着锅台转。当地至今还流传着《乡里女人怕裹脚》的民谣：

乡里女人怕裹脚，平白无故受折磨。
敷棉花，贴膏药，青伤红伤压摞摞。
锥子攮，剪子拔，麻绳疔痂瓷瓦割。
拄拐拐，跳跛跛，晚夕疼得睡不着。
咬牙关，身哆嗦，哭哭啼啼揉眼窝。
出门办事难动作，只能燎灶去戳锅。

民国永宁县政府在实行新生活运动中规定："查本县妇女缠足之风，由来已久。此种恶习，影响民族之健康，关系甚大。宁夏省于民国二十三年，即令各县成立天足会，提倡妇女放足，规定十五岁以下女子，绝对不准裹足，三十岁以下妇女，必须解放，三十岁以上者，听其自由。并严令各县保甲人员，认真调查，如有不听劝告者，即勒令其解放，或予以罚办。近年来，收效甚大，但乡村妇女裹足者，还屡见不鲜，要严厉查办。"民国永宁县政府在县妇联成立了妇女放足委员会，经常下乡督导妇女放足工作。

在"提倡节约"中规定："俭为美德，故有明训，况值此长期抗战，物质来源，供不应求。非节省物力，殊不足以完成抗建大业。故提倡节约，关系甚为重要。本县府令各乡，普遍遵行。凡一切宴会应酬，均规定极力俭省，不得奢靡，并举行节约运动，广事宣传，发动民众，购买储蓄奖券。"

在"扶植地方正气"中规定："晚近以来，风俗浇薄，人心不古。我民族固有道德，沦丧殆尽，若不急谋挽救，扶植地方正气，奖励义勇，旌表节孝，则影响国家兴亡，至堪忧虑。本县对于民间之正人君子、孝子节妇及热心公益者，特加爱护，从优褒奖。凡有忠勇事绩，或赠匾奖励，或开会宣扬，以昭激劝，而扶正气。"

当时各堡寨的家族势力已十分强大，他们不听乡保甲长之言，只听族长一人之言，每天忙于自己发家致富，丧失社会公德，庇护污垢，每端生事，以强欺弱。民国永宁县政府印发皋兰刘晓岚的生平事迹，作为树立地方正气的榜样。刘晓岚，河陇近世名儒，他晚年用毕生心血写的一本书，海内称赞。他一生淡泊名利，主持公道，不畏强暴，扶弱济贫，为甘宁青三省人民敬慕。马鸿逵发起募捐，为其铸造铜像一尊立

于兰州五泉山下,以教化后人,弘扬民族正气,以树一代纲常。碑文中有这样一段话:

> 一代孺宗,三陇师表,桃李公门,人文所肇。穆如风清,浪如月皎,晚节松苍,汪洋波淼,国步艰难,也麈俶扰,贤哲云亡,薪传孰绍,山高水长,德音未渺。遗爱长留,百世可矫。

民国永宁县政府实行新生活运动,为什么效果不佳呢?古人说得好:“仓廪实而知礼节,衣食足而知荣辱”,老百姓连命都保不住,连肚子都吃不饱,何谈“礼义廉耻”?

马公馆二三事

永宁县的王泰堡，是一处土地肥沃，物产丰富，地貌多姿的风水宝地。明弘治十四年(1501年)，宁夏左屯卫指挥使，都督佥事王泰始在这里筑堡屯田，到了民国年间，这里已是花红柳绿，人气兴旺。这里有一片片茂密的林木，林子里飞鸟盘旋，树头上落有近千只鹭鸶，其形体大如鹤，翼大尾短，颈和腿很长，嘴细长，尖端突作扁盘形，羽色有黑、灰、白、麻多种。这种鸟人在林下呼喊，它们并不高飞远走，旁若无人，人都称之为神鸟。说这种鸟专拣旺处落，地气不旺，这种鸟是不会飞来的。

日机轰炸宁夏省城后，四姨太刘慕霞随马鸿逵来永宁选择疏散地点，她见这里有美丽的晚霞，有如火如荼的桃花，有如烟似雾的绿柳，便看准了这个地方。马鸿逵依地势地貌在这里建造了一座花园，园内山水环绕，楼台亭阁，桃红柳绿。刘慕霞将这座花园命名为养心园。后来马鸿逵带着年迈的老母马书诚来这里散心，马老太太骂儿子不孝，说她在省城被吵得耳聋眼花的，儿子咋就没想到她？于是马鸿逵在这里给马老太太建造了一座规模更大的花园。园内花草林木之幽，台榭飞阁之胜，小桥流水之雅，尽在其中。

昔日王泰堡多鸟巢

马老太太晚年住在这里，马鸿逵尽管政务繁忙总来看他。渐渐地，马鸿逵将他省政府的“四大厅、八大处”扔在了宁夏省城，把他的办公机构挪到了这里。这里形成了东、西两大公馆，西公馆供马老太太及马鸿逵的长子马敦厚居住，东公馆即养心园，作为招待宾客及临时办公用。从此，这里成为宁夏的政治、军事、交通要地。

马书诚，是马鸿逵的庶母，马鸿逵对她百般孝敬，而她对马鸿逵一辈子都是“恨铁不成钢”。这位永宁县家喻户晓的老太太和一般回民老太太没啥两样，她发如银丝，脸若白纸，面孔儒雅。耳垂上的金耳环十分明亮，两眼放出慈祥和善的光，难怪当地人都说她是马善人。汉民都称呼她“马老太太”，回民则叫她“马奶奶”。她住在永宁县，每逢古尔邦节或开斋节，总给这里的回民家家户户送上一份羊肉、油香。她家炸的油香很大，她送的礼可谓“厚礼”，时间长了，在永宁县回汉民中便形成了一句歇后语：“马奶奶的油香——大份的。”一直到现在，如果单位里分东西谁嫌少了，单位的头儿总说：“这都是马奶奶的油香——大份的！”

马鸿逵在王泰堡的东公馆

马书诚对回民百姓是这样，对汉民百姓也是亲切和善。她住的王泰堡公馆南面有座千佛寺，始建于唐开元年间，每逢庙会，信众云集，声名远扬。马鸿逵不知听谁说这座庙宇横在南边，挡住了马公关的风水，便派士兵前去拆除。马老太太闻迅赶来挡住了，她训马鸿逵道：“准你们盖寺，不准汉人盖庙，这是哪家的道理？你带的那伙兵，一天闲得没事干了，为啥不帮老百姓开渠挖沟收庄稼？就知道拆庙盗钟！”她过后还派人给庙里送去了香火银，这笔钱用于千佛寺的维修，使其更加金碧辉煌，巍峨壮观。

马书诚是宁夏省第一届妇女委员会主任委员，她酷爱购存贵重药材，若有人急需无偿相赠。她不但贤淑有德，而且热心社会公益慈善事业，救贫恤灾不遗余力。虽然年事已高，避城市烦嚣，多静居乡间，常将别人送来的大雁、黄鹄等飞禽在马公关花园里放生，日常除读书赋诗临池，抚弄曾玄孙辈自乐外，她时时清醒的注视着外面的风云变幻。

民国年间，老百姓告状的极多，每天省政府周围都围着很多告状的人。那么，永宁县的老百姓告状为什么找马鸿逵的人少，而找马老太太的人多呢？据原国民党永宁县党部的一位监察委员说：“省政府每天老百姓的告状信，用车朝里拉呢，谁看得过来？能转到马主席那里的有几封？只要马主席批上几个字的，下面不得不办，再的谁管呢？”马鸿逵周围，无论是办公还是出行，前后左右保驾护行的卫兵太多，一般人和他无法接近，咋能直接把状告到他那里呢？所以，告状也得托关系，走后门。

马鸿逵在王泰堡的西公馆

当时，永宁县西部山区玉泉营附近，驻扎着马鸿逵的一个团。团长姓龚，老婆孩子在老家武威。龚团长派士兵在山坡上开了几十亩地，忙时训练，闲时派士兵耕种，收入归龚团长个人所有。后来先是士兵为争淌水和周边的农民发生矛盾，再后来，因为龚团长经常在这一带打猎、巡防，看上了一位保长的女儿，要娶到军营中做小，惹怒了这位保长。保长不知写了几封告状信，十告八告告不响，如石沉大海。最后他找到了永宁县党部的一位监察委员，这位监察委员是这位保长的远房外甥。他向外甥哭泣道：“前几年这里就驻扎着一位刘团长，他看上了保里的一位姑娘，求我做媒娶到了军营里做小。谁知部队换防不知到哪里去了，活不见人死不见尸，害得她爹妈常到我家闹。这回求外甥帮个忙，把这个祸害除了，村子里的人都感谢你！”

这位外甥见舅父说得言辞恳切，泪流满面，接过告状信，便看起来。只见上面写道：

> 马主席：永宁县四乡九保保长携众民跪哭求告矣！想先君子马公云亭，自清末任宁夏护军使兼宁夏将军，访贫问苦，体贴百姓，谁不称颂？主席以癸酉春命莅宁主政，桑梓弃养，追怀往烈，昕夕惕勤，深恐弊有未除，利有未兴，无以上承先绪而慰地方喁喁之望矣！而暂九旅龚团长不思军务，横谋私利，霸荒地三十五亩，逼军士耕种，抢水浸田，偷割民禾，收入归己。勒索民财，抢夺

羊只，拆庙盗钟，无恶不作。军服卖给农夫，竟将手榴弹内炸药倒出卖给猎户，空壳卖给用户敲炭之用。因抢占民女未遂，挟嫌报复，将其哥在兵营致残遗弃，谎称逃兵，欺上毙命。而又祸害邻里，放水淹田，扣押民人状子，逼民求天不应，拜神不灵，故当地有歌谣"只许公(龚)家放火，不许百姓点灯"云云。望主席体恤百姓，解民水火，为民做主，世代不忘矣！顺祝马老太太安康！

马鸿逵住在王泰堡马公馆，这里离县城不远，县政府的县长、书记长等官员经常过去"早请示，晚汇报"。马鸿逵到省政府，往往要从县政府大门前过，不知道就罢了，知道了县政府官员往往要出去迎送。那天，突然听说马鸿逵要视察纳家户小学，县党部书记长要到省里开会，便派党部的这位监察委员前去陪同，他便在别人不注意之机，将告状信递到马鸿逵手里。

后来，这位监察委员听省党部的人说，马鸿逵看完信，脸色铁青，他在告状信的右角飞速地写道："交省军法处，速查清告我。"军法处调查的速度也够快，才不长时间，龚团长的军营里便响起了枪声。村子里除了保长没出门，再的人都跑出来瞧。原来龚团长拒捕带着几个亲信逃窜。当逃到黄羊滩时，四团防地以为有了军情，发出了信号弹。龚团长又朝东逃，顺路逃到了县城。省军法处缉捕队的官兵用乱枪把他打死在县城北桥西巷，几个亲信被扒掉军服五花大绑。县城里的老百姓都围着看热闹，他们亲眼看到龚团长血淋淋的尸体从巷子里拉出来，扔到一辆车上拉走了。人都围在墙下看布告，只见上面写着：

……身为正团职军官，践踏军令，为害百姓。以身试法，罪不容诛。我党国内如容忍此种败类，岂不亡党亡国。着即抄没全部家产，充公于抗战募捐处。家属、亲属遣送原籍，充军者开除军籍，发配徭役。

后人都说这位保长的状子，是马鸿逵"反腐败"的导火索，是马鸿逵打的"第一枪”。随后，便是磴口县税务局长，因用公款购买大烟、换贩牲口、贪污渎职，被执行枪决，并将家产充公，半数拨给各部队添置马匹，半数充公益事业。还有宁夏省地政局局长因贪污被枪决在银川西塔之下。从此，向马鸿逵告状的人更多了。

在马公馆的马鸿逵和四姨太刘慕霞

马鸿逵的四姨太刘慕霞，人都说她是马鸿逵的“外交部长”，她指着卫兵头目的鼻子骂道“弄的人一天门都没法出，一出门不是他挡呢，就是你拦呢。再发生挡驾拦路的事，你就给我滚回去拾狼粪去！”老百姓找马鸿逵告状太难了，只有找马老太太了。然而，马老太太也不是谁都能见到的。

当时的永宁县第四乡有位甲长，腿上老是一片连一片的青筋疙瘩，没钱治老忍着。他的女儿心疼老爹，先后卖了几只鸡、几筐鸡蛋，才凑够钱，给他买了条毯子，叫他晚上暖腿。因家里到了揭不开锅的地步，甲长只得把毯子拿到杨和镇堡集市上卖，想换点米面回家度日。县警察局长说他穷得屁淌呢，哪来的新毯子？一定是偷的，遂把毯子没收，把甲长拉到局子里就是一顿毒打，把甲长的一条腿给打折了……

刘慕霞给马老太太送来了几张戏票，说城里西塔戏园演《杀狗劝妻》，是宁夏秦腔名角屈晓梅和杨觉民主演，甚是精彩。她说老妈在农村住的时间长了，请她再到城里散心散心。她好说歹说，才把马老太太劝上了轿子车。谁知轿子车刚走到县警察局门口，这位甲长就扑过去抱住轿子车的车轱辘，连声喊道：“老太太救命！老太太救命！”

马老太太掀开轿子车帘子，见一位面色如土的农夫身上血迹斑斑，他头绑状纸，躺在车轱辘下，双手紧紧抓着车辐条，卫兵怎么拉怎么打都不松手。刘慕霞急的又骂卫兵，马老太太叹口气说：“算喽，给他几个钱吧！”谁知刘慕霞给他钱他不接只喊：“老太太救命，我冤枉！我冤枉！”他一口气将警察局长整治他的事全盘倒出。

马老太太一声令下，轿子车“呼隆”一声，吆到了县警察局的院子里。这位甲长拖着一条被打断了的腿，从警察局的大门口满身泥水地爬了进来，还是双手扣住轿子车的车辐条不松手。县警察局里的干警听说马老太太和刘慕霞来了，都跑了出来。甲长的女儿被传了来，她手里举着买毯子的收据。卖毯子的老板被传了来，他手里举着卖毯子的账本子。县警察局长是马鸿逵的老家河洲人，当兵后随马鸿逵来到了宁夏，任县警察局长不到一年时间。他因小时出过天花，脸上有稀疏的麻点子，人都背地里叫他“麻怪”。

马老太太指着他训道：“不给你官，你整天跑着要官，给你个官就不知道自己姓啥了！你办案怕跑腿，吃肉怕荤嘴，天上飞只雁，都想拔根毛！白面面子都贩到马公馆了，你抓了几个烟贩子？连甲长你都搓捏呢，老百姓还能有活的路？”

消息传得真快，闪眼间马鸿逵就来了，身后还跟着县长等一行人。马老太太指着马鸿逵问道：“这就是你选的警察局长？马群里没马了，用驴拉套呢！真是老百姓骂的，麻怪麻怪，香油拌的苦苦菜！”马鸿逵低声下气地听着，谁知马老太太越说越多，越说越生气，说到马福祥活着时怎么教训马鸿逵时，她声音哽咽，泣不成声。马鸿逵就宣布撤销了这位县警察局长，令他回原籍务农，扣了他半年的薪水，交给甲长回去治病，任命潘福兴为永宁县警察局长。

马鸿逵的孙子、马敦厚的长子马家骅和马昭贤的结婚照，于民国31年(1942年)4月17日赠给金江先生惠存，马昭贤是甘肃河州回族大户之女

马老太太气得不到城里看戏去了，她说古人杀一条狗都能劝过来一个人，她平时说的话，为什么儿子就当成了耳边风。马鸿逵老妈长老妈短地劝她，说她不知道儿子的难处，说到“儿子的难处”几个字，马鸿逵差点滴下泪来。刘慕霞只得见机行事，再陪着马老太太回马公馆。马老太太刚到马公馆，就把她收藏的名贵中药挑了几份，叫来卫兵，又

给了一包银圆，叫他赶快给那位甲长送去。这位甲长后来腿治好了，在海子湖里捉到了一只大雁，亲自跑到了马公馆，托门卫送给马老太太。马老太太付了钱，将大雁饲养了几天，后来在马公馆的花园里放飞了。

马老太太救人的事太多了。马鸿逵枪毙逃兵她闻讯去救，马鸿逵整治“岗哨不尽职尽责”她及时赶到说情。她在宁夏省城办孤儿院、养济院，至今当地人还在评说。她知道哪个勤务兵父母病了，就给几份名贵中药，再给一包银圆，叫他回家看望父母。她在马公馆有一条人人皆知的规定，不准收任何人的礼物，凡强行送来的，一律交抗日募捐处，谁送的写上谁的名字。

马鸿逵的侄子马敦炎和马惠明的结婚照，于民国31年（1942年）4月17日赠给金江先生惠存。马敦炎是马鸿逵的二弟马鸿炳的儿子，马惠明是甘肃河州回族大户之女

那么，有的史志作品里说，永宁县是马鸿逵的“老巢”，马鸿逵在永宁县霸地建公馆、别墅，又是怎么回事呢？

抗日战争初期，日寇侵入包头一带，开始对宁夏省城进行狂轰乱炸，史书上称之为“日机轰炸宁夏省城”，当时被炸死、炸伤的人很多，人民生命财产损失惨重。

当时为了躲避日机的轰炸，宁夏省政府决定对省城内的机关和市民进行全面疏散。党政机关大都疏散在城郊附近，主要是永宁县。中等学校迁往外县，群众投亲靠友，令其自便。城内构筑的一些简易防空洞，专供官署、机关、客商等临时使用。

防空疏散工作开始后，有些趋炎附势的地主、豪绅，借机向马鸿逵讨好，争相将自己的庄园、土地献出，以供马氏家属防空。因此，在极短的时间内，从省城南门通往王泰堡公路的两侧，便出现了5座马家防空别墅。

这5座防空别墅分别是：王元桥别墅，供马鸿逵的五姨太邹德一居住；大官桥别墅，供马鸿逵的四姨太刘慕霞居住；河西寨别墅，供马鸿逵父亲的姨太太及随行居住；王泰堡西寨子别墅，供马鸿逵的庶母马书诚及长子马敦厚的家属居住，人称马鸿逵西公馆；养心园，原称东寨子别墅，后称马鸿逵东公馆，作为招待宾客及马鸿逵临时办公的地方，也是四姨太刘慕霞招待客人的地方。

这5座别墅的修建形式，均大同小异，外部都有高大的围墙，多为三进院落。前院或侧院，供警卫、车马夫、饲养员居住，兼饲养家畜、家禽及停放车辆；中院供老管家、老妈子和炊事员居住；内院供内眷居住。所有别墅均构筑与屋内相通的防空洞，别墅修筑的劳工均由部队派出。每座别墅占地百亩左右，含有5亩至10亩的果园一处。管理、耕种、收割等事宜均由老管家负责指挥，由警卫部队出人出力。

别墅内管理极为严格，警卫人员不得直接与内眷接触。丫头及其他服役人员，分别由老妈子、老管家负责管教，稍有不慎，便会招来灾祸。这些老管家中，多有三代在马家为奴之人。

为了防止发生事故，规定警卫人员一月轮换一次。担任警卫任务的营长、连长经常提心吊胆，生怕出事，故把轮换警卫的时间暗自缩短为一周一次。

在献庄园和献地的过程中，绝大部分地主豪绅是为了讨好马鸿逵，只有大官桥的地主李丹桂是经过坐牢，才被迫交出了寨子和100多亩土地。

日机轰炸宁夏省城后，刘慕霞认为养心园别墅目标太显眼，居住不够安全，要另找一个不为人注目的隐蔽处所，其条件是距省城及养心园较近，紧靠公路，交通方便，寨院宽阔。经过多次选择，她认为大官桥李丹桂的寨子符合上述条件。选中后，马鸿逵偕刘慕霞同去察看。察看时，马鸿逵当场向李丹桂示意索要，但李丹桂佯装不解，不肯就范，马鸿逵一气之下，便开门见山地提出以防空在急为由，让李丹桂或借或卖。李丹桂听后表态说，祖宗基业，不敢轻易弃守。马鸿逵原想一说即妥，未料到李丹桂竟敢抗拒，便勃然大怒，即驱车直奔永宁县政府，以李丹桂破坏防空疏散为由，将其告下。县长听后，哪敢怠慢，立即将李丹桂传至县府，令其交出宅地，而李丹桂仍舍不得交出。县长便顺着马鸿逵的意图，以破坏防空的罪名将李丹桂投入监狱。李丹桂在监狱中被逼无奈，只好将寨子同土地交出，才获释放。

综上所述可以看出，马鸿逵进驻永宁县，是因“日机轰炸宁夏省城”而起，永宁县是银川市的郊县，且交通便利，物产富饶，特别是王泰堡、大官桥、王元桥一带，林木葱幽，瓜果飘香，必然是马鸿逵疏散的首选之地。当时“汉渠春水”“官桥柳色”“任春古渡”，已成为塞上名景。防空所居，本来是临时住所，但抗日战争持续8年多，从永宁到宁夏省城相距又不是很近，为了工作方便，马鸿逵把他在省城的“四大厅、八大处”扔在宁夏省城，把他的办公机构逐渐迁至王泰堡马公馆养心园，这里从此成为政要云集、车水马龙的地方。

后来，马鸿逵的亲属、幕僚便上行下效，以防空疏散为名，堂而皇之迁居永宁。特别是宁夏省党政要员，借机横征暴敛，搜刮民财，霸占田地，大兴土木。他们共占用田地万余亩，并建起大大小小的公馆、花园24处，尤以马鸿逵家族占地、建公馆、建花园最多。马鸿逵主政宁夏后，统治时间长达17年之久，在这17年，马鸿逵始终把永宁作为强化统治的中心区，费尽心血，苦心经营，所以，永宁县被称之为马鸿逵的“老巢”。永宁百姓熟知马氏家族在这里的情况，农村的青壮年有五分之一在马鸿逵的部队里当兵，有的当过勤务，有的当过随从，有的当过管家、老妈子、丫环，直接或间接地和马氏家族接触过。所以，他们都有讲不完的酸甜苦辣，说不尽的人生悲哀，叹不够的世态炎凉，道不尽的闻人轶事。

新中国成立初期统计，马鸿逵家族在永宁县占地多达5257.6亩，分布在杨和堡、王泰堡、王弘堡、西魏信堡、东魏信堡、河西寨、李祥堡、张政堡、上前城、更名乡、宁城、盈北乡等地共23处。建公馆、住宅、花园等11处，其中规模最大的是建在王泰堡的养心园，即东公馆。

需要说明的是，这些地方有的是军队训练场所或军教基地，有的是武器弹药库房，有的是军粮库，有的是会馆，有的是军马场，还包括贺兰中学旧址及马家子弟、高官子弟的幼儿园、小学教室等。占地主人花名册不必赘述，其中马氏家族、亲属的有马鸿逵、马敦厚、马敦静、马敦文、马绍文、马学礼、马信义等。

马鸿逵实行“心范会”

当地民间，流传着很多国民党驻军扰民、害民和马鸿逵惩治腐劣的故事，这些故事都是真人真事，有名有姓有时间有地点，他们的子女、亲属至今记忆犹新。

永宁县西南的刘家小营，是左宗棠清同治年间镇压回民义军驻扎的地方，后人称这个地方为刘家小营。民国时期，刘家小营驻扎着马鸿逵军队的一个团。这里有位姓刘的农民女儿被驻地士兵强奸后服毒自杀。老刘到处告状无人理睬。他的一个远房表侄在马鸿逵勤务营当兵，给他透露了马鸿逵外出的沿途路线。老刘装扮成民工，乘马鸿逵视察战备路之机，冒死抱腿告状。马鸿逵当即命副官换上便衣，带着老刘到军营认人，并嘱咐说，如果老刘认出是谁，当场乱枪打死。

副官带着老刘，每到一个驻军单位，就密令驻军长官集合全体官兵操练，一个一个点名，叫老刘站在暗处辨认，连认了这一带驻地的两个团的官兵都没认出来。谁知中午在一个保长家吃饭，他才发现强奸她女儿的士兵，原来是保长刚入伍不久的儿子，他今天正巧母亲有病，请假回来看望。因这位保长对老刘曾有过救命之恩，老刘不忍心开口说出，便碰死在保长家大门口的石磨上。

副官和一位随从，还有保长，都不明白这是怎么一回事，保长买来一副棺材，给老刘入了殓。副官和随从回去后，只对马鸿逵说老刘没认出来，这事就算完了。后来马鸿逵听他的一个耳目说，刘家小营一位姓刘的老头碰死在保长家大门口，不知是何原因。马鸿逵听后大发雷霆，他把副官训斥了一顿，又令县警察局查清此事。县警察局审问保长，保长说：“不知道老刘领着两个人来干啥，一个 40 岁左右，一个 20

民国时期，永宁县驻军照片

岁左右，我正招待他俩吃饭，就听到老刘在门口碰死了。”因保长在牢里绝食，警察局长怕保长死在局子里，就把他放了。一直到新中国成立初批斗地主时，保长的儿子望着被批斗得奄奄一息的父亲，不忍心再瞒下去了，他才说出了事情的真相，“老刘碰头”的事才大白于天下。

永宁县当时是宁夏省的第一防区，有固定的驻军点四处，还有六处不固定的驻军点，说是不固定但相对固定，主要是部队经常换防。县里还有国民兵、保安队，王泰堡驻军一个团，还不包括特务营、警卫营，平时来来往往的军士很多。兵扰民的事件屡屡发生。老百姓告军队，军营里森严的连麻雀儿也飞不进去，咋告呢？只能向保长、乡长、县长反映，而这些军士又不是保长、乡长、县长能管得了的，所以就出现了“兵扰民、民闹官”的现象。

县党部书记长下乡督查实行新生活的情况，乡长见了第一句话就说：“好我的书记长呢！他们官兵就管不住裤裆里的家伙嘛！把当地的风气都搞坏了，还实行新生活呢！抗战这么吃紧，为啥不叫他们打日本鬼子去？在这里整天偷鸡摸狗、惹事生非的！”保长还反映说：“当官的今天你娶小呢，明天他续妾呢，咋当兵的就不能搞对象？你不叫他明来，他就暗搞，说得难听死了！”县党部书记长调查出一个乡有七名妇女被军士强奸，他将情况反映给省军法处，请他们处治。谁知军法处忽雷闪电地派了几个人到乡村调查，他们也不换便服，也不注意方式方法，调查的结果，七位妇女和家长都否认有此事。他们走后，有两名妇女上吊自杀。有不少家长到乡里闹，说当官的坏了他家女儿的“名声”。但省军法

民国时期，永宁县驻军照片

处反而给马鸿逵汇报说，七名妇女被军士强奸一事，纯属“子虚乌有”。他们还罗列了乡保甲长一大堆问题，说乡保甲长一天只是“催粮要款，拔兵抽签，除此之外，啥事不管”，还说老百姓编的顺口溜骂乡保甲长“天天入洞房，夜夜当新郎，干儿干女养了一大帮。远看像乡长，近看像保长，长得都像国民党”。

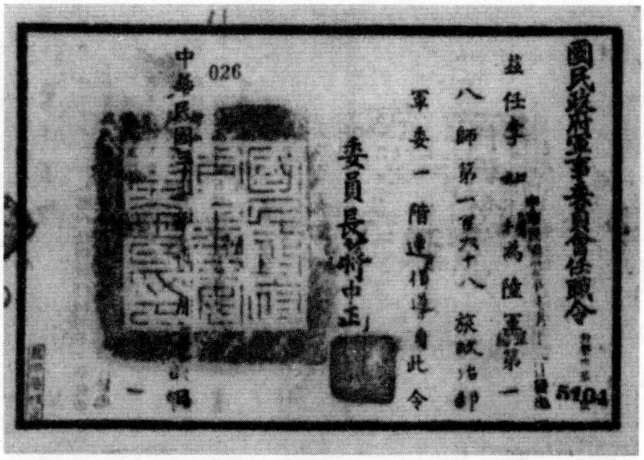

民国31年(1942年)8月21日，国民政府军事委员会委员长蒋中正给李如祯签发的连指导员任命状

县保安队三天两头到农村检查治安情况。他们见到盲流人员，就抓了送到黄河边修碉堡、挖战壕。见到路上、滩里谁家的牲口没人管，就拦了来用绳子串了拉着，说违反了治安条例。查到谁家的东西，只要你说不出个路路道道，就说财产来源不明，全部没收。他们骑着马，后面的大车上拉着东西，再后面便是一群牛羊马骡，最后面是一群哭着要东西的农民。他们走到哪里，哪里就乱哄哄的。

有一天，马老太太在马公馆花园散步，她只在凉亭里坐了片刻，就听到墙外很远的地方有个女孩子在唱：“光头坡，和尚岗，两个女孩放牛羊。放到沟里，别家偷呢，放到崖里，别家逮呢……”

马老太太听着歌声的调子，很是婉转优美，又夹带着苍凉和无奈，细听歌词时，她就一脸的不高兴，禁不住回头问丫环：“咋这里连老百姓放牧的地方也没有？那么多保安队一天是干啥的？”她回房间时，发现窗台上有张字条，上面写着：

> 马军乱套，不务正道。白天睡觉，晚夕拆庙。不要砖瓦，光要木料。大的卖钱，小的填灶。抓丁抢牛，成天胡闹。偷鸡摸狗，无所不要。苦害百姓，怨声载道。

恰巧下午马鸿逵又来到马公馆看她，她把字条扔给马鸿逵，又劈头盖脸地训斥

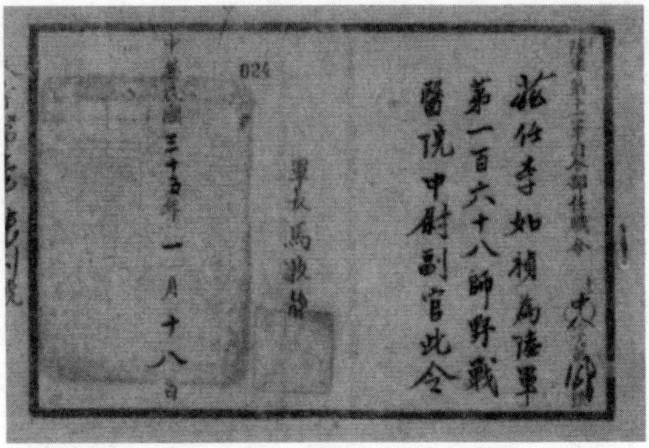

024

茲任李如禎為陸軍第一百六十八師野戰醫院中尉副官此令

軍長馬敦靜

中華民國三十五年一月十八日

民国 35 年(1946 年)1 月 18 日,陆军第十一军司令部军长马敦静给李如祯签发的中尉副官任命状

起来:“成天忙着抓兵,抓来这伙人都在干啥?是多的管不过来,还是你不管?”

宁夏省的一位民主人士给马鸿逵写了一封长信,信中的主要内容说,国父孙中山推翻了中国延续几千年的帝制,建立自由民主的共和,孙中山可称之为千古第一人也!然而,中华民国是在推翻帝制后建立的国家,是一个在管理上、思想意识形态上,急剧变化的时代。只有在管理上和思想意识形态领域内建立起新的制度,形成新的思想环境,才能达到和谐共处。他特别提到了军队,毫不客气地引用了下面反映上来的几句话,如:“只要会说河州话,洋枪洋刀身上挎”“只要你是河州人,最低排长不是兵”等,很深刻地指出了马鸿逵军队的封建性及家族性。他还肯定了马鸿逵秉承蒋总裁的旨意,实行新生活运动的规定,但同时指出,这是督令民众,重要的是要整顿军队,因为军纪对老百姓影响巨大。这位民主人士后来又连续几次给马鸿逵写信,言辞犀利,语句铿锵,被马鸿逵秘密监禁,这是以后的事了。

然而,正是由于这位民主人士的语重心长,马鸿逵便下定决心整治军队,这便是马鸿逵成立“心范会”的缘由之一。据民国年间编纂的《十年来宁夏省政述要》记载,马鸿逵为规范人心,革除旧习,先在军队成立心范会,命令各旅旅长、各处处长负责办理,并制定纲要,颁布会章,军官们纷纷自动加入,立志上进,不敢怠慢。心范会成立的目的,是为了上下监督,互相规诫,使之顺利进行。心范会以礼义廉耻为准则,以修齐治平为目的,并制定禁条,要求遵守,尤以戒除烟酒嫖赌、反浪费为主要条件,规定会员以身作则,切实履行,革除恶劣嗜好,无谓应酬,严加督促,认真考察,不容许有一人违反章程,有一事抵触公约。倘有不知自爱,行为涣散者,即公开检举,按章惩戒,不得隐饰。每个会员的优劣,关系全会的名誉,对一人赏罚之不公,关系整个章程的执行。所以，要求官兵明了意义，爱护部下，勤勉奋发，一心一德，贯彻始终。

心范会，即用会议教育的形式对军士思想意识形态做规范。古人云："心之管则思"，现代人也常说："要有吃饭的肚子想事的心"，可见，古今都认为思考问题不在脑子而在于心。因为这个"心"字含义很广，如良心、责任心等。心范会以"修身、齐家、治国、平天下"为准则，达到"平天下"的目的，使全天下的人明德。但是天下的范围太大，天下的人太多，无从着手，所以，必须由小而大，由近及远，先从修养自己的品德做起，拿自己的品德来感化一家，以致于家家，及于一国。一国的人，都能讲忠孝仁爱，信义和平，再推而至于全世界。这就是孙中山所说的"以建民国，以进大同"的意思。尤其军人，不但要修身一人，还要有治国的重大责任，在国难严重之中，要铲除私欲，激发天良，增进智能，充实力量，以尽革命军人之职责。

"心范会"共有 11 章 24 条，规定用"最大的决心，最强有力的措施"使军队官兵做到不吸食鸦片、不吸纸烟、不饮酒、不嫖、不赌。规定：凡人情不能避免之应酬，一律遵守省政府公务员革除婚丧寿宴浪费公约。不得私自经营一切买卖。不得假借名

民国 37 年(1948 年)7 月 1 日，宁夏省保安第三纵队干部训练队第一期学员结业摄影纪念

义，私扣士兵饷项，或借用士兵钱文。不得有故意违反军纪及败坏军誉等行为。不得加入其他组织，如理门、哥老会、青红帮，及其他党派等。由自身具有彻底泯除回汉隔阂之心理，推而行之家庭、部署、民众，随时负责解释，融洽情感。

心范会一再强调，改革不良积习，消除人欲之私，激发其责任心，各自觉悟，自

救救人，挽回风气，注重“礼义廉耻”之实行，以达到“修身治平”之目的。其中引用蒋委员长的话，“做一个军官，如果自己不能修身，养成高尚的道德，建立完全的人格，当然不能感化部下，训练部下，就不能担负革命事业，为国家民族奋斗牺牲了”。还引用了孔子的话，“其身正，不令而行；其身不正，虽令不从”，即所谓以身作则，自能默化潜移。否则，下之效上，如影随形，曲形终无直影。上好利则下必营私，上好安逸则下必废事，上不简朴则下必奢靡，上不守法，则下无顾忌。可谓“上有好者，下必有甚焉”。欲救斯弊，唯有注重以“礼义廉耻”，行之于日常生活之中，养成高尚道德与完全人格，以感化部下，训练部下。

马鸿逵在实行心范会时，严明了军营纪律，规定了“九个死刑”，即宣传反动主义及聚众暴动者，持枪威胁官兵及携械潜逃者，盗卖军火及勾通匪人者，私结团体及图谋不轨者，克扣军饷及携款潜逃者，包运违禁物品者，浮报名额冒领粮饷者，盗卖粮秣侵占公款者，收发军粮舞弊取巧者。

规定的“二十个重惩”中，首先对违规管理财会的人员、勒索老百姓者、扰害老百姓者及调戏妇女的人、酗酒滋事者、嫖娼者进行重罚，即：

> 假造或涂改单据账簿者，索诈百姓财物及打骂百姓者，假公扰害百姓及私供役使者，私入民宅及调戏妇女者，强迫百姓当兵及乱抓逃兵者，知为逃兵而收留顶名者，官长借用士兵财物者，屯粮放账剥削穷民者，强借民间物品及拖欠商人钱物者，徇私受贿及违背职务者，强拉工匠及借用工具者，损坏军用物品及获枪弹不交者，吸食鸦片及酗酒滋事者，嫖娼聚赌及造谣惑众者，滥用职权及凌辱士兵者，持枪私斗及官兵不睦者，报告不实及伪造命令者，阳奉阴违及极端要挟者，诈病托故图免勤务者，保管公物因疏忽致损失者，购置收藏搬运或支给公物有误者。

在战时简明军律规定的“十五个死刑”中，对私入民宅及强奸妇女的人由原来的“重罚”上升为“死刑”，即：

临阵退却及率队哗变者，违抗命令及临阵潜逃者，临阵诈病及畏缩不前者，无故放弃城寨及阵地者，贻误军机及泄露军机者，私入民宅及强奸妇女者，造谣惑众及暗通敌人者，捏报军情及误传命令者，盗卖军机及军粮者，无故抛弃或毁坏军械者，纵兵害民及掳掠财物者，未经受伤遗弃军械者，不顾敌人只枪敌弃之财物者，无故推迟误攻击时间或迟缓援助者，捡发弹药错误或运送迟缓者。

在战时简明军律规定的“十二个连坐法”中，要求军队应拼死杀敌，即：

班长同全班退时则杀班长，排长同全排退时则杀排长，连长同全连退时则杀连长，营长同全营退时则杀营长，团长同全团退时则杀团长，旅长同全旅退时则杀旅长，旅长不退而全旅官兵齐退以致旅长阵亡则杀旅长所属之团长，团长不退而全团官兵齐退以致团长阵亡则杀团长所属之营长，营长不退而全营官兵齐退以致营长阵亡则杀营长所属之连长，连长不退而全连官兵齐退以致连长阵亡则杀连长所属之排长，排长不退而全排官兵齐退以致排长阵亡则杀排长所属之班长，班长不退而全班官兵齐退以致班长阵亡则杀班长所属之兵卒。

第十五路军事政治教导团第三队第七班同学在鲁泰军校摄影纪念

在严肃军纪中，共列出“惩罚行为五十三条”，仍然对吸食大烟、酗酒、嫖娼、赌博、勒索百姓财物、欺下瞒上者施行惩罚，并且规定“赤身沐浴”必须避开妇女，即：

染有烟酒嫖赌及一切恶劣嗜好者，极端要挟不守法纪者，触犯长官或肆意批评长官过失者，干预外事及招摇诳骗者，擅自逮捕拘押及私行处罚民人者，出差官兵向地方索要给养财物者，拉运民人柴草炭不付足价洋者，私行借款及馈送长官礼物者，滥用职权有凌虐行为者，强拉工匠及借用工匠家具者，擅拉民夫及民间车马船筏者，雇用车马船筏而不付足脚价洋者，强借商会商号车辆马匹延不归还者，强借民间物品延不归还者，购买物品不付足价资者，在商号饭馆澡堂拖欠账目者，取用城墙庙宇公共场所砖瓦木石及渠坝平地泥土者，包庇赌博者，误解命令及误传命令情事者，性情暴戾不遵约束者，阳奉阴违或故示立异者，放弃职责废弛公务者，假公济私损人利己者，假托事故图免勤务者，丧失军誉不守军人本分者，言行失检有失军人仪态者，对于所属管束无方训导失当者，报告失实或报告而无故不为传达者，部下有过失袒庇不罚及不报告者，护照军衣借给他人者，出差官长私带枪械者，保管公物因疏忽而致有损失者，赁居民房不给房租者，住有娼妓之旅店者，对民众凌辱打骂者，私入民宅者，服装破烂污秽有碍观瞻者，未经请假任意上街者，请假时间越限者，官长不照规定回寓夜间私自归宿者，在街市或会场笑喧哗扰乱观听者，夜间无故私行上街者，在街乘坐人力车运输大车或骑驴者，办理公务不遵照法令程序者，擅入戏园茶楼及一切娱乐场所者，见长官失敬礼者，奉召遣命令无故迟延者，在大街遛马及禾苗田边放牧者，在妇女洗衣附近池塘赤身沐浴者，摘取田园瓜果蔬菜及花木者，在门窗及树木上拴马以致毁坏者，不守规定秩序及时间者，其他有败坏军纪风纪之行为者。

对上述有违行为，分别撤差、降级、罚薪、重禁闭、轻禁闭、记过、申诫。规定了班长、排长、连长、营长、团长、旅长、师长对违法行为的处理权限、上报制度，附有检举官兵过失行为奖励条令，规定了各种检举的奖励现金数目。各驻军单位还分别制定了官兵上街管理细则，官兵出远差管理细则，枪支弹药管理细则，伤病官兵管理细则，公文函件管理细则，官兵训练纪律细则，营房内外卫生制度，等等，规定官兵不准结盟拜把兄弟，实行士兵识字令，进行士兵家访，等等。

特制定“新生活信条”，命令全军官兵，一律佩戴在左臂，或悬诸座右，以资儆惕，并以国难严重抱定决心，以身许国。并制定各级官佐宣誓词，於升迁调补，就任之时，按式填报，举行宣誓，以表忠党爱国之精神，与诚实服务之热忱。“新生活信条”分甲、乙两种，分别是：兵是来自百姓，追本溯源，何忍加以扰民。饷是民脂民膏，来处不易，当念供给之恩。官兵因公诈财，渎职殃民，就是违反革命。官兵不以公诚训练士兵，就是背叛党国；戒绝烟酒嫖赌，除去虚伪骄惰。实行勤劳简朴，务要诚恳实在。遵守军人本分，必须亲爱人民。誓为主义奋斗，完成国民革命。

各级官佐宣誓的誓词中有“五个甘愿自杀”，即：

> 如不恪遵命令及言行不忠实，用虚伪言词，或假造事实，蒙蔽长官，欺哄部下，甘愿自杀；对于办事用人，不按人材，不论劳绩，是非不明，赏罚不公，以情感用事，存有私心，甘愿自杀；对于饷项公费，及一切领发士兵款项，倘账目不清，不能切实公开，伪造虚报者，甘愿自杀；如因公事或及其他机会，纵使士兵强取民物，败坏本军名誉者，甘愿自杀；倘缉抓逃兵，或因出差机会，榨取民财，扰害地方者，甘愿自杀。

各级官佐宣誓的誓词中有“五个甘受严厉惩办”，即：

> 如果苟且懒惰，不能振作精神，讲求现代军人应有之学术，用以训练士兵，甘受严厉惩办；应当尽心讲求练兵带兵之道，体贴兵心，使士兵视军营如家庭。视长官如父兄，相亲相爱，一心一德。如果不能这样，甘受严厉惩办；对于本属官兵，约束不严，考

察不周，致有违犯军纪者，甘受严厉惩办；烟酒嫖赌等不良嗜好，如不能戒绝，为团体官兵作坏榜样，甘受严厉惩办；不能遵守新生活一切规律者，甘受严厉惩办。

规定以上十条，自愿宣誓之后，如不能一一实行，就是没有军人资格与地位，为军队所不容，为社会同胞所共弃 。要求宣誓人每人一份，写上军衔和姓名，并加盖私人印章。

抗日战争时期，属国共两党合作期间，永宁县是抗日的后方，除日机轰炸宁夏城外，县内局势相对稳定。民国县政府在此期间实行新生活运动，马鸿逵在实行新生活运动中又全面地、具体地整顿军纪，收到较为明显的效果，仅 1942 年七八月份第一次《违犯军风军纪官兵统计表》显示，永宁县驻军单位共登记 37 人，其中班长以上军官 12 人，其余均系列兵、传达兵、库兵、火夫。16 人系“礼节不周”，其余人系“服装不整”，还有 8 人被“棍责释放”，其余人被“申诉释放”。马鸿逵还发出训令，要求奏国歌、升国旗时要肃立行注目礼，并对奏国歌时仍走动的 3 名士兵责罚。

这次整顿军纪，仅半年内，判处死刑官长 4 员，判处死刑士兵 49 人，判处徒刑官长 2 员，判处徒刑士兵 8 人，鞭责长官 2 人，鞭责士兵 182 人。其他撤职、降级的官长和士兵 102 名。每天早上月明星稀时，就见军士在操练，只听他们唱到：

三国战将勇，首推赵子龙，长板坡前逞英雄。杀破了千员将，吓退了百万兵，怀抱阿斗得太平……

老百姓说：“国民党的兵油子，这回猴戴帽子——像个人了！”有不少驻地军队，主动退还抢占当地老百姓的田地和物资，有的主动退还抢用、借用老百姓的物品，军地关系出现了和谐局面。驻地军士还和当地青年经常组织体育比赛，在宁夏省运动会上，永宁县代表队获男组田赛总分第一名，男子篮球亚军，女子田赛亚军，田径赛第一名 6 人，第二名 6 人，第三名 9 人，第四名 6 人，得锦旗一面，上有马鸿逵的题词：“化弱为强”。

禁 烟 歌

民国 30 年(1941 年)4 月 1 日析置永宁县时,原宁夏县耕地面积 41.53 万亩,其中种植罂粟的面积从原来的 1483 亩,增加到 3.7 万亩,年均烟土产量 1482 万两;原宁朔县耕地面积 38.68 万亩，其中种植罂粟的面积从原来的 1527 亩，增加到 3.84 万亩,年均烟土产量 1527 万两。永宁县建县后,全县耕地面积 30 余万亩,种植罂粟面积达到 3.11 万亩，接近了原宁夏县、宁朔县的罂粟种植面积。民国 23 年(1934 年),民国中央政府颁布“六年禁烟计划”,到民国 30 年(1941 年)永宁县已戒烟的烟民有 1.35 万人,还没戒烟的烟民有 2802 人,吸食烟土的人比原来减少了很多。但是,为什么全县种罂粟的面积没减少反而逐年增加了呢?这与官方设立烟土收购点有关。然而,各县烟土收购点的设立,则是省禁烟委员会所为。

宁夏省政府依照民国中央“六年禁烟计划”,为推动各县区禁烟,于民国 24 年(1935 年)3 月,正式成立省禁烟委员会,继而成立了各县禁烟委员会。但是禁烟工作难度太大,短时间内很难禁止,故于民国 26 年(1937 年),将省禁烟委员会组织扩大,下设第一、第二、第三处,分别推动全省禁烟工作。并将各县禁烟委员会,一律加以充实改组,委员会内设当然委员一人,由县长兼任,主任委员及监察委员各一人,由省禁烟委员会分别聘任,专门负责各县烟民登记、禁运、禁售及收买民间烟土,实行统制政策。

由于县禁烟委员会的主任委员及监察委员均由省禁烟委员会聘任，县长往往因为工作繁忙,只以委员身份参与,而上面派下来的人只登记烟民,只收购烟土,导致各县种罂粟面积不断扩大。禁烟，禁种是关键，万恶之源在于种，没有种，就没有运、售、吸。如果不把重点放在禁种上，那么其他就无从谈起。民国30年（1941年），省禁烟委员会开始在永宁县设4个烟土收购点，后来又增设到6个，其中县城3个。官方收购点的设立，原是为了把社会上的烟土全部收购，但这些收购点却成了贩卖烟土的合法场所，私自贩卖烟土从地下变成了公开。种罂粟能卖大钱，农民卖三斗白米才买七尺布做一件衣裳，而卖一两烟土，就够全家过一年生活。烟土还有治病的奇效，农民的头痛肚子疼，只要烧个大烟泡子吃了，立马就不疼了，而且种罂粟公家还负责收购，种罂粟的面积怎不逐年飞升？

马鸿逵在公众场合大喊大叫“禁种、禁运、禁售、禁吸”，却在给民国中央政府的报告中说：“宁夏地处边陲，农村经济凋敝，省库财政支绌，以种烟收益作为补救，难以短期内禁种。”他将各县收购的烟土，通过海关卖到国外，用烟土赚来的钱购买军火，用于军费开支，扩充势力，这是谁也知道的事实。

马鸿逵把收来的烟土交给省城的几户商家朝出贩卖，因为收购的烟土太多，商家一时卖不出去，造成“金融停业，无法维持，几乎破产”，马鸿逵就出面到银行，给他们“借出五十万元，以资维护”。当社会上对“公家收购烟土”人人喊打时，马鸿逵还在公开场合解释说，“决定由公家收购烟土，虽一两一钱，绝不准私人自由买卖，无论你购存的也好，自种的也好，都要有公家备价收买，至于烟民的吸烟，须按照登记的吸量，及戒的期限，向公家去购熟膏，不得私自存储，不过价额如何，可能提高”。

粉红色的罂粟花，透着熏人的香气

民国中央政府的“六年禁烟计划”，弹指间差不多到了期限，然而宁夏的禁烟只是烟民减少，但种植罂粟的面积并没有少。中央大员检查后，说宁夏种植罂粟的上报数目不实，实际上种植罂粟的面积要比上报的高出几倍，马鸿逵受到严厉的批评。省政府发了个禁烟紧急通令，全文是：

鸦片流毒，为害甚烈。本省素称富庶之区，向为产烟之域，人民受其祸害，地方遭其毒蛊，尽言难述。故本府自二十三年以来，对于肃清烟毒，即抱有最大决心，并遵照中央颁布六年禁烟计划之规定，设置省县禁烟机关，逐步实行禁种、禁运、禁售、禁食。为根除毒源，此次以禁种为主，各县县长兼任本县禁烟委员会主任委员，即深入乡保甲，短期内扫清毒源。凡抗拒不听，继续种植罂粟者，拿县乡保甲长是问，无理取闹，打骂禁烟工作人员者，就地惩治。

淡紫色的罂粟花，已开始结籽

马鸿逵召开全省禁烟工作会议，各县县长、区长参加。马鸿逵在会上发表了慷慨激昂的训话，他说鸦片之祸，胜于洪水猛兽，损害国民健康。中华国际地位低落，被称为东亚病夫，是国人莫大的耻辱。本省有鸦片，为时甚长，受害亦最巨。这次禁烟，从禁种、禁运、禁卖、禁吸，全面抓起，从抓禁种入手，多管齐下，上下一心，因为这关系到中华民族的生死存亡，半点都不能姑息迁就，丝毫不能心慈手软，要动狠得，动真的。他在训话中，列举了山东韩主席为了禁烟，枪毙了不少人，其中有一个吸毒的九岁女孩。指出不杀一，就不能儆百。不是我们不仁慈，不是我们太残忍，不这样，禁烟就进行不下去。他要求县长、区长，要从死路中打出一条活路来。

永宁县政府召开乡保甲长会议，动员全县禁烟工作，还写了禁烟标语口号，令乡长带回去张贴宣传，其中有“凡抗拒不听，无理取闹者，就地惩治”。时间过去了几天，各乡行动力度仍然不大，只是乡保长砍掉了自己种的罂粟，有部分甲长砍了自己路边种的罂粟，很多隐蔽地的罂粟、大部分农户种的罂粟仍然完好无损，县禁烟委员会只得下乡督促。

夜幕下的罂粟地

宁兰公路两侧的罂粟地，罂粟齐刷刷的半人高了，长势旺盛，根茎粗壮，叶片在艳阳下绿油油的发出亮光，开有红花、白花两种，红花红得像血，白花白得似雪，花瓣硬而厚实，金黄色的花蕊中透出一股股异香异气，使人觉得朦朦胧胧的。一株株摇曳不定的花骨朵，荡漾着阵阵香风，直扑行人的鼻孔。砍掉的罂粟斜三横四倒在地里，一小堆一小堆已经晒蔫了。几个看罂粟的民夫见县禁烟人员来了，急忙敲烂脸盆，吹芦叶哨。同来的国民兵一挥手说："砍！"罂粟地里立马响起了"嚓嚓嚓"的砍割声。几个燃药包扔出去后，罂粟地里瞬即响起了"噼噼啪啪"的燃烧声。一株株罂粟像是上面浇了油，株连株片连片顿时火光冲天。几个国民兵到各处田边看着，防止把高粱地、麦地燃着。转瞬间，跑来的烟民就把县禁烟委员会的人围住了。

他们骂县里不是真禁烟，而是假禁烟，原来的县长叫种呢，新任的县长又叫禁呢，"翻红倒黑"，说话不算数。既然禁烟，为啥要设点收购呢？当官的大烟财还没发够呢。他们这个叫赔产量，那个叫免田赋。县禁烟人员叫他们种糜子，他们又朝禁烟人员要糜子种。抱腿的、碰头的、撒死的、自杀的，把禁烟人员的衣服撕破了还抓住禁烟人员的领子不松手，禁烟人员掏出手枪朝天开了三枪，以示警告，大部分烟民被镇住了，还有几个烟民朝禁烟人员碰头。几个警察听见枪声从高粱地那边跑进来，见两个烟民打一位禁烟委员，就开枪打死了两个烟民，其他烟民才不闹了。

各乡保长闻之县禁烟人员动了"真格的"，纷纷带着乡丁、保丁和甲长砍罂粟，永宁县禁罂粟终于风风火火行动起来。

马鸿逵原来发过指令："查各乡有无偷种鸦片烟苗之民，如有处以枪决！"但并没有真正实行，因为种罂粟的人太多，后来只能做为个禁烟口号宣传而已。

打死的两个烟民，一个是大户家的一名长工，据死者家属说，是他们东家指使叫和禁烟委员会闹的，说他不狠狠闹，就不给工钱。县禁烟委员会命人扒了大户家的一间堂屋，做了口棺材把这个长工埋葬了，又逼着大户给了这个长工家属三年的工钱。谁知在付工钱时又发现了大户家重利盘剥的“黑驴子打滚”账目，县禁烟委员会将这些账目公布在墙上，宣布无效，并追查大户家重利盘剥的刑事责任。

罂粟成熟，到了收烟汁的季节

另一个被打死的烟民无人认尸。县警察局调查了很长时间才知道，这是从甘肃武威逃荒来的难民，他在大户家门口要饭，大户提出要他干活才给他饭吃，他在大户家刚干了两天活，大户就叫他出去打禁烟人员。县警察局派人到甘肃武威接他的家属来办理后事，谁知一个女人带来了8个孩子，还有两位父母，住在大户家见鸡杀鸡见羊杀羊，住着不走了。这个远近闻名的大户，种的罂粟最多，罂粟被砍被烧后，又没来得及复种糜子，眼见的一年收成无望。

县政府虽说在禁烟伊始就打死了两个人，但却是在全县开了个好头。宁兰公路两侧的老旱田里，还有各乡村的老旱田里，所有的罂粟全被砍光、烧光了。但省禁烟委员会来检查后，说是弄虚作假，是装样子给别人看的，西部地区“山高皇帝远”，无人过问，罂粟遍地。县禁烟人员只得带了随从，再到西部几个乡逐地块查看。

刚到一个乡，乡长就朝禁烟人员诉苦：“你们宣传说，谁种烟就枪毙谁，庄子里的人十个跑了五个，不但烟田没人管，粮田也没人管，都叫鸡猪牲畜

收烟季节，烟民忙收烟

糟踏了。家里除了一堆娃娃，就是走不动路的老人。水利工地上好不容易才动员来的民工，一夜逃了一半。我们乡种烟，全是李家寨带了坏头，他们少东家和原来的县长关系好，说他种多少，县里就收多少。这个少东家就把所有的稻田全部和周围的农民换成了老旱田，今年全种了烟……”

砍毁罂粟照片

李家寨属这个乡的第五保，县禁烟人员早就听乡长说过，李家寨在县上有后台，谁也不敢惹，乡长说的是事实，问题在“省禁烟计划”。“省禁烟计划”在六年禁烟指标中，将历年种罂粟的面积压缩，逐年减少，但是乡里咋给农户分配？种罂粟有利，谁不争着多种？结果造成不但没少，而且历年增多。李家寨本来给分配的种罂粟面积少，但原县长私自表态叫多种，弄得乡里很尴尬。管辖李家寨的周保长被传了来，县乡禁烟人员顷刻间包围了李家寨。

这里的罂粟已经成熟了，棵棵罂粟结满了像石榴似的籽骨朵。时值收大烟的季节，也是最繁忙的日子，罂粟田里站满了李家雇来收烟的农妇，她们左手端个烟盒子，右手持把烟刀子，先把烟籽骨朵割条长口子，奶白的烟汁就流了出来，再用食指捋到烟盒里。她们弯着腰，没抬头的工夫，一棵挨一棵，一骨朵挨一骨朵地割、捋，田埂上一桶挨一桶的烟汁子，像乳白色的牛奶。

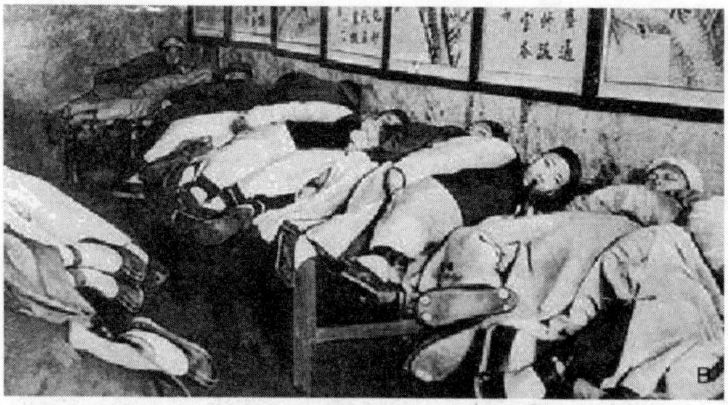

大烟馆里，烟民吸烟，当地有顺口溜：头朝里，脚蹬空，手里攥着“扑拉穷”（烟杆子），嘴里叼着“哭丧棒”（烟枪），眼前放着“照尸灯”（烟灯）

禁烟人员还没来到田

头，李家寨的少东家就迎了上来，他将几页字纸呈上，禁烟人员见是原任县长写给李家寨少东家的一份手谕：

> 经请示省政府，近几年需收购大量烟土，对种烟大户，优惠价重点收购。省财政同意给本县额外提取烟土费，作为县财政支出之补助。所交烟土需质优，保证数量，按时交售。

同来的国民兵咬牙挥手说："砍！"砍掉的罂粟，每棵根部都冒着白色的奶汁，燃烧的罂粟骨朵像爆米花似的炸开，李家寨顿时浓烟滚滚。禁烟人员怕燃着周围的农田，将砍掉的罂粟都集中到保办公处门前的空地上焚烧。罂粟堆被点燃了，一桶一桶的烟汁子被浇到上面，火光冲天，十里可闻。李家寨的的一位长工从围观的人中，认出了一个烟贩子，说他常到李家寨贩烟。警察立马逮捕了这个烟贩子，果然从他身上搜出了两包"白面"。警察又到寨子里搜查，搜查出 4 包"白面"、两口袋半罂粟籽儿，还有 38 两烟土，逮捕烟贩子 3 人。

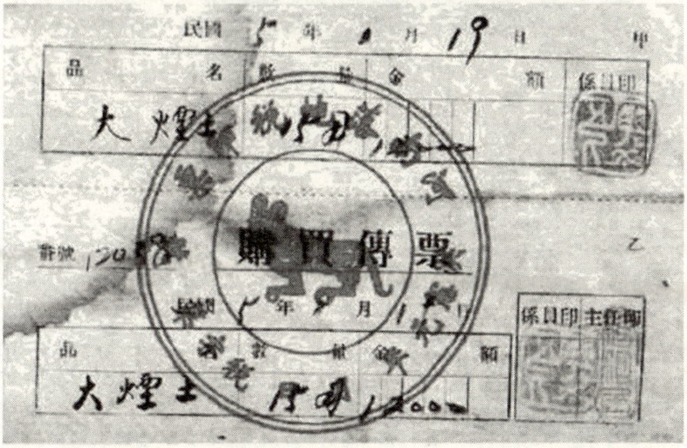

民国 5 年(1916 年)1 月 19 日，购买大烟土的河南落地税印票

这个乡各保吸食烟土的烟民都被保丁带来了，除了逃跑的外，共有 478 人，其中已吸上"白面"的 28 人。不少烟民烟瘾已犯，乱跑乱嚷乱号，被乡丁绑了用绳子连在一起，他们曲蜷四肢，伸腰裂胯，哈欠不断，口流黏液，眼泪汪汪，涎水垂到胸口，个个脸色黑黄，像得了瘟疫似的。

从各家各户搜来的罂粟籽儿、烟土、大烟泡子、烟灯、烟杆、烟盘、烟盒、烟枪、烟刀、烟铲、烟锅等吸烟、收烟、制烟工具，被一伙妇女儿童全扔到大火堆里焚烧。一帮妇女扑过来指着一溜烟鬼骂:“好好抽嘛!好好抽嘛!把婆姨娃娃卖了抽嘛!甭给他们饭吃,抽大烟就抽饱了!”

民国时期开展禁烟活动，此照是马鸿逵在宁夏统一制作的“禁烟大缸”,大缸用陶土烧制,上面有“宁夏省禁烟委员会”字样,是专用来焚烧罂粟籽和烟土的

全县各乡保甲长都来了，永宁县禁烟现场会在这里召开。会场内外,警察林立,主席台左右挂着两条标语,分别是“一竿竹枪,杀害英雄豪杰不见血”,“半点灯火,烧尽田地房屋不见灰”。乡长讲述了全乡登记烟民的情况，其中因抽烟妻子长期住在娘家或离婚的127户，因抽烟倾家荡产逃荒要饭的87户,因抽烟妻子上吊、跳井,老人吃大烟泡子自杀的66人,因抽烟变卖房地产的32户,抽大烟者,有43人已死亡,全乡共1万余人,登记烟民419人,抽烟人数占全乡总人数的4%以上。

周保长宣布惩治烟民、烟贩子开始。从坟头上砍来白茨做成“揭背花”的“鞭子”,精选20名身强力壮的陌生打手,20名国民兵押着烟民、烟贩子,扒光上衣,烟贩子每人抽打50,吸“白面”的每人抽打30,吸烟土的每人抽打20,会场内外笑的哭的骂的什么都有。这20个人被抽打完了,再抽打另外20个人,都打完了,也不叫他们穿上衣,一个个跪在地上唱《禁烟歌》,谁不唱了再抽打,唱得声音小了也加打,唱得不整齐了再重唱。望着烟民、烟贩子一个个的狼狈相,有人痛恨,有人心酸。烟民、烟贩子忍着脊背的疼痛,再唱第三遍、第四遍,只听他们唱道:

说大烟,恨大烟,提起抽烟真可怜。早知这是软骨草,后悔当年摆烟盘。第一年抽烟图高兴,口口声声能治病。第二年抽烟瘾上身,嘴连鼻子一起青。抽烟抽到一更天,伸腰撒胯唱乱弹,炕上无席没有毡,头底下枕了个半截子砖。抽烟抽到二更天,冻得孙猴子跳圈圈，下巴离膝盖三寸三，沟子上盖着一块窟窿子毡。抽烟抽到三更天，灯里无油捻子干，无处回呀无处钻，浑身冻成个紫蛋蛋。抽烟抽到四更天，摇摇晃晃在冰滩，冻死了活脱脱一条好汉。唯有黄狗好心善，只啃骨头不啃脸。唯有喜鹊顾人面，两眼掏成个黑碹碹。唯有老鸹眼睛尖，场子呀拉了个转圈圈。

民国时期的禁烟大缸，用于焚烧罂粟籽和烟土

禁烟现场会结束后，烟贩子被警察抓去判了刑，吸“白面”的烟民送省戒毒所戒烟，烟民交给甲长带回去看管。每个保都设立了检查岗哨，昼夜轮流站岗。连政府的公务人员也盘查、搜身。从此，烟贩子进村贩烟困难重重，他们编着歌儿骂道：“国民兵，半吊子，钢枪不挈挈苗子，大路不走转桥子，点名不到挨条子。”

县政府禁烟现场会后，又捣毁、查封了全县 24 个吸烟馆，其中县城 8 个。这些烟馆有县城公务人员或驻地军官家属开办的，也有省城公务人员或驻省城军官家属开办的。县政府将收回的烟桌、烟凳等全部集中烧毁。将 24 个吸烟馆改为保办公处的 16 个，改建为耕读小学的 4 个，改建为农民识字班的 4 个。在这次清查中他们才知道，就连庙里的和尚、尼姑也有吸毒的，可见烟土流毒之广。

永宁县禁烟，受到宁夏省禁烟委员会的表彰，全县共收烟土 30.3 万两。李家寨的少东妇人吞大烟泡子自杀了，李家寨由种烟而发家，由禁烟而败家，可悲可叹。

就在这年，永宁县政府县长正式提出辞职，他说他本来是一位校长，承蒙马主席错爱叫他当县长，任职一年多来，他惹得人太多，告他的人也太多，主要原因是他不适应县长这个岗位，与其叫这里的老百姓把他赶下台，还不如自己走下台。

从民国30年（1941年）4月永宁县成立到民国38年（1949年）9月永宁县解放，在不到8年的时间内，永宁县共更换了6位县长，他们每人在永宁工作的时间平均不到两年。而这位县长则是6位县长中第一个辞职的人。

王保长上任

民国时，永宁县西部有个远近闻名的保长名叫王钊。因他从民国初父亲死后就接任族长，后来实行保甲制，一直担任保长，所以当地人称他为老保长。在那个县长辞职、乡长撂挑子、保甲长逃逸的年代，他不但没有离开本乡，而且一直干到新中国成立。新中国成立初，他被戴上了地主分子的帽子。20 世纪 80 年初，在给“四类分子”摘帽子时，查不出当初给他戴帽子的任何批文，只有一年四页的“四类分子评审登记表”。宣布给他摘帽子那天，他穿了身新制服，看了墙上公布的摘帽子名单，名单上其他人都死了，只有他一个人活着。他到田野里转了一圈，回去躺在炕上就死了。他死后，关于他当保长的故事，又被传说起来。

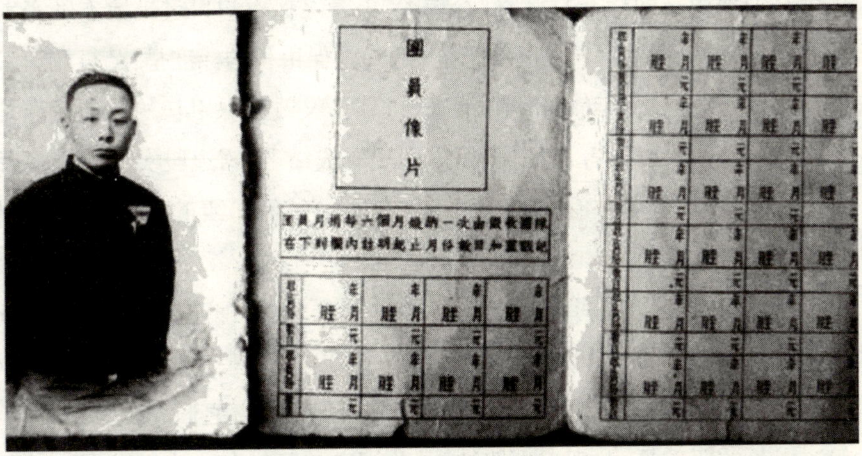

民国时期的三青团员证

民国 23 年(1934 年)11 月,宁夏开始保甲制试点。先在平罗县进行试点,试办一个月后,开始在宁夏全省全面推行。每县派军队一个营,每区派军队一个连,监督整编。以 10 户为一甲,10 甲为一保,两保以上为联保。全省成立保办公处 642 个,实管户数 12.37 万户,集合全省保长训练 40 天。

民国 26 年(1937 年)3 月,宁夏全省设 3 个保甲指导区,宁夏县、宁朔县、平罗县为第一区,金积县、灵武县为第二区,中卫县、中宁县为第三区,专门委派保甲指导员,负责指导保甲工作。

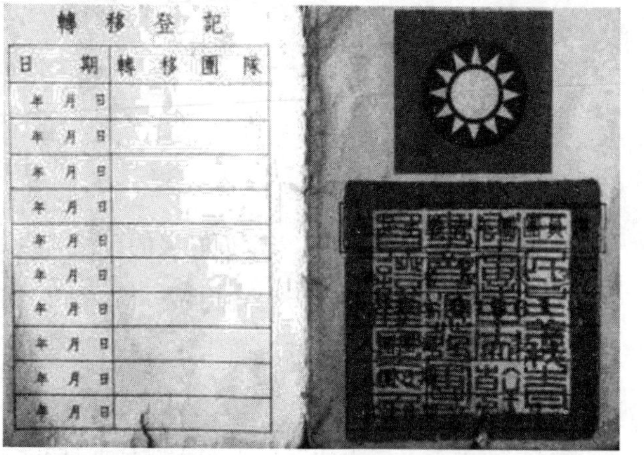

民国时期的三青团员转移证

民国 30 年(1941 年)4 月 1 日,永宁县设县时共 26 个乡,后来改设为 13 个乡公所,设 70 个保办事处,919 个甲。民国 32 年 (1943 年)2 月,又改设为 14 个乡公所 ,55 个保,792 个甲。拟定了《宁夏省各县保甲人员服务规程》,规定保甲与各户互相监视,遵守各项禁章,如有违纪,应即密报,有徇私隐匿者,各保实行连坐。

规定撤换保甲长的标准是:品行不端者,该管之保甲户口过半数不确实者,保甲长系雇充者,保甲长系富户或巨绅指定者。递补保甲长的标准是:品行端正者,家中人口众多者。民国 29 年(1940 年)清查户口时,又改为保甲长的甄选标准是:年龄在 25 岁以上 45 岁以下者,对户口兵役办理有成绩者,家道殷实子弟众多者,确无不良嗜好者,本地土著并有德望者,有正当职业者,信仰纯正而无不正当思想及行动者。

规定保长的职责是:按月清查户口,并查户口异动;办理连坐切结,并监视已未具结户之行动;稽查奸宄及出境入境人民;督同保内居民,遵守保甲规约;协助军队团警,搜捕匪犯,防剿匪共;其他依保甲法令,应由保长执行之职务。

规定甲长的职责是:办理连坐切结,并监视已未具结各户之行动;稽查奸宄及出境入境人民;督同甲内居民,遵守保甲规约;其他有关保甲事宜。

民国29年(1940年),推行新县制,彻底清查户口,修正了宁夏省各县乡保甲人员职权:

> 乡长的职责是:监督指导保长执行职务;监督各保甲推举保甲长;考核保甲长办事情形;指挥督率各保甲长,防御及剿捕盗匪奸宄;指挥及训练保甲长;监督指挥保甲长,复查户口及查报户口异动;编练壮丁队;呈转执行保甲规约之处罚,及赏恤事项;其他依保甲法令赋予之保甲职务。
>
> 保长的职责是:辅助乡长执行职务;监督甲长执行职务;教戒保内居民,勿为非法行为;察看外来保内不良分子;协助军警搜捕盗匪奸宄;呈请乡长转呈区署执行违纪保甲规约之处罚赏恤事项;分配督率保内住民服役事项;监督指导甲长清查户口并查报户口异动;其他保甲法令赋予之职务。
>
> 甲长的职责是:辅助保长执行职务;清查甲内户口制订户籍门牌,取具联保连坐切结;检查甲内盗匪奸宄及稽查出境入境人民;协助军警搜捕盗匪奸宄;教诫甲内住民,勿为非法行为;督同甲内住民遵守保甲规约;查报户口异动;其他依保甲法令赋予之保甲职务。

永宁县成立的那年秋天,乡里的乡长和县民政局长,后面还跟着一伙乡公务人员和国民兵小分队来到村里。乡长朝前走了两步,然后朝大家深鞠躬,他先介绍了县民政局长,民政局长走出来,也朝村民鞠躬,乡长带头拍手。乡长逐一介绍乡公务人员,有民政干事、田赋干事、保甲干事、国民兵小分队队长等人,介绍到谁,谁就走出来朝村民鞠躬,这算是新调整的乡公务人员第一次和村民见面。

一伙头头脑脑介绍完,乡长亮亮嗓子喊道:“乡亲们!今天我们来到你们这个村,主要是宣布任命保甲长。废除家族制,建立保甲制,你们这个村设1个保、13个甲！遵照县政府令和《选任乡保甲长条例》之规定，凡保内家道殷实、子弟众多、素有重望、品行端正、年富力强、能力较优、无不良嗜好之头、二户，即指定为保长。经过几上几下，反复征求村民的意见，本乡已经决定了保甲长的人选，并报请县民政局认可！"乡长先宣读了甲长任命名单，念到谁的名字，谁就走上前先鞠躬，再双手接委任状。这13个甲长中，50岁左右的人占了一半，还有4个十七八岁的少年。

乡长接着宣读了保长职责、甲长职责，说从今往后，村里要听保甲长的命令，不能再看族长的眼色行事。

然而，王钊站在农民中却心跳不止。自从他父亲死后，他接任这个村的族长，尝尽了酸甜苦辣。村里虽说绝大多数人是王姓，但分成两大支脉，王钊属另一个支脉，住在东庄子；他的堂弟王训属一个支脉，住在西庄子。两个家族间明争暗斗，矛盾异常尖锐复杂。听到选任保长，王钊多次到乡里推荐他的堂弟王训当保长，说他自己家里田地多人手少，忙不过来，他又有病，再不能叫他当保长了。今天他们来宣布保甲长，按说应当先宣布保长，再宣布甲长，谁知先宣布了甲长，保长叫谁当呢？千万罢落到自己头上。

乡长宣布完甲长名单后，从一摞印制精美的委任状中抽出了一张，宣布王训为这个保的保长。西庄子的人都低着头，不敢朝台上一溜当官的那里瞧，东庄子的人眼巴巴地望着王训，希望他能高兴地接委任状。

只见王训似笑非笑地走上前，他从乡长手中接过委任状，先仔细看了一遍，然后提着委任状的一角，朝大家扇几下、抖几下，紧接着叠一折撕一下，叠一折撕一下，都撕成指头蛋大的纸片，朝民政局长脸上狠狠扔去。会场内外顿时乱起来。

民政局长大吃一惊，他后退几步，掏出枪，说王训要造反，国民兵都把枪上了刺刀。乡长伸着双手前后压着喊："镇静，镇静！"他朝王训嚷道："没见你这么个人，都几十岁了，还像年轻时一个样！有啥说嘛！这是干啥？"

当地人都知道，年初马连长来抓逃兵，王训的大哥为了掩护三弟、四弟逃跑，被马连长用枪托子朝胸口捣伤而亡，后经鉴定两条肋骨被捣断，王训到处告状无人理睬。他说如果把马连长就地镇法了，他不但当保长，而且保证把保长当好。

乡长见王训已经泼出去和上面闹了，急忙给民政局长使眼色，又拿出一张委任状，宣布任命王钊为保长。他扭过头朝民政局长说："他俩本是堂兄弟，谁当也是一样的。"

王钊走上前，先朝民政局长等人弯腰鞠躬，但不接委任状，抱着膀子说："局长大人不知，乡长是知道的，我不够条件。我是独子，不是'子弟众多'；家里还穷，不是'家道殷实'；历来怕见官，常负众望。况且身体有病，管不住人，能力太差……"

民政局长发怒了，他朝天连开三枪，说这个村从来就不安分，抗粮抗税，抗兵抗差，不是搞"窝里斗"，就是搞攻守同盟，现在又挑动闹事，破坏保甲长任命，今天非要抓出几个坏头头不可。他拿出一页字纸，当众宣布，原来上面规定，"如选出的保长不愿上任，就将其家产查封"。国民兵闪眼间将王训的家围住了，开始查封财产。

清单很快报来，共有40亩田，其中糜子6亩，谷子2亩，高粱2亩，其他农作物30亩。大牛小牛4头，山羊绵羊7只。木车1辆，小麦9斗，胡麻6斗。住房3间，连桌1张，条桌1张，小条桌1张，小板箱1对，炕箱1对，大水缸、小水缸2个，大铁锅、小铁锅2口，饭碗5个。

民政局长说："日弄谁呢，一个保长家里，咋这点东西？"

王训说："还有5双筷子没记，'家道殷实'嘛！"

一个乡丁指着户册说："不是兄弟6个吗，咋剩2个了？"

王训说："打死的在坟里呢，打不死的在营里呢，'子弟众多'嘛！"

一个国民兵说："不看着你大风刮倒的样子，打你呢！钻空子挖苦人！

王训说："再大的风也刮不倒！'年富力强'嘛！"

民政局长骂道："你浑身的肉能煮烂，就是那张臭嘴煮不烂。真是茅坑里的石头——又臭又硬！"

王训说："你们就是糊上我一身屎，我也臭不了，'素有众望'嘛！"

民政局长拍着清单，骂乡丁看着保甲长逃的逃，顶的顶，置若罔闻；骂民政干事，打没挨好，经常敷衍搪塞；说乡长一贯推诿扯皮，是个老滑头，要紧三关咋又不见了。骂完，他叫把县政府训令贴出来，人都围上来瞧。上面规定，凡查封家产，就地拍卖，一草一木，一针一线，均得呈册清报。

王训家查抄的财产开始定价。几个乡丁吵吵嚷嚷的，半天才定出多数人满意的价格，都写了条子，每件物品上贴一张，围观的人都看着王训伤心落泪。王训却仰天大笑道："乡亲们！大家看，他们穷疯了，连婆姨的血裤子都提着卖！"他啐道："呸！人有人格，国有国格，穷极了！"

一伙陌生人立马挤到院子里。他们多是些小商小贩，还有一些逃荒的。原来，他们经常跟在整顿保甲工作队后头，遇到拍卖就抢购。只要交了钱，扛起东西就跑。

乡长正在劝说王钊，他说："你也不当保长，他更不当保长，你们俩都不当，你们这个村子里谁当呢？今天保长定不下来，民政局长能善罢甘休？事闹大了，与你们东庄子、西庄子有啥好处？倘若把王训抓走了，西庄子人能饶过你？整死你呢！听我的话，他不当你就当吧！保长虽不好当，能难死人？这么多年当族长，你不是顶下来了吗？谁能把你吃了？"王钊怕王训被抓走，更怕西庄子人和他闹事，看在同在一个祖坟上烧纸的情分上，只得默认了。

乡长拽着王钊的胳膊急忙朝王训家跑，刚跑到门口，就见抢购的流民抬着家具朝出走。王钊挡在院门口大声喝到："都放下，都放下！滚！哪里来的野人？没处发财了？这些东西我都买了，哪能轮上你们！山东的猴叫四川的人耍！隔席叼卷子！气死周瑜来吊孝——小量江东没有人啦？"他"咚"的一声，把钱袋扔到桌上，把外地人都骂出去了。

乡长笑眯眯地对民政局长说："王钊当保长，就这么定了，再不变了！算喽，局长罢气了，你不知道这个村子的底细，要不是你们县上的人咋都避着不来呢。马连长来抓逃兵，就惹了一大堆事，他们恨得咬牙切齿，至今还告呢。"

民政局长说："不行！王训是个危险分子，今天要带走！"

乡长说："谁不说他是个五嘲乎？那张嘴张开就合不住。连他爹妈都骂，谁不骂？他舌头尖子就压不住话嘛！"他嘴对着民政局长的耳朵说："你还不知道他小时候的事，他爹送他念书，他书没念多少，才十几岁的人就学会了找对象，找对象不到人里找，却到大沙漠里找，把他妈气死了……"

民政局长还要把王训带走，这时一个疯婆子手里掂着半截子砖朝民政局长扑了过来。民政局长以为要打他，不住朝后退。这位婆子"咚"的一声跪倒在民政局长的面前，她用半截子砖打着自己的脑门子、双肩，凄凄凉凉地唱起了秦腔《周刚拌砖》。民政局长见她头上斜插着一朵野花，脸上抹得红一道黑一道的，趔趄着问："她咋啦？她咋啦？"

乡长说："土匪杨猴小子把她的女儿抢走了，活不见人死不见尸，她想女儿想疯了！这就是孙马大战给这里留下的害。杨猴小子是孙殿英部下的一个排长，逃进贺兰山里为匪。这个疯婆子是王钊他们东庄子的，快走，快走！在这里不能待的时间长了……"

乡长拽着民政局长的胳膊刚走出王训的院门，就见门外围着黑鸦鸦的一群人，他们头上都勒着白布条子，打着"枪毙马连长"的横幅，个个义愤填膺。乡长护着民政局长头也不回地走了，王训还跟在后面骂："呸！国民党的官臭懵了，用枪杆子逼着叫人当呢！"

王钊刚上任，就挨了一顿打。那天，乡文书匆匆跑来，交给王钊一页纸，原来是县长签发的县政府令，里面说："明日上午九时集合各乡保甲长点验训话，要求将保甲长缺额连夜补齐。为肃观瞻，一律穿戴青服青帽。晚间到县整顿，以便听候点验。有病者须用驴驮来，万勿缺少一人。"

为准备青衣小帽，王钊家里忙了一个晚上。第二天清晨，当王钊跑到县衙时，这里已密密麻麻站满了人。省民政厅长站在台上，他穿着军服，一脸杀气。台下第一排站着县长、县民政局长、县国民兵司令等官员，再后面便是各乡乡长和保甲长。因保长缺额，乡长被当众鞭责二百，乡民政干事被鞭责一百，王钊所管的保只差王训他们西庄子两个甲长没到，保长王钊被鞭责五十。县长因保甲点验缺额太多，被喝令急速补齐，暂缓棍责。民政厅长在会上宣布了《乡保甲长注意事项》共 14 条，其中规定发现逃兵连坐治罪，保长点名不到重责五十棍，因潜逃或违抗不当乡保甲长者查封、变卖家产，国民兵组织追捕。从此，缉捕逃兵又加了项任务——追捕乡保甲长。所以，当地流传着这样一句话："乏旗旗兴的是牵白马，国民党兴的是揭背花。"

王钊一有时间就趴在炕上翻阅公文。公文全是训令、命令、指令、手谕、通报之类。有黄河抢险征夫的，有马公馆扩建选木匠、泥瓦匠的，有雇车为县政府拉炭的，有军服厂征收皮匠、收购牛皮羊毛的，有修飞机场招收民工的，有修战备路派夫差的，等等，后面都有这样几句："……如敷衍搪塞，殉情舞弊，置若罔闻，依次惩处，决不姑息。”王钊家的一个长工到城里卖芦席，刚出门不久就空手回来了，王钊问：“车呢？”长工说：“叫别家没收了！”王钊问啥原因，长工说：“别家叫回来问保长！”王钊急忙又在一堆公文中翻查，查来查去，才发现了一页县政府令，里面说，“严禁大车行走汽车公路，近夜发现两辆大车行走，县府已将大车充公，车夫三人扣押治罪。今后如再发现大车、驴只行走公路，被主席或本府查获，充公车畜一律由该乡建设股长赔偿”。王钊急忙到渔户那里买了一筐金色黄尾鲤鱼，亲自到县城去要车畜，管车的人收了鱼，说不是保长亲自来，送一车鱼也不给。

王钊把家里几大摞黄、白纸分成三摞，一摞是放着不理睬的，一有个事，上下都行文，像是推脱责任似的传一遍，又无具体办理措施，只能“置若罔闻”；一摞是等上面来催再办的，啥事来了都是风声大雨点小，这事没完下一件事又来了，上回的事再没人过问，不了了之，只能等“三令五申”时再说；一摞是眼前非应付不行的，各种催粮要款名目繁多，过几天就下来一拨子人，只能应付一天算一天，“敷衍搪塞”。王钊又将有关事项抄在纸上，贴到保办公处门口供行人观看，算是“通知到户”了。

民国年间保长敲锣集合农民图

天还没亮，王钊就站在保办事处门口，先将一面铜锣“咣当咣当”的敲打半天，然后就扯着嗓子喊：“乡亲们听着，每甲凑两丈长的麻绳两条，水桶五副，脸盆四只，团磙、条磙各一副，钉耙子三把，大扫帚三把，背篼十个，铁锹十把，出人十个，快上工地啦！”

他喊一句敲三下，持续了好一阵，又到各家门前边敲边喊边走，喊了几圈，头上冒汗，咽喉冒火，才来了不到一半人，且多是妇女儿童。工地上分的活干不完，他就自已出钱雇些外来人干；收军马草料的来了不给现钱，他就先把自家的钱付给农户;抗日募捐保民的募捐数量不够,他也从家里垫;每年收田赋,几户老弱病残的人就上吊碰头,他只得先给垫付。有的后来把钱还给了他,有很多不还的他也不要。

特别恼火的是西庄子王训,自从他大哥被抓逃兵的马连长打死后,把一切火朝乡里、保里发,凡上面的差事他一概不支持,更不准子侄参与公事。保里的 13 个甲长,刚委任不久就逃走了 3 个,王训往往不叫西庄子的甲长参加县里点验,王钊只能挨打受气,有时叫了家里的长工去滥竽充数。

县党部整顿组织,原各乡区分部改为党部,各保设分部,王钊是保里的分部书记。在发展党员时,他拿了几份入党志愿书叫西庄子的几个青年填写。其中多数没有照片,只能在表格的"照片"一栏中按上手印,有几个人没在,上面催着要表,几个甲长在照片一栏代按了手印。王训知道后,把西庄子的几个青年臭骂了一顿,又扑到乡里,把西庄子几个青年填写好的入党志愿书硬要出来烧了,还到处告状说王钊弄虚作假,用黑笔头子害人。王钊只能忍着,由他闹去。保里发展党、团员的任务没有完成,受到县党部的训斥,王钊只得又在东庄子里选了几个青年入党、入团。后来党、团合并,三青团员全部转为国民党员。

王钊常说,保民的根本问题在于"教化",按今天的话说,就是在思想上有个统一的规范,而传统的封建式家族制,到了民国,各种弊症已显现出来。

王钊当保长后,干的第一件事就是制定村规民约。保办公处门口立了个大牌子,上面写着"村规民约"几个大字,下面的小字是:

> 勤奋务农,教化子弟,敬老睦邻,管好家禽家畜,人人各负其责。杜绝奸淫狗盗,根除不良嗜好,严惩赌徒烟民,劝导无业游民,人人义不容辞。兴国安邦,保家卫国,反匪除霸,惩恶扬善,此乃齐家之本。违者严加治罪,诏示于民,众口诛之。立规定约,有公无私,有法无情,共勉监督。

这是永宁县历史上第一个村民自治文献,无论它的内容是否全面、恰当,都毫无逊色地列入地方文献之中。在这以前,家谱、族谱中有相关的文字记载,但作为一个村子的“村规民约”这还是第一次出现。

乡长看了王钊制定的《村规民约》后，说内容较为陈旧，王钊又重新拟定了一份，只不过这份太长，牌子上写不下，只好用纸写好了，贴到保办处会议室的墙上。主要内容是：

> 爱护党国：尊重党旗国旗，牢记国难国耻，完全服用国货，切实奉行政令。遵守秩序：遵守公共纪律，服从合法裁制，保护公共文告，不贩违禁物品。改进生活：实行造林垦荒，提倡种棉织布，改良农作方法，积极经营副业，合力扑灭害虫。热心公益：爱护公共物品，勤修道路桥梁，保护名胜古迹，提倡积谷建仓，协力筑堤浚河。注意卫生：戒除不良嗜好，保持河井清洁，努力戒烟健体。实行互助：积极提倡合作，合力抵御强暴，用于救急扶危，严密组织消防。提倡勤俭：切实提倡储蓄，尽力戒除奢侈，工作勤苦耐劳，时间使用经济。讲求和爱：和睦远近亲邻，爱护贫弱老幼，处事诚实谦和，戒除诉讼械斗。

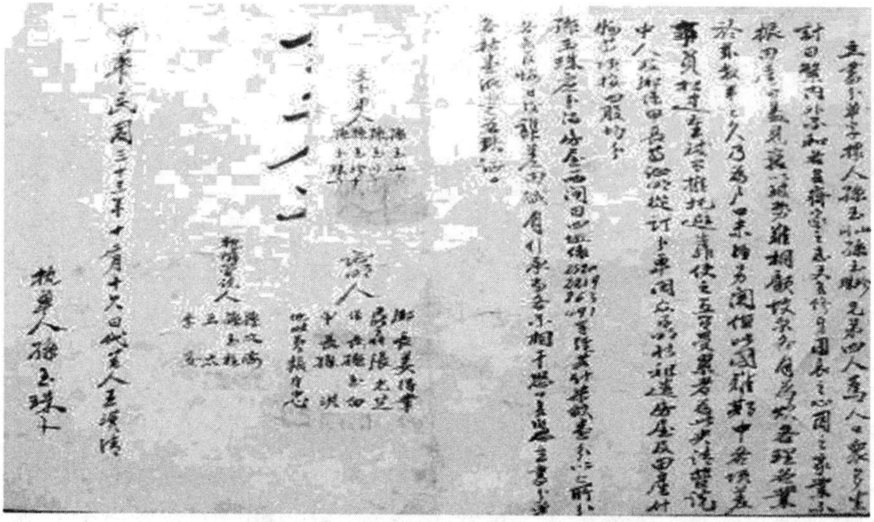

民国 33 年(1944 年)12 月 16 日，永宁县农村的分家单字

王钊制定的《村规民约》，被县长和县党部书记长检查工作时发现在全县推广，后来推广到其他县区，成为宁夏农村农民自治的重要规章制度之一。

时值抗战时期，永宁县作为抗战的后方，农民的各种差赋相当繁重，不少大户无法支撑以致破产。王钊审时度势，将三个已成家的儿子分开另过，他和小儿子过，一家分成了四家。他不但自己这样做还说服一些大户人家分家另立户口，他说“船小好调头”，五世同堂、四世同堂的大户，往往是“三尖四靠，倒了锅灶”。王钊亲手拟定了“分家字单”，对户民分家事项规范管理。这个乡的农民至今还保存有一份民国时的分家字单，就是按照王钊保长最先制定的格式写的：

立分单字，据人孙玉山，孙玉川，孙玉珍，孙玉珠兄弟四人为人口众多，生计日繁，内外不和，各无齐家之志，更无修身团衣之心，因之家业不振，田产日益见衰，以致势难相顾，坟尔各自为炊，各理各业，於并数半之久，乃为户口未经另开。值此国难期中，各项差事负担过重，致事难托避靠，使之互为受累者。

为此央请管说中人及乡保甲长等证明，拟定分单，同众言明，付祖遗房屋及田产什物等项，按四股均分。孙玉珠应分得房屋两间，田四丘系等共六亩一分。以证所分。各不反悔，日后杂差田赋，自行承当，各不相干，恐口无凭，立书分单各持书纸是为铁证。

立分单人：孙玉山（画押），孙玉川（画押）、孙玉珍（画押）、孙玉珠（画押）。

证人：乡长姜得业（章），民政主任张光芝（章）、保长孙玉白（章）、甲长孙洪（章），地政员张自忠（章）。

亲邻管证人：孙文海（章）、孙玉柱（章）、王太（章）、季安（章）。

中华民国三十三年十二月十六日代书人王汉清（章），执单人孙玉珠（画押）。

看到这个字单后，很多人都惊叹，怎么当时分家这么严肃，不但乡长、民政主任、保甲长、地政员都要参加并签字盖章画押，还要有亲邻证人到场签字画押。不但要写清代书人，而且要写清执单人。其实，分家即杂差田赋等等都要重新立户分割，“值此国难期中”，即抗日战争时期，“杂差田赋”的征收更为重要。所以，要写清“日后杂差田赋，自行承当，各不相干，恐口无凭，立书分单各持书纸是为铁证”。字单中写的“各无齐家之志”，反映了中国传统家族“修身，齐家、治国，平天下”的理念。“坟尔各自为炊”，说明这个家族人口众多，不但吃饭不在一起，就连烧纸上坟都不在一起了。可见，传统的四世同堂、五世同堂在民国已走向没落。

中国从民族部落开始便形成了家族，在几千年的发展演变过程中，就“在一个锅里搅勺子”的家族成员来说，由部落家族的百余人，缩小到几十人、十余人，直到民国年间的户均 4.5 人，说明家族制正在淡化，家族统治也正在弱化，而代替的是社会的统一管理和统一意识形态，这在民国年间表现得最为突出。保长王钊仅仅是位民国年间的普通农民，他当时倡导的分家理念，是在当时的社会状况下产生的，但在永宁县家族发展史上，却有着十分重要的历史意义。

抗日战争还没接近尾声，解放战争便烽火连天。西庄子王训的两个哥哥当年逃兵从河西游到了河东，在河东牧场放牧，不久随着农场的骆驼队到了陕北，参加了中国人民解放军，当上了营长、连长。在解放军解放宁夏时，马鸿逵下令，在特殊时期“将共军营长以上家属监禁”。县保安大队要抓王训，王钊说：“要抓抓我，轮不到抓他。亲兄弟堂兄弟都是兄弟，保长的弟弟成为共军魁首，第一个受追究的应当是保长！”就在王钊自带行李朝县城监狱走的当天，王训来到了黄河边。特务营的军官逼着叫他给两个哥哥写劝降信，他这才知道他俩当年逃得无踪无影，原来是参加了解放军。他站在黄河边喊了几声：“三哥、四哥！”泪流满面。他高声唱道：“弟兄们相会在荒郊外，我含羞带愧跪尘埃。兄奉命领兵边关外，征战胡儿显英才。胡儿骁勇我兵败，为国尽忠理应该……”

村子里这时可真是“停止内战，一致对外”了，西庄子、东庄子的人都到县政府请愿，要求政府不要虐待共军亲属，释放共军家属，王钊被放了出来，当他赶到黄河边时，只见河边仅有王训的一顶草帽，他已经跳河自杀了。

解放军进村时，带来了王训三哥、四哥的遗像、遗物，人都才知道他俩在解放宁夏时牺牲了。王钊把多年来县乡发来的各种文告训令之类的东西，一页不差地清点好送给解放军接管部队，还有他常敲的那面锣，锣上面放着敲锣的锤子，还有一盏他经常寻夜提的马灯。解放军一位连长在大会上宣布说，王钊是地主分子，交给群众监督改造，重新做人。王钊便从此成了地主分子，而且这个帽子一戴就是30年。20世纪80年代初摘帽子时，因查不出当年戴帽子的批复，子孙们议论纷纷。王钊训斥道："罢吵了！你们知道吗？我就是因为头上有这顶帽子，才又活了三十年，你们懂吗？你们可要记住，无论啥社会，都要诚诚恳恳待人，夹住尾巴做人，管好自己，管好家人，勤奋上进！"

永宁最早的学校

永宁县地处西北边陲，历史上是少数民族的游牧、驻牧之地，居民流动性大，数千年来，尚武轻文，积习已久，造成文化教育落后。到了明代，居民人口增多，开始注重教育。当地屯垦将领、堡寨堡长寨主在自己管辖的范围内，办一些“私塾”之类的学生班，用以训导教化自己家族内的子弟和亲属子弟，先生由办者聘请。如靖夷堡的文昌阁，杨贤堡的杨贤台，王弘堡的雷祖庙，河西寨的政觉台，王元桥的万缘寺，大官桥的显圣寺，李俊堡的多宝塔等寺庙，都利用庙宇厢房办过类似的班，当时称为童子堂、学生班。但因战乱、灾荒等原因，这些童子堂、学生班时办时停，坚持下来的很少。

清代私塾图

清代初期开始兴办私塾，当时办得较好的有靖夷堡的文昌阁私塾，河西寨的政觉台私塾，杨和堡的玉皇阁私塾等。而兴办民族教育，则到了清道光年间。

纳家户私塾设在纳家户沈家大院里。先后聘请了银川和永宁县王铨堡袁家湾子的几位老秀才在这里教书。念书的学生都是富裕人家子弟，入学人数很少，多则二十几人,少则十几人。学生念书都是自带桌凳。先生的日常吃穿由学生供给。逢年过节,还要送礼,每年按季节付给先生一定数量的俸禄。所学课程,初入学的学生是《三字经》《百家姓》《五言杂字》《七言杂字》等,并写"红仿"和大楷。成绩好的学生学《论语》《孟子》《大学》《中庸》及诗、书、礼、仪、乐。学生不分班级,只分"甲乙丙丁"四个等级。学年不定,多则七八年,少则四五年,乡试县考,考中者为秀才。宁夏县学、宁朔县学设两年一贡。清朝末年,宁夏县学有廪生 20 人,增生 20 人,岁考取额文生 17 人,武生 20 人,科考取额文生 17 人;宁朔县有廪生 20 人,增生 20 人,岁考取额文生 17 人,武生 20 人,科考取额文生 17 人。

民国 5 年(1916 年),宁夏护军使马福祥倡导办学,开始在宁夏创办清真高等小学多处,纳家户清真高等小学就是其中之一。由宁夏将军府出资金,其余由地方自筹,并派副官马登高、吕凤歧二人监工建校,吕凤歧是纳家户人,私塾毕业的学生。当时还有地方热心办学的长者纳长孝、纳长武、沈作霖、吕殿贤等出面,组织当地农民动工兴建,并于民国 7 年(1918 年)完工。

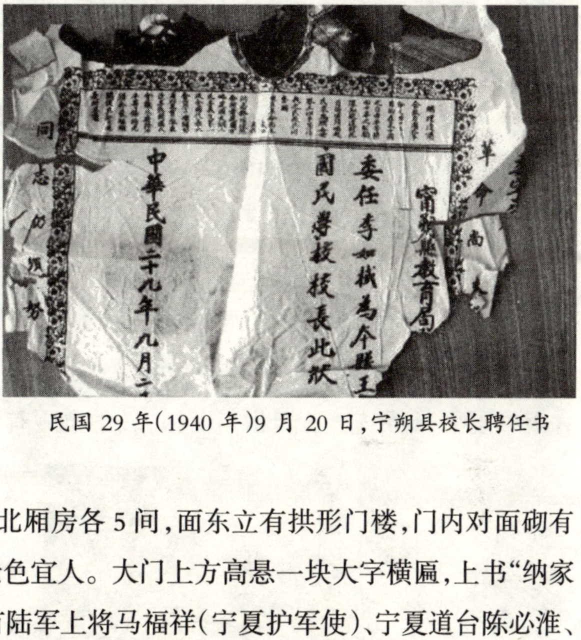

民国 29 年(1940 年)9 月 20 日,宁朔县校长聘任书

新校舍有面东讲堂 5 间,南北厢房各 5 间,面东立有拱形门楼,门内对面砌有照壁,庭院包进一棵百年古榆,景色宜人。大门上方高悬一块大字横匾,上书"纳家户清真高等小学校"。匾的上首有陆军上将马福祥(宁夏护军使)、宁夏道台陈必淮、宁夏县行政长(县长)余鼎铭 3 人署名,下首有"民国七年立"的字样。

新建学校立有石碑一座,立置在校院的西南角,碑高 7 尺,宽 4 尺,厚 3 寸。碑面平整光滑,碑文的内容大意是创办学校的记载,碑的顶端书有"六道化成"4 个大字,背面全系大字草书,书有吕殿贤、纳长孝、纳长武、沈作霖、吕凤歧等人的名字。现在石碑尚在,可惜字迹斑驳,不可辨认。

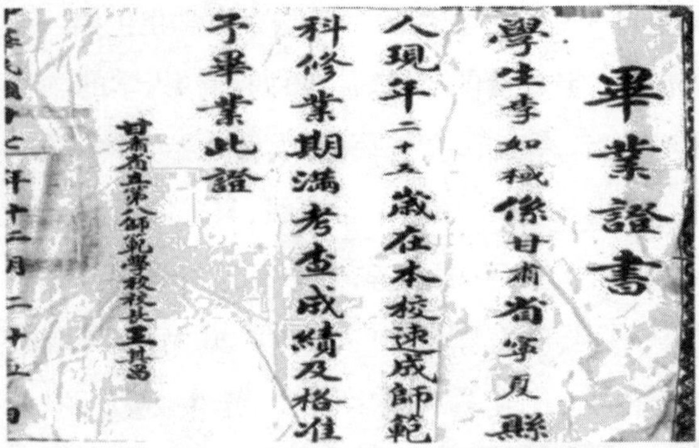
畢業證書
學生李如梅係甘肅省寧夏縣
人現年二十五歲在本校速成師範
科修業期滿考查成績及格准
予畢業此證
甘肅省立第八師範學校校長王其昌
中華民國十七年十二月二十日

民国 17 年(1928 年)12 月 20 日,甘肃省第八师范学校毕业证书

学校建成后,第一任校长是由宁夏将军府派来的,名叫法锡铭,是甘肃兰州人。招收的学生一部分是私塾的学生(私塾从此结束),一部分是当地的学龄儿童。那时纳家户文化教育落后,好多家长不愿让孩子念书,因此入学年龄相当悬殊,大的十七八岁,小的仅有十来岁。学制分高级和低级,一、二、三、四年级为初级,五、六年级为高级。课本用的是民国教科书,课程有国文、算术、修身、历史、地理、手工、图画等。全校共有学生 150 多人,除每天学习正式课程外,早上和下午还需练习军操。老师管教得很严格,学生如有过失,就打手板、罚跪等,进行体罚。到民国 10 年(1921 年),第一届高小学生毕业。毕业仪式十分隆重,学生披红戴花,送喜报,宴请宾客,十分热闹。这届毕业的学生中,有几名考入了中等学校,如谢存温考入宁夏蒙回师范学校,雷震春考入甘肃省立第五中学。这些学生毕业后,先后都在纳家户学校和其他学校任教,对宁夏教育事业做出了贡献。

民国 9 年(1920 年),校长法锡铭被撤换,由上派来马贤德接任校长。马贤德是甘肃临夏人,很年轻,学问相当不错,教学也颇有经验。学校逐渐发展,学生增至 200 多人。从上海商务印书馆购买了许多新书,又买了一套鼓号,当时学生们都叫洋鼓号。在马贤德任校长期间,第二届学生毕业,毕业人数 20 多人。到民国 11 年(1922 年),马贤德调任金积县县长,校长由张鉴民接任。张鉴民也是甘肃临夏人,一年后离职,又由马镜堂接任。马镜堂是银川市南关人,他执

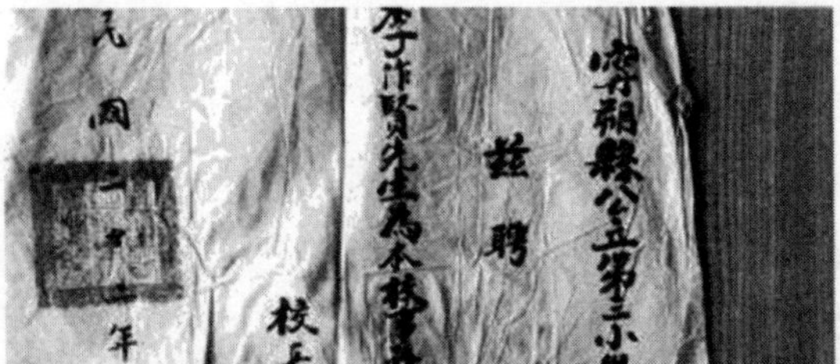

民国 22 年(1933 年)1 月 1 日,宁朔县第三小学教员聘任书

教期间，学校的情况不如以前，因自建校以来，所有经费以及员工的薪俸，都由宁夏将军府按月发给，到民国 10 年（1921 年），因马福祥调到绥远担任督统，从此学校经费无着，处于停办状态。后来马镜堂离职，又由金光辉接任校长。金光辉是同心县人，在他执教时，学生人数大大减少，学校只有 3 名教师，由地方出资暂时维持现状。又加上地方军阀连年混战，先是河州的马廷骧、马廷贤、马仲英，宁夏的苏雨生、马大中，经常在宁夏扰乱，后来是马鸿逵、孙殿英之战，搞得老百姓担惊受怕，对学生影响很大。

民国 15 年（1926 年），冯玉祥将军统帅的国民军来到宁夏，军阀土匪闻风逃窜，从此，宁夏各地出现了安定局面。当时的国民军纪律严明，公买公卖，得到老百姓的拥护，此时学校恢复正常。在此期间，第五任校长金光辉离职回同心，校长由马麒担任，马麒是本地新寨子（今杨和村）人，毕业于甘肃省立第五中学，为人忠厚，学问也很好。同时又有本校首届毕业生谢存温、雷震春、沈殿义等，先后从中学和师范学校毕业回来被聘为教师，学校划归宁朔县，改为国立第三完小，自此学校进入了一个新的发展时期。学生课本改为新学制，班级恢复到原来的六年制，学生人数逐年递增。随后又聘请了王尚清、王仁之兄弟二人来校任教。王尚清是绥远中学毕业，王仁之是北平民国大学的学生，都是永宁县王泰堡人。从此，学校有了好的教师，农民欢欣，争先恐后地送子女入学。在一个很长的时期，校长和教师都没有轻易更换，教学质量稳步上升。在银川市教育局、宁夏县、宁朔县联合举办的小学毕业生会考中，纳家户学校的学生考了第一名。从此，学校的名声大振，持续十多年基本纳入正轨的教学，培养出了不少人才，如纳长麒、纳长林、马洪林、纳德祥、马利霄、王国忠、王国栋、苏玉成、纳殿恒、纳殿海等。新中国成立后，他们都曾经在各项事业的岗位上担任重要工作，为宁夏的社会主义建设贡献了才智。在此期间，校长由县教育科选拔任命，马麒、王尚清、谢存温、王任之等先后担任校长。

民国 23 年（1934 年）秋，省教育厅长童耀华认为纳家户是回民聚居地，应大力发展教育，决定在此地开办乡村教育实验区，目的是推行陶行知先生创办“晓庄师范的劳动与教育相结合”的方针。于当年寒假期间，委派樊应福、刘汉兴二人到校，筹备工作一个寒假全部就绪，于次年春季开学。

宁夏省教育厅任命樊应福为试验区主任，刘汉兴为副主任，同时将纳家户小学改为实验小学，直接归省教育厅领导。任命马麒为实验小学校长，马奎林为副校长，同时拨了经费扩建校舍，添置教学仪器和体育器材，购买图书400多种，增设了图书馆。自此，学生人数增到400多名，其他地方也有不少学生慕名住校念书（主要是五六年级学生），校内教室不够用，又在清真寺内南厢房增设三四年级两个班。在教师配备上多半是由教育厅委派和试验区主任聘请，其中有纳长麒、李清寅、李毅夫、昌志卿、李宪章、王仁之、王尚清、朱明铎、谢玉五、马维翰、纳彦宾等教职员工20多人。教师中有大学师范专科的毕业生，也有高中和普师的毕业生，都有一定的文化程度和教学经验。当时的纳家户实验小学，已成为全县设备完善、教学质量最好、学生人数最多的学校。实验小学除日常教学外，还按照实验区的布置，开展社会活动，主要是扫除文盲和抗日宣传。扫除文盲活动实行“小先生制”，即指定高年级学生教家中的人识字，并规定每月测评一次，教材是农民识字课本。这项工作取得了一定的成绩，许多失学青年摘掉了文盲的帽子，不少家庭妇女也识了不少字。当时的纳家户乡村教育实验区，成为宁朔县地区乡村教育中心。

马鸿逵视察学校照

民国24年（1935年）春，马鸿逵来到学校视察，他乘坐着一辆大汽车，带着省政府“四厅八处”的头头，有教育厅长童耀华、建设厅长余鼎铭、秘书长马廷铸、参谋长李翰园、副官处长马如龙等。因学校事先不知道他来，他的突然驾到闹得学校惊慌失措。校长马麒等前往迎接，立正敬礼，马鸿逵点点头。他到讲堂里转了一圈，站在院子里简单地问了一下学校的情况，就边走边对教育厅长童耀华说：“把这个学校好好整顿一下！”童耀华点头答应。走出校门，站在门口，马鸿逵满有兴致地看了看门楣上的匾额，因为匾额上有他父亲马福祥的名字，接着又在几位长者、阿訇的陪同下，观看了清真寺大殿，看完后扬长而去。

民国 26 年（1937 年）7 月 7 日卢沟桥事变后，宣传抗日爱国活动的进步团体——新安旅行社，由绥远一带沿途宣传来到纳家户乡村教育实验区，在学校停留了两天。该团领导人侯亦人等召集全体师生，讲述日寇到处奸淫掠抢、杀戮百姓的滔天罪行，号召全国各地军民团结起来，抵抗日寇的侵略，组织学生教唱《义勇军进行曲》《打回老家去》《大路歌》等抗日救国歌曲，从而激发了全体师生的抗日爱国热情。从此以后，纳家户学校开始组织师生排演话剧、出墙报、到街头集市宣传抗日救国，到处可以听到师生们的抗日救国歌声。

民国 20 年(1931)2 月 17 日，马鸿逵签发的宁夏省小学教员毕业证书

民国 28 年(1939 年)末，宁夏省教育厅长童耀华被马鸿逵撤职，与此同时试验区主任樊应福、副主任刘汉兴也先后调任离校，试验区也无形中撤销，实验小学停办，划归宁朔县领导的县立小学。由于和童耀华有关的问题没查结，全县的教师三个月没领工资，纳家户学校也不能例外。学校只有本地纳家户的几位教师，如马麒、谢玉五、马维翰、纳秀峰等坚持教学，从自己家中拿粮、拿蔬菜维持生活。在这个时期，马鸿逵征兵、征粮日益加剧，人民生活苦不堪言，青壮年每年两次应征，农家多半丧失劳力，已上学的学生有一半退学，全校只有 100 多名学生，还不能巩固，遇到农忙时学生更少。当时人们评论说：“春满堂，夏一半，秋凋零，冬不见”。反映了当时学校的衰落情景。这时期的校长一年几换，先后担任校长的有丁开荣、吕秉异、王影等，最后由谢玉五接任校长，维持残局直至永宁县解放。

王元桥，是永宁县的南北交通要道。这里明末清初便形成了小有名气的集镇。原路西有一座庙宇，名叫万缘寺，建在一个高台上，有十几级台阶直上庙内。面东的上殿内塑着几尊泥像，大殿南边的木架上挂着一口大铁钟，院内南北各有三间厢房。每逢初一、十五就有人在庙里烧香磕头，撞几下钟，有时一年还献一次牲。明末在这座庙里办过私塾，后来时办时断。清代这里办起了一所小学，约有五六十名学生，校长叫王文焕，大高个儿，人长得很凶。他每天总要集合学生在庙院内操练一番。他手里提着一尺多长的木板子，边吹口哨边喊口令，学生还唱着歌。上不起学的孩子悄悄地爬上台阶，在庙门口偷偷看学生上操。民国30年(1941年)，该校因此处街南建立了私立贺兰中心小学而关闭。这座庙院被马鸿逵军队的一个营当了营部。

養和中心學校聘狀
茲聘李[illegible]先生為
本校級任教員
此聘
校長 [illegible]
中華民國三十三年九月

民国33年(1944年)9月1日，养和中心小学教员聘任书

马宝山，回族，王元桥人，幼年时读私塾，因家中既务农又经商，缺少人手，便弃学随父做生意。民国19年(1930年)，马宝山任张政堡公证，专管地方民事纠纷，因他办事不偏富欺贫，故民众称他是“马公道”。民国22年(1933年)，马福寿任吴忠税务局长时，闻知马宝山厚道干练，便委任他为吴忠税务局缉私大队长。从此，他步入政界，先后任金积县税务局长、中宁县矿砂局长等职。在履行公事的活动中，他深知自己没文化的苦处，便决心解囊投资，在家乡办教育。

民国23年(1934年)，马宝山自备房屋数间，自筹教育经费办起了王元育英中阿学校，招收学生30余人，聘请纳家户的雷振东和当地阿訇任教，课程安排半天学中文，半天学阿文。不久，马宝山将校址迁入王元清真寺里的厢房内。民国27年(1938年)，将原校名改为育英学校，始收汉族学生，学生增至80余人。马宝山自任校董，不但给学生发书本、文具，鼓励学生用心读书，还高薪聘请东北流亡来宁的大学生任教，提高了教学质量。由于学校学生猛增，原校舍不够用，马宝山就以校董身份，率先捐款买地2亩，并发动地方富户捐资扩建学校，在马宝山的带动和倡导下，乡民也踊跃捐款、献物、出力，使建校工作顺利进行。

民国30年(1941年)，马宝山创办的育英学校新校舍建成，校名改为私立贺兰中心小学。新校舍占地 30 多亩，建房 100 余间。校门前有一条宽宽的马路，马路的东边是大操场，有篮球架、田径赛的沙坑，还有绕大操场一周 500 米的跑道，供学生上体育课和课外活动。这座小学无论从建筑面积、校舍、师资等各方面来说，都是当时县里第一流的。学生的课本、住宿、吃饭都是免费，课程设置均同国立小学，还开荒地 10 多亩，作为学校的经费收入。由于马宝山带头建校舍，出资聘请教师，奖励教学认真的教师，并对考入银川国民学校的学生补助住校费和部分伙食费等，故不少教师慕名而来，银川老城、新城、满城、新水桥、烟村墩、大小礼拜寺、许旺堡、通吉堡、丰登等地不少学生投校就读。家住丰登的金国璋（原自治区机关党委书记）、杨廷兰（原贺兰县供销社主任），家住新水桥的马吉昌（原新水桥小学校长）、哈万新（原五里台小学校长），家住许旺堡的刘源（原银川四中总务主任），家住永清的魏长和（原银川市教育局干部），家住通吉桥的王荣、姚发等人，都是慕名而来，在这里读书毕业的学生。

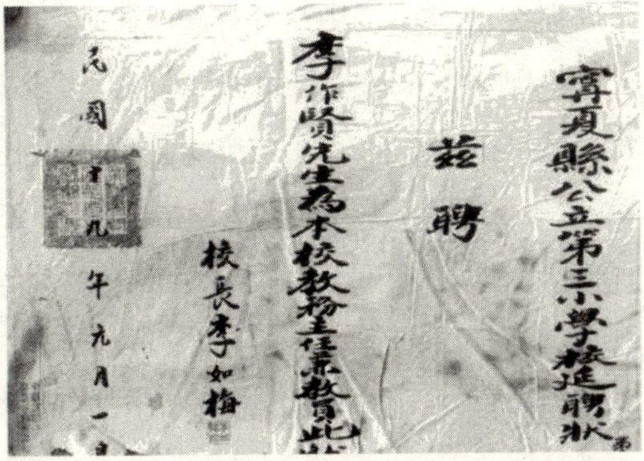
寧夏縣公立第三小學校延聘狀
茲聘
李作賢先生為本校教務主任兼教員此狀
校長李如梅
民國十九年九月一

民国 19 年（1930 年）元 月 1 日，宁夏县公立第三小学教员聘任书

马宝山经常穿着他的那件灰布长衫到学校视察，每次来都要到教室里走一走看一看，鼓励学生好好学习，长大后报效祖国。每年暑假前，他都来参加六年级学生的毕业典礼，并与全校师生合影。他不但是位热心教育事业的人，还是位爱国人士。尽管当时国民党消极抗日，积极反共，但学校宣传抗日的气氛很浓。

民国 34 年（1945 年），马宝山先后任永宁县参议会参议员、副参议长等职，他是位开明绅士，任职内体恤百姓，关心公益事业。新中国成立后，他的家庭被划为地主成分，但他拥护党的方针政策，将其货栈、多余农具、牲畜、田地主动交给人民政府。人民群众念他过去富不忘民，当官不欺民，为民办学等功德，选举他为永宁县各族各界人士学习委员会副主任。此后历任永宁县人民委员会委员、银川专属民委委员等职，马宝山 1976 年病逝，享年 77 岁。

那么，永宁县的中学教育起于何时呢？

民国 28 年（1939 年）8 月，马鸿逵责成其副官处长柴桂勋开始创建贺兰中学，校址选定在王弘堡，占用前宁朔县政府旧址。经过一年多的修建，学校建成。有大礼堂、教室、图书馆、办公室、学生宿舍、教师住宅等 200 余间，开辟了一个占地 20 多亩的大操场，内有足球、篮球、排球场地及大片菜园，花木绿地，建筑布局，很是壮观。校园内外郁郁葱葱，绿树成荫，花草间杂，环境优雅，是一座理想的中学校址。马鸿逵借用宁夏贺兰山之名，在“中学”之前冠以“私立”，再加“贺兰”二字，将校名定为私立贺兰中学。

学校特设高小部，每年招收的学生除部分入校后重读小学六年级外，其他大部分入校后直接从初中读到高中毕业，初中毕业升高中不再进行考试。

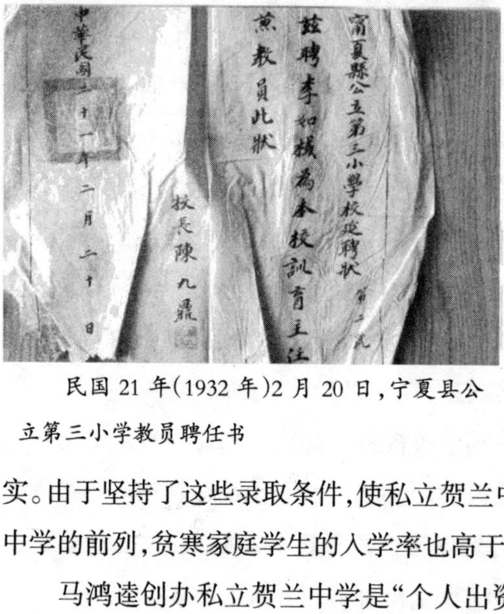
甯夏縣公立第三小學校延聘狀
茲聘李如棫為本校訓育主任
兼教員此狀
校長陳九鼎
中華民國二十一年二月二十日

民国 21 年（1932 年）2 月 20 日，宁夏县公立第三小学教员聘任书

学校成立的最初几年里，在招生中马鸿逵规定：每年招生贺兰中学优先考试录取，待贺兰中学招生名单张榜公布后，才准许其他学校考试录取。录取学生在同等分数条件下，优先招收贫寒家庭子弟入学。在报名时每人填一张家庭情况表，录取时派人去核实。由于坚持了这些录取条件，使私立贺兰中学的学生总体成绩明显处于省内其他中学的前列，贫寒家庭学生的入学率也高于富裕家庭的子弟。

马鸿逵创办私立贺兰中学是“个人出资，举办教育”，因此学生的待遇比较优厚，不收学费，不收书费，不收伙食费，前期入校每人还发给被褥一套，制服两身。吃的虽然是陈米、黑面，但大部分学生还是很满足的。在那个时代，如此管吃、管住、管穿等优厚的待遇，确实吸引了不少学生争先恐后报考，特别是穷苦家庭的子弟，都以能考入私立贺兰中学而感到骄傲。

私立贺兰中学建成伊始，马鸿逵就从他的部队中选派中级职务的军官到学校担任军训教官，对学校实行军事化管理，对学生进行半军事化教育，严格纪律，严明校风。起居作息一律以吹军号为令，早出操晚点名，查房查铺，就连开饭也要整队进入饭厅，下口令“开动”才能吃饭。学生星期天只能在校休息，在附近散步，平时非特殊情况不准请假回家。即便家住学校附近的学生也不准在家吃住。学校的军训课，各班每周两节，多半是出操，按照军队个人、班、排、连徒手制教练法进行。有时练单杠、木马或教拳术。

民国 33 年（1944 年）秋，私立贺兰中学迁址于银川南门陈家寨，现宁夏医学院附属医院的地方。新校舍房屋紧缺，宿舍拥挤，环境很差，加上伙食越办越差，学生待遇下降，许多学生中途退学，部分教师相继离去，教学质量日趋低落。民国 36 年（1947 年），马鸿逵来校视察，师生向马鸿逵陈述了意见，马鸿逵当即决定再将学校搬迁到原马鸿逵部官兵子弟学校大院内。这里房屋宽裕，校园环境仅次于王弘堡校址，一切都很理想。私立贺兰中学就在这里一直办到宁夏解放，1950 年合并。

私立贺兰中学曾四易校长，第一任校长是王天吾，叶盛堡人，宁夏早期大学生，曾任宁夏省政府委员。他十分关心学生待遇和伙食，聘请一些优秀教师，使学校教学质量稳步上升。他任职的两年多时间内，是私立贺兰中学的最好时期，各方面工作都相当出色。第二任校长是王金铙，北京大学法律系毕业，曾任过同心县县长、省高等法院首席推事。他治学严谨，为提高教学质量，又聘请了不少教学水平高的教师，在完善学校图书馆等方面做了大量的工作。他还亲自给全校学生上公民课、书法课。他擅长书法，毛笔字写得很好，许多学生在他的影响和指导下，书法不断上进，在全省中学生书法比赛中，私立贺兰中学名列前茅。第三任校长是马秉彝，行伍出身，曾担任过马鸿逵部教导团教育长、团长，他到任后采用军队里的训练方法办学校，经常体罚惩治学生，引起学生反感，民国 36 年（1947 年）因贪污学生伙食而被马鸿逵撤职。第四任校长是王雨田，

民国 24 年（1935 年）1 月 28 日，小学教员照

民国 24 年(1935 年)1 月 19 日,宁夏省小学教员照

原是银川实验小学校长，到任后对学生进行外松内紧的监视性管理，受到家长们的好评。

私立贺兰中学当时之所以学生成绩比较优良，与有一批多年从事教育，有丰富教学经验的教师是分不开的。如国文教师杨文川,讲解古汉语精辟透彻,重点课文要求背诵,批改作业十分认真，强调学生的写作能力。英语教师王亚夫,北京大学毕业,很注重学生英语单词的背诵,校园每天早上朗朗背诵之声不绝于耳,他给学生传授了一套记单词的方法,并要求学生多写多练。数学教师陈春岗,无论是讲代数、几何还是三角,都由浅入深精辟解题,使学生融汇贯通,演算自如。此外,还有物理教师赵德位、历史教师侯良阁、地理教师李雨村、音乐教师梁一民、体育教师幺文敏等,都是深受学生爱戴和敬仰的教师,至今学生们依然怀念他们。

私立贺兰中学创办十年，共招收了 17 个班级的学生。其中高中毕业 3 个班，学生 120 多人;初中毕业 10 个班,学生 400 多人,加上中途缀学的 100 多人,连同解放时在校的 400 多人,共为宁夏培养了 1000 多名学生。这些学生在新中国成立之后,在各条战线工作,有的成为党政领导干部,有的成为工程师、讲师、一级教师、画家等,其中不少学生参军后,在解放战争、抗美援朝、解放沿海岛屿的战斗中立功受奖。

当年私立贺兰中学的教师和部分学生都相继去世,在世的学生也都鬓发霜白,但是他们为发展永宁县的中学教育事业所花费的心血将载入史册。民国年间永宁县有中心小学 7 所,国民小学 30 所;中心小学有教员 52 人,小学生 4035 人;国民小学有教员 33 人,小学生 525 人。这个数字虽然少得可怜,但是正因为有了他们在艰难中的开拓,才有今天永宁县教育事业的繁荣与发展。

抓兵谣

没钱的当了兵,有钱的拿钱哄。明花钱来暗活动,乡长县长耍私情,光抓受苦人。有人的要拔完,没人的摊兵款,一个壮丁一万五,逼得百姓翻白眼,实在难上难。有钱的快出钱,没钱的绳子拴,逼得家家卖驴牛,逼得户户卖庄田,倾家又荡产。

这是当年永宁县流行的一曲《拔兵小调》,直到今天,乡村的老年人仍会唱,只是调子太凄凉,听起来像是在哭泣。这首《拔兵小调》,把人们的思绪引回到民国那个特殊的年代,当地老百姓称之为“兵灾”的年代。

马鸿逵统治宁夏,先是派兵,由乡长把派兵名额分配到各保,保长再把名额分解到甲,由甲长具体落实到户民。但这种派兵法很难实行,阻力很大,致使户民殴打保甲长的事件屡屡发生,很多保甲长逼迫撂挑子甚至逃匿。民国 26 年(1937 年)7 月,抗日战争爆发,马鸿逵假借抗战的名义,培植私人势力,扩大军事力量,开始实行“抽丁法”征兵。

清末民国初,坐落于今银川市金凤区的将军第

抽丁法征兵,规定在家有 18 岁至 25 岁的男丁家进行。将这些家长集中起来抓阄或抽签,抽中者,家出

一人当兵。但是，这种抽丁法还没实行多长时间就开始“月月变换”。原来规定的年满18岁至25岁，变为18岁至35岁、18岁至45岁，最后变成了15岁至55岁。原来还抓阄抽签，按壮丁抽，后来改为按丁抽。次数也从一年一次、两次，变为月月催兵、天天抓兵。还规定了“三丁抽一，五丁抽二，父子两人合格抽一，老少搭配，兄残弟换，父老子承，父死子顶，兄逃弟替，一户逃走，全甲负担，一甲缺兵，全保公摊”，实行乡保甲长“连坐治罪”法。

有钱的大户、富裕人家，每遇抽签、抓兵，行贿征兵官兵，大多家中不出子弟当兵。后来贫民举家外逃，兵源枯竭，大户、富裕之家便兴起雇兵、买兵顶替之风。每遇抓兵，就见大户、富裕之家贴出告示：“民人某某某愿出大洋二百买人顶兵，如系独子，愿保其双亲养老送终，当面兑银画押，永不反悔”如此等等。最初雇兵一名，需小麦三四十石或银币百十元，后来涨到小麦80石至100石，银币200元至400元。有的富户在抗日战争末期和解放战争时期，雇兵多达一个排的人数。被买、被雇之兵，多是大户家无家可归的长工、短工、零杂工，有的是外县籍盲流人员，有的是挑葱卖蒜的小商小贩，有的是算命打卦的江湖艺人，有的是逃荒要饭的乞丐。后来，连这些人也难以雇到、买到，就出现了侄儿雇小叔父、外甥雇小舅父、姑妈雇娘家侄儿、乡长雇乡丁、保长雇保丁、甲长雇孤儿，五花八门，无所不有。原来还实行“大配小，小抬大”，后来连独生子也被抓兵，50岁左右的老汉也被刮掉胡子抓去当兵，不够年龄的少年也被抓去到幼年军营里当童子军。

那么，产生这种社会现象的历史背景是什么呢？蒋介石很早就说过：“攘外必先安内”，他最害怕的是共产党。早在日本无条件投降之前，蒋介石便做好了发动内战的准备。实际上在抗日后期，内战已经开始。马鸿逵刚开始抓兵，是借抗战的名义扩充自己的军事势力，后来随着解放战争的全面开始，马鸿逵的抓兵便达到了前所未有的、登峰造极的地步。过去实行新生活、整顿军纪时的“文雅”形象一扫而光，露出了狰狞可怕的面孔。

抓兵往往采用突然袭击的方式进行，即军队的连长或营长带领士兵，乘人不备，包围村庄，清点壮丁，当即抓走。有位老太太将儿子的右手食指借给牲口铡草之机铡断，连长逼着这位老太太找出断指，当众吞入肚中，并宣布说：“不能扳枪栓了，抓去当马夫！”有位老头把儿子的右眼治瞎了，营长逼他交出用辣面子、石灰、芒硝自制的毒眼药当众吞下，从此，这位老头变成了“半哑巴”，连长宣布说：“瞎了右眼不能瞄枪，抓去放马，还有一只眼睛能看见呢！”有位青年用石块把自己的前门牙砸掉了，连长宣布说：“不能喊话，不能吹号，抓去当火夫！”有几个青年用当地的一种野生植物名叫“巴豆”的霉烂下身，言称有霉毒、性病，营长宣布说：“送军医院检查，如果伪装，各打四十板子，再送到营里来！”有位十八岁的青年为了不被抓兵，用砍刀将自己的一条腿砍断，虽没被抓走，但被吊在树梢上扒光衣服揭背花，从此他变成了瘸子。有位老头掩护两个大儿子跑了，把小儿子藏起来了，抓兵的将烧热的犁头套在他头上，只听见“喇啦”一声，犁头尖上冒白气，他昏了过去，犁头拔出来时，他的头发全被烧光，头皮血乎乎的烂了一层，从此人都叫他“秃子”，他还是没忍住抓兵的审讯折磨，将风箱里藏的小儿子交出，连长宣布将这位年仅15岁的孩子送到了少年营。有位家长50岁左右，听见抓兵的进村，掩护两个弟弟往山里逃了，他被抓住后，绑在一张椅子上，一个兵按住他的头，一个兵给他刮胡子，脸上刮的血口子左一条右一条的，他被刮光胡子后送到军营，后来两个弟弟“自投罗网”到军营看他，两个弟弟当了兵，他才被换了回来。所以，抓兵的人还担着一个剃头的担子，里面放有磨刀石、剃头刀和肥皂、热水、毛巾之类的东西。还有几个家长不交出子弟，有的被双手朝后吊到树梢子上，有的被扒光衣服，拴到稻田边叫蚊子、牛虻叮咬，有的被五花大绑后在烈日下毒晒，用尽各种惨无人道的方法逼迫他们的子弟当兵入伍。当地老百姓至今还说：“抓逃兵，心吓掉，款子逼得要上吊。保阎王，甲小鬼，没有兵款了不得！”

据史料记载，民国27年（1938年）至民国29年（1940年），宁夏县壮丁入伍数分别是2975人、822人、445人，三年壮丁入伍总数为4242人；宁朔县壮丁入伍数分别是2813人、643人、415人，三年壮丁入伍总数为3871人。而永宁县民国30年（1941年）至国民38年（1949年）9月23日，八年时间，全县壮丁人数入伍的就达到7124人，平均每年875人，还不包括在外县、外地被抓兵的永宁籍人。永宁县全县8万余人，壮丁人数不到5万，年壮丁入伍达到总壮丁数的五分之一，也就是说五个壮丁中就有一个入伍者，在历史上极为罕见。

民国 36 年(1947 年),蒋介石(中)在银川怀远楼接见马鸿逵(右二)等军政要员

后来人才知道，原来军营里有个不成文的规定,抓兵 12 人当班长,抓兵 25 人当排长，抓兵 60 人当连长，抓兵 150 人当营长。马鸿逵乘抗战和解放战争扩充势力，军队里的官兵也乘抓兵升官发财。靖夷乡二保 18 岁至 45 岁的壮丁 87 人,被抓当兵的就有 48 人,占了一半以上。胜利乡农民为反抗抓兵,剁掉右手食指的 37 人,弄瞎右眼的 27 人。永宁县政府县长为雇兵一事发出这样的手谕:“查本县近奉令清扫逃兵，急特价雇壮丁顶补，兹特逾令严禁本县籍壮丁给外县顶逃,否则立将卖兵本人扣留或将其卖兵全部价款充公,仰各乡长转饬遵照为要。”这个手谕说明,永宁籍的乡民逃到外县,又被外县抓兵,可见在那个年月老百姓“走投无路”。当地流行着这样的民谣:

> 要当兵,就能行,不当兵,绳子捆。十冬腊月数九天,水蘸麻绳红柳棍,打得满身青。哪一家把兵出的慢,拴在梁上用鞭子缠,鞭子飞起血花花溅,打死也要往新兵里编。

抓去的士兵由于受苦役、被打骂虐待等原因,不愿为国民党卖命,纷纷潜逃。先是逃兵,后是逃官,地方保甲长协助军队抓逃兵,成为主要政务。逃兵大多不回家,以防再次被抓,有的到外地流浪谋生,有的逃跑后参加了中国人民解放军,有的甚至进贺兰山投郭拴子当了土匪。山洞里、沟渠旁、树林中、黄河边,经常发现军人尸骨,有的属病饿而死,有的被杀害。

王元桥南的黄阳沟洞内发现被人戳死的军人一名,搜出私章名为夏应元,县长令第十乡乡长查清此事,乡长查的结果是“本地无此人”。马鸿逵曾发出这样的训

令:“暂九旅三团三营机枪连列兵邓忠(永宁籍),系替父当兵。于元月 27 日谎称请假回家订婚被人杀害。经查暂九旅连长张成佑将私有羊只存于邓忠家中,托邓忠父邓光禄变卖由邓忠携带羊款,以致酿成命案。着将该连长羊款充公,并给记大过处分,给该旅旅长记过处分,此后如再发生此事情,定依法治罪。”可见,当兵的和当官的关系,也变成了做买卖的关系。马鸿逵总部副官处革汰请长假的副官及遣送残废兵几十人,发出通令:“唯恐逗留各县,妄滋事端,请转饬各保甲人员严加考察。”国民军第十七集团军一六六师书记郭萱亭(29 岁)、十一军特务团卫队副队长孙增辉(26 岁)、宁夏省会保安警察大队警士 4 人(附名单)分别弃职潜逃,县政府县长令各乡查缉。永宁县第九乡的乡长一月内就收到县府转来的本乡服役人员潜逃名单两份,一份是 9 人,一份是 12 人。第十乡的乡长收到的县长手谕写到:“中宁县二乡二保呈称,雍占魁给永宁县十乡四保价雇在八十一军充兵,现已潜逃,急缉捕。”国民军第十七集团军总司令部特务营各连士兵潜逃者 22 人(附名单),县长令各乡查缉。

民国时期,马鸿逵设在今银川市兴庆区的将军第

由于抓兵、抓逃兵、派苦役、摊兵款、收田赋等原因,造成乡保甲长和农民严重对立,工作无法开展,于是乡长请长假、装病、撂挑子,保甲长一月之内连换三次甚至潜逃的事屡见不鲜。永宁县总共有 14 个乡,55 个保,792 个甲,民国 36 年(1947 年)统计,有 3 个乡长撂挑子,有 4 个乡长请病假,撂挑子、请病假的乡长占了总数的一半;有 11 个保长潜逃,4 个保长位置长期空缺,12 个保长称病躺倒不干,9 个保长位置长期被乡里指定人暂时代替,真正在保长位置上坚持干的不到一半;甲长躺倒不干的更多,其中五分之二潜逃。永宁县第十乡的受训甲长张学义潜逃,县政府令十乡“密查缉送县府为要”,将张学义的家产全部查封,规定“拍卖时一草一木、一针一线均得报清册”。县政府还规定了《乡保长注意事项》14 条,其中有“发现逃兵连坐治罪,保长点名不到,保干事重责 50 棍”。所以,追捕逃兵,加上追捕逃官,再

加上追捕潜逃的保甲长,使永宁农村处于空前混乱的状态。

民国 34 年(1945 年)1 月 1 日,第十七集团军司令部、宁夏省政府布告称:

> 本省现有士兵,多由本省征补,因地方风气不开,人民知识落后,入伍后,不思安心服务,动辄趁机潜逃,统计每年逃兵,为数不少,若不缉捕,空额太多,而军纪无法维持。规定官兵下乡,只能抓逃兵本人,不准抓其兄弟或亲族邻人代替;需带路费,自己吃自己,不准受地方及逃兵家中一碗茶水招待;要守军纪,不得籍端诈财及有骚扰地方情节;乡保甲长不得招待捕逃官兵,私自籍端摊派;捕逃官兵不准拷打乡保甲长及逃兵家人;捕逃官兵如有违令擅抓逃兵家属及乡保甲长或乱抓他人顶替者绑送本部。以上六项,须绝对遵守,倘有违犯,定行枪决。

但是,连日抓逃兵告急,逃兵名单像雪片似的飘洒,此布告成为抓逃者人人不理睬的一张废纸。拷打逃兵家属、捕缉他人顶替,向保甲长勒索钱物等现象仍在蔓延。在所有逃兵中,买来的兵、雇来的兵潜逃者最多,而买、雇的外县籍的兵几乎全逃。这些兵的潜逃,使得雇主、买主、乡保甲长"连坐治罪",深受其害。各乡价雇之兵,常常控告索要兵价,民骗兵、兵讹民,纷扰甚多,纠缠不息。故县政府令各乡"凡此次价雇之兵,均着书立合同字据,其应得雇价,除以实物(田地、房屋、牲畜等)折抵者外,悉数呈解来县"。所雇、买之兵,有的刚进军营,把雇、买之钱弄到手即潜逃,索要兵价、民骗兵、兵讹民,成为当时兵民纠纷之一。

旅鲁同乡求学于泰安军校摄影纪念

弓长舒,是宁夏省保安处四团的团长,他的团二营六连七班的一位士兵安武世,于民国 34 年(1945 年)7 月

13日潜逃。他派副连长董万善率班长黄金选、士兵刘福贵等人追至永宁县西部山坡中，因安武世拿石块抗拒，被当场用刀砍死。

第十七集团军总司令部总司令马鸿逵、副总司令马鸿宾于民国34年8月18日批示：

> 案据宁夏省保安处处长马敦厚转据，该处四团团长弓长舒称：本团二营六连七班列兵安武世于本年七月十三日乘队伍集合之际潜逃，经派该连准尉连副董万善率班长黄金选、列兵刘福贵等二名跟踪追至西山坡地方，该逃兵拿石块抗拒，被当场用刀砍毙。理合呈报鉴核。准按例给赏金以示鼓励。查该连副董万善，班长黄金选、列兵刘福贵等三名此次在西山林缉捕逃兵安武世，因该逃兵举石反抗，被当场用刀砍毙，处置等当，殊堪嘉许，看赏连副等人洋一万元，以示鼓励。

马鸿逵部队从甘肃兰州地区抓到两个农民在宁夏服兵役，因这两个士兵不愿打仗，中途逃跑回家，马鸿逵派人缉捕，一个在中卫县被捕，一个在永宁县西河村被捕。对此，马鸿逵十分恼怒，将两个逃兵枪毙在银川南门陈家寨，并将逃兵逃走时路过的王元桥、大官桥、杨和堡南寨子等大小渠桥设立的卡口岗哨及站岗放哨的保甲长、户民10多人全部抓起来，关进银川柳树巷的一个监狱长达40天，吃喝用的东西全是家属从永宁送到银川。民国31年（1942年）7月1日的一个雨天，马鸿逵对“失职”的保甲长及岗哨进行惩治，在王元桥小学的一个操场上行刑。甲长马有福、叶河被当众枪决，其他人员被“揭背花”，被打的皮开肉绽，血肉模糊，

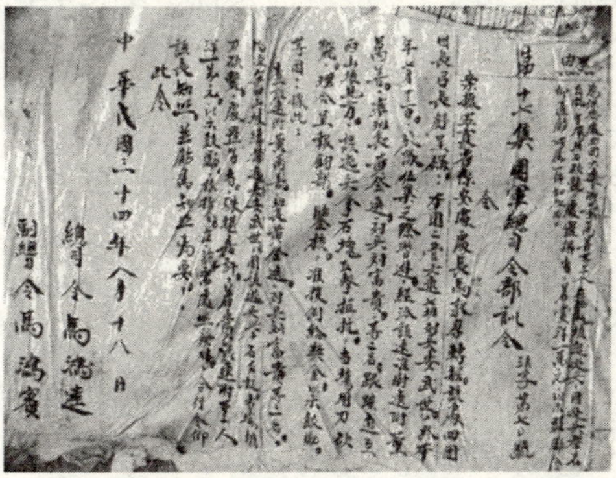
第十七集团军总司令部训令

中华民国三十四年八月十八日

总司令马鸿逵

副总司令马鸿宾

民国34年(1945年)8月18日，第十七集团军总司令部训令，其中指出弓团长的部下砍杀逃兵“处置等当，殊堪嘉许”

有的回来后，眼睛几乎失明。由此可见，马鸿逵缉查的是多么严密，惩治的手段是多么残忍。

民国23年(1934年)10月30日，十五路军军事政治教导团军士第三大队第十班同学毕业摄影纪念

民国35年(1946年)5月，宁夏省政府、宁夏省保安司令部发出《军队会同县府缉捕逃兵十项规定》，在缉捕逃兵的数量指标方面有所缓和，规定民国30年的6名逃兵中只要1名，减免5名；民国31年的5名逃兵只要1名，减免4名；民国32年的4名逃兵中只要1名，减免3名；民国33年的逃兵中之要1名，减免2名；民国34年的逃兵中只要1名，减免1名；民国35年的逃兵仍按名单缉捕，不减免。全省民国30年至民国35年5月底前积欠逃兵1211名，按照上述数字减免，共应缉捕逃兵613名。同年，永宁县政府与县兵役协会研究决定，对已抓捕入伍的“经常逃兵”和援榆(今陕西榆林)“罚兵”付给安家费，合格双丁补助安家费500万元，“大抬小”补助安家费800万元，单丁补助安家费2000万元(均系法币)，逃兵家属及户族保人等顶补者不给安家费。

民国35年(1946年)11月25日，马鸿逵发出了《为严缉逃兵告宁夏父老同胞书》：

各位父老同胞：本主席以桑梓之谊，主政斯土，已历十余稔，凡为我宁夏父老同胞求安全谋福利者，莫不竭尽个人之心智，悉力以赴，如历年整饬县政，肃清贪污，筹借籽种粮，散发赈济款，本年又捐输巨资兴学，及向中央请求减轻田赋诸项，昭昭在人耳目，固不赘述。上月国防部迭电本省限于一个月内征兵四千人，从补充西北行辕各部队缺额，本主席以宁夏处在边徼，地狭人稀，全省人口仅七十余万人，除抗战时所征之壮丁外，双丁缺乏，各属老弱残废不堪服役，且以农村经济衰退，差赋供应频繁，财瘅力痡，较其他省份困苦，一再电请援征，旋奉电复，准予暂缓征集，即就此而论，本省当全国抗战之时，未受锋镝之祸，而在今日共党到处窜扰国家用兵在急之秋，本省未遵令征兵，即是爱国后人，违误军令，设中枢见责，本主席即有瞻顾地方私情之咎，中心中异常悚惧！再就宁夏环境而论，共党进攻榆林，本军已向盐、同出动，防御共党，即时捍卫地方，保护家乡，故我宁夏同胞，应视当兵为人人应尽之义务，为人人保全身家性命之要着。况“养兵千日，用兵一时”，如对逃兵不严缉，何以充实缺额，振肃军纪，何以与敌人周旋作战，假使军事一有失利，更何以对国家对地方！惓念前途，昕夕难安，故对缉捕逃兵一事，不能不再详为我全省父老同胞一告。

宁夏父老同胞在日所最感痛苦者，厥为逃兵，以为缉办逃兵，株连甚大，且价雇顶替，负担甚重，本主席以全宁夏人民之利益为利益，患难相同，休戚与共，早已熟念及此，惟追本溯源，过去本省征兵，因地方风气不开，民智落后，视当兵为畏途，规避隐匿，发生种种阻碍，故政府不得已，通融办理，准予价雇顶替，一则使商号富户操持生计之人，不至应役，各安其业，二则使穷寒子弟，得优厚之雇价，可补助家庭度生，是以地方富人之款，用之地方穷人之身，挹此注彼，两有所利，但政府筹之难尽善，而人心险诈，弊随之生，乃有(1)送兵入营，而地方勒扣雇价，未能付清，因之负气潜逃；(2)或雇价已清，而入营之兵意图骗财，不欲安心服役，因之潜逃；(3)或兵临时讹索鞋袜费要挟不遂，因之潜逃；(4)或强抓送验，僅约明短期，期满不理，因之潜逃；(5)又有父兄意图以老弱幼小换回在营壮丁，唆之潜逃。因此，民骗兵、兵讹民、军队管教艰严，而逃者纷纷，以至扰累地方，影响清明之政治。此乃出乎意料之外，实堪悲叹痛心！故本主席为遏止逃风，剔除此弊，不得已对于缉捕逃兵，不惜牵及族属及雇主保人，盖意在使人人皆知注意逃兵，设法缉获，勿令漏网，则逃兵之害自除，地方自获安宁。但地方人士及保甲长对此漫不经心，毫不留意，只知私利，不顾公益，只知叫苦，不肯负责，政府迭饬实行户民值日及稽查岗位之盘查，以严密户口，防止逃兵，而推行不利，有名无实，以致逃兵及无户无证之人，仍然随处可以窝藏，随处可以通行，甚至逃兵家属任意迁徙，亦未加阻止，不但纵放逃兵远扬，无法缉获，即逃兵家属，亦无法追究，因是年年缉逃，年年顶补。补而复逃，军额常缺，试思如地方父老同胞能规劝在营子弟不肯潜逃，即使潜逃，而户口稽查严密，且有家属可以追究，则随逃随获，地方焉有逃兵之痛苦，故与其说逃兵株连太大，负担太重，无宁说，祸由自招，咎由自取。

尤其宁夏军队，皆系来自田间，同属宁夏籍人，在抗战时，未能冲锋杀敌为国效忠，在防范共党蠢动之今日，守土有责，义不容辞，自宜争先用命，保卫家乡，因此逃兵不能不严缉，缺额不能不补充，如逃兵不缉，缺额不补，兵不敷用，纪律不振，必招致贻误戎机，噬脐莫及。本主席凛于职责，权衡利害，为加强军备，充实力量，特令各县将本年度逃兵，由地方自行负责，或缉捕本人，或设法顶替，逃十人则补十人，逃百人则补百人，均须挑选身体强壮，合于兵格能作战之壮丁为准，其老弱幼小残废有暗疾者，概不验收，并限于一月内办竣，在军事时期，缉捕逃兵之命令，即是军事之命令，如县长乡保长缉办不力，不能如限扫数，无异为共党帮忙，希望共党成功，误国家误地方，罪不容诛，即以军法重办，决不宽贷，更希望地方父老同胞，体念本主席之苦衷，今后凡有充兵之家，父劝子，兄劝弟，使之安心服务勿令逃逸，贻害地方，并应特别加紧严密保甲，稽查户口，防范逃兵，严缉逃兵，使之随逃随捕，无所容迹，凡有甲县逃兵逃往乙县，或乙县逃兵家属逃往甲县，应互相协力缉捕，勿稍存歧视心理，倘遇窝藏逃兵者，勿徇情面，即时呈报法办，以儆效尤，此为敛息逃兵减少地方扰害之唯一方法，舍此莫有，特不避繁辞，驰书忠告，其各谅鉴为幸！

民国36年(1947年)，罚逃兵、抓家属之风越刮越大。同年9月30日，永宁县第十乡为休假士兵潜逃一事，无奈上报："海厅长(省民政厅)为体恤宁籍士兵，每遇整训工作紧张之际，抽签放假一次，使其与父母妻子团聚享天伦之乐，对放假期间应得粮饷烧炭又严令各部队如数发给士兵，不得克扣滴点，可称对士兵及家中体贴周到无微不至。乃今有少数不明大义之徒，乘放假之机潜逃，毫无天良，对国不忠，对父母不孝，对长官邻里不义，亟应缉捕，本人不在，由家属送壮丁1名顶替，罚兵1名，由家属雇兵充军。"

第十乡上报的"每遇整训，抽签放假"，并非每个部队都如此，有的士兵8年都没回过一次家。从民国37年(1948年)7月12日宁夏指挥所指挥官马鸿逵的训令中便可见一斑："骑兵第十旅二十团机枪连列兵李文华、一连列兵李文孝(永宁籍，堂兄弟)。自民国30年入伍后再未返家，家中老母妻子因遭年荒，均逃往海原，生活艰苦，乏人照料，一时想家情急，于本年古历四月二十八日商议由金积梨花桥防地趁机潜逃。三十日行至海原石峡口地被自卫队查觉跟踪追缉，曾用石头击伤队兵，以图逃逸，终以人众我寡被抓获。查国家养兵千日，用兵一时，现值战乱建国之际，凡属军人，均应安心服役，效命疆场。李文华、李文孝乃石击队兵，胆敢抗拒，着即一并判处死刑，令该管旅长马敦厚(马鸿逵之子)集合所属官兵当众宣布罪状，执行枪决。"家中有妻子，当了8年兵都没回过一次家，"一时想家情急"便潜逃，结果被枪决，天理何在？

有的士兵并非是"潜逃"，他的"逃"另有原因。第八乡第四保的"逃兵"孙金海在家中养伤，当保长到他家中抓捕时，他如实写明了情况："我于民国29年为亲属蒋思明顶替甲长训练后，又拨入辎重团骆驼队当兵，不期在贺兰山汝箕沟运炭被炭将脚趾打坏不能行动。该队长即将我留在山沟，遂将骆驼拉走。我在山沟里连冻带饿，九死一生之际，幸有本乡拉炭车，将我带回至今。我脚趾冻坏不能行走，昨蒙乡长饬保长捉逃兵，将我传讯。我复思此次当兵系雇主蒋思明所雇顶替，并非我自己之兵，现时又有病在身，不能动转，谨将各情如实呈明。”(后附本保蒋思明、刘元、刘举画押)。但是，孙金海还是被当做逃兵抓走，并在银川老城东教场枪毙示众。

民国37年(1948年)，军队逃兵已成为无法挽回的局势。同年6月20日，永宁县政府发出训令：“从甘肃往来新兵最近潜逃者甚多，各乡保甲长务必逐户、野滩、被庙、山沟、小道稽查。如遇有甘肃口音，白色汗衣，年轻貌士者一律扣留，不要放过，悬赏以待速办为要。”马鸿逵也发出训令：“缉获士兵一名者悬赏洋100万元至300万元，缉获长官一名者赏洋500万元至1000万元(法币)。”同年7月15日，宁夏指挥所指挥官马鸿逵又发出训令：“近来有不明番号的士兵，三五结伙强行乘车攀登车顶，兰西路恢复通车后，沿途士兵强行乘车，时有所闻。令各地行辕切实制止，以维交通。”同月16日，马鸿逵又给永宁县政府发电：“令所有各部队及幼年营持养病证在乡养病之军官一律集合，县府派员解送本部组训处。”可见当时连养病的军士也不放过。同年秋，马鸿逵保安处一团的两个士兵潜逃，马鸿逵以“盘查岗哨未尽职责”为由，将王元桥两个站岗的甲长枪决，一个是50多岁的老头，一个是十几岁的小孩。当时幸亏马鸿逵的庶母马老太太及时赶到救人，要不然伤害的人会更多。

民国21年(1932年)5月30日，国民军军事政治教导团第二期三队一班同学摄于信阳

潜逃的士兵多是利用站岗放哨或外出执行任务时逃逸，所以多携带武器。民国37年(1948年)8月13日，永宁县政府县长押送的一位逃兵便是例子。这位逃兵是第十八师补训总队二团一营一连的逃兵周进福，现年23岁，甘肃临洮县人。于民国37年(1948年)1月19日由甘肃征兵而在宁夏入伍，7月30日晚1时，趁换岗之际，假说到合作社买馍，携带步枪一支，子弹50发，由陈家寨(今银川南门外)总部前跳下潜逃，经过唐徕渠，行至永宁县第五乡，被甲长赵玉忠等人抓获。该营连长陈

有虎,因该兵携械潜逃,被迫自杀。周进福被验明正身,绑赴陈家寨大操场执行枪决,并集合保安处俘训队全体官兵到场观刑。

永宁县增进乡押送的列兵李久青,当时19岁,被征入暂九旅二团一营二连三排当兵。他趁换岗之际潜逃,经过唐徕渠为水所阻,又复回。次晨借银川北塔庙会执勤之机又复逃。携带三八式步枪一支,刺刀一柄,子弹45发,棉大衣一件,意欲探母温妻后再带枪回连队,故用大衣包枪弹埋在当地沙漠之中,潜入小东方(今永宁县金星村)稻田,被甲长等人抓获。乡长呈报:"自古忠孝无两全,为饱色欲,不安服役,纷纷逃跑,师成乌合,临阵溃败,念其老母病危,新婚难舍,故呈从轻发落。"李久青被送回部队后,因"两次携械潜逃罪"被枪决。新婚难舍,人之常情,怎么能说是"为饱色欲"?老母病危,应当探望,怎么能说是"自古忠孝无两全"?

宁夏省政府三令五申:"发现逃兵乡保甲长连坐治罪,逃一兵罚兵3人,逃一官罚兵5人。各县布置抓逃兵联防,甲县查获邻县逃兵一人者奖给300万元,查获本县逃兵一人者奖给100万元至500万元,查获外县逃兵一人者奖给200万元至800万元,由外省查获逃官、逃兵一人者奖给300万元至1000万元(均系法币)。这次被抓的90名逃兵押送银川老城东教场枪毙、棍责、鞭打,调来500多名陌生士兵,每五人抽打一名逃兵,进行集体"揭背花",血肉横飞,哭喊声之惨,全城震动。事先印制"咎由自取"的纸条,塞进被枪毙逃兵的枪眼里。当地流传着这样一首凄凉的民谣:

> 天上无云难下雨,地上有土难扎根,打下粮食要交公,养下儿子要当兵。抓新兵,跑老兵,到处跑的乱纷纷,虽然跑了我一个,害的邻居不安宁,到处抓逃兵。

民国的税捐

人在军营心在家，家中困难丢不下。有心挂号回个家，连长排长不准假。逼得开小差逃回家，连里随即派人抓。查验户口身份证，最怕地方乡保甲。抓回军营受军法，全靠兄弟救了咱。死罪免了活挨打，做个样子揭背花。救下我来活受罪，暂且忍耐活着吧。日夜盼着解放军，投诚缴械转回家。

这是一首民国末年永宁县流行的《抓兵谣》，这些士兵身在军营，但时时刻刻担心家里，因为“家中困难丢不下”。到解放战争初期，宁夏省各县农村逃亡绝户者已达全省总人口的30%，而永宁县达到35%。仅宋澄一乡就逃亡90多户，荒地1419亩；僧刚一乡逃亡70多户，荒地1140亩。后来逃亡户和荒地数成倍增长，据永宁县保安司令马得贵呈报，永宁县仅逃往平凉的难民就有224户。在缉捕逃兵中，宁夏省政府规定，“查本省因逃兵役者的田产全部充公，持有合法证件者可拍卖投标”，至民国36年（1947年），永宁县农村因逃兵而倾家荡产的农户占总农户的三分之一。

民国时期，城镇孤儿流落到农村乞讨

然而,造成百姓负担惨重的,不只仅仅是因抓兵、抓逃兵,而是因各种摊派和田赋。

民国30年(1941年)5月13日,永宁县政府成立伊始,便发出训令:"前令代购军马草因收不敷,续购50万斤,急供军用。各乡应摊购马草3.4万斤,送交附近东关草场收讫。"同年6月下旬,县政府又令:"总司令马来电,本省代第八战区购买军麦8000石,本县应购宁斗小麦300石,末购之数须加紧收购,事关军需,勿稍延迟。"同年7月2日,县政府令:"每户民人按地价税通知单实有亩数不分等级,每亩交军粮库小麦1升5合,不是一亩者按四舍五入计算,由军粮库按每斗价洋19元付价,7月20日一律交清。"同年9月1日,县政府令:"每亩收购军草10斤,谷草每百斤1元,稻草、麦草每百斤8角,糜草每百斤7角,山草每百斤6角,限于9月10日以前交清。乡长、副乡长督催保甲长日夜按户催交。"同年10月5日,永宁县征夫50人在张政乡速修军用草场一处。同年10月7日,县政府令:"查副处长屡次派购芦柴、麦草、麦芟等项,本府派到各乡,置之不理,以致耽误工作,殊属非是,兹特再派该乡,令户民自行送交,若再延误,以该乡长是问。"同年10月23日,县政府令:"奉令各乡将该乡皮匠不论外籍本籍择其手艺精巧者一律星夜送县,以便转送军需处制作皮衣。至于工价按照工会所定3元6角发给,并不短扣,勿延误为要。"

民国32年(1943年),永宁县夏秋暴雨成灾,黄河西岸连续塌方,冲毁田地近万亩,灌区农作物欠收,有的田地颗粒无归。不少农户到甘肃的武威、河东的东山、内蒙古的后套等地逃荒,出现了川区到山区逃荒要饭的奇怪现象。宁夏省政府将军粮局原拨给永宁县的1万石赈济小麦扣回7403.5石,只发给45个信用合作社共2596.5石;将农民银行给永宁县当年度农贷65万元挪作军费和行政开支。农村到县城逃荒的孤儿露宿街头,不少妇女拖儿带母到银川沿街乞讨,卖儿卖女的现象增多。

民国33年(1944年)2月28日,县政府令:"查三十二年度征集新兵早已告一段落,而新兵优待金及帮款雇价迭次限期而未扫清,为安兵心仰该乡将新兵实物帮款雇价一律扫清,交付新兵家中,违者以军法论处。"次年"帮款雇价"的清扫,整整用了一年多时间尚未扫清。所谓"帮款",即家中没当兵的农户之家,要拿出钱来给家中有当兵的农户；所谓“雇价”，即所有的雇兵雇主，要给当兵的家属付清雇兵费用。然而，逃兵纷纷，逃民纷纷，“帮款雇价”怎能落实？

民国时期，农村夫妇卖儿卖女

民国34年(1945年)5月22日，县政府令：“查总部军需处为制作军鞋，采购牛皮、驼皮及破旧布片做鞋掌、鞋帮、鞋底等用，仰各乡按价收购并按奖赏办法呈请奖赏。事关军用，各乡保甲如不负责任，绝不姑宽。”同年7月1日，宁夏省政府、宁夏献粮献金推行委员会、第十七集团军总司令部、宁夏省党部联合发出布告，共13条，言称：“查献粮献金，为增裕国力，提高士气，早速完成抗建使命之最大关键。凡属国民，皆当尽量捐献，已尽天职。”永宁县分配献金500万元(法币)，献粮按当年征收田赋通知单随赋交纳，每亩1市升。同年7月19日，县政府向全县14个乡的富户分配献金数共计500万元。实际上，全县实收“献粮献金”的数字远远超过分配数。同年11月份，全县乞讨人数增多，仅第十乡当兵的家属乞讨就达到22户。

民国35年(1946年)，全县破产农户日趋增多。同年2月1日，宁夏省政府规定：“以后民人绝卖田产，如因吃喝嫖赌及不正当行为所致者，县长应注意驳斥不准，并督饬勤苦耕作以维民生。”同年2月22日，宁夏省政府主席马鸿逵发布《告全省人民绅士贤达忠诚推动价购羊皮完成国军守士御寒皮服书》，令各县急收购羊皮、羊毛，为军士制作御寒服。同年4月8日，县政府县长给第十乡发出手谕：“仰该乡于三日内前往造船厂(今仁存渡口处)运送松木之车主姓名、运送次数、往返天数详细列单，呈报来府，发给脚价，以恤民难而符法令，勿得延误为要。”同年8月27日，宁夏省民政厅长到永宁县催发新兵团新兵优待金。全县开始摊派逃兵款。仅第十乡就在农民中摊派逃兵款3500万元。此月，黄河泛滥，云亭渠(今民生渠)以东一片汪洋，4万余亩禾田被淹，数千亩田颗粒无收。同年10月1日，永宁县田赋粮食管理处发出训令："第十一乡乡长陈凤翔、副乡长王生魁催征不力，影响军粮，殊属恶极，着鞭责20，尚再违延，送处法办。"同年10月23日，县政府令："为保军需，绵羊皮每张原价16元增加到80元，自10月1日起实行。各乡晓谕屠户，均将羊皮售给军用，各乡遵照办理。"

民国36年(1947年)3月7日，县政府县长发出手谕："八战区急需骆驼运输，令本县代雇骆驼100峰，五日内送齐点验。各乡有骆驼之户传候点定。"同年3月18日，县长又谕："赵厅长电谕，代雇两套大车50辆到省垣大会馆门前集合。事关军运，各乡雇大车9辆。"同年4月18日，宁夏省抚恤剿匪伤亡将士家属募捐委员会成立，4月24日令永宁县募捐250万元。"国军克复盐池，三边牺牲流血，功在国家，亟应抚恤伤亡家属，以示慰藉"。全县抚恤募捐活动还没开始，货物税局贺兰分局永宁办事处便派员查收各乡羊羔皮数字。同年6月2日，县政府县长发出手谕："查王元桥乃南北要冲，因年久失修，破坏不堪，急仰第十乡乡长陈科派夫砍树木8棵，代雇木匠两名，携带大锯锛，于5日内送交王元桥。再仰邻近三、六、七、十乡带石磙子、民夫上桥修建。"同年6月30日，县政府县长手谕："奉主席马电，本部克在横城河岸运存的豌豆3000石，亟待运回省垣，着由该县雇车100辆，每车运两次计运2000石，仰该各乡即代雇大车30辆，送交横城，以便运输。"同年10月20日，县政府县长令第十乡："省保安司令部令本县代雇毛驴40头，本府令该乡雇20头，提前发给运费。"同日又令："本县修飞机场起夫1000名，做工1个月，现已期满，惟以工程浩大误夫甚多，以至工程未能依限完竣。速将以前误夫如数催齐，赶赴飞机场补工，不准短少1名。棚夫半月须雇长夫，不准中途接替，限月内完成工作。"同年10月29日，县政府县长手谕："主席马来电，因军马饲料缺乏，原征黄米三分之一，折合豌豆、黑豆征收。"

民国37年(1948年)1月29日，永宁县农村开始按田亩征收草束。同年3月20日，又开始向农户摊派征收新兵优持金。仅第十乡4个保就摊收15万元(法币)。同年4月7日，联合国劝募儿童救济金中国委员会宁夏省分会永宁支会成立，分配永宁县劝募金额3334万元(法币)，劝募时间限4月15日截止，先向头、二、三等户劝募。同年5月22日，县政府县长手谕："任春渡口所需木匠三令五申，严加责斥，乃置若罔闻，殊属延缓已极。仰各乡本月24日派木匠1名，亲带来府。”同日又令：“国民主席西北行辕副主任办公室令各县市最少购生铁、生铜或废生铁、废生铜1万元(法币)，仰各乡派保甲长代购。”

同年6月6日，民国政府主席西北行辕副主任办公室、宁夏省政府《本年招集皮匠、鞋匠办法》发出，共8条。同年6月13日，民国政府主席西北行辕副主任办公室电令县政府县长：“将所属境内白皮匠、鞋匠、黑皮匠一律招集送交服装工厂，制作皮衣军鞋。若该县长仍执迷不悟，查出确有以老弱充数，借词推诿，殉情袒护及吃钱卖放情事，定以军法处治。该管主官得连坐受处，绝不宽容。除分电外，仰该县长凛之慎之勿贻后悔。”县长即给各乡发出通令，征收皮匠、鞋匠。

同年7月24日，宁夏省政府催招鞋匠，永宁县一乡差额甚多，一乡三保户民苏福生出面担保被押在案人纳进林赴厂做工，给县长出具保状称：“系友谊关系，情愿担保在外，自保释后，倘有逃避不到情事，保人愿负全责。”同年7月25日，县政府继续征集鞋匠、皮匠，派出密探查获不愿务工隐匿的鞋匠、皮匠25人，全部捉拿。同年7月28日，县政府令：“查省垣西门外至新城飞机场公路修筑工程8月1日正式开工，永宁县分段长2400丈，筑石子路面长172丈，各乡保平均分配任务，一个月内完成。”同年7月29日，县政府令：“查代购军用羊皮，时期已过，所收之羊皮板薄毛脱不堪熟用，令各乡不摊派无羊皮之户，不准私藏、私售、私运，速订购不误。”同年8月1日，《永宁县民国37年度铺筑贺永分界至飞机场公路石子路面办法》出台，共15条。同年8月19日，民国中央银行发行金圆券，以法币300万元折合金圆券1元，法币600万元兑换一枚银元，比民国24年(1935年)法币值降低600万倍，终因恶性通货膨胀而崩溃。

同年9月30日，宁夏省保安司令部给永宁县政府发出训令：“本军士兵皮衣关系至为重要，购皮集工文电几至盈尺，共计招来皮匠41人，惟第一乡、第八乡距县城较远，集合未能赶上，去员当面责成该县主管科长苏成林，按照单开两乡皮匠姓名，招集送来，其余各乡继续再招。又送来皮匠15人，仍未见两乡一人前来，致使其他工人纷纷抱怨不平。查县长身为全县主宰，职务本属繁杂，一时难以周顾，情尚可原，令将该科长苏成林押解来省，以凭讯辩。”

同年10月9日，宁夏省政府主席马鸿逵给县政府来电:“重兵营烧炭缺乏,着该县速雇车10辆交该营自行由横城河沿装运1万斤。”同日,宁夏省田赋粮食管理处电谕:“省城粮食缺乏,着永宁县运粮500石(黄米、白米、小麦、胡麻共计),交送省政府查收,以定价出售。”全县各乡订购40石,用以换布匹。同年10月21日,永宁县政府统计,全县14个乡共有高利贷放账人数464人,借账人数554人。实际上远大于此数,大量的“放账人”和“借账人”因怕官方查问,早已由“地上”转移到“地下”。“黑驴子打滚”借一斗还二斗甚至还三斗、四斗的高利贷,已经榨干了农民的血汗。县军粮局发出训令:“宁夏省政府、宁夏指挥所令代磨军面一事,令将各乡牲畜调查表各一份送来。”后附《各县代磨军面办法》共10条。

同年11月21日，宁夏省各文武机关团体及中央机关等慰劳徐州会战将士慰劳金及前国府已故委员张继纪念建筑捐款供洋10.04万元。永宁县政府令民众捐洋6500元,分配各乡472元,“催解迫急,万勿延误”。

同年12月16日,永宁县军粮局令:“从本年11月24日起,每百斤草价增加2角,规定从本月16日起,新征草价按加价后征购。”同年12月20日,宁夏指挥所令永宁县政府:“本部赶制军用厨具,急需木匠、笼匠甚多,仰该县火速招雇木匠10人,笼匠4人,携带工具来本部赶制,工资一律按市价发给。”然而此时,全县农民抗粮抗税已形成无法挽回的定局。仅第十乡本年度夏粮抗拒不缴纳者共94户。为加强反共内战的需要,宁夏省政府两次分配给永宁县援榆(今陕西榆林)马军慰劳款2660万元,县政府实际朝下摊派8736万元,超额2.3倍,极大地加重了农民的负担。由于法币、金圆券的加速贬值,为了暂时维持宁夏金融业的局面,宁夏省银行发行了一种地方低币,直到1949年9月23日永宁县解放。

民国38年(1949年)7月28日,县政府令各乡:“为供军资,各乡修寺盖庙或建修学校捐款一律停止。”然而,所有这一切都已无法挽回必将灭亡的命运。

综上所述,民国年间兵役负担之重令人发指,特别是1948年,几乎每天“三令五申”朝下摊派,压得农民喘不过气来。不但穷苦百姓变卖田产全家乞讨,连富户、大户也招架不住。民国末年永宁县的大户、富户破产的占一半以上。不但汉族老百姓“十室九室空”,就连回族等其他少数民族也是同样悲惨。永宁县的纳家户村,是个回族集居的村落，也是马鸿逵常去的地方之一。然而，这个回族村落在民国末年却是个有名的“逃荒村”。村民纳殿明的父亲生了六儿两女，租种地主的 5 亩多地。由于家里人口多，难以糊口，他便挑担跑乡吆喝卖菜，给别人扛长工、打短工、碾米、磨面，维持全家人的生活。天长日久，他的一双脚都严重变形了。儿女饿的没办法了，就由他们的母亲拉着逃荒要饭度日。纳长忠 1947 年被抓兵，是给他叔父纳长友顶兵的，因纳长友年纪幼小。他被抓兵后，母亲逃荒要饭。纳长城的父亲年轻时被抓兵误了结婚，后来与邻村的一个汉民女子结了婚，生了 11 个孩子，因家里穷，饿死了 3 个，存活了 7 个孩子，纳长城在兄弟姐妹中排行老七。全家 9 口人只有一亩二分地，大哥早年患精神病落水而死，二哥被抓兵，打仗时死了，三哥、四哥也相继被抓了兵，四哥被抓兵后失踪，乡保长把他的母亲抓去吊打，逼着要人，后来又把家里仅有的一亩二分地没收了，全家生活无着，父亲到处讨饭吃，五哥被迫给人“卖兵”（顶替他人当兵），纳长城 16 岁时，也被迫“卖兵”，给一个军官当了 12 年的勤务员。解放军攻打宁夏，国民党部队在固原三关口被解放军打散，纳长城负了伤，伤还没好，就“开小差”逃回家，回到家里才知道，纳家户村也解放了。

民国时期，孤儿结伴荒郊自炊

民国时期，逃荒孤儿露宿街头

民国年间，各种苛捐杂税名目繁多。捐税名目有担头捐、店铺捐、鸽堂捐、牙行秤行佣捐、粢粜捐、牲畜学捐、屠宰学捐、车驼捐、食盐驼运捐、烟灯捐、丁粮附加、油坊捐、地亩捐、粮石百五经费、地丁百五经费、临时维持费、屠宰税、驼捐、船捐、卷烟特捐、羊只捐、学产房捐、教育基金利息、煤炭井租、磁窖捐、苇湖租、枣园租，以及后来增加的警捐、铺捐、房捐、路灯捐、妓女捐、戏捐、杂捐,等等,甚至1943年有位市民抬棺出殡,税务机关还拦路收税。直到开始征收人头税为止,年均各种摊派、赋税不下百种。当地老百姓说:“万物均有税,惟有屁无捐!”

当时收购军用驼毛、羊毛、羊皮价格极低,数斤羊毛换不了一尺布,三张羊皮便可换回两只活羊,老百姓抱着羊号哭,惨不忍睹。驻地部队也负有缉私任务,查到大烟、皮毛、百货等物资全部没收,将人处死或监禁。有位老农赶着一头驴驮黄米二斗,从任春渡口去河东,被岗哨查出,人交保安处当兵,粮交军粮局没收,驴交辎重兵团充公。当地百姓编着口歌儿唱到:“养下儿子是马家的兵,养下女儿是富家的人,打下粮食保长秤,死了不埋野狗吞,谁说百姓不为公?”

民国末年,军政人员贪赃舞弊,苟诈走私,各谋“后事”已成普通现象,最苦的是下级公务人员。当时在政界流传着这样的打油诗:“一家数口,两餐难保,三亲不认,四友少交,五内如焚,六魄饿掉,七窍冒火,八节徒劳,九死一生,十时难熬。”他们领的是“七折八扣”的票子,戴的是“怒发冲冠”的帽子,穿的是“脚踏实地”的鞋子、“空前绝后”的袜子、“千疮百孔”的裤子,住的是“东倒西歪”的房子,盖的是“流通空气”的被子,过的是“缺米少面”的日子,怕的是“亲友请客”的帖子,四季是“愁眉不展”的脸子,人称“仓老鼠”“讨吃官”。

宁夏省连同马鸿宾的八十一军,共有4个军,12个步兵师,1个骑兵师,另有几个直属部队,加上省县乡保等公务人员,不下10万余人。全省70多万人,养活10万余军政人员,平均每6人要养活一个不事生产的人。而且农村青壮,悉数拔兵,因而田园荒芜,农户破产,逃亡塞途。逃不了的,负担自然格外惨重。1949年9月23日永宁县解放,同年10月登记国民党部队的散兵7156人,军官323人(其中将级3人,校级61人,尉级269人),共计7489人,而且这7489人还不包括已经死亡和长期失踪的军人,当时永宁县的总人口仅81971人。

民国37年(1948年)11月23日,宁夏省政府发出《关于扶植农村工作的训令》,抽调大批公务人员下乡“扶农”,发给服装、菜金、补助费,规定不准在农民家中吃喝,不准接受农民一碗水招待,还制定了《扶植农村工作口号》20条,其主要内容是:

人人有田耕，人人能耕田；十口八十亩，五口四十亩；自己吃饭，自己种田；扶植租佃，农民受田；扶植雇农自耕；租佃受田地，业主得地价，两不吃亏；和平分田地，团结保家乡；地租抵赏地价，十五年田归租户；地价标准四、三、二；借账不准折扣耕牛田地；银元借贷年利二分；资金下乡种子下地，严禁高利借贷，奖励公平放账；以劳教民富，以死教民强；强迫耕田，强迫工作；法办赌徒烟民；管教无业务游民；勤俭兴家，懒惰败家；根绝不良嗜好，增加农民劳力；奖励富牧，增加耕牛。

从这个《扶植农村工作口号》中可看出，规定了农民种田亩数，实行“和平分田地”，“地租抵赏地价，十五年田归租户”，并规定了地价标准、“严禁高利借贷”等，但在经济已经崩溃的农村，又实行的怎样呢？

崔景岳在宋澄堡

马鸿逵在宁夏统治时期，把清查共产党人作为自己的重要任务。中共宁夏工委不但在省城无立锥之地，在偏远农村也先后被清剿。

马鸿逵到处设立明岗暗哨，盘查过往行人，实行白色恐怖，提出“宁可错杀一百，不可放过一个共党”的训令。永宁县成立了“防奸防特”组织，规定了“断绝奸党交通，使奸党无处藏体”的一系列防务措施。民国34年(1945年)8月27日，马鸿逵签发了稽查共产党的密令，全文如下：

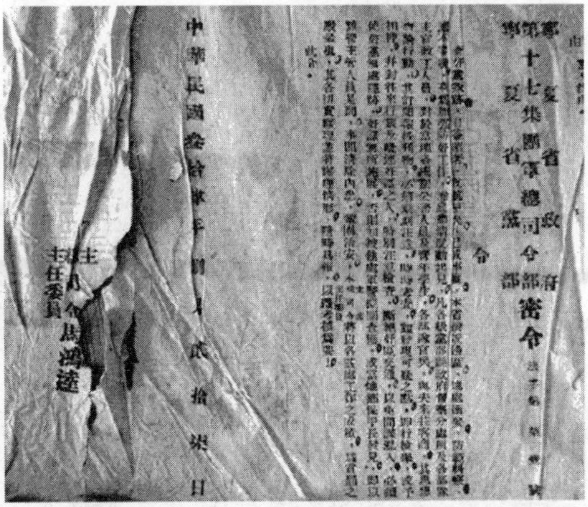
寧夏省政府
第十七集團軍總司令部
寧夏省黨部
密令
中華民國叁拾肆年捌月貳拾柒日
主席
總司令
主任委員
馬鴻逵

民国34年(1945年)8月27日，马鸿逵缉查共产党的密令

宁夏省政府、第十七集团军总司令部、宁夏省党部密令：查奸党叛迹，日益猖著，反抗中央，已成事险。本省接近边区，地处卫要，防范缉查，刻不容缓。为加强防奸工作，彻底肃清反动起见，凡各级党部、县政府督查分处所及各部队主官、政工人员，对于当地各机关公务人员及青年学生，各部队官兵，与往来住客

商，其思想言论行为，其订阅报纸刊物，必须时刻注意，时时考察。如发现可疑之点，即行检举，或予扣押，并对往来行旅，及毗连奸党之人，特别注意检查，断绝奸党交通，以免间谍混入，必须使奸党无处藏体，奸谍无所施展。否则，如被他处军警机关查获，或当地乡保甲长发现，即以该管主管人员是问。事关清除内患，严固治安。本主席、本总司令、本主任委员，将以各该处工作之成绩，为赏罚之严最也，其各切实办理，并将办理情形，随时具报，以选考核为要。

中华民国三十四年八月二十七日，主席、总司令、主任委员马鸿逵

民国时期，宁夏工委所在地——永宁县宋澄小学

那么，永宁县的中共地下党组织是怎样发展起来的呢？

民国 14 年（1925 年），第一次国共合作时期，冯玉祥将军任国民军第二师师长时，就令刘郁芬率部经宁夏开往兰州，在该部做政治工作的中共党员宣侠父、钱清泉等人沿途在平罗县、宁夏省城、宁夏县、宁朔县（含今永宁县）、中卫县等地进行革命宣传活动，他们是最早在永宁境内开展活动的中共党员。

民国 15 年（1926 年），中共党员李临铭、王兆卿、贺维新、陶振业、马思然等人奉中共陕北特委之命和冯玉祥国民军中的产党员马云堃、贾一中等人，在银川老城区钟鼓楼上成立了中共宁夏第一个党组织——中共宁夏特别支部。李临铭任书记，马云堃作常务工作，在银川新华街设立了中山俱乐部，宣传马列主义和中国共产党的主张，开展工运、青运、国运工作，革命火种播及永宁地区。

梁大均像

民国20年(1931年)8月，中共宁夏区委成立。区委负责人杜润芝指派梁大均、李天才、李振邦等进步学生，发动和组织了银川一个排、张政一个骑兵连、中宁护路队和金积等地区国民党士兵同时起义，当时称为小南门兵变和中宁护路队兵暴。起义番号为西北路军抗日救国总指挥部，总指挥部设在张政桥，梁大均任总指挥。因组织不严密，消息泄露，起义失败。参加起义的百余人转移到甘肃环县甜水堡和平凉一带，组建起甘肃省第一个游击队，继续同国民党反动派进行斗争。

梁大均，原名梁志诚，山西人，其父早年来宁夏谋生，客居宁朔县叶盛堡。梁大均利用其妻周锦霞系宁朔县副县长兼警察局长周新民的养女关系，以王弘小学教员的身份顺利地当上了李俊小学的校长，并以此为掩护，从事党的地下工作。

梁大均当了李俊小学校长后，以各种方式方法给学生灌输新思想、新观念、移风易俗、振兴教育，改变了以往那种墨守陈规、死气沉沉的局面。抗日战争开始后，梁大均利用一切机会，宣传民族救亡工作。他揭露日本帝国主义的侵华罪行，激发师生们的爱国抗日热情，同时还组织抗日救亡宣传活动，在李俊堡的集市或庙会上，向农民宣传抗日战争的伟大意义。每逢假期，师生就到农村进行抗日宣传活动。在很短的时间内，师生便学会了许多抗日救亡歌曲，还有小型舞蹈、戏剧等。梁大均还从银川请来文艺教师，给师生教歌、排演节目，师生们都会唱几首抗日歌曲，如《义勇军进行曲》《流亡三部曲》等。与此同时，师生们在他的领导下，开展了给前方抗日将士的募捐活动，大力宣传"有钱的出钱，有力的出力"，"动员起来，抗战到底"的全民抗战思想，努力做到家喻户晓。

梁大均在李俊小学任教期间，提倡女孩上学读书，他亲自到学生家里作动员工作，学校里原来仅有几名女生，增加到几十名女生。他给学生讲封建社会对妇女的压迫和束缚，反对女孩缠足，提倡女孩放足。李俊小学的这种做法，影响了周边地区，这一带女孩上学、女孩放足，开始形成风气。梁大均还邀请宁朔县妇女放足委员会委员罗墨林女士，经常来学校给女生讲生理卫生知识和动员女孩上学、放足的意义，很受女生家长的欢迎。师生们还在课余时间走乡串户宣传女生上学、女生放足的好处。男学生左臂上还佩戴着"誓不要缠足女子"的臂章。谁家不准女孩上学，谁家不准女孩放足，他们就到谁家劝说。

宁夏著名三英烈：崔景岳、孟长有、马文良

梁大均在小学中年级课程中，开设了一门"说话"课，内容多以故事为主，每个字旁边注有标准的拼音符号，叫学生上台朗读，推广普通话，进行讲演比赛活动，促使全校师生讲普通话。梁大均还教高年级女生学刺绣，男生学木雕和雕塑，教低年级小学生学孵小鸡，课外活动丰富多彩，十分有趣。

民国 23 年(1934 年)8 月，中共河北省委派原绥远临河县委书记王森(又名顾景村)，还有李德明、李清华(女，又名李云清)等人，来到银川，会同赵子明再次成立了中共宁夏特别支部。王森任书记，赵子明担任组织委员，雷鼎三(马英才旅上尉参谋，中共党员)任兵运委员，李德明任宣传委员，李清华任特支秘书。特别支部以农运和兵运工作为重点，积极开展革命活动。为了开展农运活动，特别支部决定赵子明弃医务农，在张政堡的蝗虫庙种地 5 亩，以种菜为掩护，在贫苦农民中开展宣传工作。就在第二年的 5 月，特别支部被马鸿逵的特务机关破坏。王森脱险，赵子明、李清华被捕，后因找不到证据，被保释出狱，先后被迫离开了宁夏。同年 11 月，宁夏省政府遵照鄂豫皖三省剿匪总司令部颁布的《各县编查保甲户口条例》的规定，开始以平罗县为试验区，组编保甲、清查户口，所有普通住户、公共住所户、寺庙户，分别登记上报，同时逐户编号，制钉户籍门牌。

民国 25 年(1936 年)，中共党员马云泽(别名马思骏)，由宁朔县四区来到宋澄堡住在农民何正海家隐蔽。后经中共党员梁大均介绍，到宋澄小学任教，他同梁大均利用学校阵地，组织学生到附近乡村，宣传党的抗日和反帝反封建的主张。

民国26年(1937年)冬,中共陕甘宁边区党委决定成立宁夏工委,李仰南任工委书记,工委决定蒋天敏以商人身份做党的交通员工作,并在张政桥建立了一个秘密交通站。李仰南派中共党员何广宽到杨和堡、僧刚堡、李俊堡等地观察地形,准备开展武装斗争。

民国27年(1938年)春,马云泽根据李仰南的指示,利用第二次国共合作的有利时机,组织宋澄小学的学生到校外开展抗日宣传活动。李仰南和中共地下党员杜琳多次到宋澄小学与马云泽研究党的工作。同年10月,中共党员白玉光受陕甘宁边区党委指派,到宋澄小学任教,从事党的地下活动。此时,李仰南在银川被马鸿逵的特务马子成发现,转移到张政桥居任,改名为相维宝,继续指导工委工作。蒋天敏转移到宋澄小学。梁大均因马鸿逵的特务追捕紧迫,撤离宁夏到延安。此后,党的地下工作转入低潮。

民国28年(1939年)1月,中共党员姚炳光受党组织派遣,由陕西靖边县镇山堡移居张政桥,以打铁为掩护,建立党的交通点,护送陕甘宁边区来往于银川的党的地下工作人员,搜集、报告宁夏党政军情报。同年10月,陕甘宁边区派崔景岳来宁夏接替李仰南,任宁夏工委书记,崔景岳到宋澄小学任教做掩护。马鸿逵害怕中共北进,特务横行,到处稽查,随便抓人,工委在银川难以立足,决定从银川实验小学迁到宋澄小学。先后在银南、银北十几个点上建立和健全了党的组织,发展了一批党员。仅几个月时间,就在宁夏站住了脚,并且初步打开了工作局面。

宋澄堡地处西部,环境偏僻,堡子规模较大,人口众多。崔景岳来到这里后,每天早出晚归,找农民谈心了解他们的情况,询问他们的疾苦。没有几天,堡子里谁家有几口人,几亩地,收入怎样,生活如何,他都了如指掌。他还经常去堡子以外的村庄了解情况,经常带领学生帮贫苦农民干活,认识他的农民都亲切地喊他“崔老师”。农民何振奎家境贫穷,崔景岳多次带领学生给他家起场、堆柴、装粮,何振奎深受感动。学生陈永福家庭生活困难,被迫辍学,崔景岳知道后,马上找到陈永福的爹,对他说:“以前,我们穷人家的孩子没机会进学校的大门,现在有了,咋能不让孩子上学呢?”陈永福的爹说:“崔老师,不是我不让娃娃念书,只是咱家供养不起!”崔景岳思索片刻后说:“孩子吃饭的事我给解决,但千万不能让孩子缀学!”崔景岳把陈永福安排到学校给学生做饭，半工半读坚持学习，还经常用自己的钱给陈永福买毛笔、纸张等用品。陈永福的爹感动地说："崔老师真好啊，把我们的娃娃当作亲生儿女一样！"

宋澄堡地势低洼，南北环渠，每逢下雨，堡子四周汪洋一片。当地人称之为"蛤蟆叫，蚊子咬，出门就把鞋脱掉"。堡子东门外有一条一丈多宽的大路，是通往李俊、僧刚、县城的必经之路，经常被水淹得泥泞不堪，过往行人无法通行。崔景岳与学校教师商量，带领学生用柴草垫水坑，将拾来的碎石、瓦片、土坷垃和背来的黄土铺压在上面，抬高了路面，方便了行人。宋澄小学校园院子低凹，一下雨就灌满了水。崔景岳组织学生利用星期天，从几十里外的贺兰山脚下，采来黑、白、蓝、黄等各种颜色的石子，利用课余时间在院中铺了一条石子路。在礼堂、教室的檐下，铺了三米多宽，镶有飞机、大炮、花朵等图案的通道。春天，崔景岳组织学生在学校内外植树，并在校园正中砌了一个半圆形的大花池，池内栽满花卉。他还亲自动手，用黄泥做了许多花盒，栽上花木，摆在礼堂的台阶上，为学校增添了无限春色。

宋澄堡西面和北面原有两座便桥，是用几根木头搭成的。由于桥身低，经常被水冲坏，农民种田、学生上学很不方便。崔景岳带领师生，利用两个星期天抬高了桥身，木头上铺垫了树枝、黄土，使这两座桥老幼皆能通行。

崔景岳在宋澄堡任教的时间不长，但他在这里留下了很多说不完的故事。他讲演抗日时的铿锵声，他控诉日军侵华时的泪水，他在农民中的音容笑貌，给这里的老百姓留下了永不磨灭的印象。

然而，就在日军西侵，五原沦陷，炮火声逼近宁夏省疆，形势极为严峻的情况下，马鸿逵却训令各县："陕北隐患，在于肃清反动，查缉共党间谍，不能不下最大之决心。各保甲清查住户，不得留住外人。对陕北来宁之人，回家学生，对地方素不安分之人，应随时注意，严密监视，如有可疑，即行扣押，"并发出《清查户口旅店行人旬报表》。

当时，全国抗日救亡运动不断高涨，国民党反动派借口"攘外必先安内"，连续在陕甘宁边区周边制造磨擦事件，掀起反共逆流。马鸿逵为了维护其封建军阀统治，对各界进步人士的抗日救亡活动，进行疯狂镇压。军警、特务四处活动，跟踪共产党员和进步人士，对全省的中小学教员，逐个登记审查。特务机关还秘密向陕甘宁边区派遣特务，从内部刺探中共地下党的情报。地下党在宁夏的活动越来越困难，特别是从边区回到宁夏的一批抗大学生，时时处于军警特务的监视之下。面对这种险情，如何有组织地开展工作，避免不必要的牺牲，成了宁夏工委必须研究的问题。

民国29年(1940年)3月初的一个晚上，由崔景岳主持，在小坝小学召开了宁夏工委第一次会议。会上，崔景岳宣布了宁夏工委成立和人事安排，决定宁夏工委设在宋澄小学，由白玉光负责组织工作，王博负责宣传工作。会议认真分析讨论了宁夏的形势与工委的任务，研究了公开工作与秘密工作如何结合的问题。确定将一部分身份暴露的党员尽快调回边区，地下党的组织尽快由半公开状态转入秘密斗争。会议还对如何开展抗日宣传和党组织发展工作进行了具体研究部署。最后决定由崔景岳执笔向党中央写报告，反映宁夏工作的实际情况。会后，崔景岳等人立即到各地传达工委会议精神，布置部分党员撤离宁夏。在中宁县三道沟小学与党员江生玉接头时，崔景岳除通知他抓紧时间做好撤退外，还将一份密写的给西北工委的报告，交他带到延安。

同年3月下旬，宁夏工委在宋澄小学召开宁夏工委第二次会议。针对日军侵略内蒙古陕坝地区，并派飞机三炸宁夏省城的局势，讨论决定如果日军侵入宁夏，工委立即组织游击队开展游击战，并制订了行动方案。工委派何广宽专门查看了贺兰山地形以及银川、平罗、石嘴山、青铜峡等军事要地，为开展游击战争，做了充分的准备。崔景岳到银川、黄渠桥、中宁等地传达了会议精神，了解了党组织活动情况，布置了今后工作，要求各支部做好应急措施，以便适应更加艰苦的工作环境。

孟长有烈士塑像

同年4月13日，马云泽接到地下党员杜琳写给崔景岳的一封信，信中要求崔景岳“星期六到省城来一趟，有重要事商量”。当时的宁夏，已经对共产党人实行白色恐怖，情况复杂，瞬息万变。马云泽担心有什么闪失，不让崔景岳去，决定自己先去看看，回来后再作商定。但崔景岳生怕有什么疏忽，使党受到损失，他决定亲自去银川。

崔景岳换了一身蓝色粗布长衫，头戴一顶礼帽，打扮成商人的模样，带着马云泽写的路条和给宋澄小学购置物品的货单，骑上自行车，顶着风沙来到银川市和平北街杜琳的家中。过了一会，杜琳从新城小学回来了，他向崔景岳汇报了准备发展一名党员的情况。之后，他俩边吃饭边谈工作。正在这时，和杜琳同在一个小学任教的李郁华闯进门来，问杜琳说：“你晚上看不看戏，我有票！”杜琳回答说：“不看！”李郁华点了点头，很有礼貌地退了出去。

原来，李郁华是马鸿逵军部特务，他们知道了杜琳从延安回来的身份后，便通知省教育厅派李郁华打入学校，专门监视杜琳的行踪。李郁华伪装成积极革命的样子，经常在杜琳面前讲革命的大道理，还把摘抄进步刊物上革命语句的笔记本故意暴露给杜琳看，使杜琳觉得他很积极，有革命热情，所以杜琳想发展他为地下党员。李郁华通过监视杜琳，发现了崔景岳，他一面派特务继续监视，一面向上司作了汇报。宁夏省党部调统室主任马效贤与军法处程福刚，请示马鸿逵同意后，带领军警联合督查处的数十名宪兵，秘密包围了杜琳的家。

1991 年根据崔景岳烈士名字命名的银川市兴庆区景岳小学(原银川市第十三小学)

崔景岳吃过饭后，和杜琳一起到一个地下党员开办的书店去，因未见到人，又回到杜琳家中研究工作，两人一直谈到午夜。突然，宪兵闯进门，将他俩五花大绑，押进了宁夏省军警联合督查处。

督查处驻地是一座古庙，戒备森严。审讯室设在大殿内，墙上、地下、桌上，到处都是刑具，阴森恐怖，令人毛骨悚然。崔景岳被押到审讯室后，见身边无人，急忙对

1964 年修建的银川市八里桥革命公墓

杜琳说："就说我是绥西的，路过这儿！"

少顷，特务头子马效贤和督查科长高中第，领着一帮人进来，开始审讯崔景岳。当敌人从他身上搜出一页马云泽（当时化名马思俊）写的采购教具的证明后，厉声问道："你是干啥的？"崔景岳答道："我是商人，宋澄小学的义务教员！"高中第不信："商人？"他递过纸笔，要崔景岳写出自己的基本情况。崔景岳提起笔，将自己编造的姓名、籍贯、职业等一蹴而就。两个特务头子虽然从内容上没有看出什么破绽，但从那流利、刚劲的字迹上断定，崔景岳不是商人。高中第和马效贤交换了一下眼色，接着问："那你和杜琳是什么关系？"崔景岳答道："我们是同学！"敌人反复讯问，崔景岳机智应答，不漏破绽。马效贤暴跳如雷："什么商人？不动大刑，料你不招！"他命打手上刑。压杠子的人由两个增加到 4 个，后来又增加到 6 个人。

剧烈的疼痛，超过了一般人难以忍受的限度，崔景岳顿时昏了过去。打手提来一桶冷水，泼到他的头上，一会儿，崔景岳才慢慢地睁开眼睛。马效贤又问："你招还是不招？"崔景岳强忍剧痛，还是老话。

恼羞成怒的敌人见得不到供词，又令打手把崔景岳吊在大梁上，用皮鞭使劲抽打。在种种酷刑的折磨下，崔景岳强忍疼痛，豆大的汗珠滚落在地，但他仍然紧闭双眼，咬破嘴唇，一字不吐。马效贤一无所获，狰狞的面孔突然变得温和起来，他说："你好好说嘛，说清楚了就放你，何必在这里受刑！"高中第看硬的不行，也来软的，陪笑问道："你好好的如实说嘛，马主席绝对不会亏待你的！"崔景岳斩钉截铁地说："知道的都说了，都写了。再的不知道，你们叫我说啥？"敌人无计可施，只好把崔景岳关押起来。

安放在八里桥革命公墓的崔景岳、孟长有、马文良三烈士墓

在审讯中，杜琳自首，承认了自己的身份，

并供出了一些关系。随之,经销图书的革命青年陈选民被捕。

同年4月14日,宁夏军警联合督查处的许宝璋带人到宋澄小学和董府,逮捕了中共党员马云泽、武景惠、霍纯锡、黄子华。

同年4月15日,中共党员王世同、江生玉、姚怀谦在中宁被捕。江生玉自首叛变,他本是崔景岳指派给延安送文件的交通员,他不仅承认自己是共产党员,还供出崔景岳是宁夏省的地下党组织领导人,以及崔景岳给边区写的秘密报告,及报告存放的地点。许宝璋随即派人取来报告,从而掌握了宁夏工委的组织情况。工委组织部长白玉光、宣传部长王博被捕,此次逮捕的革命人士共34人,其中共产党员16人。只有郭英教、贺闻韶、杨森等少数党员脱险,宁夏地下党组织遭到严重破坏。

银川中山公园烈士纪念碑,毛泽东题词:为国牺牲,永垂不朽

宁夏军警联合督察处对逮捕的革命人士实行酷刑审讯,尤其对崔景岳、孟长有及革命青年陈选民等人动用了各种刑具,致使崔景岳双腿站立不起来,陈选民被折磨得精神失常。他们还采用威胁、引诱、欺骗等卑劣手段,实行分化瓦解。强迫被捕者填写“悔过书”,并在“反共宣言”上签字。有些软骨头不仅照办了,还企图说服他人,遭到崔景岳的严厉痛斥,使一些人拒绝了签字。崔景岳、白玉光、王博、马云泽、孟长友等5人组成了狱中党支部,团结难友,争取自首分子,拒签反共宣言,开展狱中斗争。崔景岳对难友们说:“短期的法庭审讯容易坚持,长期的狱中生活可能会磨掉一个人的锐气,我们要经受住长期狱中斗争的考验,坚定狱中斗争的信念!”在崔景岳的教育下,杜琳拒绝填写“悔过书”,孟长有不但拒绝签字,还义正词严地说:“我认为共产党好,没有悔过的必要!”崔景岳在写给西北党工委贾拓夫等人的信中说:“为了党和人民的事业,我将随时准备牺牲自己的生命!”

宁夏军警联合督查处为了引诱崔景岳自首叛变,请示了马鸿逵,马鸿逵逐授意马效贤、高中第传崔景岳“谈话”,以宁夏省政府秘书长的官衔作为自首条件,遭到崔景岳的严厉拒绝。敌人无计可施，终于下了毒手。

1940年4月17日深夜，敌人将崔景岳、孟长有、马文良3人五花大绑押往银川城隍庙后面活埋。临刑前，敌人问崔景岳还有什么话要说。崔景岳冷笑一声，镇定地说：“人活百岁，终有一死！我今天的死，虽不得其时其地，但也死得其值！我是一个共产党员，这一辈子感到无尚的光荣！共产党人早已把生死置之度外！我今天所遗憾的是，祖国半壁河山已在日本帝国主义的蹂躏之下，中华民族正处于水深火热之中。你们不为民族着想，不为抗日着想，却要积极反共，屠杀共产党人！你们对自己的行为应扪心自问！你们杀不完共产党人，也杀不完中国老百姓，他们总有一天会给我们报仇的！”

敌人还没有等崔景岳说完，就把崔景岳、孟长有、马文良等3人乱棒打倒，用脚踢在事先挖好的深坑里，填上土活埋了，埋完后还用脚把虚土踏实，在上面盖上了杂草和树枝。崔景岳1911年11月3日出生在陕西省旬邑县东涧村一个贫苦农民家中，他英勇就义时，年仅30岁；孟长有1916年出生在中卫县柔远堡孟家庄一个农民家中，他英勇就义时，年仅25岁；马文良1912年10月17日出生在辽宁省海城县海城镇，回族，英勇就义时，年仅29岁。1991年，银川市委、政府决定在三烈士牺牲地建造纪念碑，并将地处这里的原银川十三小学改名为景岳小学。三烈士纪念碑是自治区、银川市、兴庆区三级爱国主义教育基地。

王克和在三段地

王克和烈士像

王克和烈士的事迹在永宁县早已家喻户晓，但是不少人都在问:一个没有公开身份的地下共产党员，又远离家乡在几个县做小买卖，敌人是怎么“大海捞针”的呢?让我们还是先了解一下王克和被杀害的历史背景吧。

民国 30 年(1941 年)4 月 1 日，永宁县刚刚成立，马鸿逵就给各县政府发出训令，“禁止土货资敌，查缉共党间谍，严防共党分子”。在兴隆堡、长流水、沙坡头、三关口等处增设稽查所 9 处，统归军警联合督查处指挥，对边区实行经济封锁，对共产党人实行白色恐怖。并查禁有关书刊，公布查禁的书刊有《中国红军的生活》(苏忠海著)、《国府抗战能力之检讨》(张聚英著)、《为自由而战的中国》(伍有仁著)等 33 种。客籍人员居留、户籍管理，更加严密。同年 4 月 19 日，宁夏省地政局给各县发出训令:“近日中共分子党徒混入我军部队，三十三军由襄阳师管区补来新兵中有 4 人为中共分子，陕北派来，仰各县防范。”同年 6 月 19 日，《宁夏省稽查委员会组织条例》公布，共规定了 15 条 6 个款项，主要内容是严查共产党人，对边区进行经济封锁。在短短的两个月内，马鸿逵仅查禁书刊一项，就发出了很多指令。可见抗日并不是他工作的重点，防共反共才是他工作的核心。

在清查户口中，严密保甲管理，制定城乡门牌号码，规定了来人请示报告制。马鸿逵认为，整编保甲，仍不够严密，便制发国民身份证、客籍入境居留证、通行证等证件，进行第二次编查户口。规定16岁以上的男子，均需领身份证，躲避不领者，16岁至40岁的罚兵役，40岁以上的罚劳役。行路住店，均需带证，查无证者，送警局扣留惩治。规定不论旅店、居民，凡客留无证住宿者，以包庇奸宄论处。凡路过行人，都要查验身份证，无证者被当做“共党嫌疑”扣留。印制的《中华民国身份证》的样式和内容如下：

> 中华民国国民身份证，宁夏永宁县，姓名郭兴，性别男，年45岁，出生于前10年4月26日(即清光绪二十九年，1903年)，本籍宁夏永宁寄籍，号码望鸿153号，中华民国三十六年九月三十日发给。保甲番号：三乡一保八甲十五户，住址名称：望鸿街。注意事项：一、本证为持证人身份证证明之件，不得损坏或转让。二、伪造变造身份证者以伪造文书论罪。三、各级政府及警察保安机关得于必要时，命持证人交付本证查验，但不得扣留没收。四、本证所载项目内容如有变更，应随时报告乡镇公所更正。五、本证如有遗失，须立即依法呈请补发。

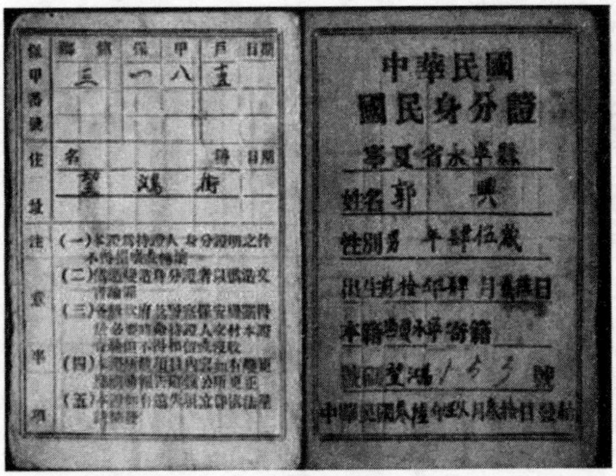

民国36年 (1947年)9月30日永宁县国民身份证

在宁夏全省第三次全面检查中，共查处未领身份证的517人，未领居留证的108人，未领通行证的54人。其中年轻的85人罚充兵役，295人罚服劳役，51人驱逐出境，给一些老弱残废者补发了身份证。从此民国身份证，就如在全省撒下的天罗地网，没有身份证和通行证的人，便寸步难行。

同年10月30日，永宁县政府发

出训令:“奉令于11月1日起至11月30日止为本省身份证第一次总检查日期,务须全体动员,切实施行。各乡长、民政主任、保干事须督催全体保甲挨门逐户、路口桥沟严密检查。如有敷衍搪塞,徇情舞弊,放脱违犯各证之人,被民政厅密探或本府派员察觉,将该民政主任鞭责一千,保干事鞭责五百,乡保甲长依次惩处,绝不姑息。”

民国31年(1942年)8月,马鸿逵秉承蒋介石“异党着予严厉制裁,查获重办不赦,如涉嫌疑,亦必捕押,宁可招致嫌怒,不可漏网一人,知情不报者,连坐治罪”的密谕,以制发身份证、居留证和稽查户口等办法,进行严密控制。《永宁县居民证》为白布制作,上面写有姓名、年龄、籍贯、职业、身高、面貌、特征以及指纹箕斗形状等项,在“照片”或“指纹”一格中,因农民多无照片,只按指纹;在“指纹符号”一格中又分左手、右手的大指、食指、中指、环指、小指5个小格,左右手共10个小格,如指纹是“箕”的划“×”,如指纹是“斗”的划“O”。居民身份证被规定缝于上衣内,以便查验。

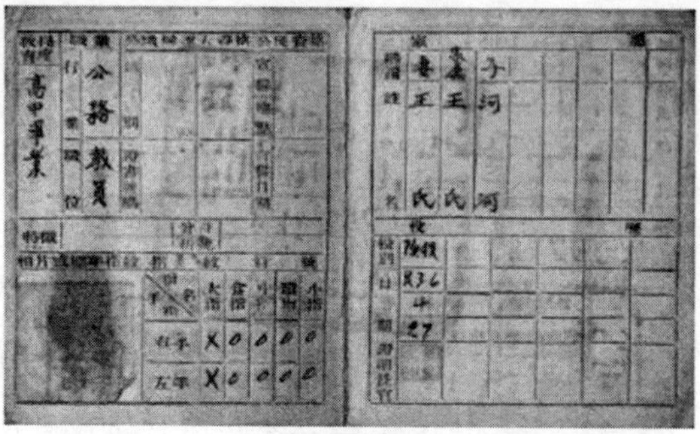

民国36年(1947年)4月27日,永宁县居民证内容

然而,革命的烈火是扑不灭的,就是在这种情况下,三边、盐池、鄂托克旗中共党组织指派专人分管宁夏党的地下工作,采取单线联系的方法,先后发展了王克和、朱九章、周光耀、周占山(均系王弘堡西河村人),周英玺、王文义、王召(均系外籍人,户籍在王弘堡),姚炳光、张志、张仁、张礼、高福银(均系张政堡人),杨宽、包立、包银(均系永固乡人),徐生禄(胜利乡人)等16人加入了中国共产党。

民国33年(1944年)1月30日,永宁县政府发出训令:“本县张政桥刘家双墩户民高氏,于民国十八年率其子高步福由陕西逃难来宁。迄今十余年,其子高步福在延安奸党内服务,其母、弟仍在张政桥居住,恐涉有刺探本省的消息嫌疑,令主管方严密考查。”

民国35年(1946年)3月29日,宁夏省政府组织回教宣传团,聘请李庆忠、王彦孝为团长，随同宣传员等，到永宁县纳家户、王元桥、王弘堡等地散发《告回族同胞书》，刷写反共标语，诋毁中国共产党的民族宗教政策。同年7月，县政府发出训令："查县内潜入湖南口音卖葱野匠及陕北口音卖艺等人，言语严禁谨，行动诡秘，仰稽查。"同年8月，县政府又令："据陆军整编暂九旅旅长卢忠良呈解缉获奸军侦探王吉明供称，伊上月间，受奸党定边县雷队长指派，前来吴忠镇一带，刺探地方行政设施、军队驻地及国民兵训练情形，并称本年6月间，该雷队长曾派两名前往中宁、金积一带，做侦查工作，仰各乡查缉。"

同年9月19日，县政府发出训令："本省保安司令部电，查奸伪近派大批便衣人员携带武器，潜入各重要城市集中暴动，尤其本省环境更为险要，亟应严加防范。本县内不准留居闲人，仰各乡查夜、查店。"同年10月6日，国民党永宁县党团工作讨论会召开，会议的重点是怎样"防止奸党潜伏活动"。同年11月10日，马鸿逵为整顿户政发出《告乡保甲长户籍人员及民众书》。同年12月初，县政府在杨和堡集合第一期国民兵及全县乡保甲长、户籍人员受训。同年12月22日，县政府决定从12月1日起，各乡户籍人员每人月饷加5000元(法币)。同年12月28日，宁夏省党政军宣传大队第八队永朔区在王泰堡、纳家户开展为期3天的第三次反共大宣传。采取漫画、标语、讲演等形式，对中国共产党进行丑化宣传，除农民外，国民兵一大队官兵700余人参加。

综上所述可以看出，自1941年以来，县党部、县政府的主要工作集中在查缉共产党、剿灭共产党方面。不但在组织上清剿，而且在政治上诋毁。就连望洪学校也改名为望鸿学校，该校创办的《鸿校简报》共发行31期，校壁墙报《青年壁报》共出5期，绝大部分内容是侮辱共产党的。国民党永宁县党部召开宣传工作会议，会议作出策动党员普遍定时宣传"剿匪意义"，宣传"共匪罪行"，利用机会派员深入农村宣传政令，定期制作墙壁标语、文字宣传。成立了永宁县防奸小组，县警察局长任组长，县党部书记长带人到各乡村刷写反共标语。还将《反共民意三则》印发，并教民间艺人编成唱词演唱。列出中国人民解放军的服式、帽式颜色等，令各保甲盘查。成立永宁县情报组，各保甲长和有关户民列为情报员，全县共有13个情报组织。

"陆军第六十六师一八五五旅五四团一营一连中士班长何玉相于本年5月18

日晚执勤时，纵放共匪张长凯、王金山逃脱，重判死刑，剥夺公权终身”；“金积县五星坡店主丁生福客留中共侦查员吴生祯居住并隐瞒不报，店主丁生福、第七乡户籍主任杨伯良两人于8月19日被枪决，并将两人的照片印发全省各乡公所，以示众”——这样类似内容的电文、简报、通令、训令，等等，几乎每天都有。

民国36年（1947年），马鸿逵配合胡宗南进攻三边，并于3月10日攻占盐池及陕北定边，中国人民解放军暂时撤离，中共内蒙古三段地工委被破坏，党组织立即通知党员撤离隐蔽。为了避免特务追捕，家住王弘堡西河村的中共地下党员王克和改名为王景文，继续在永宁、灵武一带开展党的地下工作，不幸被特务跟踪逮捕。地下党员周光耀也是王弘堡西河村人，是中共三段地工会情报科长赵会山部下的情报员，以经商作掩护，在吴忠、陶乐一带查探国民党军政情况。特务没抓到周光耀，便派人守候周光耀的老母张氏和小女儿改过。周光耀的父亲周汉在盐池苏步井牧羊，被特务抓获，他们以周光耀的父亲为诱饵，逮捕了周光耀。同时被捕的还有从三段地工委撤退的王延等中共党员。

马鸿逵听到特务秘密报告后，简直不相信这是真的。他的“老窝”在王泰堡，王泰堡南边紧挨着的就是王弘堡，中共三段地工委在很短的时间内总共发展了16名永宁籍党员，其中7名家就在王弘堡，5名家就在西河村。他大发雷霆，训斥稽查人员，只查外面不查里面，是“隔靴抠痒”，急令快速追捕。

其实，这些中共党员没有一个是在本地入党的，都是在外地入的党。他们为什么要到外地呢？是马鸿逵逼的。

王弘堡的西河村、东河村，因为清代这里有一条岔河，岔河西的村庄称为西河村，岔河东的村庄称为东河村，新中国成立后改为东和村、西和村。王克和于1906年出生在王弘堡的西河村，这里是黄河边的一个贫瘠村庄。每遇洪涝，河水淹田，颗粒无收。马鸿逵为了扩充实力，连年抓兵，乡村百姓流离失所，田地荒芜，深受其害。王克和兄弟六人，他排行老四，他的父亲早年开过烧酒作坊，因抓兵频繁，赋税沉重，资薄力单，入不敷出，被迫改行。家里缺米少面，难以糊口。因生活逼迫无奈，王克和赶着两头毛驴，驮上杂货，躲过马军和地方保甲的重重关卡，到偏僻的盐池、定边、三段地走乡串户做生意，当地把这种谋生方法称之为“跑驴子”，从永宁县逃荒出去的人，干“跑驴子”行当的很多。

三段地，是内蒙古伊克昭盟鄂托克旗的一个小地方。不少青壮年在这里躲兵，有的在这里居住“跑驴子”，也有不少穷人在这里躲债，聚集了蒙汉回等民族，他们和睦相处，环境相对稳定。后来，王克和把家属也接到这里，仍以经商谋生。由于他买卖公平，体恤穷人，经常给贫苦的蒙汉回族贫民借钱送物，对无力偿还的从不讨债，因而深受三段地贫民的爱戴。

红军西征，解放了陕甘宁三省交界的广大地区，王克和经商到盐池、定边，听到红军向广大农民宣传抗日救国的主张，看到农民打土豪分田地，参军参战等轰轰烈烈闹革命的场面，深受感动，萌发了参加革命的思想。他开始认识到，只有中国共产党，才是为贫苦百姓谋利益的党。

1956 年清明节王克和烈士遗体迁葬于永宁县城西侧汉延渠畔，图中为永宁县人民委员会副县长赵贵书

卢沟桥事变后，北平、天津、包头等地相继沦陷，宁夏形势危急。中共绥蒙工委和宁夏工委在定边成立。绥蒙工委派田万森到三段地，开辟国民党统治区的抗日统战工作。田万森到三段地后，通过多方接触了解，发现王克和思想进步，和各民族相处关系密切，便常以买纸烟为名，主动同他攀谈，经常和他接近，两人遂结为好友。在田万森的培养教育下，王克和的阶级觉悟提高很快，逐步懂得了许多革命道理。组织上决定吸收王克和做地下交通工作。从此，王克和积极投身革命，他以经商作掩护，冒着生命危险，往返于鄂托克旗、永宁、宁朔、灵武等地，为党搜集传递国民党统治区军政情报，他的家也成了绥蒙工委在三段地的联络点。每当党的地下工作者聚集到他家研究工作时，他就像来了亲人一样热情接待，他的爱人陈思贤为党的地下工作人员做饭、洗衣、站岗放哨，积极支持王克和的工作。

三边地委统战部派中共党员王延到三段地负责宁夏工作，田万森把王克和的工作情况介绍给他，经过一段时间的接触和了解，王延认为王克和已在党的教育和培养下，受到了实际斗争的锻炼和考验，故于1944年的夏天介绍王克和加入了中国共产党。王克和入党后，组织上决定让他继续搞情报工作，并兼做宁夏来蒙难民与逃兵的工作。从永宁县去三段地的逃兵和逃荒、做小买卖的人很多，其中有王弘堡的难民，还有不少王克和家乡西河村逃来的难民，还有外县逃来的难民，他们经常三五成群地在王克和家里吃住，王克和反复耐心地给他们讲革命和抗日救国的道理。在他的启发和教育下，有许多逃兵都参加了抗日游击队，其中，西河村的朱九章、周占山等人加入了回汉支队，有的参加了蒙汉支队，他们说："不愿给马鸿逵当兵打共产党，就愿给共产党当兵打日本鬼子！"王克和还根据三边地委"关于在宁夏国民党统治区发展党员，建立党组织"的精神，积极开展了建党工作，先后发展了朱九章、周光耀、周占山、周英玺4人加入了中国共产党，他亲自担任他们的入党介绍人。王克和不但在白色恐怖时期积极参加了革命，还把家乡的农民领上了革命的道路。

1964年11月15日，王克和烈士之墓，图为新立的墓碑

抗日战争胜利后，为了防备蒋介石发动内战，绥蒙工委指示三段地工作据点，认真做好国民党地方保安部队的工作。因王克和为人豪爽，办事果断，过去曾利用做生意之便，同鄂托克旗中上层头面人物拜过"把兄弟"，保持一定的关系，为党搜集情况，工作很有成效，于是，王延指示他与驻鄂托克旗的保安团长及其下属军官、士兵交朋友，开展党的工作。王克和心领神会，严密谨慎地开展工作，终于同保安团长顾寿山及部分营、连、排长拜了"把兄弟"，给绥蒙工委教育争取顾寿山部牵线搭桥，使工委争取到顾寿山一个团的兵力，为稳定鄂托克旗西南局势做出了重大贡献。

蒋介石发动内战后，重兵包围了陕甘宁边区，马鸿逵准备大举进攻三边，并同伊克昭盟保安司令奇恩诚密谋窜犯盐池，威胁解放区的安全。经党中央批准，三边分区决定狠狠打击奇恩诚这股反动武装，指示三段地据点负责人派王克和侦查奇

每年清明节，永宁县青少年都为王克和烈士扫墓

恩诚部的活动规律，提供准确情报，以便分区领导抓住战机，制订歼敌方案。王克和接受任务后，尽心尽力，昼夜工作。当他探听到奇恩诚于正月十五给他下属的团、营、连、排长们下请帖，准备在正月十七为其母祝寿的重要情况后，立即报告了工委。王克和还进一步查明，奇恩诚请官兵到乌堤给其母祝寿是个幌子，其真实的意图是集中200余名官兵密谋进犯三边。三边军分区根据这一确切情报，紧急部署，旋即调警卫八团、骑兵团和蒙汉支队共同参战，于正月十七兵分三路。一路打大庙，一路打奇恩诚的老巢乌堤，一路攻打羊场。攻打乌堤的部队由王克和带路。三路兵力同时包剿，一举消灭了奇恩诚部，共计毙、伤敌人150余人，俘敌40余人，抓获马鸿逵派驻奇恩诚部的两个特务参议，缴获了一批枪支、弹药、马匹、骆驼和木车。这次战斗的胜利，打击了敌人的嚣张气焰，为鄂托克旗除了地方一害，为盐池北部边境解除了一大威胁。

这次战斗虽然胜利了，但是王克和却被奇恩诚的家人认出，暴露了自己的真实身份。马鸿逵配合胡宗南进攻三边，驻三边的中国人民解放军部队暂时撤离。三段地工委于1947年2月建立，同年3月就遭到敌人的破坏，仅存了一个多月的时间。为了避免敌人的搜捕，工委指示地下共产党员全部撤离，进行隐蔽。王克和回到了永宁县，更名王景文，不顾自身的安危，继续在永宁、灵武一带开展党的地下工作。

奇恩诚的四叔杨生扎布带领清乡团回到乌堤后，到处搜捕王克和。此时，王克和在灵武，已被奇恩诚家派出的便衣发现，将情况报告了马鸿逵，马鸿逵遂即下令永宁县警察局逮捕了王克和。王克和被捕后，县警察局对他进行了严刑拷打，逼他供出共产党的地下组织。但是，王克和宁死不屈，只字不吐，三个月过去了，永宁县警察局没有得到任何口供。他们无计可施，只好把王克和押送到银川，交给宁夏保安司令部军法处审讯。

在宁夏省军法处的牢房里，王克和见到了在三段地工委撤退时不幸被捕的王延。见到亲人,王克和这位在种种酷刑面前都不眨眼的硬汉子,突然两行泪水如泉涌,他向王延汇报了自己被捕的经过后,哽咽道:“我只向他们承认自己是被抓去带路的,没有提到党,请党组织放心!”王延望着遍身伤痕、血迹斑斑的王克和,气得牙咬的吱吱响,他亲自给王克和清洗包扎伤口,嘱咐说:“战友,你要保重啊!”王克和擦干眼泪说:“干革命嘛,哪有怕死的!死就死我一个,我绝对不会连累党!”在军法处,王克和受尽了“插竹签”“灌辣椒水”“揭背花”“老虎凳”等种种酷刑,始终没有向敌人暴露党的组织。

宁夏省军法处得不到任何口供,王克和总是一句话:“我是被他们抓去带路的,其余啥也不知道!”敌人把他打得半死,他还是这句话。敌人找不到王克和的任何证据,对王克和无可奈何。然而,奇恩诚的母亲住在银川不走,天天要马鸿逵下令枪杀王克和,为其子抵命。马鸿逵认为,在他的王泰堡马公馆高墙外,竟有这样一伙危险人物存在,这不但危及他的安全,还成了别人的笑料。于是,马鸿逵便决定用王克和杀一儆百,这样做,既为自己除去隐患,又可满足奇恩诚母亲的要求。

宁夏省军法处又把王克和押回到永宁县警察局。在牢房里,王克和见到了被关押的地下党员周光耀。在生死离别的时刻,战友相见,纵有千言万语,也不能交谈。待到夜深人静时，王克和对周光耀说:“是我把你们带到这条路上的，你后悔不后悔?”周光耀咬牙道:“不后悔,死都不后悔!”王克和点头道:“即便把你送到省军法处,打死你,你也不要说出组织!”周光耀含泪点头:“是!我一定向你学习!”

1947 年 9 月 3 日,那是一个黎明的早上。天刚亮,王克和的妻子带着孩子来到牢房门前,他们提着酒饭来和王克和见最后一面。隔着铁窗,王克和对满面泪痕的妻子说:“挺着些吧,好好照顾孩子,不久就会解放的,到那时,大家都有好日子过……”永宁县警察局的士兵打开牢门,架起王克和要送往刑场,王克和大声喝道:“放开!我自己有两条腿,自己会走的!”他昂首挺胸,迈着沉稳的脚步,走向永宁县城南桥子刑场。在场的农民无不流泪,都说王克和视死如归,是条硬汉子。王克和的名字永远铭刻在永宁人民的心中,他英勇斗争的事迹将永远激励后人前进。

王克和英勇就义时,年仅 41 岁。

民间艺人夏花花

夏花花是永宁县著名的民间说唱艺人，她一生以卖唱为业，山一程，水一程，风里来雨里去，走遍了省内外的山川城镇，为民间文化艺术的传播做出了很大贡献。自治区民间艺术研究部门把她列为宁夏著名民间艺人，为她立传，整理她的艺术遗产，让她所唱的民歌、曲艺、戏曲流传后世，永芳千古。

夏花花原名杨金花，是永宁县胜利乡东魏村人。生于1918年，去世于1981年，享年63岁。

永宁民间艺人夏花花遗像

杨金花的父亲是个厨师，原籍是惠农县黄渠桥人。民国初年，因家中生活困难，全家逃荒到永宁县。杨金花3岁时，因出天花，双目失明。因她的乳名叫"花花"，又排行老三，故村里人称她为瞎三花。为尊重残疾人，1983年整理资料时，将"瞎花花"改为"夏花花"，其意为宁夏的一枝艺术之花。

夏花花的父亲子女颇多，他认为夏花花双目失明，长大后难以糊口，就将夏花花送给银川南关一个姓何的看庙人抚养。几年后，这位姓何的看庙人娶了妻，他的妻子认为夏花花只能吃饭不能挣钱，就千方百计地折磨她。几次用大烟膏子想把夏花花毒死，但未能得逞。夏花花9岁时，因忍受不了后娘的虐待，只身一人从何家逃走，流落到银川街头。银川西街有个姓蒋的艺人，见夏花花虽然眼睛失明，但脑子聪明，耳朵好使，口音清脆，就将她收养，教她学说书唱戏。夏花花自幼聪慧懂事，蒋艺人所传的小曲儿一教便会。一年后，夏花花便随蒋艺人在银川、贺兰等地以卖唱谋生。18岁那年，夏花花嫁给贺兰常信堡的张鞋匠为妻，生一男一女。张鞋匠吸食鸦片，又喜耍赌，不几年，家业输光。为了还赌债，他将儿子卖给别人。数年后，张鞋匠染病身亡。夏花花失去了生活来源，只好带领女儿在银川街头卖唱。

1951年，夏花花回到了娘家胜利乡东魏村，经人介绍，嫁给同乡人谢天元为妻，生下两个女儿，其中一个女儿后来掉到渠里淹死了。1960年，谢天元病故，夏花花又无法生活，只好带领两个女儿到处卖唱。

她一生所唱的曲目很多，有民歌、曲艺、戏曲、小调等，均朗朗上口。她的事迹在《永宁县志》中有详细的记载，还在长篇小说《小东方》中被当作人物原型塑造成艺术形象。然而，当地老百姓印象最深的是她唱的皮影戏。

永宁农村的皮影戏

皮影戏是永宁县民间用灯光照射牛皮雕刻的人物、景物剪影表演的艺术，也称“牛皮灯影子”。由表演皮影戏的艺人，即线手、打板、帮唱、鼓乐等7人至9人组成。表演的方式是皮影人物的躯干、四肢关节处用线杆牵动，做出各种动作，并配以相应的景物衬托，进行表演。演出时先支放“亮子”，亮子是用白纱制成的长方形幕框，支放在一张桌子上，后面燃挂灯烛。皮影线手一边操纵牵绳，使其剧中人物在亮子上做出各种表演动作，一边随鼓乐扮唱剧中人物的唱腔，观众坐在亮子前观看皮影表演动作，听艺人演唱。

民国年间，永宁县通吉桥的财东张德因喜爱皮影戏，买了银川老艺人赵满瑞雕制的皮影戏箱，组织起15人的皮影戏班，人称张德皮影戏班，为永宁县最早的皮影戏班。皮影线手开始聘银川艺人担任，后来张德很快自己便学会了操作表演。每逢

永宁县农村当年使用毛驴拉碾碾米

过节、庙会及农闲时，就走乡串村演出，深受民众欢迎。不久，永宁县皮影戏班发展到4个，有王伏皮影戏班、哇昭皮影戏班、张小存皮影戏班等，唯有张德皮影戏班最有名，不但在宁夏省内各县演出，还到定边、绥德、环县等地演出。张德皮影戏班为何最有名？是因为他收留了夏花花为皮影戏班演唱。

按当时农村的规矩，皮影戏是不能在农民家中演的，要选择在打麦场上、大路边或畜圈棚里演，因为皮影一般用牛皮、驴皮做成，也有人叫"鬼影子"，故而农民忌讳。每次演出前，班头都先和保长联系，主要是费用，有大户家出资的，也有挨家挨户凑钱的，只要最少给两斗黄米，就能演出一场。

张德的皮影戏班道具很简单，台上放了张桌子，上面支着一张白纱大亮子，仅有二胡、三弦、唢呐、干鼓、钵锣，就能奏出雅若高山流水、狂若翻江倒海的乐章。不少人拥到亮子后面，专瞧夏花花。只见她上穿蓝花紧身袄，下着水粉色裤，白净的瓜子脸，一双眼睛像活葡萄似的，忽闪忽闪的眼睫毛很长。有人说她装瞎，给她吃的叫她接，她总是双手摸错了。中老年妇女都抹眼泪，问："你眼睛好好的，咋看不见了？"夏花花像唱戏似的回答："人生道路坎坷，高一步低一步越走越远，不如不走；满目欺诈苍凉，睁一只眼闭一只眼越看越烦，不如不看。世态炎凉啊！"人都为她叹息。

永宁县农民往田间送粪

演出前先是"吵台"。夏花花被人牵到亮子前坐下，亮子后面的灯灭了，亮子前面的灯明了。一阵欢快的乐器声奏响，只听见夏花花"唉！"了一声，先道白：

奴家瞎三花是也！人说天有三光，地有三宝，人有三教九流，臣有三朝元老，礼有三纲五常，而世人最怕有个三字。古有三圣母，今有杨三姐，路遇三道巷、三岔口、三关口、三黑滩、三段地要三思而行；事有再一再二，没有再三再四，晋信书不该三滴血，苏三起解偏遇三堂会审，三姑娘王宝钏出门不该三击掌，三国时诸葛孔明经不住三顾茅庐，周郎挨不过三气，刘关张起事于桃园三结义，奴娘给奴起名瞎三花，害的奴好苦也！

夏花花不缓气，一口溜出来，引得众人大笑。她拔动三弦，先唱《莲花落》，一唱三叹，荡气回肠：

幼丧母乞讨流落，咽糠菜三春熬过。我爹将我卖到三里坡，马家抓兵杨三娃他难躲过，闪的我新婚搂公鸡进被窝。小叔子大姑子一伙有谁怜我，碰上个好公公他早早死过，遇上个恶婆婆将我折磨。

永宁县当年使用的大木轮车

三弦停，转数板，夏花花说的传神逼真，如临其境：

手擀面，脚烧火，嘴揭锅盖鼻闻锅，耳听蒸笼眼着火，腿夹扫帚臂掌簸，头顶香盘供上祖，桌摆饭菜敬婆婆，小叔子瞪眼姑子撇嘴，一天到晚把事戳。挨脚窝、烙铁烙、锥子攮，剪子剟，你说难活不难活？粮收了，田犁了，再问婆婆走娘家，这里还有啥活做？

夏花花大腿压二腿，一手夹烟，一手指着，学恶婆婆腔调。诙谐幽默，使人叹息：

> 米碾了，面磨了，蔓子搓上三百个，面筋洗上一大锅，淀当笼里摆一窝。垫好圈，打好柴，今天去了明天来，做好三双袜子四双鞋，回来路上拾捆柴。

妇女们都听得泪簌簌的，说：“戏上有，世上有！”男人们都说：“胡谝呢，世上谁见过这么恶的婆婆？说书的嘴，唱戏的腿嘛！”只听夏花花又唱《苦菜花》，一波三折，凄婉浩荡：

> 为躲婆婆把我卖，孤身逃到三关外。那年逃到石嘴山，遇上拉骆驼的小张三，夫妻成家过日子，一连生下三个男，谁知他又被土匪戳死在三黑滩。恨爹娘给我这双眼，怎么只见恶来不见善？

张德拿着戏单叫保长点戏，主要是秦腔、眉户、道情、说唱等。主要剧目有《墙头记》《药茶记》《蛟龙驹》《闹书馆》《下四川》《唐王游地宫》《李翠莲还魂》《刘全敬瓜》《蛇蝎洞》《李世明与魏征》《泰山图》《罗通扫北》《秦怀玉征西》等20多部，还有折子戏《张连卖布》《抱火斗》《打金枝》《下河东》《上南山》《柜中缘》《拾玉镯》等，保长只点了《李翠莲还魂》一出。

秋天的乡村图

夏花花唱完《苦菜花》，人都拍手不停，她只得又唱了《十劝》，人还拍手起哄。亮子前的灯灭了，亮子后面的灯亮了。锣鼓聚起，悠扬的秦腔排子曲奏响，皮影戏《李翠莲还魂》开始了。

亮子上出现了袈裟飘逸的和尚吴三空化缘，李翠莲无食可给，将头上的簪子拔下来给了他。

三郎刘全风度翩翩得官荣归，他见吴三空放在当铺里的簪子是妻李翠莲的，疑妻与和尚通奸，逼李翠莲自缢。

旧时的小曲艺人图

不少人涌到亮子后，专看线手表演。张德学会了耍皮影的高超技术，亮子后面几乎由他一个人操作。每张皮影上都有三根细线，张德摆动三根竹棍，似调动千军万马，尽表人物喜怒哀乐。他还可一只手操纵四个皮影，形态轻巧、关节转动灵活的皮影表演出很多高难度的动作。威风凛凛的武士精神饱满，前不挺、后不背锅，横戈勒马、马上擒人、对打厮杀，都表现得形象动人。凶猛的龙虎翻滚跳跃，把人带进了深山老林；张牙舞爪的鬼经腾云驾雾、呼风唤雨、变换异身，表现的惊心动魄。李翠莲亭亭玉立，身段轻盈，婀娜多姿。时而羞涩文静，欢欣喜悦，时而悲伤抽泣，纵情怒骂，表现得万般柔情。三郎刘全文弱风流，翩翩潇洒，那前跌后蹲，顿足捶胸，打盹酣睡，挥笔弹墨的细小动作，都做得传神入微。高超的技艺，引得人赞不绝口："瞧那手，飞的眼睛都捉不住！"

唱腔有三部齐唱，四五六七十言不等，灵活多样，唱白相间。板调多变，有说唱、教花、眉户、秦腔、道情，唱词文字精妙，岔子幽默，剧情进展舒缓跌宕，情节生动曲折。夏花花扮唱李翠莲，收音落调，余音袅袅，情韵不匮，意味隽永。紧接着演唱的是《李翠莲还魂》的下本《刘全敬瓜》。刘全逼李翠莲自缢后，才知道事情的真相，他头顶白瓜敬阎王，要求到阴曹地府再见妻子一面，并向妻子忏悔。夏花花唱得悲悲切切，如裂石流云，似声震云霄，声清韵美，余音绕梁。最后加演的是《蛇蝎洞》，说一名富人在阳间干尽了坏事，到阴间被打入蛇蝎洞受忏悔的故事。

人说，戏剧是点化人的。夏花花演唱的戏剧，弘扬了传统文化，在当时起到了一定的"教化"作用。

夏花花一生多为女人哭诉。她双目失明，一字不识，全凭惊人的记忆力。她唱过很多古典戏剧，从中深知自古以来妇女受封建主义以及族权、夫权的压迫，而这种压迫，她比一般妇女感受要深。她唱的《女儿歌》和《孟姜女小调》至今还在农村流传，只不过是在流传过程中，有些词句改动罢了：

女儿歌

女儿乐，女儿哭，女儿长大才知苦。孟姜女，哭长城，牛郎织女会七夕。梁祝殉情化双碟，白蛇水漫金山寺。董永娶了七仙女，娃娃送给老槐树。

孟姜女小调

正月里梅花香满堂，王昭君殿前别刘王，心里恨那个毛延寿，怀抱琵琶泪两行；三月里梨花靠粉墙，王宝钏绣球打平郎，老爹爹席棚把婚悔，十八年寒窑菜当粮；六月里蒿花满山黄，李翠莲思夫望帝邦，刘全赶考三年整，他得官回来逼妻亡；七月里荷花飘满堂，殷满堂楼上绣鸳鸯，夫妻鸿州把任上，路遇水贼太不良；八月里金桂满山岗，江边哭坏了孙尚香，对对鸿雁天上过，她和皇叔不成双；九月里菊花遇早霜，磨坊里受苦李三娘，井边上舍了亲生子，磨坊里认了妙七郎。十月里雪花漫天扬，白玉楼讨饭供夫郎，张彦荣归听恶言，一张休书断鸳鸯。

夏花花唱的这两首词，其中的《女儿歌》，多用“快板书”的唱法，欢快、明亮而又凄婉；《孟姜女小调》则多套用“四季歌”的曲调演唱，有时也边唱边打竹板。曲调忧伤，表达感情细腻，像是妇女在哭诉。她把民间传说的各种爱情故事，凝聚

永宁县农民田间撒粪

成人物的命运，使听众不听则罢，一听便潸然泪下。

旧时的戏剧，很多内容是反映婚姻的。永宁县流传的《结发歌》《祝福歌》《劝女歌》《哭轿歌》《迎轿词》《进堂词》《拜堂词》《夫妻交拜词》等等，最先都是从夏花花嘴里唱出的。开始只在有些戏剧中断断续续出现，后来在流传中逐渐完善，形成了固定格式，表现了姑娘婚礼的全过程，被旧时的婚宴司仪广泛应用。如《结发歌》：

头一木梳短，二一木梳长，王家的丫头坐到李家的炕。对对核桃对对枣，对对儿女满滩跑。养丫头，要巧的，牡丹红梅绣的好；养尕子，要好的，戴尖帽，披红袍。

结发，是旧时男女结为夫妻的一种仪式。即男女背靠背坐在炕上，把男女双方的头发梳过来缠在一起，挽成一朵莲花状，这就叫做“结发”，当地人也称“并头”。在结发的过程中，旁边专有司仪端着香盘唱《结发歌》。故中国历史上有“结发夫妻”或“发妻”之说。《祝福歌》是男方父母在儿子婚礼上唱的歌，歌词是：

农村拉粪图

儿媳成双，喜气洋洋。天配一对，大富大贵。和和美美，汤汤水水。桃红绿柳，花花果果。

旧时娶亲，女儿多不愿上轿，要母亲一次又一次地耐心劝说，戏剧中多有这样的场景。于是，便有了《劝女歌》：

叫声女儿走上前，听娘给你说长短。日后到了你婆家，早早起床洗手脸。煮饭围裙系腰间，拉起风箱就填炭。锅烧开了就洗案，再问婆婆做啥饭。或烙饼，或擀面，千万莫把面和软。客人来了先问候，然后端茶递水烟。做了媳妇另层天，事事都要眼放尖。手脚勤，嘴儿软，孝媳好名代代传。

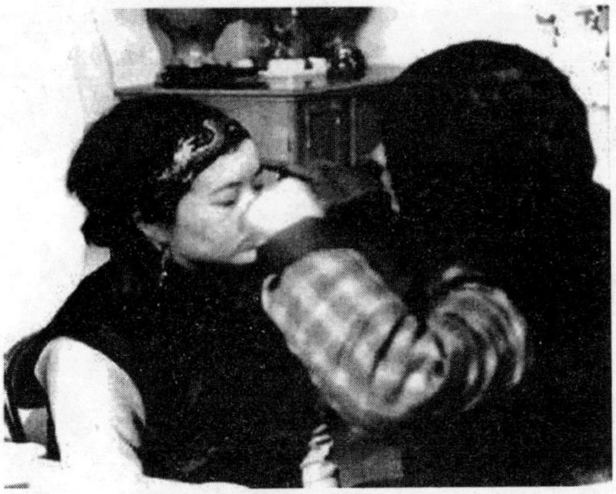

农村妇女绞脸

由于旧时多是包办婚姻、买卖婚姻，全凭父母之命，媒妁之言，所以女儿上轿多放声大哭。于是，戏剧中的女儿便有了《哭轿歌》：

娘呀娘呀养我身，出嫁就成别家人。丢下弟妹谁照看，好比钢刀剜我心。

当花轿抬到男方家大门口时，男方家的司仪便唱起了《迎轿词》：

花轿到门前，宾主站两边。鼓乐迎新人，鞭炮庆家宴。鸾凤鸣双喜，蓝田出美玉。聚乐生祥瑞，佳女配佳婿。

当新郎新娘进堂时，司仪就开始唱《进堂词》：

花堂设置多辉煌，五色云彩呈吉祥。青鸾对舞千秋会，鸾凤合鸣百世昌。

新郎新娘拜堂，是一个较复杂的仪式，要天地父母亲友都拜，所以《拜堂词》较长：

寻得桃园好避秦，桃红又是一年春。桃园仙鱼逐水流，只等渔郎来问津。一拜天地日月星，二拜东方甲乙木，三拜南方丙丁火，四拜西方庚辛金，五拜北方壬癸水，六拜中央戊己土，七拜三代老祖宗，八拜父母伯叔婶，九拜手足众兄弟。

农村麦垛

最后，司仪唱《夫妻交拜词》：

天上织女会牛郎，才子佳人配成双。今日两家结秦晋，富贵荣华万年长。

夏花花总是在演唱皮影戏、木偶戏时，代替剧中司仪坐唱，而别人在婚礼时总是不叫她去的。因为她连死丈夫，从小又双目失明，当地习俗认为这是“不祥之兆”。然而，民间的婚礼司仪往往这些唱词记不全，所以他们都叫夏花花说，他们记录。夏花花总是耐心地一遍又一遍地说，让这些民间司仪高兴而去。

夏花花唱的民间小调中，抨击封建婚姻的内容很多，她在唱《媳妇受磨难》时，先被人牵上台，然后站在台前唱，带有很夸张的戏剧动作。当地传说，有几个恶婆婆自从听了夏花花的演唱后，回去对儿媳妇的态度变好了：

手提篮儿上南坡，上了南坡摘豆角。一篮豆角没摘满，碰见娘家亲哥哥。搬块石头对面坐，妹妹有话对哥说。不怨哥来不怨嫂，只怨二老事做错。三十两银子卖了我，不卖平川卖山坡。早起担水两三担，晚夕纺织三更过。青石板炕来冷被窝，冻得妹妹睡不着。刚刚睡着就梦见，凶公恶婆来叫我。打开窗子往外看，天上星星还没落。紧梳头，慢裹脚，急急忙忙捣灶火。家业大来人口多，洗脸水添大半锅。蜀黍秆子湿柴火，十口八口吹不着。公公进来踢两脚，婆婆过来拧耳朵。这个媳妇受折磨，宁愿死来不愿活。

《瞌睡多》表达的是一位劳动妇女在封建大家庭里所受的歧视和奴役，歌中唱到：

（媳唱）瞌睡多来瞌睡多，瞌睡来了由不得我。盼着公婆早去世，一觉睡到晌午过。（婆白）婊子你好歹的嘴，吃完猫碗的饭去担水！（媳唱）饿死不吃猫碗的饭，冻死不烤灯头上的火。早晨担水露水多，一双绣鞋全湿过。晚夕担水上南坡，一双瓦罐齐打破。走路的君子过路的客，捎句口信给我娘家哥，不然我就没法活（媳哭）。

夏花花唱的《瞌睡多》流传很广，不但媳妇唱，男人也唱。这里的农民每年冬天起五更朝田里送粪，一直送到春节后。他们赶着木轮大车，吆着慢腾腾的老黄牛，抱着膀子，迷迷糊糊摇摇晃晃地跟着车走，车厢低下的大长铃儿"叮咚叮咚"地响。天还没亮，就听赶车送粪的男人们在唱：

农民打麦子图

瞌睡子多来瞌睡子多，瞌睡来了由不得我。盼着公鸡罢叫鸣，一觉睡到太阳过。饿了我吃的是猫碗里的饭，冻了我烤的是灯头上的火。

瞌睡子多来瞌睡子多，瞌睡来了累不倒我，盼着公鸡常叫鸣,白天晚夕提醒着我。饿死不吃猫碗里的饭,冻死不烤灯头上的火。

这两首《瞌睡多》,前一首多是大户家的长工赶车送粪时唱的,后一首多是农民朝自己田里送粪时唱的,心情不同,唱词就有所不同。《瞌睡多》还被山上牧羊的汉子传唱,虽说改变了唱词,仍是夏花花的原腔原调:

放羊的哥哥子瞌睡子多,瞌睡来了就不想离被窝,要是能和心上的人睡一回呀,早早的死了也算没白活。

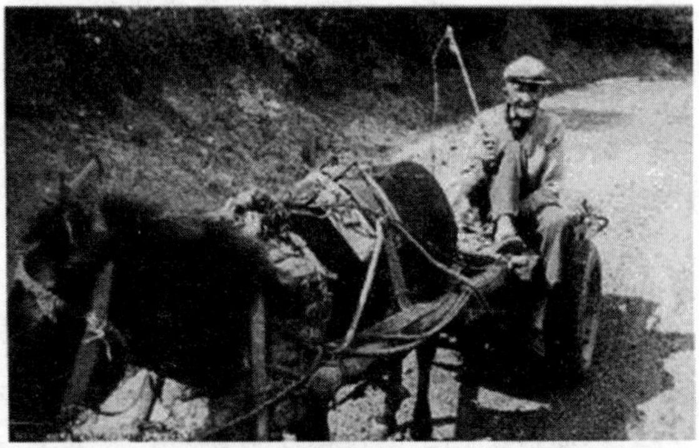

当年农村的车把式

夏花花演唱的民歌中，撷取了劳动人民生活中的零碎片断，通过艺人的演唱，揭示了生活的本质和规律，准确而生动地反映了社会现实。在《骂媒婆》中,通过一个年轻媳妇责骂媒婆的故事，抨击了旧社会不合理的婚姻制度。旧社会的婚姻习俗,男女不能相见,一切都由媒婆从中撮合。年轻媳妇嫁到婆家后,才发现丈夫是个 3 岁的小孩,无奈事已至此,不得不苦熬一生。这首歌是当地“等郎妻”和“等妻郎”的典型写照。取材典型,揭示的社会现象深刻而又尖锐,故在农民中流传较广。《女儿盼婆家》,唱的是一个大姑娘的精神痛苦。姑娘已超过了结婚年龄,但母亲不让她出嫁。姑娘问母亲为啥不让她出嫁? 母亲说:“不是妈不让你嫁,妈实在是舍不下!”姑娘反驳母亲说:“我嫂与我一样大,人家妈为啥能舍下? ”一句话问得母亲张口结舌,无言回答。歌词幽默风趣,深受农民欢迎。

夏花花后来被一个木偶戏班收留，又开始为木偶伴唱戏曲。当时有几处木偶戏,如《男光棍女寡妇》《十八摸》等,因唱词太淫滥,不必记录。在木偶戏《两亲家》

中，两亲家在对骂时，也有很多难听的话，现只记录一些文雅的唱词，以传后世：

亲家母，你来啦！端个板凳你坐下，咱俩说说家常话。自从你娃到咱家，从十七到十八，头不梳，脸不搽，从早到晚怒疙瘩。叫你娃洗个碗，她拿碗去叫狗舔。叫你娃洗个锅，清鼻子甩到锅耳朵。叫你娃倒个灰，坐在粪堆捉虱子。叫你娃看个磨，坐到磨坊就睡着。

夏花花唱小曲，随意性很大。往往唱着唱着，说着说着，就加入很多幽默的“岔子”或道白，使人物形象更加鲜明，故事更加生动有趣。她在唱《老来难》时，就随意增加了这样一段唱词：

花喜鹊，尾巴长，娶了媳妇忘了娘。把娘撂在冷炕上，清鼻子甩到南墙上，眼泪淌到大路上，吸溜吸溜喝菜汤！

民国末年，夏花花演唱的小戏更贴近生活，因而受到老百姓的普遍欢迎。她演唱的《母子长工》，是根据当地的真人真事改编的：

不到十岁父丧命，年年月月扛长工，母子两个一条命，夏天受热冬受冷。肚子饿的拧绳绳，浑身冻得打铃铃。烂羊皮袄差个领，想吃干粮冻成冰。进了屋朝炕上爬，鞋袜冻得脱不动。可恨财神溜沟子，银子送给有钱人。又想不怨财神过，只恨长工命里穷。

在《母子长工》中，夏花花还采用“四季歌”的曲调，增加了这样一段唱词《苦了一年等于零》：

腊月里来刮寒风，财主屋里暖烘烘，穷人屋里挂冰凌哟，活活冻死我长工。正月里来刮春风，财主喝的醉醺醺，穷人吃的是苦菜根哟，活活饿死我长工。二月里来忙春耕，财主派我拉羊粪，拉完羊粪又犁田哟，活活累死我长工。七月里来刮火风，财主摇扇算收成，苦了一年等于零哟，活活气死我长工！

《一上黄渠坡》，也是夏花花自编自演曲目。歌中采用了夸张的手法，痛斥了地主的尖啬和对长工的苛刻：

一上黄渠坡，看见两个大黑锅。锅里下米十八颗，三根面叶煮调和。一人摊了一碗多，吸溜吸溜往下喝。饿的长工翻白眼，还嫌长工吃得多。

这首歌没有调，夏花花借用《十劝郎》的曲牌，以清唱形式，替长工诉说了心里话，因而这首歌在民间广为流传。夏花花以通俗真实的语言和婉转深沉的曲调，表达了对劳动人民的深切同情，对剥削阶级的无比痛恨。

永宁县解放前夕，县里把张德的皮影箱没收了，逼他们演唱《反共民意三则》。在县城杨和堡首场演出时，有人就朝台上扔砖头，不少农民扑到台上骂“谁见过共产党是红胡子绿眼睛？谁见过共产党烧杀奸淫无恶不作？这都是瞎编呢！”班头张德被打伤躺在家里，夏花花从此拒绝演唱反共剧目，她仍带着几个人走乡串村，演唱她的地摊戏。她来到农村，就像回到自己家一样，那么多妇女都围着她问长问短。夏花花破衣烂衫，形同乞丐，她的脸不像原来那么红润，面似倭瓜，两眼也不像原来那样似一对活葡萄，而是双目无神，和当年来这里演唱皮影戏时判若两人。庄子里的青壮年都被抓了兵，路头、院里，尽是些老弱病残的人。好心的老百姓还是拿出白面馍馍招待地摊戏的几个人。有位老太太将家里仅有的一只鸡宰了，给夏花花熬了汤，望着她一口一口的喝。很多中老年人都围着夏花花伤心落泪。

远处牧羊老汉唱的一首《抓兵谣》清晰地传来，是那么凄凉那么婉转，那么悠扬动听。夏花花遂打起竹板，拨动三弦，给围过来的乡亲们唱起了《抓兵谣》：

葱胡子，蒜辫子，寡妇站了一院子。说是丫头没辫子，说是婆姨没汉子。满山各洼兵油子，田里尽是瘦猴子，扶犁套车的都是白胡子。

（众唱）身上无衣怨天寒，肚里无食怨夜短，脚上无鞋怨路远，不穿裤子光怨关节炎，娶不上婆姨怨你是个穷光蛋！汉子都把婆姨怨，养只母鸡不下蛋，养堆娃娃尽是男，一天两顿照脸饭！

（独白）驴乏了怨轴棍呢，脚大了怨后跟呢！

（众唱）贺兰天上吼，黄河地下翻，犁锄换刀枪，炮声震山川，村村寨寨人遗失，家家户户哭儿男……

夏花花拨动三弦，又唱《黄河谣》：

天有宝日月星辰，地有宝五谷丰登，国有宝忠臣良将，家有宝贤妻孝子！国正人心顺，官清民自安，妻贤夫祸少，子孝父心宽！

突然，淌水的老汉跑来说，保安队要来抓夏花花，说她不演《反共民意三则》，跑到这里来挖苦国民党。这里的农民立马将夏花花他们装扮成牧羊人，赶着羊群朝西逃了。

永宁县解放那天，夏花花被女儿牵着来到永宁县城，欢迎中国人民解放军。她穿着仅有的一件新衣裳，挥动着手中的三角小旗，脸上放着幸福的光芒，两眼饱含着期盼已久的泪水。同样是一个风高气爽的深秋，而如今萧瑟秋风今又是，换了人间。当时的县委大院门口有一个篮球场，不少人围着夏花花，问她多长时间咋不见了。驻地解放军给了夏花花一件军大衣，又给了她一条毯子，还给她端来一杯开水。夏花花心潮澎湃，浮想联翩，用手中的竹板和三弦，为解放军和县城老百姓演唱了

《马鸿逵坐镇宁夏》：

自从宁夏设了省，更换主席三个整。一月来了个门致中，过官瘾，耍威风，四月一十三，被马仲英赶出了宁夏城，“百日主席”逃的无踪又无影。十月二十八，来了个吉鸿昌，决心大，要为民，可惜主政不到两年整。马鸿逵他就把宁夏坐了个定，前后整整十七春……

夏花花在演唱中，把马鸿逵统治宁夏时的罂粟泛滥、苛捐杂税、抓兵、清查共产党等等事迹，编成了绕口令、三字经、四字言等演唱形式，声音清脆，吐字清楚，富有感染力，如泣如诉。听得解放军和老百姓都不住地抹眼泪。夏花花唱完《马鸿逵坐镇宁夏》，又唱了一首《马家军队乱了营》：

杨司令，下命令，解放军占领了宁夏城。马家军队乱了营，丢了枪，丢了炮，翻过城墙把命逃。四道城门关得紧，顺着城墙往下滚，一滚滚到城墙根，“哎呦”一声送了命。解放军，进了城，城里百姓都欢迎。八仙桌子摆街心，香烟麻糖敬给解放军，咱们都是一家人。

这首歌曲配以夏花花唱的新词，听起来令人十分痛快。把马家军覆灭前狼狈逃窜的场面，刻画得十分逼真，使人如临其境，如见其人。同时，又描绘了银川人民欢迎解放军入城的动人场面。

新中国成立后，夏花花演唱了很多新歌曲。有抨击旧社会黑暗的，有歌颂社会主义新生活的，有评述坏人坏事的，有颂扬好人好事的。其中歌颂党和毛主席、歌颂社会主义幸福生活的歌曲众多。《盼情郎》是一首曲调优美、感情诚挚的情歌，为广大老百姓所喜爱。1958 年，自治区文艺工作者采录了此歌，并填入新词，这就是闻名全区的《宁夏川》这首歌。闻名全区的《乐哈哈》，实际上就是夏花花演唱的《公公捎媳妇》原调。在夏花花演唱的情歌中，有一部分属于民歌与曲艺的交叉。如《张先生拜年》《割韭菜》《马五歌》《四哥揽工》《五哥放羊》等。其中的《种芝麻》被后人多次填入新词，朗朗上口，曲调动人。《四哥揽工》，以明快的节奏，悠扬的曲调，为广大老百姓所喜爱。永宁县音乐工作者将此歌收录改编填入新词，命名为《永宁是个好地方》，流传很广。

夏花花一生演唱的曲目很多，可惜她去世得早，很多优秀歌曲都没有记录，是永宁文艺界的一大憾事。有文字记载的除了上述歌曲外，还有《风搅雪》《三子分家》《英雄会打鞭》《花亭会》《拾柴》《打场歌》《太平车》《宁吃白菜不吃葱》《社火歌》等。

夏花花以卖唱为生，走遍了宁夏的山川城镇，在永宁县留下了深深的足迹，永宁人民永远怀念她。

荀光明过河迎亲人

民国十五路军驻永宁县军士

任春是明代黄河西岸渡口的一位船工,因他在这里开办渡口,人称这里是任春渡。明代在任春渡之西建筑了任春堡，以第一任堡长任春之名命名，此地名流传至今,后来按谐音改为仁存(原仁存乡)。

仁存渡历史悠久，据宁夏社科院研究员吴忠礼、宁夏考古研究所原所长许成等专家考证,北魏时的刁雍在这里筑薄骨律镇仓城,在仁存渡造船运军粮,当时的仁存渡被称为疙瘩梁渡口。唐“安史之乱”后,唐肃宗李亨到灵州登基,就是从疙瘩梁渡口到今吴忠市境内的苦水河和黄河交汇处的灵州镇登基的。而这里主要说的是解放军飞越仁存渡的故事。

从民国31年(1942年)开始,马鸿逵就在全省修筑防共工事。令各保安部队和第十七集团军协同黄河西岸构筑工事,并将以前在石嘴山至白虎洞、马高庄至打硙口(今大武口)及李刚堡附近,原来的对日工事加固连接,改建为防共工程。以磴口构成支撑点,在石嘴山构成强固工事,右与桌子山、左与陈家寨白虎洞的工程连接,还构筑了宝丰红土岗各构成点的工事,马高庄经平罗通城至清水堡至姚伏堡至李刚堡一带,构成侧面阵地,与平罗至大硙口及李刚堡马高庄工事连接。宁夏省城及外围谢刚、潘昌、通昌、通贵、通宁、李祥各堡,及王元桥、新城各扼要地带构筑工事，连接成一大据点。王弘、李俊、叶盛、陈俊连接成一据点，广武及石空堡构成支撑点。各渡口河点，构成野战工事及碉堡。

民国时期的永宁县黄河任春(仁存)渡

为防止解放军进入，马鸿逵组建了防空司令部，调整了各县防务机构，实行了灯火管制、交通管制、避难管制，充实了防空设备，制定了永久疏散和临时疏散的“疏散人口方案”，对城乡居民实行稽查，“以防共党侵入”。成立了军警联合督查处，稽查“共党间谍”和“反动分子”，检查“仇货之输入”，规定省内任何产品严禁销往“共党占领地区”。

为防止解放军进入，成立了宁夏贺宁(贺兰、永宁)稽查分处仁存堡、大官桥稽查所，密派谍报人员从事间谍工作，对中共及“嫌疑人”实行化装侦查、坐地侦查、临时侦查。在永宁县设军粮局，有粮仓 4 处，粮工 46 人，其中局长 1 人，仓库主任 4 人，军需 13 人，库兵 29 人，均由军队委派。宁夏划分为 3 个行政督察专员区，永宁县属第一区。在仁春渡口成立军用造船厂，摊派木料，征集工匠造船。在张政乡设立军用草场，成立东山牧场、西山牧场、河岸牧场 3 个军马场。在银川老城设立军服厂 2 处，在八里桥建立兵工厂、军医院，在王弘堡建立弹药库。黄河沿岸各渡口全部实行军事管制，马鸿逵令省内各渡口船工均佩戴徽章，徽章规定了统一的样式，新城飞机场、西部山区战备路成为主要侦查点。永宁县成立了情报组，各乡成立情报分组 14 个，各堡及仁存渡口、横城渡口有情报员 62 人。

宁夏全省划分为三道防线，永宁县属黄河西岸及省垣一带地区第三道防线。全县共修筑稽查岗楼 17 座，其中二乡施家桥，三乡唐铎桥，河岸牛车路渡口，四乡大东方桥，七乡小官桥，陈家湾子桥，八乡石坝渡口，九乡司家桥滨沟渡口、闸木桥，十乡五渡桥，十二乡塔桥，十三乡魏家桥、烟村墩、佘家桥，十四乡新城西门桥、双渠口桥、新桥等稽查岗楼各 1 座。这些稽查岗楼不但盘查行人身份证，而且还搜身。

民国永宁县国民兵纵队司令马得贵

永宁县被列为宁夏省政府第一防区后，以杨和堡等堡寨为主，建筑据点联合防守工事，境内共筑碉堡21座，其中县城杨和堡周围筑碉堡8座；以宁兰公路（今109国道）为主，修建沿路关卡设施，境内有大官桥、王元桥、杨和堡、王弘堡、仁存渡等五大处；沿黄河挖战壕长37公里，挖各种掩体3000多个，筑碉堡6座。马敦静在吴忠召开准备死守宁夏的军事会议，八十一军坚守叶盛堡、王弘堡一带。王弘堡、李俊堡、叶盛堡、陈俊堡等堡寨连成据点，广武及石空堡构成支撑点，各渡口、河点构成野战工事及碉堡。各县成立防护团，宁朔县、永宁县各有防护团成员144人。

永宁县除成立防护团外，还成立了国民兵纵队司令部。司令部设在县城玉皇阁，马得贵、马宝琳、马永健先后任国民兵纵队司令。国民兵纵队下辖直属自卫总队。国民兵大队长由各乡乡长担任，中队长由各保保长担任。从部队抽调一批连、排、班级军官到大队、中队担任名誉副大队长、中队长。国民兵的主要任务是轮流站岗守卡，盘查行人，查验身份证，修筑防共工事。只配备部分枪支，多是自制的大刀、长矛。国民兵的待遇开始是按照宁夏省保安司令部《本省训练国民兵所需粮食、燃料、草金、厨具四项办法》规定，粮食由本部统筹办理，每人每日给新市秤1斤（12两），草金每人每日发给2元，燃料费每人每月20元，发给当地政府统办，厨具由各县商会筹措，不准向民间摊派分毫。但后来全部向民间摊派。

为使国民兵人数稳定，战斗力提高，第十七集团军发出训令，将退伍官兵数百人，参加国民兵训练，每位官兵各赏给1000元（法币），并令各保甲将退伍官兵造册上报。在王元桥集训第一期国民兵及训练国民兵队长。规定国民兵每月初一、十五集合，各乡不能调动，各队长不得无故辱骂或责打，以养廉耻。逃避受训或不按时到队者，按情节轻重罚服劳役或兵役。还规定民间自卫枪支限5日内登记造册印制执照，发出《告训练国民兵长官暨受训民众书》共11条。

永宁县政府发出训令，各稽查岗位无旗帜或仅有旗杆而无旗面或有旗面字迹模糊不清的，速依规定尺寸一律另做新旗，竖立端正，以肃观瞻。要求国民兵服装要整齐，岗哨要清洁有礼。国民兵一律穿白褂青裤，头戴六瓣白布帽，佩戴训练证章。保长一律穿青制服，佩戴布质徽章，甲长一律与国民兵相同。各岗哨履行职责，盘查行人很认真，国民军十八师补训总队第二团步炮连特务长杨玉堂等6人因追捕逃兵、因公出差、路过探亲访友，被永宁县杨和堡南桥子、大官桥、王弘堡等稽查岗查扣，宁夏指挥所指挥官马鸿逵令："因公出差，未持路条，致被稽查岗哨查扣，分别予以训斥，仍交原部服务。尚再发生不持差假证件、无正当理由游动者严惩。"国民兵岗哨稽查严密，可见一斑。

各保甲清查居民住户也相当严密。永宁县政府统一制作了值日巡查木牌，对木牌字样、油漆、尺寸等均做了统一规定。国民兵轮流执行巡查任务，每日会哨，分昼夜两班，会哨、交班互相证明。乡公所对会哨、交班进行监督，会哨、交班每日一查，由乡户籍主任具体负责。

1950年的黄河任春（仁存）渡

民国末年，农村经济已经崩溃到无法挽回的局面。民国37年（1948年）10月23日，马鸿逵才提议取缔高利贷："利息高于一倍以上，穷人干一年不够还账，再无糊口之粮，富人之高利贷剥削，造成社会上贫者愈贫富者愈富的畸形现象。"同年11月23日，宁夏省政府发出《关于扶植农村工作的训令》，马鸿逵在扶植农村工作会议上说：

以读书为求官捷径，以做官为发财之路，此种错误卑鄙思想，造成国家贪污无能的政治，召致共匪危害国家，我们要深加警惕，彻底觉悟，改进自私自利的思想；政治是管理众人之事，我们应该到乡间为民工作，终不愧食民之食，衣民之衣的有良心的公务员；我们如果不顾国家民族危亡，不为人民打算，还是蒙上欺下，不加研究，罪不容诛；我们如果不能早起晚睡，不辞劳苦，彻底实行扶植农村工作，罪不容诛；我们如果不能挨户详查人口、地亩确实数目，明了各个家庭情况，就是不尽职尽责，罪不容诛；我们如果受地方绅民请托，因私废公，无论是否收受贿赂，均是罪不容诛；我们如果受绅民丝毫招待，就是拖累地方，罪不容诛；我们要注意受地方绅民欺骗诱惑，收受丝毫财物，自陷法网；我们要相互劝勉，互相监视，不得有违法乱纪的行为，致昭全体工作同仁之羞；在此剿匪紧张时期，省政府在困难中筹拨款项，派我们出来，做扶植农村工作，如果不能收到圆满效果，无以对人民，无以对国家，我们直当愧死；土地分配不均，人民生活失调，是政治之错，必须改革，我们如果不能深切明了，对人民详加讲解，取得同情，只知依法推行，而人民莫知其故，那就是办理不善，亦为愧死；此次各县同时工作，相互竞赛，天下无难事，只怕不专心，我们要鼓起勇气，克服一切困难，切勿甘落后人；我们要有最大的信心，省政府现有周详妥善的办法，大小公务员应为穷苦农民打算，更有彻底实行的决心，莫忘我们人人的责任，苦干实干必定成功。

马鸿逵在训话中用了四个“罪不容诛”，还有“同仁之羞”“直当愧死”，等等，成为马家王朝的一曲挽歌。

1949年9月，中国人民解放军十九兵团奉命兵分三路向宁夏挺进。同年9月14日，解放军六十四军一九〇师进至中宁，其他各部队经过激烈战斗，先后到达同心、中卫，国民党宁夏兵团布置的阻止解放军解放宁夏的三道防线被突破了二道，马家军不少高级军官为保全生命财产，开始动摇，马鸿逵犹如惊弓之鸟，惶惶不可

1970 年的黄河任春(仁存)渡

终日。王泰堡的一位保长目睹了马公馆的兴盛与衰亡。他是带着几个保丁帮助马公馆搬东西的，他的两只眼睛像摄像机似的，记录了这里的一切。

通往马公馆的街道两旁，当地人都叫“鬼拍手”的杨树叶子朝天卷着，叶子背面闪着刺眼的白光，一阵东风吹来“哗哗啦啦”作响，真像是鬼在拍手。街上的羊杂碎摊儿都收场了，时值芦花飘荡的季节，绒绒的白毛儿飞飞扬扬，马公馆的绿垄翠堤、亭台楼阁、湖光山水都掩映在一片白雾之中。

天边的黑云还没翻腾过来，马公馆内外已是一片山雨欲来风满楼的景象。大门外停着一排军车，忙得连头都没工夫抬的士兵将一只只铁箍铜角的大箱子朝车上抬，一个个文职人员怀里抱着文件手里提有书捆穿梭似的走过来挤过去。老妈子和丫环们更是万绿丛中一点红，有的提着包袱，有的夹有细软，有的捧着锦盒，看着似同类的东西，拿进来又拿出去。马公馆顶南边武器库的大门今天开得特别大，一只只黑箱子抬进去又抬出来，汗流浃背的士兵像一个个忙昏了头似的。

透过大铁门，可清楚地看到，养心亭里不再有人养心，却拴着一只伸长舌头的大黑狗。它不知道这么多人进进出出该咬谁不该咬谁，但两只眼睛虎视眈眈。养心亭四周几只燕子趆来趆去，朝伸长舌的黑狗叫，仿佛在说：“你逮！你逮！你逮！”躲得不见影子的青蛙不一会儿就叫一声，好像在说：“罢！罢！罢！”

马老太太的客厅周围，站岗的士兵像秋后的茄子，都焉焉的垂着头。马老太太在屋里大放悲声地痛苦，马鸿逵、刘慕霞、马敦静、马敦厚等子孙在地下跪了黑鸦鸦一层。他们要给

1980 年的黄河任春(仁存)渡

马老太太“搬家”,马老太太死活不肯,她说她就住在这里,死了就埋在这里,哪里都不去。最后,她还是拗不过子孙们的劝说,进了一辆黑色的小汽车,后面又跟了四辆小汽车,从此她永远离开了马公馆。当收拾残物的士兵进来时,见桌子上有马老太太写的四句话:“可叹民国养士朝,如何文武皆尽逃。纲常永留卑家院,末世羞存命一条。”

中国人民解放军大兵压境,宁夏南部地区都在欢庆解放。摆在马鸿逵面前的只有两条路,一条是投降,一条是逃跑。在甘肃、宁夏伊斯兰教上层人士中,颇有影响的郭南浦老人本是位老中医,是他冒着生命危险,带着彭德怀给马鸿逵、马鸿宾的亲笔信,到中宁、银川劝说马鸿逵、马鸿宾走傅作义的和平之路。马鸿逵拒绝投降,将兵权交给了儿子马敦静,自己逃往四川,他叮嘱儿子坚持死守银川。马鸿宾及其子马淳靖(八十一军军长)率领部队起义。

马鸿宾父子的投诚起义，得到了宁夏军政各界的热烈拥护，他们纷纷游行集会,积极支持马鸿宾父子的爱国行为,欢迎宁夏和平解放。宁夏省代主席、宁夏兵团司令员马敦静自知大势已去,在仁存渡口召开高级军事会议,部署逃跑前的大破坏计划。按各地段驻防部队,划分破坏的区域,即日动工,限一月内完成。特务团负责境内公路的破坏,分段完成破坏任务。因水位太高,未能掘深,将破坏段两面切去,中间留能通一汽车之宽度,以维持交通,必要时破坏容易。将境内各大渠、大沟两面切成急峻,到时放水淹。

1949 年 9 月的永宁县任春(仁存)渡

1949 年 9 月 19 日,中国人民解放军代表曾思玉和国民党八十一军代表马淳靖签署了和平协定，达成了和平解放银川的 6 条协议。宁夏省代主席,宁夏兵团司令员马敦静随徐永昌逃往重庆。马鸿逵、马敦静逃走后,宁夏省的“四大厅、八大处”顿时混乱一片。马鸿逵的办公室里，地上文件杂物狼籍一片，只有墙上还挂着马鸿逵书写的一幅字："贺兰山势压边尘，崖石丹如报国心。信是中朝成一统，黄河水似鉴湖清。"

9月20日下午3时，贺兰军军长马全良、一二八军军长卢忠良等秘密集会于仁存渡口，商定向毛主席、朱总司令、彭德怀副司令员发电求和，求和通电由马廷秀起草，电文内容是：

> 国民党秉政以来，领导无方，纲纪不振，民生凋敝，致战火弥漫全国，强者死于炮灰，弱者死于沟壑。刻又战事迫近西北，面临宁夏。全良不忍地方七十万军民遭受涂炭，爰于本月二十日停战，服从毛主席领导，实行民主，俾人民登于衽席，国基安于磐石。至于军事如何改编，政治如何革新，听候协商，一致服从。

在电文上签字的有马全良、卢忠良、马光宗及各军副军长、师长、副师长、旅长共28名将领。据说，马鸿逵在重庆从电话中得知其部属通电求和的消息后，竟放声大哭起来。但求和通电发出后，金灵地区的一二八军，仍下令顽抗，自取灭亡。

1949年9月23日，解放军十九兵团先头部队从永宁县任春(仁存)渡过黄河

9月21日晚19时，国民党吴忠城内残军大批偷逃出城，中国人民解放军突入城内，并迅速堵截了企图由仁存渡口逃向黄河西岸的国民党军队800余人，缴获8辆汽车及一部分军用物资。跟随一九二师进城的何晓庭组织了流散官兵收容所，收容60余人，其余千余名败逃官兵在解放军宽大政策的感召下，自动携械投诚。一部分从仁存渡口逃脱解放军追歼的一二八军官兵，狂奔至黄河横城渡口。该渡口仅有3只小船，因官兵

争相抢夺而沉没，一些抱门板或树杆跳河逃生者，皆死于滔滔黄河之中。另一些从横城渡口逃至石嘴山或陶乐的宁马官兵，终因无路可逃，再次渡河到银川，向解放军投诚。

9月23日14时，中国人民解放军十九兵团司令员杨得志、政治委员李志民和宁夏代表马光天、马廷秀在和平解放宁夏问题的5条协议书上正式签字。真是兵败如山倒啊，银川城内空前混乱起来，散兵游勇到处都是。马鸿宾从银川发出急电，急请杨得志、李志民派兵进驻银川，维护社会秩序，并派出汽车40多辆，冒着大雨到黄河仁存渡口，欢迎中国人民解放军进城。

9月23日20时，前进到甘肃靖边县的中国人民解放军十九兵团一九一师五七八团先头部队奉命从永宁县仁存渡口冒大雨渡过黄河，途经永宁县城抵达银川市。深夜控制了城门、制高点、飞机场、武器库、粮仓、电台，在炮兵阵地、交通路口、重要部门和地区布岗设哨。中国人民解放军六十三军一八七师五七八团李沛然、刘俊谦等干部、战士首批50余人留驻永宁县城，开始对国民县政府全面接管。

9月24日凌晨，银川市各界代表乘汽车30余辆，冒大雨到永宁县仁存渡口，欢迎中国人民解放军十九兵团主力过黄河。县城锣鼓喧天，载歌载舞，黄河两岸人山人海，欢声雷动，河面千帆竞发，人头攒动。杨得志将"和平老人"的锦旗送到郭南甫老先生手中，称他是宁夏和平的天使。郭南甫老泪纵横，泣不成声："丈夫为志，老当益壮，老马之智可用也！"

永宁县仁存堡雷台村的荀光明等人，是当年在仁存渡欢渡解放军的船工。他们回忆说，当年黄河西岸，大片大片的护岸林被毁坏，挖了一眼望不到头的战壕，挖的各种掩体数也数不清。每隔不远就筑一座碉堡，碉堡的垛口刺刀明溜溜的，碉堡的射孔各种枪管像眼睛一样，注视着河面、河对岸。东倒西歪的树林里，不远的灌木衰草之中，经常躲着逃荒要饭的妇女和儿童，老听到有男孩在唱：

> 行船的一河浪，种田的断炊粮。几家儿女呼爹娘，躲躲藏藏走四方，满滩白狗红眼狼……

湍急的河水滚滚北流，左冲右撞。滔滔巨浪吞吐着白色烟雾，气势磅礴。铺天盖地席卷而来的水柱，呼啸之声十里可闻。天空乌云翻滚，飞鸟哀鸣。河对岸烟雨蒙蒙，模糊不清，滔滔北流的黄河水，似千万匹狂奔的铁马。

解放军先头部队到达仁存渡时，黄河西岸的国民军正在撤离逃跑。黄河岸边的碉堡、战壕里已经空无一人，只有一些拔苗根充饥的儿童和剜野菜的妇女。荀光明是仁存渡口的老板，马鸿逵派人在这里修筑防共工事时，他被任命为仁存渡口的工会主席，共有渡船 11 条，有船工 40 余人，船工都佩戴各渡口统一制作的徽章。

荀光明见黄河西岸的国民党军队只恨爹娘少生两条腿，没命的逃，而黄河东岸的解放军越来越多，不但没有过河的迹象，还朝西岸的碉堡、战壕架起了枪炮。他灵机一动，叫了几个船工，上了一条小船朝黄河东岸划去。他把自己的一件白布衫撕了，做成一面白旗插到船头上，叫船工都把自己佩戴的徽章撕掉扔到河里，船还没划到黄河东岸，他就大声喊："解放兵(军)！你们快过来吧！他们正在逃跑！"

河东岸的解放军跑到河边，把荀光明等几个船工扶上岸，连声说："老乡辛苦了！谢谢老乡！"他们端来热腾腾的稀粥，还有几大碟子油烙饼子，叫荀光明他们吃，荀光明来不及吃，急忙报告情况说，黄河西岸只有卢哑巴(卢忠良，一二八军军长)指挥国民党部队南逃，请解放军急速过河追杀他们。解放军的一个连长问："昨晚那么大的枪炮声，是咋回事？"荀光明说："那是卢哑巴把王弘堡的弹药库点着了，是想吓唬你们！真是木匠戴枷，自做自受——他们把宁兰公路都破坏了，路面只能过一辆汽车，对面再来一辆汽车就挡住过不去了。结果，有的汽车翻在沟里，有的汽车翻在路边，车上的文件撒了一地，成箱成箱的弹药扔在路旁没人管，只顾自己逃命……"

解放军渡河指挥部决定立即过河。荀光明吹了一声口哨，仁存渡口的 11 条船便像箭一样飞渡过来。每条船包括船工及拉纤人员 6 人，包括军马、炮车、装备等共载 40 余人。解放军有 3 条大船，两只铁的，一只木的，荀光明他们不会驾用，由解放军船工操作。14 条船满载着解放军的先头部队过了河，他们每天往返渡河五趟。仁存渡口两岸下游，各有 3 个拉船码头。因为河流太急，船不可能是直线开到对岸，往往要朝下游淌去几里路远，正好是到下游码头位置，解放军战士和荀光明的船工分头用纤绳朝上游拉船。荀光明“嗨哟！”了一声，就听见纤夫们都“嗨哟！”起来：“嗨哟！嗨哟！嗨哟！老乡们哪，嗨哟！加劲拉呀，嗨哟！干完活哪，嗨哟！看大戏哪，嗨哟！什么戏哪，嗨哟！一碗泉哪，嗨哟！二进宫哪，嗨哟！三世仇哪，嗨哟！四进士哪，嗨哟！五典坡哪，嗨哟！六月雪哪，嗨哟！七仙女哪，嗨哟！八件衣哪，嗨哟！九华山哪，嗨哟！十五贯哪，嗨哟……”

一条长长的纤绳，伸进了黄河五千年的故事和传说之中，在黄河的风月里，谁的一生都在惊涛骇浪中渡过，谁都用生命跨越着漫长的岁月之河。长吟短叹的桨声，仿佛在诉说着一串串悲苦和血泪的人生。

听见黄河边又响起了船夫号子声，仁存堡的保长带着几个甲长匆匆赶来。他们见河边尽是帽子上有五角星、领口上有两面红旗的解放军，吓得远远躲着不敢过来。荀光明喊道：“喂，都过来，解放兵(军)是自己人，不要怕！”保长带着保甲走过来，解放军的连长说：“我们是共产党领导的人民子弟兵，是为贫苦老百姓翻身求解放的！我们团里有不少人家就在永宁县，也有不少人是从马鸿逵部队逃到解放军部队当兵的。你们看我们谁是红胡子蓝眼睛吗？谁烧杀抢掠奸淫了吗？那是日本鬼子干的事！日本鬼子也不是红胡子蓝眼睛，长得和我们差不多，他不说话，你认不出是日本鬼子！”连长是从抗日前线下来的人，只见他端起枪，摆出日本人的摸样叫道：“米西！米西！八个亚路的！”引得保甲长们笑弯了腰。

保长急忙吩咐甲长带着解放军占领了河西的交通要到，把马鸿逵部队扔的文件、弹药、枪支，还有翻在路边、沟里的汽车、大炮等等收集起来交给解放军。保长带着解放军的连长选择临时办公地点。仁存渡口处的龙王庙离河边近，保长派保丁收拾了，作为解放军的渡河指挥部办公处。河岸西边的雷台村有座雷祖庙，保长亲自带人收拾了，作为解放军十九兵团的指挥部，大部分解放军领导干部都住在这里，院子里拉了线，电台、电话等设在雷祖庙的厢房里。保长领着村民来见解放军，还带来了米面肉菜，解放军就地过秤按市价付钱，保长说啥也不要钱，说是雷台村老百姓对解放兵(军)的一点心意，连长说：“我们有纪律，不拿老百姓的一针一线！”保长他们还是不拿钱，荀光明又过来劝说，保长他们才拿了钱。村民见解放军都住在河边太潮湿，他们主动帮助士兵搬铺盖，把解放军都请到家里住，雷台村顿时住满了解放军。有不少青壮年要为解放军拉船，保长选了40余人，他们急忙投入渡河之中。

1949年9月23日，中国人民解放军十九兵团向永宁县城进发，永宁县、银川市宣告解放

雷台村的农民回忆说，他们给解放军拉船，拉一天船每人给3块银圆，每天管3顿饭，早饭是稀粥、油烙饼，午饭是白米干饭、豆腐烩白菜，3天吃一次肉，晚上是面条或馒头。不限量，尽着肚子吃，不另收伙食费。每天晚上解放军就付给当天的拉船劳务费，有很多农民不要钱，说白吃白喝就罢了，咋还能要钱？但是解放军的后勤人员撵到这里又跑到那里付钱，他们拗不过，就收了。后来拉船的农民太多了，他们提出不麻烦解放军，自己做着吃，解放军后勤人员就每天按人把粮菜分给他们，由他们自做自吃。

解放军过仁存渡，从1949年9月23日开始，持续了两个多月的时间，解放军十九兵团的大部队都是从这里过黄河的。帮助解放军过仁存渡的，不但有雷台村、东方村的村民，还有叶盛堡的村民。他们中的绝大多数如今都已经年老去世，在世的个别人中，至今能说出他们的年龄、长相、能回忆起他们的英容笑貌，但是记不住他们名字的仍然很多。在两个多月的渡河中，有300余名农民参加，大多数是拉船，也有帮解放军拾柴禾的，也有专门负责购买粮菜食品的，有做船、修船的船工，有帮助解放军洗衣做饭的妇女，有来回奔跑传递哨息的儿童。

雷台村帮助解放军渡河的有荀光明、谭平、李登山、黄林、张文茂、朱汉、李登明、陶生花、眭虎、刘仁、刘老国、朱登科、李来国、韩正明、廉发录等。东方村帮助解放军渡河的有张梓、张成、荀进、张军、蒋新、蒋更新、陈少模、姚明堂、杨秀、荀茂林、李义、李忠、季成美、刘世明等。叶盛堡帮助解放军渡河的有卢忠仁、陈金连、张富生、朱长富、蒋国民、陶万光、张义、荀生业、王越等。其中陈少模、张军、张文茂、蒋新被解放军送到大连学习航运技术。他们帮助解放军渡河两个多月，没发生大事故，值得称颂。

追忆先烈，寻访历史遗迹，如今的仁存渡已被美丽蜿蜒的滨河大道围绕。当年渡解放军第一条船上岸的地方，仅留下一棵沙枣树。这棵沙枣树根扎在黄河岸边，身子弯在黄河里，树头的枝叶倾在翻滚的河面上。它像是在静听当年黄河两岸的欢声笑语，在俯视如今黄河两岸的沧桑变迁，在寻找当年这里年轻的解放军战士和热情憨厚的农民。

永宁新政权诞生

为了做好新解放区的政权接管工作，解放军十九兵团提前抽调大批干部、战士，组成接管国民党各县政权工作组，进行专门培训后，随解放军先头部队分别到达任职县。

1949 年 9 月 18 日，部队任命李沛然为中共永宁县委书记，任命刘俊谦为永宁县人民政府县长，任命张志明为永宁县公安局局长。李沛然是解放军十九兵团六十三军一八七师师部供给处政委，刘俊谦是一八七师政治部民运科长，张志明是一八七师政治部保卫科干事。同李沛然、刘俊谦、张志明一起来永宁县接管旧政权工作的还有两名排长，两名警卫员，共计 7 人。

始建于 1952 年的永宁县人民政府门楼（1986 年摄）

同年 9 月 19 日，刘俊谦等人从部队驻地甘肃靖远县启程，途经中宁县，在中宁休息了一天，在中宁县城刻制了“永宁县人民政府”“中国共产党永宁县委员会”的公章和李沛然、刘俊谦的私章。经过 5 天步行，到达永宁县城杨和堡，住在杨和完小附近的一位姓张的教师家中，直到10月下旬才搬进了原永宁县政府。

刘俊谦等人到达永宁县后才知道解放军十九兵团六十五军一九五师部队已先于他们之前进驻永宁县。

当时的永宁县城十分破旧，铺着石子的宁兰公路从县城中间穿过，路面很高，比两旁的居民建筑基地高出1.5米有余，所以路两边的坡度很大，两旁长着高大粗壮的黑皮柳。杨和完小的师生组成的秧歌队载歌载舞，欢迎解放军大部队进城，教师们忙着刷写花花绿绿的欢迎标语。树身上、墙上贴着“毛主席万岁！”“中国共产党万岁！”“热烈欢迎人民解放军解放永宁！”等标语。一拨又一拨的农民跑到县城，打听他们子弟的下落，无论是参加解放军的，还是参加国民党军队的，解放军接待站都热情的帮助他们查询。接待站设在路边的一个球场上，墙上贴着解放军十九兵团第一号命令，杨和完小的一位教师给目不识丁的农民大声念着：

> 本兵团此次进军宁夏，端在解救西北人民，扶助各少数民族，实行自治，建设民主繁荣的新宁夏。大军所至，望风披靡，时不过旬，连下十余城，其敢于进行抵抗者，悉遭歼灭；残存者，亦均于九月二十三日和平解决。所有武装、政权，均按民主原则实行整编和改革，唯大军未到之境地，迄今仍未前来报到者，实为不当。兹为顾全宁夏人民之利益，避免遭受战争之痛苦，特颁布命令如下：
>
> 凡宁夏境内溃散之武装与本兵团未到之各县、各旗、各设置局及其他武装，于接此命令后，立即前来宁夏兵团司令部或当地人民解放军和当地人民政府报到。呈送实力表及当地全部情况报告书，并接受指挥，按指定地区集结，听候处理。本兵团决以宽大政策之原则，给予自新之路，以便重新为人民服务。倘敢故意拖延反抗，破坏革命秩序，本兵团坚决歼灭之。切勿观望自误，自绝于人民。

中共永宁县委员会第二任书记何广宽（1949.4~1950.9 在任）

刘俊谦等人到达永宁县后的第二天，便立即开展工作。他们上街宣传中国共产党的各项政策，特别是宣传党的民族宗教政策，要求国民党的公务人员保护好档案、文书、财产等，等候县人民政府接收。命令国民党军政人员不得从事一切对抗或破坏活动，违者严惩。民国永宁县政府县长张明如，主动给刘俊谦汇报情况，移交有关文书。

在李沛然、刘俊谦的主持下，县委、县人民政府先后接收了国民党永宁县党部、三清团团部和民国县政府的公务员花名册、编制序列表及其他档案材料。接收了民国县政府下属机构民政科、财政科、教育科、建设科、警察局、田粮处、税捐稽征处等单位的档案、财产。还接收了王泰堡、杨和堡、王元桥、新城的军粮仓库，解散了永宁县参议会。王泰堡马公馆和储藏的军需物资由驻地解放军一九五师接收。此时，县委、县人民政府合署办公，干部吃住都在一起。驻军一九五师派出宣传队上街宣传，积极配合新政权做好接收工作和民主建设工作。

9月30日，李沛然、刘俊谦召集民国县政府及乡保甲长会议，宣告人民政权的诞生，宣布旧政权彻底废除，要求原国民党公务人员改恶从善，积极为人民办事。10月初，刘俊谦连续召开几次教师会议，动员复课，发动师生上街下乡，宣传党的政策，宣传人民政权建立的重大意义。

10月中旬，陕甘宁边区支援新区的地方干部到达永宁县，宁夏省委对永宁县的领导干部进行了调整。李沛然、张志明等6名军队干部奉命返回部队，刘俊谦因以前在解放区、游击区搞过地方工作，继续留任县长。新来的何广宽接任永宁县委书记，王应时接任县公安局局长，刘廷祥（刘志丹的弟弟）任县人民武装部部长。县委、县人民政府的下属机构也调整完备，基本健全，全面开展各项工作。何广宽1918年出生于陕西省子长县，1937年9月参加革命，解放前任金（积）灵（武）工作委员会书记、宁夏工委委员、宁夏人民解放军政治部主任等职。解放后任永宁县委书记、灵武县委书记、自治区交通局副局长、甘肃省城建局副局长、自治区党史征集资料委员会顾问等职，1990 年 5 月离休，2006 年去世。他是永宁县第二任县委书记，任职期内，为永宁县新政权的建设，做出了重要的贡献。

1949 年 9 月 23 日至 10 月，刘俊谦等人接收的档案、财产和人员是：国民党永宁县党部、民国县政府及下属机构和三青团的全部档案和办公设施；旧公务人员除 15 名逃跑外，接收了其余 78 名；接收杨和、王弘等 4 个仓库的粮食 42559 石；接收和收缴散兵游勇的步枪 328 支，短枪 48 支，轻机枪 8 挺，冲锋枪 8 支，重机枪 1 挺，掷弹筒 40 具，各种炮弹 520 发，手榴弹 142 枚，子弹 1 万余发；接收田地 355953 亩，湖田 1903 亩，林场 13 处。马鸿逵和其他军官的公馆、花园 24 处，乡村零散的牲畜 125 头，还有两箱药品；对国民党、三青团等组织及其成员进行了清理登记。

在县委、县人民政府的领导下，全县干部和广大人民群众积极努力，迅速摧毁了旧政权，全面完成了接管工作，使新生的人民政权得到健全和巩固，社会秩序也逐渐安定，学校在短期内开课，工厂开了工，商人开始正常营业，全县人民进入了和平建设的新时期。

剿匪部队察看地形

新中国成立初期，残留在永宁县的土匪、恶霸、特务、各种反动会道门首以及国民党的残余势力尚未彻底肃清，土匪伺机兴风作浪，大肆进行反革命破坏活动。

1949 年 12 月，永宁县六区、七区发生土匪抢劫杀人案 2 起，靠近贺兰山的永宁县三区、七区有四五十人的大股土匪出没。

1950 年 2 月至 3 月，永宁县五区、六区、七区发生土匪蒙面化装抢劫杀人案 18 起，被枪杀 3 人，被枪击伤 1 人，被烙铁烫伤 7 人，抢劫马 3 匹，抢走牛驴各 4 头，抢

当地农民为剿匪部队指路

走金戒指8枚，抢走白洋50圆，大烟44两、衣服67件、布匹19丈等物资，总价值达6442万元(旧人民币)。造成社会混乱，民众惊恐不安。为了安定社会秩序，严厉打击土匪活动，巩固新生的人民政权，县委、县人民政府作出决定，建立自卫军，成立乡村治安组织，发动群众揭发土匪活动。县公安局秘密侦察，县保安队协同当地驻军集中打击。先后捕获匪首闫廷芳、马昌明等，剿灭股匪51人，其中击毙2人，活捉27人，投案自首22人。

在永宁县西北部地区，特别是在贺兰山区，对当地人危害最大的是以郭永胜为首的一股土匪。郭永胜，乳名"拴子"，当地俗语，就是用绳子拴住小孩，别叫他跑了的意思。郭拴子是西部惯匪，有"贺兰山之王""郭阎王"之称，在宁夏地区抢劫行凶已达20余年。马鸿逵曾以重兵进剿多次未果，遂用拉拢手段，封郭拴子为"贺兰山警备司令"。新中国成立后，郭拴子见大势已去，向人民解放军假投诚，并伪装进步，混入人民解放军，被任命为贺兰山警备队长，驻平罗县黄渠桥。郭拴子暗中与来自兰州的国民党特务联系，被台湾蒋介石政权委任为"西北反苏讨共救国军"，郭拴子自称"司令官"，土匪张绪绪为"副司令"。

1950年3月5日，郭拴子假借生产为名，进贺兰山重新当土匪，共有60余人，带机枪2挺，长枪68支，以大武口以北山区为据点，与人民解放军较量。同年3月14日，郭拴子伏击了解放军五八二团的两个班，又于16日突然窜至解放军驻地黄渠桥，数名匪徒化装闯进团部。23日又伏击了解放军一九四师教导队生产人员20余人。与此同时，匪徒谢某、张某等股土匪亦相继聚众策应，自封司令。一队队长任某，活动在王全口地区；二队队长刘某，由郭拴子亲自指挥；三队为游击队，队长谢某，昼伏夜出，游击于潮湖堡、归得沟；四队队长马某，活动在整个南北长渠地区。郭拴子网罗各地惯匪，四处召集马鸿逵部队散兵，勾结地痞流氓，扩大自己的势力范围。

1950 年 3 月 9 日，郭拴子匪部三队队长谢某，带领 60 余名匪徒，将上庄村村长吴国泰用毛绳勒死，次日又枪杀了村积极分子。同时，中共阿拉善旗工委书记曹动之在由银川返回定远营途中，遭郭拴子等土匪伏击杀害。土匪共杀死 4 名积极分子，将人头悬挂在解放军剿匪连队村边的大树上，还书写了纸条："谁顺八路、共产党，谁就是这个下场！"土匪活动十分猖獗。

军民进山剿匪

1950 年 5 月 1 日，混入永宁县惠农渠水利段窃取段长职务的国民党特务强德，勾结土匪头子郭拴子，纠集匪徒 20 余人，在永宁县通贵乡发动反革命暴乱。这次土匪暴乱因为发生在农历三月十五，故当地称为"3·15"通贵土匪暴乱。这次土匪暴乱的目的是杀害区乡干部后，逃入贺兰山为匪。当强德等土匪突袭通贵乡人民政府时，宁夏军区警卫连副指导员白玉鸣正在通贵乡协助征粮，他当场击毙了土匪头子强德、马生华两人，其余 21 名残匪溃逃，后全部缉拿归案，暴乱平息。

在中共宁夏省委、解放军十九兵团和宁夏军区的统一领导下，解放军指战员纷纷请缨为民除害。解放军一九五师五四八团接受进入贺兰山剿灭土匪的任务，部队团党委召开紧急会议，进行周密部署，命令二连为先遣队，向贺兰山进发。解放军五四八团与地方政府建立联合剿匪建政委员会，抽调得力干部参加政府工作，抽出精兵归地方政府直接指挥。

贺兰山地形复杂，高山嶙峋，人烟稀少，交通不便。土匪在暗处，他们听到动静，往往闻风而逃，致使解放军部队多次扑空。在清剿中，侦察分队从捕获的散匪口中得知，郭拴子如同网中之鱼，东碰西撞，完全陷入混乱状态，他们不得不分散活动，妄图躲过被剿灭的下场。剿匪部队经过认真研究决定，坚持放手发动群众，布成天罗地网，对匪特亲属开展攻心战，进行分化瓦解。在战术上仍然采取集中兵力，保持

1955 年 3 月 29 日，永宁县首届人民代表大会第二次会议全体代表

剿匪工作的优势。

9 月中旬，解放军剿匪部队共 8 个步兵营，2 个骑兵连，3 个侦察连，以绝对优势的兵力，对贺兰山地区窝藏的土匪进行全面清剿。围剿战开始，剿匪部队对股匪活动区域的山口、隘口、要道进行严密封锁，重点对黄土梁、水磨沟、小松山等土匪潜藏的巢穴，进行反复搜剿，对每一道峡谷，每一个石缝，每一座岩洞，均仔细进行搜索。在剿匪中部队严格遵守群众纪律和民族政策，每个连队都建立宣传小组，大力宣传政策，揭露土匪谣言，打消群众顾虑。同时建立情报网，逐步孤立匪徒。时值深秋，山区天气渐冷，匪徒饥寒交迫，内部纷纷动摇。不少匪徒偷跑回家或向解放军投诚，剩余匪特骨干逃窜至贺兰山深处。

解放军各剿匪部队昼夜不停地在山区清剿。解放军五四八团团长史秉廉带领两个营，在深山密林中连续奔袭，28 个小时顾不上吃喝。9 月下旬的一天，忽与郭拴子的机枪射击手董麻子股匪相遇，但因此处悬崖峭壁，沟壑深陡，解放军不熟悉地形，土匪展眼间逃匿。阿拉善旗保卫队的罗队长抓住了一名匪徒，解放军剿匪部队的史团长对这名匪徒进行了审讯。这名匪徒供出，他在山前的村子里遇见郭拴子身边的李六麻子，并约定黄昏前在洪广营附近的村子会面。解放军刘长治主任遂带领二营秘密监视这个村子，果然史团长将李六麻子在这个村抓获。随后，李六麻子带领解放军抓获了匪徒张长明。经审讯,李、张二匪徒交待了郭拴子、张绪绪、董麻子等30多名土匪都藏在一所庙宇附近的山沟里。史团长当机立断,带领部队向贺兰山皇城包抄。

10月6日拂晓,解放军五四八团经过一夜25公里的急行军,对贺兰山大风沟内的皇城形成合围。天亮时,突然从树林中走出两个匪徒,团部尖刀班的战士用机枪向这两个匪徒射击。紧接着,六〇炮、轻机枪集中火力向匪巢射击,山沟里的土匪乱成一团,东奔西逃,各自保命。"活捉郭拴子!""缴枪不杀!"的喊声在山谷里回荡。在战斗最紧张急烈的时刻,刘长治主任及时赶到,迅速分散兵力,控制各个要点,以防土匪趁隙逃跑。二连五班正在掩护炊事班做饭,他们发现匪情,立即形成战斗队列,主动出击,堵住了郭拴子的退路。只见数名匪徒一隐一现,一蹲一起,拼命往东逃。解放军二连五班分成3个战斗小组,交替掩护,大声喊话,劝匪徒缴枪投降。匪徒在解放军威力的震慑下,大部缴枪投降,个别负隅顽抗,有的被抓获,有的被击毙。郭拴子带着7名匪徒利用地形地物掩隐逃窜,被解放军五四八团四面包围,全部生擒。

至此,驻军剿匪部队经过8个多月的军地协同作战,剿灭了马绍武、李守信、闫廷芳、张廷芝、张海禄等股匪,生擒了贺兰山匪首郭拴子。

11月,宁夏北部贺兰山剿匪部队,先后进行了50余次围剿。坚持政治瓦解、彻底清剿的剿匪方针,俘获了土匪"副司令员"吴战玉、"副团长"张成高等172名土匪。在人民群众的强烈要求下,1950年11月19日,在银川北教场召开公判大会,处决了郭拴子、张绪绪等4名土匪头子,其余土匪头子被判有期徒刑。人民群众奔走相告,欢欣鼓舞,庆贺剿匪斗争取得最后胜利。

宁夏贺兰山一带剿匪,共消灭土匪24股,3200余人,其中匪首300余人。缴获机枪50挺,其他枪支2500余支,还有大量弹药、马匹和军用物资。

永宁县共发生土匪抢劫案31起,累计剿灭土匪113名,其中包括投案自首的土匪,共镇压土匪9名,全县境内匪患绝迹。

后记

讲好永宁故事 展示永宁魅力

习近平总书记在文艺工作座谈会上的讲话中提出了“讲好中国故事、传播好中国声音、阐发中国精神、展现中国风貌”的时代课题，提出要向世界宣传推介我国优秀文化艺术，让国外民众在审美过程中感受魅力，加深对中华文化的认识和理解。“运用文艺形式讲好中国故事、展示中国魅力”是“树立当代中国良好形象、提升国家文化软实力的重要战略任务”。

全面建成小康社会，实现中华民族的伟大复兴，需要无愧于民族、无愧于时代的优秀文艺作品，需要优秀文艺作品提供强大的价值引领力、文化凝聚力、精神推动力。

中共永宁县委宣传部积极贯彻落实习近平总书记的重要指示精神，为永宁县文艺发展绘制了新的路线图，提供了有力的政策与制度保障。面对当前“有数量缺质量”“有高原缺高峰”的状况，要求全县文艺工作者深入生活、扎根人民，创作出无愧于伟大时代的精品，将有筋骨、有道德、有温度、思想精深、艺术精湛、制作精良，作为衡量作品的标准，这个标准也是对《永宁县历史文化丛书》的基本要求。

读历史，知兴替。《给百姓讲故事》是《永宁县历史文化丛书》的第一部。全书根据永宁史料和当地民间传说，用讲故事的形式，站在历史的高度，客观冷静地运用社会学、历史学的观点，研究和分析了永宁历史进程中的各种人事和相互关系，特别注重民族文化和传统文化对发展变革的重要影响，向广大读者特别是青少年，诠释了永宁的史前文化、西夏文化、回族文化、边塞文化、军旅文化、红色文化的传承与发展，详细解读了诚信文化、中庸文化、民俗文化、地名文化、方言文化在传承中的作用，使读者认识到永宁县从游牧文明发展到农耕文明的历程，从而对历史深刻反思，对现实有清醒的认识，达到知史、爱党、敬业、奉献的目的。

探寻人生的至真道理，揭示事物发展演变的事理，总结历史的经验和教训，是《给百姓讲故事》的血脉。习近平总书记要求我们了解文学知识，提高文学鉴赏力和审美能力，陶冶情操，培养高尚的生活情趣。习近平总书记指出，学史可以看成败、鉴得失、知兴替；学史可以情飞扬、志高昂、人灵秀；学理论可以知廉耻、懂荣辱、辨是非。习近平总书记的一系列重要指示，为各级干部切实增强情商、智商，从而提高实际工作能力指明了方向。

《给百姓讲故事》在编写中力图做到"感国运之变化，立时代之潮头，发时代之先声"，以朴素的真理和充沛的感情，描绘鲜活的历史故事和生动的社会场景，向读者呈现出接地气的语言和动人的故事。《给百姓讲故事》是把当地历史编成故事的一次尝试。

《给百姓讲故事》的素材来源于人民群众。很多年以前有不少读者就提出，应当编写一本《给百姓讲故事》，把当地的人文轶事用讲故事的形式，讲给老百姓听。这种方式通俗易懂，老幼皆宜。回忆儿时听到当地流传的故事，往往使人记忆犹新，这些故事能使人记忆终生，无论忙闲，时常从尘封的思绪中猛然跳出，引起诸多联想，启迪思绪闸门，净化人的心灵。

家乡有不少人爱给人讲故事，那时的孩童常问，为啥麦头那么短，要是麦头和麦秆一样长多好；为啥蜀黍秆子上有红色，像是谁的血染上了；为啥芦草叶上有三颗牙印，像是谁咬了。老人便给他们讲"三霄娘娘下凡收粮"的故事。从那时开始，孩子们知道了要爱惜粮食，人要勤奋，懒惰就会挨饿或生病，直到他们后来到外地、外国，发现那里的芦草叶上也有三颗牙印，知道当年的老人没哄他们。人类从产生那天起便有了梦，所谓民间故事，是劳动人民对美好生活的向往，是穷苦百姓把未知的事物或无能力实现的理想编织成梦幻般的想象，用来慰藉他们心灵中的家园，用来讴歌真善美，鞭挞假丑恶。尽管这些故事充满怪异或荒诞无稽，像茫茫黑夜中很远很远的地方，有一点飘忽不定的光亮，但就是这点光亮，成为他们世代人生的追求。

自从《物种的起源》《进化论》问世后，人类知道自己从哪里来，不再相信上帝和鬼神，特别是科学技术发展到今天，青少年大都知道什么是唯物主义，什么是唯心主义，什么是宿命论。那么，新时期的民间故事应当怎样写，还是要深入群众深入生活，才能有明确的答案。

永宁县西部地区，历史上是一个多民族聚居地，虽然他们现在都成了汉族，但仍然遗留了很多少数民族的传承。《给百姓讲故事》的构思，是从“唤回童年的记忆”中开始的。儿时常听老人说，当别人遇到困难时要主动帮助，不要“站在高高山上看鞑子”，当地人把看别人的笑话说成“站在高高山上看鞑子”，现在它已成为一句特定的俗语。当我在史志资料中第一次看到“鞑靼”“瓦剌”几个字时，儿时的记忆又跳出来，原来明代把贺兰山作为“华夷”分界线，采取“驱逐胡虏”的政策，从此后，蒙古族到了贺兰山西麓，想要再看到他们，只能站在贺兰山上才能看到。

从家乡俗语中可以知道，这里的先祖对蒙古族是有很深感情的。新中国成立初期，家乡的海子湖每年都要举办庙会，令人费解的是，贺兰山西麓有很多蒙古族人也来参加汉族人的庙会。后来在研究地名时才知道，海子湖是个蒙汉合一的名字，蒙古人称湖泊为海子，汉族人称湖泊为湖，蒙汉合一称为海子湖，“海子湖的盟誓碑”便是佐证。

故乡人称老鹰为老鹞鹞，你会联想到西夏的铁鹞军，他们像大漠鹞鹰，翻山越岭，草上如飞；故乡人称走得飞快的人为“贼跋子”，你会联想到西夏军的“步跋子”；故乡人称葵花为线黄，你会发现西夏有的部落中就有这种叫法；故乡的望娘滩、望父滩、磨石口那里，蕴藏着很多让人辛酸落泪的故事，你可以顺着“长城谣”那苦涩的旋律去追寻；到贺兰山里拉石头的老年人常说，每遇阴天或暴雨，山沟里总能传出奇奇怪怪的喊杀声，你可以用科学的方法研究是怎么回事。

只有你研究了“王泰堡的高粱——大头”这句俗语，才能将史料中王太堡的传说写得切合实际，才能将王泰屯筑堡寨说得有声有色。当地老年人中有人说李俊是汉族，有人说是蒙古族，要想找到真相，就要在史料中查找依据，选择最能代表李俊生平事迹的说法。编写新时期的民间故事要以充分的史料为根基，不能让读者认为这是“戏说”。“马奶奶的油香——大份的”这句俗语在民间流传很广。马鸿逵的庶母马书诚每逢节日就给回民送油饼子，回民称为油香，她送的油饼不但个大，还带羊肉，所以被称为“大份的”。这句话不但在回族中广泛流传，也成为汉族的口头禅。为什么马书诚给回民送油香都是“大份”的呢？你可在《马公馆二三事》中解读马书诚其人其事。

《给百姓讲故事》中收入的《抓兵谣》《禁烟歌》及民间艺人夏花花一生演唱的各类“段子”，再现了当时的客观环境。写故事要语言优美，只有人民群众的语言最美丽、最生动、最形象，有温度、有筋骨。编写新故事，不能只停留在专门化、格式化上，复旦大学侯杨方教授著文《回到经典的历史叙事》认为，经典的历史学还是传统的叙事，它的本质是艺术，而非科学，因为科学的最基本标准是能够重复检验，而经典的历史学绝无可能达到这一标准。传统的叙事历史的要求其实更高，一是要有个性化的独到见解，二是要有流畅优美的文笔。学者张林华在媒体上呼吁“回到纯粹的历史叙事”，他认为如果文笔干涩无文采，言而空洞无文，读之味同嚼蜡，自然无法吸引人。《给百姓讲故事》的叙事是一种尝试，只能起到抛砖引玉的作用。

需要说明的是，书中使用的一些图片、照片，因时间久远、收集疏忽等原因，无法一一标出作者，请见谅。若广大读者朋友能帮助提供出处，则该书重印时，定当补充完整。

本书的审查单位是中共宁夏回族自治区党委党史研究室、宁夏回族自治区民族事务委员会、宁夏新闻出版局，有关领导和专家对此书进行了认真的审改，在此书付梓之际，表示由衷感谢。

姜自力

2016 年 11 月 1 日

主要参考资料

1.〔明〕胡汝砺编,〔明〕管律重修.嘉靖宁夏新志.陈明猷校勘.宁夏人民出版社,1982.12

2.〔清〕张金城修,〔清〕杨浣雨纂.乾隆宁夏府志.陈明猷点校.宁夏人民出版社,1992.11

3.〔清〕彭孙贻辑.平寇志.陈协琹、刘益安点校.上海古籍出版社,1984.1

4.〔清〕黄恩锡纂修.乾隆中卫县志校注.中卫县志办范学灵、冯万和、谭学荣校注.宁夏人民出版社,1998.6

5.〔清〕佚名编撰.光绪宁灵厅志.胡建东校注.宁夏人民出版社,2008.3

6.〔清〕杨芳灿监修,郭楷纂修,苏闻主编.嘉庆灵州志迹.张建华、苏昀校注.宁夏人民出版社 1996.3

7. 周伟洲.吐谷浑史.宁夏人民出版社,1995.5

8.〔明〕杨经纂辑,〔明〕刘敏宽纂次.嘉靖万历固原州志.牛达生、牛春生校勘.宁夏人民出版社,1985.12

9.〔清〕汪绎辰编修.银川小志.张钟和、许怀然校注.宁夏人民出版社,2000.3

10.〔北魏〕郦道元.水经注.陈桥驿译注,王东补注.中华书局出版,2009.10

11.李家军,张志树主编.永宁民间故事. 1988.4

12.银川市地名办公室编.银川市地名志.中央民族出版社,1988.8

13.郑彦卿.宁夏五千年.宁夏人民出版社,2001.4

14.孙生玉主编.贺兰山志.宁夏人民出版社,2007.5

15.姜自力.银川军事志.宁夏人民出版社,2002.6

16.姜自力.永宁军事志.宁夏人民出版社,2002.10

17.尤峰主编.银川地名故事.中国社会科学出版社,2016.7

18.王继光，孙建军.明代"九边"宣大军事防务区的形成.中国边疆史地研究，2009.2

19.袁珂校译山海经校译.上海古籍出版社，1985.9

20.姜自力主编.永宁县志.宁夏人民出版社，1995.11

21.姜自力编著.永宁县志(1978-2008).宁夏人民出版社，2009.11

22.杨继国、胡迅雷主编.宁夏历代诗词集(1-5).宁夏人民出版社，2011.3

23.杨继国、胡迅雷主编.宁夏历代艺文集(1-3).宁夏人民出版社，2011.3

24.杨少青、胡迅雷主编.民国宁夏风云实录(1-10).宁夏人民出版社，2007.5

25.马鸿逵主编.十年来宁夏省政述要(民国22年2月-民国31年12月).内部资料

26.和龚，任德山，李岩峰，孙建军译.新修支那省别全志.北京燕山出版社，1995.6

27.叶祖灏宁夏纪要.正谕出版社，民国36年(1947年)

28.永宁县地名办编.永宁县地名志.1982.12

29.杨占武主编，纳家户回族文化产业开发研究.纳家户历史人文调查.纳家户回族方言研究.中华回乡纳家户.宁夏人民出版社，2012.12